L'ORMA
EDITORE

KREUZVILLE

Quando esprime se stesso, uno scrittore esprime sempre il proprio tempo. Kreuzberg a Berlino, Belleville a Parigi, due quartieri simbolo della stratificazione umana e del fermento culturale della nostra epoca, fusi in un unico nome per libri che danno voce all'immaginario della nuova Europa. KREUZVILLE, testi a picco sul reale che attingono alle enormi fucine di Francia e Germania: romanzi che incalzano il mondo con le armi dello stile e della lingua, saggi urgenti, di forte impatto, che illuminano e rivelano le tendenze e le derive della società che siamo e viviamo. La letteratura contemporanea ha un compito antico: mostrarci quello che abbiamo sotto gli occhi.

Titolo originale: *Cora dans la spirale*

I edizione italiana: 2021

L'orma editore srl
via Annia 58 – 00184 Roma
tel. 06 87777326
info@lormaeditore.it
www.lormaeditore.it

Traduzione dal francese: Nicolò Petruzzella e Riccardo Rinaldi
Foto di copertina: Sara Clamor
Progetto grafico e cover: Antonio Almeida

ISBN 978-88-31312-82-0

Vincent Message

Cora nella spirale

Traduzione di Nicolò Petruzzella
e Riccardo Rinaldi

L'ORMA
EDITORE

A Cloé e Ulysse,
per il viaggio

1. Persone nel tunnel

La nostra specie bighellonava sulla Terra già da due o trecentomila anni quando una mattina, allo scoccare delle sette e trenta, Cora Salme iniziò a vedere con occhi nuovi i corridoi di ceramica bianca e blu della metropolitana di Parigi. Con indosso pantaloni di tela e la sua giacca più elegante, percorreva la banchina in ballerine con passo vagamente ozioso, zigzagando tra altre sagome che, come lei, non si rassegnavano all'arrivo dell'autunno. Guardava le panchine piastrellate lungo i muri, la volta scintillante del soffitto con la sua corazza di scaglie sospesa sui binari minacciosi, e tutto ciò le pareva, alla fine, molto bello. Aveva vissuto quasi tutta la vita a Parigi, era talmente abituata alla metropolitana che durante l'anno non ci faceva caso, e tornava a notarla soltanto dopo l'estate, quando, radiosa, ricaricata dal sole delle vacanze, si trovava d'un tratto costretta a riprendere il tran-tran di ogni giorno. Quella volta, grazie al congedo di maternità, si era sottratta ai ritmi dominanti più a lungo del solito, aveva smesso di sapere con certezza quale giorno della settimana fosse, e aveva lasciato agli altri l'onere di andare da lei anziché essere sempre pronta a correre da loro. Rientrare al lavoro sarebbe stata dura, ma continuare a ripeterselo era inutile, tanto valeva approfittare di quella rinnovata capacità d'attenzione nei confronti del mondo.

Erano là, tutt'intorno a lei. Si piazzavano nel punto più strategico della banchina, già pensando a risparmiare tempo quando sarebbero scesi dal vagone, diretti verso l'uscita o una corrispondenza. Si erano alzati, avevano fatto la doccia, o come minimo si erano sciacquati il viso, avevano fatto colazione, o almeno trangugiato in fretta e furia una tazza di tè o di caffè, e davanti allo specchio, con gesti ancora intorpiditi dal sonno, si erano dati un aspetto presentabile. Avevano scelto vestiti che li avrebbero fatti apparire più autorevoli di quanto non si sentissero in realtà. E ora eccoli lì, in fila sul ciglio dei binari, gli occhi fissi sul tunnel da cui sarebbe sbucato il treno, o abbandonati sui cartelloni pubblicitari affissi alla parete di fronte che imprimevano sulle loro retine immagini di giubbotti autunnali, scorci di vacanze fuori stagione per coppie senza figli, zaini scolastici robusti, economici e sufficientemente alla moda da garantire la pace sociale. Nella stragrande maggioranza dei casi stavano andando al lavoro, buttati giù dal letto dalla voglia di chiudere i progetti in corso, dal desiderio di rendersi utili, dall'esasperante bisogno di sopravvivere. D'un tratto le parve stranissimo essersi abituata a considerare banale tutto ciò.

Non appena mise piede nel vagone, si disse che anche lei riprendeva il lavoro, risaliva sulla loro stessa barca, un membro dell'equipaggio tornato a bordo. La nuova vita, mormorò tra sé e sé, la nuova vita inizia. Avvolta in quella massa di persone si stupì del proprio corpo: non se l'aspettava tanto snello e agile. Spesso l'istinto di proteggere la sua bambina la portava a cercarsi il grembo con la mano, ma una spanna troppo in là, dove ancora tre mesi prima c'era la pelle tesa e incredibilmente sensibile di quel pancione scomparso nel momento stesso in cui aveva iniziato a riconoscerlo come proprio – e puntualmente, stupita dal fatto che Manon non fosse più lì dentro, si chiedeva terrorizzata dove potesse mai essere, per poi dissipare il panico con la semplice evidenza della realtà: stava dormendo nel suo lettino, sotto gli occhi vigili del coccodrillo e del gatto musicale che si davano battaglia per assistere in prima fila al suo sonno inquieto; oppure era a spasso da qualche parte con Pierre; o dai nonni; o ancora, secondo quella che a partire da quel giorno sarebbe divenuta la routine, dalla tata Silué. Sì, perché dopo una settimana di prova Cora si era finalmente decisa a cedere il testimone. All'inizio era stata attraversata da moti d'ansia e di gelosia, Manon le sarebbe mancata tantissimo, poi però, col passare dei giorni, visto che tutto tra quelle due lasciava presagire la nascita di un idillio, si era fatta via via più serena. Nonostante i propri folgoranti progressi in puericultura, rimaneva incantata dalla padronanza cristallina dei gesti con cui Silué metteva a mollo la bambina e poi, aspettando paziente che il broncio si dileguasse dal quel visino per far posto a uno splendido sorriso di gengive, le puliva ogni piega della carne morbidissima, l'asciugava in un battibaleno e le apriva i pugnetti per tagliarle le unghie e scongiurare la comparsa di quei minuscoli graffi che sembravano già essere la sua specialità.

Con il braccio teso verso la sbarra di metallo che l'aiutava a sorreggersi, Cora sentì che il sangue iniziava a ribollirle nelle gambe e si mise alla ricerca di un sedile libero. Si chiese se fosse ancora il caso di far valere il proprio statuto di puerpera, ma ormai aveva la pancia pressoché piatta, e non era sicura di poter fornire le prove che senz'altro le avrebbero chiesto. Ad ogni modo, se anche fosse riuscita a sedersi, avrebbe forse risolto la questione della circolazione sanguigna, ma si sarebbe trovata comunque alle prese con una serie di altri problemi. Lo so che non sembra – avrebbe voluto dir loro – ma, vedete, mi sento ancora tutta sottosopra. Il dolore al coccige va meglio di tre mesi fa, e sono stata io a non volere il cesareo, non mi pento di nulla, ma vi giuro, ogni volta che riprende è tremendo. E in quel clima di confidenza avrebbe vuotato il sacco: spero proprio di rimettermi presto, che passi questa tensione dei tessuti e torni finalmente la libido, perché quando facciamo l'amore non è più come prima.

Neanche all'inizio della gravidanza, a dire il vero, osava uscire allo scoperto, un po' per paura che la prendessero per una bugiarda, un po' perché faceva sempre fatica a parlare con gli sconosciuti, a maggior ragione se si trattava di chiedere un favore. Nei mesi successivi, a seconda della forma e dell'umore del momento, era stata stizzita, divertita o sconcertata nel riscontrare come moltissimi passeggeri facessero finta di non vedere il suo pancione. Solo nell'ultimo periodo, quando ormai era diventata ingombrante per gli altri quanto lo era per se stessa, e dopo essersi guadagnata i titoli di Big Belly e di Balena bianca, entrambi conferiti da una giuria il cui unico membro era Pierre Esterel, le persone avevano iniziato ad alzarsi spontaneamente – le donne mosse dai ricordi o dai presagi che la sua vista faceva affiorare in loro, gli uomini con l'unico fine di cogliere nel suo sguardo un lampo di riconoscenza e potersi così confortare all'idea di essere dei tipi a posto, coi quali una donna del genere si sarebbe lasciata andare a folli notti d'amore, se solo non avesse avuto la debolezza di impelagarsi in un'altra relazione. Nel corso del dialogo con sua madre e le sue amiche che, volente o nolente, non smetteva di aver luogo nel suo foro interiore, Cora si ripeteva a volte che essere una donna nella Parigi del XXI secolo non era poi tanto male, perché non c'erano altre epoche della storia dell'umanità né molti altri luoghi nel mondo in cui le donne fossero state a tal punto padrone delle proprie scelte, ma sentiva anche, ogni giorno e in ogni fibra del corpo, che era davvero dura, era un'esperienza troppo violenta, e nelle ore più buie riusciva a convincersi con grande facilità che non ce l'avrebbe fatta.

La metropolitana del mattino era famosa per le facce spente e il silenzio interrotto soltanto dagli annunci automatici e dal rollio delle vetture. Eppure, quando tutto funzionava, Cora non percepiva intorno a sé un'atmosfera ostile. Protetti dalle cuffie che nascondevano lo stato d'animo suscitato in loro dalla musica, immersi nella lettura o nel flusso dei propri pensieri, i suoi compagni di viaggio stavano semplicemente rimandando una pena alla quale sapevano di non potersi sottrarre. Di lì a qualche minuto avrebbero dovuto parlare, sorridere, essere convincenti, efficaci. Sarebbero stati chiamati a calarsi nel ruolo dell'animale sociale – o peggio ancora, dell'*homo œconomicus* –, e quindi era insensato sprecare energie arrischiandosi in una conversazione con qualche estraneo che si sarebbe immancabilmente rivelata estenuante o stramba. Tuttavia ciò non impediva ai passeggeri di comunicare, di protrarre, digitando sul cellulare, le loro interminabili conversazioni con chi di dovere: nello scompartimento in cui era seduta Cora, ad esempio, l'uomo alla sua destra stava cercando di porre fine a un diverbio mattutino – lascia perdere quel che ho detto, non lo penso davvero – per andare incontro con più serenità ai nuovi grattacapi che lo attendevano.

Cora aprì il giornale. Anche quel giorno, verificò in un rapido frusciare di pagine che macchiavano le dita di inchiostro, era stata rispettata la consueta alternanza tra una valanga di motivi d'angoscia e una manciata di ragioni per sperare nel futuro. Il mondo era sempre più complesso, sentenziava categorico l'editoriale. E la Francia – forse era giunto il momento di svegliarsi e fare i conti con la realtà – attraversava più di tutti una crisi profonda e strutturale. Pur nella sua brevità, l'occhiello riusciva a elencare i sintomi di tale declino e una serie di mali «squisitamente francesi». Cora staccò gli occhi dalla pagina, aveva il battito accelerato. Restava sempre perplessa di fronte a quegli inni alla bellezza dei bei tempi andati, o all'erba puntualmente più verde che pareva crescesse sull'altra sponda dell'Atlantico, della Manica o del Reno. Si chiedeva come facessero i commentatori a essere tanto sicuri delle proprie predizioni. Forse a rassicurarli era la consapevolezza che, proprio come ci si era dimenticati di quanto avevano sostenuto dieci anni prima, nessuno avrebbe riletto le loro parole da lì a dieci anni, e i loro articoli non correvano il rischio di finire tra le mani di quei lettori provenienti da Paesi più poveri o meno democratici, ai quali quel pessimismo autoreferenziale avrebbe al massimo strappato un sorriso amaro. Ciò detto, le pareva comunque lodevole l'usanza di riservare le critiche più aspre al Paese in cui si viveva e nel quale si poteva in qualche modo agire, limitandosi, per tutti gli altri, a riportare soltanto fatti e notizie.

Forse non sapete nulla dei dibattiti dell'epoca; forse non eravate ancora nati; o non v'interessavano; o forse semplicemente abitavate lontano, troppo lontano da Parigi per conoscerne i cieli di cumulostrati schiacciati sui tetti di zinco e la viscosità delle estati tra i tavolini assiepati davanti ai bistrot. Non posso sapere, e qui sta il bello, chi leggerà questa mia cronaca della vita di Cora Salme – il racconto di quei tre anni che le hanno cambiato l'esistenza e gliel'hanno quasi distrutta. La prima volta che mi sono arrischiato ad abbozzare a grandi linee il progetto in sua presenza mi ha omaggiato di uno sguardo sbalordito. Più tardi, quando ha cominciato a familiarizzare con l'idea, mi ha fatto capire che, se proprio volevo lanciarmi nell'impresa, avrebbe preferito scrivessi per un pubblico lontano, dipingendo un mondo che fosse estraneo al loro pressoché in tutto. Cora aspirava a quella distanza e a quella lucidità delle quali, al tempo della guerra senza nome che mi accingo a raccontare, aveva ormai smarrito ogni traccia. Assenza che tuttavia non le impediva, in quell'autunno 2010, di avere piena consapevolezza del mondo in cui aveva appena dato alla luce la sua primogenita. Mossa da un istinto atavico, aveva sempre cercato di accumulare quante più informazioni possibili per comprendere meglio ciò che definiva e circoscriveva il suo orizzonte. Da piccola aveva frequentato assiduamente l'ordine fortificante e ineccepibile delle enciclopedie: da *A* a *condrificazione*, da *condritto* a *fotosintesi*, da *Fougères* a *Marburgo*, da *Marcabruno* a *rettificabile*, da *rettore* a *zythum*, Cora estraeva dalla libreria quei volumi rilegati in pelle blu che i genitori avevano riposto nel ripiano più basso con la duplice premura di incoraggiare la curiosità errante della primogenita e tentare al contempo di salvarla da una morte prematura dovuta alle conseguenze di un trauma cranico. Già a undici-dodici anni era rimasta allibita nel constatare che la voce *architettura* fosse più consultata di *femmina*, e che al generale *Carl von Clausewitz*, il quale vedeva la guerra come una forma di politica esercitata con altri mezzi, fossero riservati più onori e più spazio che al *clitoride*: il ritratto dell'ufficiale prussiano si stagliava fiero sulla pagina, mentre all'organo erogeno, forse troppo misterioso, non era dedicata nemmeno un'illustrazione. In seguito era diventata una fruitrice compulsiva del sapere in rete, al quale riconosceva il grande pregio di permetterle di posticipare senza troppi sensi di colpa, per pochi minuti che magicamente si tramutavano in lunghe ore, l'inizio di quelle terribili tesine di economia. E in fondo, si poteva davvero studiare la struttura delle esportazioni tedesche senza controllare i titoli dei primi album dei Cure o informarsi un minimo sulla vita sessuale di Simone de Beauvoir?

Cora Salme, insomma, conosceva i fatti salienti sulla Francia e sul mondo. Davanti alla folla accalcata nella metropolitana, ad esempio, non correva il rischio di dimenticare che, alla fine del primo decennio del XXI secolo, nella sua stessa regione vivevano dodici milioni di abitanti. In un modo o nell'altro Parigi aveva avuto la fortuna di scampare alla distruzione: la sua ubicazione al centro della placca euroasiatica l'aveva tenuta al riparo dalla minaccia sismica; nei libri di Storia non si accennava a incendi degni di nota; e, sul finire dell'agosto del 1944, l'ultimo generale nazista al comando della capitale occupata aveva disobbedito all'ira di Hitler, che gli ordinava via telefono di far esplodere tutti i ponti e battere in ritirata lasciandosi dietro una distesa di macerie. Dovunque in città campeggiavano targhe commemorative in ricordo dei bambini ebrei deportati, dei partigiani della resistenza fucilati sulle foglie putride di un prato di periferia, o dei ragazzi della Liberazione morti a un angolo di strada, ai piedi di quella che ora era la vetrina di una panetteria o di un negozietto di vestiti vintage. Ma al di là di questo, i problemi che turbavano il Paese somigliavano a quelli di un bambino viziato, e in buona parte, d'altronde, erano remote conseguenze della guerra. La larghissima prevalenza degli anziani sui giovani nella piramide demografica degli ultimi decenni, ad esempio, era da ricondursi all'euforia erotica dei primi anni di libertà. Come la maggior parte di quelli che lavoravano nelle assicurazioni, Cora si era spesso trovata ad arringare i propri interlocutori circa l'influenza esercitata da questa piramide sulle vite e sull'evoluzione dei bisogni del popolo francese. Per trent'anni si era assistito a una crescita da capogiro, e così ci si era illusi che sarebbe potuta diventare la norma. Le campagne si erano svuotate e, con una frequenza inusitata nella storia del Paese, ai margini delle città erano spuntate ovunque villette monofamiliari e casermoni di cemento armato che tuttavia non avevano affatto risolto il problema degli affitti, divenuto presto il vero incubo di quanti non avevano ereditato niente e si trovavano una famiglia a carico. Non c'era un posto in cui l'aumento dei prezzi avesse raggiunto i picchi deliranti toccati a Parigi, la vecchia capitale rinchiusa ora nel grande anello del boulevard périphérique come secoli addietro lo era stata fra i cerchi concentrici delle fortificazioni. Cora, cresciuta intra-muros, sapeva fin troppo bene che lì una casa non se la sarebbe potuta permettere mai e poi mai, e così ne aveva acquistata una nella banlieue, con la sensazione certo non drammatica, ma comunque sgradevole, di subire un declassamento.

Ormai da tempo i figli del dopoguerra rivendicavano il diritto alla pensione. A lungo ci si era fatti cullare dal ritornello secondo cui con la migrazione di massa la disoccupazione sarebbe scomparsa. Cora l'aveva sentito ripetere sin dall'adolescenza. Sulla carta sembrava un discorso logico, che faceva ben sperare. Ma in realtà le cose erano andate diversamente. Le fabbriche sembravano migrate a loro volta, senza alcuna intenzione di ritornare, verso Paesi in cui le persone erano disposte a lasciarsi ridurre in uno stato di semi-schiavitù pur di non morire di fame come i loro genitori, a milioni. Cos'era successo? Quand'è che c'eravamo impantanati? Forse gli europei avevano vissuto al di sopra delle proprie possibilità, vittime di politici indolenti che, incapaci di adattarsi ai cambiamenti del mondo, avevano preferito accrescere il debito pubblico pur di sfuggire alla bancarotta? O forse era colpa delle multinazionali e delle élite, che si accaparravano ogni ricchezza e si intascavano i profitti per poi additare le tasse come la vera minaccia per lo sviluppo economico? Nei giornali che leggeva Cora, gli esperti non riuscivano mai ad accordarsi su questo punto. C'era una sola certezza: i cambiamenti del mondo mettevano a dura prova le aziende, e queste ultime, per mostrarsi all'altezza, non avevano altra scelta che mettere alla prova i propri dipendenti, i quali a loro volta mettevano alla prova i figli perché affermassero al più presto, con voce ferma e decisa, che era una vera e propria manna, che anche loro amavano le sfide e non vedevano l'ora di avere giornate fitte di impegni.

Cora continuava a chiedersi per quale ragione insistesse ad assumere quotidianamente una dose dell'incessante brusio di fondo del mondo. Era senso del dovere, il gusto di abbracciare un punto di vista più ampio, il bisogno di distrarsi, o infine una forma di masochismo? Tutti quei discorsi erano simili a caramelline indistinguibili l'una dall'altra: alcune, sciogliendosi, avrebbero liberato le molecole di una lucidità indispensabile, altre invece le tossine di ideologie edulcorate nel miele del buon senso, ma in quali proporzioni non era dato saperlo, e così nessuno riusciva mai a capire se si trattasse di inevitabili effetti collaterali o se fosse piuttosto un preciso piano di avvelenamento collettivo. Davanti alle ultime notizie Cora si sforzava di non cedere allo sconforto, ma non poteva negare che quel grande romanzo dell'accelerazione poggiasse anche su alcuni innegabili dati di fatto. Subito dopo la sua nascita, durante quella stagione di ciliegie e di rose rappresentata in Francia dalla primavera del 1981, i Paesi del blocco sovietico e le nazioni capitaliste ancora minacciavano di annichilirsi a vicenda vantandosi della rispettiva potenza di fuoco, e le cartine geografiche erano irte di missili dai nomi a dir poco dissuasivi. A quell'altezza i protocolli di trasferimento dati che hanno portato all'invenzione di internet erano interesse esclusivo di poche centinaia di ricercatori, e il pianeta, nel quale si stimava nascessero quattro individui al secondo, contava ancora quattro miliardi di abitanti. In seguito, quando una trentina di anni dopo il totale sfiorava ormai i sette miliardi, era sorto in lei l'impulso irragionevole, ma viscerale, di contribuire alla proliferazione della specie. Un attimo di distrazione e, grazie allo spermatozoo sprigionato da un tale noto all'anagrafe come Pierre Esterel, aveva potuto concepire una bambina nata sotto il nome di Manon. A dire il vero Cora non sapeva ancora bene come fossero andate le cose, e quell'ansia collettiva di congratularsi con lei le pareva a dir poco inopportuna. Certo, aveva seguito in prima persona l'avanzamento del progetto, ma era stato il suo corpo a sobbarcarsi tutto il lavoro, senza mai informarla sui dettagli e senza perdere occasione di sottolineare come la sua mancanza di esperienza sul campo la escludesse di fatto dalla direzione dei lavori. Tutt'al più poteva dirsi di aver avuto l'idea di partenza, e di aver stabilito le linee guida. Rivolta al proprio corpo, aveva sussurrato: sarebbe così gentile da sfornarmi un bambino in nove mesi giusti? So che non abbiamo mai collaborato a un progetto di questo tipo, ma ho totale fiducia in lei; la lascio libero di gestire l'operazione come meglio crede, sarà giudicato solo alla consegna, sulla base del risultato. E adesso…

Una frenata. Lo stridio delle ruote. Un nero abissale. I corpi, scaraventati gli uni sugli altri, si rialzano tra un «ma che cazzo» e un «mi scusi», si tastano per accertarsi di avere ancora quattro arti, un portafoglio, le chiavi e un telefono, l'irrinunciabile viatico. La pressione dei vagoni si allenta. Una breve pausa, seguita da uno sferragliare di componenti che paiono rimettersi in moto. Poi di nuovo il silenzio, del treno e dei viaggiatori. Qualche sospiro seccato, ma nessun commento, incidenti di questo tipo sono all'ordine del giorno. Tempo un minuto e monta l'inquietudine: è vero, capita spesso che ci si fermi, ma raramente in modo così brusco. Cora chiude gli occhi. L'interruzione della corrente la sprofonda di nuovo in quella notte che credeva di essersi lasciata alle spalle e dalla quale aveva faticato moltissimo a uscire. Restano gli schermi dei telefonini a tener vivi qua e là esangui cerchie luminose. Dai finestrini sono scomparsi sia il riflesso dei volti sia i contorni del tunnel. Ci sono solo campate uniformi di nero e di grigio, e l'occhio azzurro di Pierre che si apre di scatto sopra il cuscino, come quello di un coccodrillo all'apparenza dormiente, e gli occhi di Manon mentre passa dalle sue braccia a quelle di Silué, quegli occhi ancora incapaci di mettere a fuoco, che vanno alla deriva e si perdono lassù dietro forme liquide, oltre la spalla di chi la prende in grembo. Alla fine il gracchiare degli altoparlanti. Una voce annuncia esitante: «La circolazione è sospesa a causa della presenza di persone in galleria. I nostri operatori sono al lavoro per risolvere il disguido. Siamo obbligati a sostare per qualche minuto, ci scusiamo per il disagio». Uno sguardo rapido alla piantina della linea, poi all'orologio: ne ha ancora per almeno venti minuti, il che giustifica l'invio di un sms a Édouard Verzack: «Metropolitana bloccata a Oberkampf. Arrivo prima possibile, spero». È il classico stile preciso e spiccio tanto caro al suo capo, un'informazione che non si prenderà la briga di verificare ma che contribuisce a nutrire la poesia dei piccoli avvenimenti in cui gli piace sguazzare. Inizialmente Cora faticava a coglierne il fascino, ma col passare del tempo ha imparato ad apprezzarlo e sfruttarlo sia sul lavoro, sia a casa con Pierre.

Qualche minuto passa così. Respirare e attendere. Attingere alle riserve di pazienza senza le quali è sconsigliato affrontare la folla della metro. Le parole del conducente continuano a rimbalzarle nella testa. Si chiede come mai si ostinino a utilizzare apparecchiature tanto obsolete per diffondere annunci che, sommersi dal brusio generale, si rivelano spesso incomprensibili. In quel mondo sotterraneo, che evidentemente resiste meglio degli altri all'invasione delle onde elettromagnetiche, sembra esserci posto soltanto per tecnologie arcaiche. La voce torna a riecheggiare. La situazione è più grave del previsto. Cora riprende il cellulare e aggiorna Édouard: «Incidente grave con persone coinvolte. Mi spiace molto. Spero non fossi troppo ansioso per la nostra rimpatriata...». Si rivede a pranzo con lui mentre critica la lingua ufficiale dell'azienda dei trasporti. Sono in quel ristorante italiano che le piace tanto perché è a due passi dall'ufficio ma non vi incontra mai i colleghi. Il padrone anticipa la loro richiesta e si avvicina con l'immenso macinapepe, la burrata è squisita. Édouard, il viso placido sotto la spazzola brizzolata dei capelli, talmente alta da bastare da sola a dargli l'aria di uno che se ne frega della moda e dei giudizi altrui, fa spallucce e le risponde: «E come vuoi che parlino, scusa?». Certo, espressioni tipo incidente grave o incidente con persone coinvolte ammantano i cadaveri di una gelida patina amministrativa, ma siamo proprio sicuri di volerci sorbire tutti i drammi della città? «Anzi, ti dirò di più, in fondo trovo coraggioso che si premurino di usare un eufemismo. Altrimenti saremmo noi a far la figura dei mostri che, con un morto lì a due passi, si rituffano nel proprio libro o in qualche giochino idiota.» E comunque, prosegue affilando il suo sguardo d'uomo consapevole, non possono dire suicidio, perché ci vogliono diverse ore per capire cos'è successo davvero. Bisogna istruire l'indagine, esaminare le registrazioni delle telecamere. «Pensa se parlassero subito di "suicidio" e poi venisse fuori che non è andata così. Pensa ai famigliari.» Una volta aveva avuto la brillante idea di informarsi sui dettagli ed era giunto alla conclusione che non era necessario sentirseli ripetere ogni volta; quando si rimane bloccati un'ora in un vagone è del tutto inutile sapere che le vittime degli incidenti muoiono lentamente perché le ruote gli spappolano le membra mentre il calore dei binari gli cauterizza le ferite. Ed era sacrosanto che la compagnia di trasporti preferisse venir tacciata di approssimazione invece di aggiornare per filo e per segno i passeggeri sulla rimozione degli schizzi di sangue e di cervella per mano di operatori che, ci si creda o no, preferirebbero dedicarsi ad altri passatempi e cercano quindi di metterci il meno possibile. Una città, ricapitolava Édouard, o almeno una grande città, è quel posto in cui per sopravvivere conviene prima di tutto non farsi venire pensieri cupi sulle tragedie che potrebbero colpire gli altri. E sebbene Cora, per forza di cose, fosse d'accordo con lui e ammettesse la validità delle sue argomentazioni, non riusciva a fare a meno di starsene lì a chiedersi chi fosse appena morto e perché, con un nodo allo stomaco e la sensazione che in circostanze diverse al posto della vittima sarebbe potuta esserci lei, travolta dalla corsa del treno e schiacciata da quella mostruosa massa di metallo che sembra lentissima quando si è a bordo, ma procede a una velocità diabolica per riuscire a frenare davanti a un corpo che cade o si butta.

Non appena arrivò negli uffici della compagnia assicurativa Borélia il turbine degli eventi riprese il sopravvento. Sempre, varcando la porta in vetro e ferro battuto del palazzo haussmaniano che ospitava la sede del gruppo e attraversando il cortile in cui scendevano per fare una telefonata o fumarsi una sigaretta al volo, si sentiva risucchiata in uno spazio-tempo retto da regole proprie e in cui di solito, nel bene e nel male, non le rimaneva neanche un minuto per pensare agli affari suoi.

Una parte di lei aveva creduto che il suo ritorno sarebbe stato accolto come un evento. Come poteva essere altrimenti, visti i cambiamenti cruciali che le erano capitati negli ultimi mesi? E infatti iniziarono tutti a chiederle di Manon. Che giorno è nata? Non ce l'hai una foto? Oh, ma che amore! No, davvero, con quel musino vien voglia di morderla... E dicci un po', la notte dorme? L'ultima domanda ricorreva di bocca in bocca più di ogni altra. Sapevano tutti che da quel dettaglio si poteva capire, senza chiederlo apertamente, se Cora stesse vivendo un idillio fusionale, una fase di stupore commosso davanti al miracolo della vita trasmessa e rinnovata, o se invece fosse alle prese con la scoperta, più prosaica, di livelli di stanchezza ai quali nessun accadimento della sua vita precedente l'aveva preparata. Lei rispondeva che andava tutto bene. In realtà dipendeva dai giorni, ma preferiva tenerselo per sé. Probabilmente per pudore (dopotutto non li riguardava), o per non tradire Manon facendole fare la figura della neonata cattiva e macchiando la sua succinta biografia di una colpa in virtù della quale, fatto increscioso in un'epoca in cui delinquenti e falliti venivano bollati come tali ancora in fasce, l'avrebbero subito classificata nella categoria degli esseri che appena arrivati portano problemi e rifiutano apertamente di integrarsi in quel mondo extrauterino che invece fa di tutto per garantir loro la miglior accoglienza possibile.

Da quel giorno Cora iniziò a notare come l'interesse dei suoi colleghi per Manon, la frequenza delle loro domande, l'attenzione più o meno affettuosa e sincera che le mostravano tendessero a essere inversamente proporzionali alle prospettive di carriera degli interlocutori. I bambini degli altri rappresentavano una telenovela appassionante solo agli occhi di quei colleghi o di quelle colleghe – ma si accorse presto che erano più spesso le donne – per cui la costruzione di una famiglia era da sempre un chiodo fisso, o lo era diventato dopo che un insopportabile quanto prevedibile accumularsi di delusioni professionali le aveva spinte a incanalare i propri desideri in quella direzione. Nadège Galtier, per limitarci all'esempio più lampante, le chiedeva di vedere nuove foto ogni volta che s'incrociavano in corridoio. Allora si profondeva in esclamazioni, commenti, sembrava essere sul punto di sciogliersi. Ma poiché non aveva figli e, per come si erano messe le cose, non ne avrebbe mai avuti, veniva da chiedersi se, nonostante quello sguardo rapito, non si stesse facendo del male da sola. E d'altronde era un dubbio che suscitava continuamente, non solo su quel versante. Sia come sia, la sua insistenza aveva il dono di mettere a disagio Cora che, educata al verbo della discrezione, era sempre attenta a tener nascoste le proprie gioie per non finire come quelle falene che si fanno fregare dalla malia delle luci e poi bruciano nella notte.

Ma, ciò detto, nel giro di poco tempo la pur incredibile Manon Esterel smise di catalizzare ogni conversazione. Dopotutto, se per Cora l'evento rappresentava uno sconvolgimento radicale, per i suoi colleghi si sommava a una lista che più banale non si poteva – era la quindicesima, la ventesima, forse la trentesima nascita che veniva annunciata quell'anno –, mentre il dato da tenere a mente era il suo passaggio nel novero delle neomamme, con tutte le ripercussioni che ne potevano conseguire. Quelli che invece si appassionavano a ogni vicenda umana, e ricordavano i nomi e le età di ciascun bambino di cui avevano avuto notizia, se ne stavano tranquilli, rassicurati dalla prospettiva di poterne parlare poi, a tempo debito: Manon non sarebbe scomparsa, anzi, d'ora in poi avrebbe fatto parte, più o meno al pari della crisi economica e delle guerre in Medio Oriente, di quei casi d'attualità permanente che i media di un certo livello hanno l'obbligo morale di seguire. Del resto, Cora non ci teneva troppo a dilungarsi sull'argomento. Le premeva, piuttosto, mostrare a tutti che era tornata.

Cominciò con un giro di saluti nel suo reparto, poi fece un punto con Édouard. Nonostante nelle due settimane precedenti fosse stata abbastanza previdente da riprendere le fila del discorso e avesse riaperto la casella di posta elettronica, si ritrovò a esprimere pareri a singhiozzo senza sapere bene di cosa parlassero, e rinunciando a subissare il suo capo di domande, tanto non sarebbe servito a niente, si disse che col tempo tutto le sarebbe stato più chiaro. Una volta al computer – digitava con una lentezza insolita, le dita erano come sorprese dal livello di resistenza che i tasti sapevano opporre –, contattò i principali interlocutori per aggiornarli sul suo rientro, corredando ciascuna mail di una frase in cui li informava di aver ripreso in mano i dossier e aver già individuato una serie di questioni che avrebbero presto discusso insieme. Ogni volta che cliccava su invia, nonostante non avesse scritto chissà che di straordinario, si sentiva attraversare da una scarica di benessere. Nella bolla che le fluttuava sopra la testa e illustrava i suoi pensieri come le nuvolette dei fumetti, si ricomponeva mail dopo mail l'immagine della professionista affidabile e competente ch'era stata e della quale tornava a vestire i panni. Il piacere che le dava quella riconciliazione con l'attività neuronale bastava ad avallare la sua scelta: aveva fatto bene a non posticipare troppo il rientro; al netto del potere di seduzione esercitato su di lei da Manon, che la riempiva di un amore capace di surclassare qualsiasi altro affetto della sua vita – forse questo era meglio non dirlo a Pierre e alla madre –, non era progettata per occuparsi a tempo pieno di una bambina. Era rassicurante, distensivo e gratificante ritrovare il posto che si era guadagnata lottando strenuamente negli anni precedenti, invece di restarsene a vegliare una neonata per lunghi giorni sedentari, vuoti e densissimi allo stesso tempo, scanditi soltanto dagli spostamenti in farmacia, dal pediatra, ai giardinetti, quando non pioveva, o negli uffici amministrativi che traducevano in fatti la politica demografica del Paese e ricoprivano i giovani genitori di infinite accortezze burocratiche. Perché, con tutto il rispetto per Manon, e nonostante l'arcobaleno di emozioni che sorgeva in lei alla sua semplice vista, non poteva ignorare che una bimba così piccola fosse incapace di fare un'infinità di cose, e offrisse uno spettacolo un tantino monotono.

Dopo mesi di assenza eccola nel suo piccolo ufficio, che conservava intatti i segni del suo precedente passaggio. Incorniciata sul muro, una ragazza continuava a lavarsi china su un catino da toilette, una sedia di paglia alla sua sinistra e sulla destra una brocca poggiata direttamente sul pavimento di pietra rischiarato dal sole. Il giorno in cui scattò quel *Nudo provenzale* che avrebbe poi fatto il giro del mondo Willy Ronis stava lavorando nel solaio di casa sua a Gordes ed era sceso con le mani sporche di gesso per cercare una cazzuola. Passando in camera da letto aveva intravisto Marie-Anne che si dava una rinfrescata e le aveva detto di non muoversi per nessun motivo, il tempo di prendere la macchina fotografica sulla credenza e immortalare quell'istante. Nell'estate del 1949 non c'era ancora l'acqua corrente, e la famiglia del fotografo andava a prenderla alla fontana con una botte montata su una carriola. Cora impazziva per quella foto: cosa non avrebbe dato per esserne il soggetto, o l'autore... L'unica altra foto appesa nell'ufficio, che invece aveva scattato lei, al cospetto di quella di Ronis la deludeva sempre: un vento estivo piegava i pini e gli arbusti abbarbicati sulla cima dell'Aigoual, mentre sullo sfondo l'occhio si perdeva nella distesa pacifica e bluastra delle Cevenne. Osservandola, Cora restava colpita dai colori e dall'eleganza della composizione, ma in cuor suo sapeva che si trattava comunque di uno scatto amatoriale.

Tolti quei riferimenti visivi, doveva ammettere che in realtà un sacco di cose erano cambiate. Infatti era ufficiale: conclusa l'era Bories, a partire dal primo di settembre il timone dell'azienda era passato ad Antoine Mangin. Per tutto il giorno Cora cercò di strappare qualche confidenza a quelli che le parevano più coinvolti dall'avvenimento. La paura dell'ignoto che aveva regnato prima dell'estate si era dissolta, lasciando il posto a un'eccitazione diffusa. Il vecchio mondo era morto, e ora quello nuovo era pronto a nascere. Tutte le persone dotate di un briciolo di fiducia in se stesse convenivano nel pensare che sarebbe stato un periodo molto interessante. Eppure Cora coglieva degli indizi che sembravano smentire quella tesi, o quantomeno provarne l'ambiguità. Una nota d'inquietudine era sempre in agguato e faceva virare di colpo le voci dei colleghi dall'entusiasmo al parossismo, o peggio le imbrigliava in un riserbo inatteso. Molti di quelli che, vuoi per principio, vuoi per generosità, vuoi per il puro piacere del racconto, non tenevano mai nulla per sé, stavolta si sbottonavano molto meno del solito e soppesavano ogni parola, perché evidentemente persino per esseri espansivi come loro era troppo presto per dire la propria o avere un'opinione precisa. Insomma, non le ci voleva il sesto senso per capire che era davvero giunta l'ora di riprendersi il suo posto. Doveva rimettersi in pari, trovare al più presto informatori affidabili, non poteva starsene in disparte e aspettare, ma sapere almeno che le grandi manovre non erano ancora iniziate la rassicurava un po'. Durante le ultime settimane di congedo, nell'abulia delle notti trascorse a svegliarsi tre volte, ad allattare sul divano in salotto, a chiedere con un filo di voce a Pierre di prepararle un biberon quando i seni le facevano male o quando Manon ne aveva esaurito le riserve, a tentare di farla riaddormentare tenendola stretta a sé perché non provasse un senso di vuoto e si svegliasse di soprassalto come una scimmietta che cerca il conforto della pelliccia materna, Cora, spinta dall'imminente rientro a tornare con la testa al lavoro, si era ripetuta più volte che quel passaggio di consegne non poteva capitare in un momento peggiore per lei. Pierre preferiva buttarla sul ridere – che idea assurda, in effetti, rimanere incinta proprio mentre l'azienda cambia azionisti e amministratore delegato –, ma non l'aiutava a fugare i suoi timori, forse perché in realtà sapeva che aveva tutte le buone ragioni per essere in ansia. Era felicissima di avercela fatta, di essere tornata in forma ed essere rientrata al lavoro così presto, e anche di constatare che i colleghi non avevano approfittato della sua assenza per invadere il suo territorio – cosa che avrebbero potuto benissimo fare adducendo a pretesto di non aver avuto scelta perché nel frattempo, in fondo, stava cambiando tutto.

È calata la sera. Cora arriva a Montreuil, immediata periferia Est, nell'appartamento che hanno comprato su sentier du Tourniquet. Un po' appartato rispetto al fermento del mercato della Croix de Chavaux, è un quartiere di case basse con giardinetto annesso, dove tutti o quasi lavorano nel cinema, nella musica, fanno mestieri intellettuali o artistici. Un vicinato molto interessante, insomma, che però la mette in soggezione. A quell'ora tutto tace: si sentono a malapena le macchine risalire rue Jules-Ferry. La fronte azzurrata dallo schermo, Cora cerca con i polpastrelli informazioni sull'incidente del mattino a Oberkampf. Non trova notizie ufficiali, nessun comunicato, nessun articolo, ma non si lascia scoraggiare e prosegue imperterrita senza dare ascolto alla persona sana e responsabile che nella sua testa le ripete di lasciar perdere. Finisce su un forum in cui svariati utenti, che evidentemente non possono mettersi a letto senza prima aver detto la propria, commentano l'accaduto e forniscono testimonianze che si completano a vicenda. Era una donna sulla cinquantina, magra, molto alta. Il suo trench color talpa non somigliava per niente alle divise della RATP, la compagnia di trasporto, eppure, una cosa assurda, vi giuro, ha sceso i gradini in fondo alla banchina con una discrezione e una naturalezza… nessuno sospettava che ci fosse qualcosa di strano. Io non guardavo da quella parte, era quasi fuori dal mio campo visivo, ma quando ho sentito il fischio dei freni l'immagine mi è tornata a galla, ho capito subito che l'avevo vista infilarsi in galleria. Cora si abbandona al flusso dei commenti: non si sa niente sulla vittima o sulle ragioni del suo gesto, c'è solo il crudo orrore, le persone che in preda al panico scappano verso l'uscita, la paura e la collera che trovano una valvola di sfogo. In breve tempo la conversazione si allarga e si trasforma in un dibattito, prendendo una deriva che pare orchestrata da uno spartito musicale. Sono in molti a sostenere che sia oramai una cosa all'ordine del giorno, e così un conducente che dice di aver lavorato su quella linea spiega, con tono pacato e consapevole, come ogni anno ci siano circa centocinquanta tentativi di suicidio e una quarantina di decessi. Per deformazione professionale Cora apre un'altra finestra, cerca dati sul numero di fruitori annuali della metropolitana e scopre che sono circa un miliardo: una cifra che svela un tasso d'incidentalità irrisorio e basta da sola a smontare ogni luogo comune. Ma il conducente non ne approfitta per archiviare la questione: al di là dei numeri, lui fa parte di quelli che entrando in stazione tengono sempre la mano sul freno, e non è mai tranquillo quando la folla si accalca; se vede qualcuno che rimane sulla banchina con aria indecisa e un po' stordita e alla fine non sale sul treno, allerta sempre il conducente del convoglio successivo. Se passa dalle parti di un ospedale psichiatrico rallenta prima del solito e raddoppia l'attenzione. La Cora-affascinata-dalla-pulsione-di-morte spegne il computer per riporre in un cassetto il suo masochismo tetro, mentre un'altra Cora, materna e scanzonata, le chiede se adesso si sente meglio.

Ecco la voce di Pierre dalla camera da letto. Ma lei vuole rimanere ancora un attimo nello studio, prende una penna e inaugura un nuovo diario. Fuori il ciliegio è immerso in una luce lunare, di tanto in tanto una foglia cade, Pierre ha passato il rastrello domenica ma tra un po' dovrà ritirarlo fuori, visto che l'albero sembra aver consacrato a questo le proprie giornate: perdere foglie senza poterci far niente. Cora liscia col pollice la prima pagina, ma la lascia intonsa, si piazza in cima alla terza e salta altre due righe bianche. Poi scrive: «La nuova vita inizia». Poco fa, mentre lei varcava la soglia di casa, Manon si sgolava contro la tortura del padre che, col viso beato, pretendeva di infilarle le maniche di un pigiamino molto meno propizio alla libertà rispetto all'acqua del bagnetto. Quella piccola personcina insofferente e puntigliosa le è mancata, e prendendola tra le braccia ha provato un brivido. Eppure, in certi momenti della giornata, aveva smesso di pensare a lei, la mente piena di altre cose, certo meno personali, ma che avevano la loro importanza. Quando è arrivato da Silué, le racconta Pierre, Manon stringeva tra il pollice e l'indice l'orecchio dell'elefante snodato che le ha regalato zio Bruno, il fratello di Cora. «Prima non ci riusciva, ti ricordi?» Cora annuisce. «Ecco, adesso invece ce la fa.» Silué gliel'ha visto fare più volte. Cora rimugina l'informazione. Annota: «Ormai non potrò più essere dappertutto. Avrò sempre la sensazione di essermi persa qualcosa di importante». E non sarebbe stata una cosa tipo quelle serate a cui la invitavano gli amici dicendole non oso immaginare quanto sarai presa in questo periodo con Manon e tutto, ma se riuscissi a liberarti... Una sensazione persino più divorante di quella smania che le veniva, quando a Parigi irrompeva l'estate, di sedersi ai tavolini di ogni bar e unirsi a ogni conversazione. Forse a questo punto si ferma un secondo, forse si chiede come mai abbia speso qualche minuto per mettere su carta quelle parole, nonostante la giornata sia stata lunga e nella stanza accanto la aspetti un uomo mezzo svestito e dalla pelle così morbida. Ma non schioda dalla scrivania. Va a capo, rientra dal margine e aggiunge: «Spero che vada tutto bene, che fili tutto liscio».

Ora, mentre annerisco queste pagine, ho sotto gli occhi quello stesso diario; l'inchiostro è sbiadito, la grafia è confusa, si vede che scrive solo per se stessa, ma se si fa lo sforzo di abituarcisi si può decifrare. E, conoscendo il seguito della storia, è una lettura straziante. Ovviamente lei non sa di star entrando nella spirale. Ma il fatto che abbia inaugurato un nuovo taccuino quando sul precedente, come ho potuto verificare, c'erano ancora una quarantina di pagine immacolate, rivela che aveva intuito di essere sulla soglia di un'altra fase della sua vita. In questo senso è proprio lei a dare l'incipit al cronista, a suggerirgli le prime parole. Tra quel giorno in cui rientra al lavoro e la fine del 2012 riempirà della sua scrittura fine una trentina di diari. Allineati sulla mia scrivania formano una muraglia di mattoncini dalle coste nere, blu, terra di Siena, ma non c'è nessuna semantica dei colori: Cora, in quegli anni, si rifornisce sempre nella stessa cartoleria, dipende da quello che hanno in magazzino. Con la spessa copertina cartonata, l'elastico per chiuderli, la semina di stoffa che fa da segnalibro, e quel loro aspetto solido non lasciano presagire nulla della violenza e del caos che vi regnano all'interno, e che forse avrebbero dovuto arginare. All'inizio Cora procede senza direzione, non si sofferma mai troppo sullo stesso argomento. Scrive più volte che vuole soltanto buttar giù «un brogliaccio»: conservare qualcosa dei giorni nonostante non si abbia il tempo di farlo. Col passare dei mesi, man mano che la Borélia intraprende il suo cambiamento tanto interessante quanto turbolento, l'ansia si impadronisce della scrittura. Non serve essere un grafologo per accorgersi che accelera, che le vocali diventano tratti e puntini interpretabili solo grazie al contesto, e nell'insieme i caratteri s'inclinano tremolanti verso destra. A volte Cora di nuovo prende tempo, si chiede cosa stia facendo. È come fare analisi senza andare dallo psicologo, si dice. O buttare secchiate d'acqua dalla finestra nella speranza che la perdita si fermi presto, prima di allagare tutto. Poi sopraggiungono gli eventi del giugno 2012, e in particolare di venerdì 8. La scrittura si disgrega. Quando riprende, dopo settimane di silenzio assoluto, ci sono frasi interrotte su parole lasciate a metà, pagine che scorrono via al galoppo della collera e altre illeggibili, inabissate. In autunno, mentre si prepara ad affrontare il processo, Cora prova per la prima volta a comporre un racconto lineare, ma non sempre ci riesce. «Mi costa troppo ripensare a quello che è successo» scrive.

Di primo acchito si potrebbe pensare che sia la scacchiera truccata su cui avanza a suggerirle di scrivere, giusto il tempo di escogitare il prossimo attacco. La stravagante licenza che si è concessa di spiattellare ogni cosa nei suoi diari s'era trasformata col tempo nell'imprescindibile ricompensa per tutti quei giorni in cui era costretta a ingoiarsi le parole e a indossare una maschera. Scrivere a più non posso era un tentativo di sopravvivere, di esprimere i propri sentimenti e salvarli dall'autocensura. Se voleva preservare il rapporto con chi le era vicino, in primis con Pierre e con i suoi amici, allora dovevano smettere di essere i suoi unici interlocutori, anche perché i diari si riempiono via via di cose che non avrebbe potuto in nessun modo confidargli, e delle quali, almeno all'epoca, era meglio restassero all'oscuro.

Ciò detto, i miei colloqui con Cora mi hanno suggerito di ridimensionare l'impatto che le vicende della Borélia hanno esercitato sulla sua scrittura. Dice di avere sempre scribacchiato nei ritagli di tempo. A malapena conosceva l'alfabeto e già si divertiva a scarabocchiare frasette su fogli di carta piegati in quattro, o sui post-it che suo padre Alain portava a casa dall'ufficio. Poi li infilava tra le pagine di un libro, in fondo al baule dei giocattoli, nella fodera di un cappotto, in posti in cui li avrebbe dimenticati, così da godersi lo stupore di ritrovarli chissà quanto tempo dopo. Cora vagheggiava quel fugace incontro con la persona che era stata anni prima, ma era ancora troppo giovane per immaginare che, salvo rare eccezioni, sarebbe stata una di quelle situazioni frustranti in cui qualcuno di ottuso e molesto ti sta addosso convinto di conoscerti, e non hai il coraggio di respingerlo perché in fondo non è cattivo, è solo stupido, ma tu non puoi farci niente.

Nascondere le cose. Ritrovarle più tardi. Quando arrivava il momento di lasciare la casa dei nonni sulle Cevenne, appena sopra Valleraugue, si dedicava a un rituale molto simile. Faceva il giro della tenuta, saltando da un muro a secco all'altro, dal terrazzo su cui si arrampicavano precari i lamponi fino all'angolo della sorgente d'acqua e del pozzo. Poi diceva arrivederci a ciascuno di quegli esseri inanimati e lasciava dei segni, un coltello piantato ai piedi di un albero, un mucchietto di sassi impilato in una sorta di tumulo sul ciglio del sentiero che conduceva all'ovile, nella speranza di scoprirli al loro posto. E di quando in quando, mentre era a Parigi in tutt'altre faccende affaccendata, allungando il passo sul marciapiede per non fare tardi al cinema o riponendo nello scolapiatti la padella appena lavata, e senza capire per quale mistero il suo cervello avesse prodotto quell'associazione di idee, s'immaginava animali selvatici nell'atto di profanare quei segni, oppure un gruppetto di ragazzini annoiati che gironzolando per la proprietà vi inciampava e li riesumava credendoli dei tesori.

Ma poteva anche darsi che non li trovasse nessuno. In quel caso, tornando lì per le vacanze di Pasqua, li avrebbe scoperti esattamente al loro posto. Disporre quei segni era l'ultimo gesto prima di andar via, ritrovarli il primo al momento del ritorno, una stagione dopo. E spesso, in effetti, scomparivano. È il rischio che si corre a lasciare delle tracce: le iscriviamo per ritardare l'attimo in cui un evento, uno stato d'animo, un'immagine o una persona saranno cancellati per sempre, ma alla fine non cambia nulla a parte il ritmo, è solo una tregua – pure le tracce si cancellano.

Questi trenta diari, le foto di quel periodo e le varie altre testimonianze raccolte qua e là compongono un archivio vivente che mi è cascato tra le mani per puro caso, senza che chiedessi niente a nessuno. O forse il caso non esiste, e io in verità cercavo proprio una cosa del genere ma non sapevo ancora darle un nome, né spiegare perché m'interessasse. Nella mia cerchia, tra i miei amici, al giornale, i pochi a cui ho parlato del progetto si sono fin da subito mostrati perplessi. Ultimamente mi fischiano le orecchie di continuo: di sicuro dev'esserci qualcuno che si preoccupa per me nel bel mezzo di un aperitivo. «Hai visto Mathias di recente? Non ti sembra una follia tutta questa storia? Non capisco perché ci perda tempo. Gli restano tre o quattro anni di tranquillità prima di avere dei figli, ha in cantiere splendidi reportage, e invece di dedicarsi a quelli si va a immischiare in questa faccenda che rischia di risucchiarlo e probabilmente non interessa a nessuno...» Quelli che parlano così – se ce ne sono – hanno senz'altro ragione. Non c'è dubbio che sia soltanto una piccola storia tra tutte le storie del mondo, ma questo vale finché non ci si dice che non esistono piccole storie. Ed è altrettanto certo che i fatti hanno avuto luogo molto tempo fa, ormai, e senz'altro sarebbe più saggio considerarli prescritti. Ma per me non è così. Le vicende giudiziarie si prescrivono, ma non la memoria delle vite. Perché cambiano i nomi, ma è pur sempre di noi che si tratta. La battaglia si spegne da qualche parte per riprendere altrove, ma è la stessa battaglia. Io voglio, io ho bisogno di farmene testimone, e a oggi non ho altra scelta.

2. Ieri e l'altro ieri

Come quella delle cose, la vita delle persone inizia sempre senza di noi. Poi un giorno eccoci che arriviamo: bambini in una famiglia, adulti in un nuovo Paese o un nuovo lavoro. Spesso ci mettiamo parecchio a capire cos'è successo fino a quel momento, per quale ragione quelli che ci circondano reagiscono come reagiscono, quali conflitti o drammi hanno aperto le faglie che intravediamo in loro. È la mole del passato a determinare il presente, un passato che non si conosce e che nessuno racconta, fatta eccezione per quei ricordi frammentari deformati dall'inconscio, le bugie difficili da tenere a bada, o le leggende reinventate ogni volta da capo. C'è un mucchio di persone a cui non interessa scandagliare la Storia a tali profondità, che si accontenta di sapere lo stretto necessario per vivere la propria vita. Ce ne sono altre, invece, che subiscono il fascino del passato, degli antefatti. Come Cora Salme nel momento in cui ha iniziato a lavorare per la sua nuova azienda. E come me, in fondo. Per questo ora è giunto il momento di parlare di ieri e dell'altro ieri. Del passato di Cora e di quello della Borélia.

Quella della Borélia è una grande storia, di cui nessuno storico di professione si è ancora occupato. L'unico libro interamente consacrato all'azienda, una pubblicazione interna concepita per festeggiarne i settant'anni di attività, porta la firma di Catherine Giuly, moglie di uno dei dirigenti dell'epoca, e nonostante si basi su informazioni di prima mano, si può dire eufemisticamente che si tiene abbastanza alla larga dai metodi del pensiero critico. Inizialmente ho temuto che questa carenza di fonti avrebbe stroncato il mio lavoro sul nascere. In realtà lo ha facilitato. Ai testimoni diretti che hanno accettato di incontrarmi ho detto di essere un giornalista interessato alla storia della Borélia, alla quale volevo dedicare un libro, e che stavo cominciando a raccogliere materiale qua e là per vedere se fosse davvero possibile cavarne fuori qualcosa. In realtà avevo bisogno di intervistarli per non limitarmi esclusivamente al punto di vista di Cora. Ma a loro ho raccontato che, invece di attenermi alla fredda cronaca dei fatti, preferivo dare spazio alle voci di quanti avevano contribuito, giorno dopo giorno, e senza sapere di preciso dove fossero diretti, a costruire l'azienda. Solitamente, se si attacca con una solfa del genere, ci si scontra con la diffidenza più primitiva. Ma quando poi le persone percepiscono in te un interesse sincero per un mestiere di cui col passare degli anni, e grazie anche alla malcelata indifferenza dei loro cari, non sanno più bene cosa dire, allora ecco che si abbandonano docilmente alla china del racconto e ripescano nella memoria quelle buone ragioni che le convincevano, o le convincono tuttora, ad alzarsi ogni mattina per andare al lavoro. E tornano a crederci.

Per iniziare potrei rifarmi a quel filmato d'archivio i cui colori si stanno spegnendo. Siamo negli anni Sessanta. La telecamera segue Georges Bories nella cittadina della Auvergne dove ha trascorso l'infanzia. Ha i modi e la fisionomia del proprietario terriero, parla con l'impareggiabile voce nasale e vibrante tipica di molti francesi dell'epoca. Mostra la casa in cui è nato nel 1919, qualche mese dopo l'armistizio, che confina con la stazione di posta gestita dai suoi avi fin quando il padre non l'ha riconvertita in un'officina. Racconta di aver assistito alla scomparsa del mondo in cui ancora si ferravano i cavalli, messo alla porta da quello in cui si aggiustano motori e carrozzerie tra i miasmi del carburante. Qualche strada più giù, oltre il cancello in ferro battuto, c'è la scuola municipale. Alla vista delle vecchie mura, dei tre tigli ormai cresciuti e di quel cortile adesso così minuscolo, Bories parla della propria vocazione ripercorrendo una serie di aneddoti che sembra improvvisare sul momento e che invece deve aver provato e riprovato chissà quante volte. Ovviamente, spiega, non era scritto che facesse quello che ha fatto, se ci è riuscito è merito suo, ma deve ammettere di aver avuto in dono fin dall'inizio un innato senso degli affari. A sei anni, come la maggior parte dei suoi coetanei, Georges passa la ricreazione giocando a biglie o organizzando corse tra lumache; ciò che lo distingue dagli altri è la calma e l'autorevolezza con cui spadroneggia al gioco delle carte e dei dadi: calcola istintivamente le probabilità ben prima di conoscere il significato della parola.

Nel '39 scoppia la guerra, e in estate Bories viene chiamato alle armi. A fine maggio del 1940 fa parte di quel milione di militari francesi e inglesi stretti nella morsa di Dunkerque; mentre una flotta di pescherecci, chiatte e rimorchiatori fa la spola per consentire l'evacuazione dei soldati verso navi più grandi e permettere loro di raggiungere l'Inghilterra, Georges trascorre l'intera notte sulla spiaggia a vegliare su un ufficiale che porta il nome André Roussy inciso sulla piastrina e ha la schiena martoriata dalle schegge di una granata. Quando il fumo delle bombe si disperde, sull'altra sponda della Manica ecco balenare le scogliere di gesso, ma sembrano ogni ora più irreali, irraggiungibili. I cadaveri tutt'attorno indossano maschere di sangue e sabbia, e la bocca ancora spalancata conferisce a quei volti un'espressione inebetita di sorpresa. Georges comincia a cercare le parole di compianto con le quali, ammesso che ne esca vivo, annuncerà impacciato la morte di quest'uomo di appena vent'anni, che è anche un figlio e un fratello. Ma alla fine la sfangano entrambi.

Vengono trasferiti in Germania, in un campo di prigionia nella valle del Reno. D'inverno, sui colli, le fumate di carbone che salgono dagli altiforni si insinuano tra i ceppi delle vigne e si confondono con la bruma. I loro corpi sono una preda per le pulci e un bersaglio per le guardie tedesche. Coperti di un'uniforme dello stesso colore del fango, vanno e vengono alla mercé delle armi che gli puntano addosso. Basta davvero un niente: l'accesso d'ira del primo soldato che passa, il capriccio di un ufficiale, e sarebbe la fine. Allora non si azzardano a fare il calcolo delle probabilità. Non hanno nessuna voglia di scommettere. Per conservare quel po' di dignità André e Georges avrebbero bisogno di un corpo capace di starsene zitto ed eclissarsi, ma la fame è un ratto che divora le viscere e non si stanca mai; il loro fisico protesta sempre più forte, pretende che le sue necessità vengano soddisfatte anche a costo di perdere ogni amor proprio, subire angherie, farne subire, cadere sempre più in basso. Nelle poche righe che vengono loro concesse in ogni lettera, intonano sempre la stessa litania: ci servono calze, sapone, indumenti di lana, e poi certo, se non è troppo disturbo, anche un po' di cioccolato, salame, zucchero.

Poi il padre di André, che ha fatto carriera alla Michelin, riesce a farli liberare. Dopo un lungo viaggio in treno, sballottato da tutte le parti, Georges Bories rientra a Clermont: è tutto intero, ma resterà zoppo per il resto dei suoi giorni, e decide di non immischiarsi né con i collaborazionisti né con la Resistenza. Non rivendica questo suo attendismo, ma quando in seguito diventerà un uomo importante non cercherà nemmeno di occultarlo per forgiarsi un passato più glorioso, come invece hanno fatto molti altri. Di giorno lavora nel garage del padre. La sera va a cena dai Roussy, che sono persone colte, dalla parlantina spigliata, e gli prestano dei libri. Rimane irretito da quelli di Blaise Pascal, nato a due passi dalla casa dov'è cresciuto André. La dottrina delle probabilità elaborata nei testi matematici del filosofo comincia a soggiogarlo; la prosa ostinata dei *Pensieri*, quando riesce a coglierla, gli rifila dei veri e propri schiaffi metafisici. Il giorno in cui, nel marzo 1944, gli americani bombardano la fabbrica di Cataroux e tra le macerie rimangono intrappolati diversi suoi amici, Georges sa bene di averla scampata per un pelo, che ancora una volta la tragedia gli è passata accanto. Allora varca la soglia delle chiese di pietra nera. Trova rifugio nella loro penombra. Signore, dimmi: chi è il prossimo? Quando succederà di nuovo? Nonostante un buon numero di appuntamenti mancati con Dio e di preghiere cadute nel vuoto, decide comunque di scommettere sulla fede, anche se nessuno lassù sembra volergli concedere il benché minimo segno della propria esistenza, presenza o compassione.

Certe sere Colette, la sorella di André, si mette al piano per resistere ai cumuli di neve grigia che là fuori soffocano ogni cosa, e allora Georges rimane in piedi accanto a lei e le guarda le mani. Canta il *Winterreise* di Schubert, e così facendo ripercorre quel viaggio d'inverno, attraversa i villaggi, contempla i vecchi alberi, tranquillizza i cani con il palmo della mano e beve alle fontane. Canta nel tedesco che ha imparato (siamo sessant'anni giusti prima che Cora ascolti Thomas Quasthoff eseguire a sua volta quei *Lieder* dalla filarmonica di una Berlino interamente ricostruita), e André lo esorta ad alzare la voce, perché bisogna coprire Radio Londra. Voltano insieme le pagine, e man mano che la partitura scorre Georges e Colette s'innamorano. La domenica vanno in gita sui vulcani, il Puy de Côme, il Puy de Dôme, per ritrovare il cielo e guardare oltre la guerra. Si sposano nell'estate del 1944, l'anno della Liberazione. In una delle stradine che scendono dietro alla cattedrale, seguiti dai loro invitati, incrociano due donne. Le hanno appena rasate, sputano sangue. L'immagine s'imprime nella testa di Georges, che la rievocherà spesso: «C'era una tale violenza, ovunque. Così tanta violenza... Non ne potevo più. Mi sono detto: dobbiamo costruire qualcosa di diverso».

Restaurata la pace, la soluzione più facile sarebbe raggiungere suo suocero e André alla Michelin. L'azienda ha appena depositato il brevetto per lo pneumatico radiale. Dietro il loro ritegno misterioso e imperturbabile, gli ingegneri fremono, convinti di avere in mano una carta in grado di rivoluzionare il mercato. Ma non è l'industria a pungolare le speranze di Georges Bories. Verso la fine degli anni Ottanta gli hanno dedicato una biografia. Cora ha comprato il libro e l'ha conservato nella propria biblioteca anche in seguito agli eventi che ci interessano (a riprova del fatto che la sua rabbia e il suo sconforto non investono alla cieca tutto quanto abbia a che fare con la Borélia). Sulla sua copia ha evidenziato i paragrafi dedicati al racconto di questi eventi per mezzo di una parentesi graffa tracciata sul margine della pagina, cui aggiunge una «C» maiuscola ogniqualvolta ha l'impressione che, pur parlando di qualcun altro, il testo si riferisca a lei. Tornando a Georges Bories, a quell'epoca, e così anche in futuro, poiché non è una di quelle ossessioni che si dileguano rapidamente, ad arrovellarlo in realtà è la morte. L'ha vista spesso, e da vicino. Trascinando la gamba offesa si chiede per quale felice casualità sia riuscito a salvarsi la pelle. Ha sperato così intensamente di sopravvivere alla guerra che ora vorrebbe quel suo auspicio fosse condiviso da tutti, assieme all'aspirazione a un'esistenza più sicura, in cui non si viva con la costante sensazione di aver un uccellino spaesato al posto del cuore.

Ma come si combatte la morte? Georges ci riflette. Non trova risposta. Probabilmente Pascal risponderebbe attraverso la salvezza, Cristo, la fede del cuore. Ma nel mondo terreno, concretamente, come fare? In tempo di guerra, si dice Bories, basta ristabilire la pace; e in tempo di pace... forse bisogna sforzarsi di capire da dove venga, la morte, individuare le circostanze nelle quali si manifesta con maggior frequenza. Signore, dimmi: chi è il prossimo? Quando succederà di nuovo? Nel corso dei suoi languidi vagabondaggi, nelle lunghe notti immobili, Georges sogna grafici che illustrino rischi e pericoli. Continua a leggere i giornali: il governo ha da poco nazionalizzato le grandi compagnie assicurative e ha dato vita alla Sécurité sociale, che si farà carico delle malattie e degli incidenti sul lavoro, ma per quanto riguarda la salvaguardia dei beni e la previdenza privata, il campo è totalmente libero. Il paesaggio è stato appena rimodellato, e visto che gli attori già esistenti non sembrano reagire al cambiamento, è un buon momento per buttarsi nella mischia. Bories ci riflette ancora un po', con la serietà che lo contraddistingue, poi prende la sua decisione. Non risolverà l'irrisolvibile, ma il suo è un primo gesto di resistenza, un modo di fare la propria parte. Ora vuole costruire, tramutarsi nell'uomo solido che pareva destinato a diventare da ragazzino, e poi aiutare gli altri a diventare solidi a loro volta. «Solido» è la sua parola preferita, quella a cui si tiene aggrappato. In pieno inverno 1947, con il razionamento ancora in vigore e il latte che gela nelle bottiglie di vetro, mentre Colette deve cambiare il piccolo Pascal davanti alla stufa per non fargli prendere freddo, Georges Bories deposita lo statuto di una società di mutua assicurazione chiamata Les Prévoyants, «i previdenti».

Il regno del fondatore dura trentadue anni. Coincide pressappoco con quel periodo di crescita che, per un certo tempo, nell'Europa occidentale, ha reso meno complicata la ricerca di un compromesso tra capitale e lavoro. Le testimonianze concordano nel descriverlo come un padrone sensibile alle istanze sociali, che non ostacola i processi di sindacalizzazione, concede aumenti regolari ai suoi dipendenti e si sforza di fidelizzarli. «La lealtà degli uomini» ama ripetere «non è come il loro tempo o la loro forza lavoro: va conquistata, non si può comprare.» Poggiando sul leggio le mani da uomo di fatica, insisteva spesso sulle virtù della stabilità: invece di sprecare energie cambiando lavoro o azienda un giorno sì e un giorno no, era preferibile *stabilirsi* in un posto che magari all'inizio non era né meglio né peggio di tutti gli altri, ma che col tempo sarebbe potuto diventare una seconda casa. E invece di contestare continuamente le strategie aziendali, era più redditizio dare fiducia al capo e marciare serenamente dietro la sua guida.

In un uomo come Bories, le convinzioni sociali non derivavano soltanto dall'amore per il prossimo o dall'esperienza della precarietà della vita che aveva potuto fare nello Stalag. A suo modo di vedere, dipendevano perlopiù da una necessità politica: se non si miglioravano le condizioni di vita di tutti, fino agli ultimi impiegati e operai, si correva il rischio di cadere nella trappola del bolscevismo. Allora sarebbe ritornata la guerra, e insieme a lei il caos che non conosce domani. Sotto la loro patina sentimentale, il sistema pensionistico a ripartizione, i centri vacanze, i giovedì sera di cineclub con i western di John Ford e le carrozze disposte in cerchio, innalzavano un'immateriale cortina di ferro che bastava appena a prevenire il contagio: «Bisogna che ognuno ne tragga giovamento. Bisogna far sì che nessuno abbia interesse a mettere tutto a soqquadro. Non so voi, ma io ho imparato che le persone sono fiere dei propri averi. E le assicurazioni servono a questo: a garantir loro che riusciranno a conservare davvero quanto guadagnano lavorando, spesso anche molto duramente. E che quanti invece dovessero perderlo verranno rimborsati. Che la proprietà privata è una cosa sicura, perché è un diritto naturale, direi persino sacro».

A meno di non essere proprio taccagni patentati, condividere qualcosa in quegli anni non era certo una disgrazia: i soldi scorrevano a fiumi. Nelle regioni della Francia centrale, dove c'era ancora molto da fare per ottenere rendite migliori, i contadini che potevano permetterselo volevano avere la possibilità di assicurarsi contro il cattivo raccolto, i macchinari in panne e la moria del bestiame. Per chi non era più vincolato al lavoro della terra, l'acquisto della prima automobile andava a braccetto con la prospettiva di spezzare l'ammorbante catena della routine e filarsela per un po'. «Bisogna sforzarsi di immaginare cos'ha significato per le persone, all'epoca» mi diceva Cora. «Vivevano un'esistenza angusta, insopportabile! Ognuno si procacciava moglie o marito in un raggio di cinque chilometri dal posto in cui era nato, e gli abitanti dei paesi vicini erano visti come forestieri. E lo dico io, che ho tutte le ragioni per odiare le macchine... Ma appunto, bisogna sforzarsi di immaginare quale incredibile apertura abbiano rappresentato.»

Stendere una cartina stradale, puntare il dito su una città che fino a quel momento era stata solo un nome, un'immagine sfocata, una cartolina in bianco e nero, e sapere di arrivarci entro sera; sentire a ogni curva una tonnellata di carrozzeria che risponde mansueta alla morbida pressione delle mani sul volante e il motore che fa la voce grossa col vento, mentre da una parte e dall'altra dell'asfalto i platani accelerano: Georges Bories era il primo ad esserne entusiasta, a voler godere di quell'ebbrezza. Sulla mappa il Paese non si muoveva di un centimetro; ma a mano a mano che le linee delle nazionali e delle autostrade s'intricavano in un groviglio sempre più denso su stradari sempre più definiti, le campagne uscivano dal proprio isolamento, e le zone abitate si spandevano a vista d'occhio. Eppure, quando andava in visita dai suoi agenti a Limoges, a Saint-Étienne o a Moulins, Bories non dimenticava neanche per un istante che quelle macchine di libertà erano anche macchine di morte. Bastava un secondo di distrazione. Potevi non avere nessuna colpa, bastava un cretino, qualcuno che si credeva più furbo degli altri e per dare un senso alla sua vita aveva bisogno di sorpassare chiunque gli si trovasse davanti – il genere di persona che dice di avere i riflessi pronti, e che continuerà a pensarlo anche dopo averti trasformato nella sua vittima. Dal momento che Bories parlava con sincera convinzione, e sottoscrivere un'assicurazione era diventato obbligatorio, ne vendeva a palate. Il mercato era florido, e con un'attenta gestione delle spese si potevano realizzare grossi profitti anche coi prezzi calmierati. Il piatto era molto invitante, Bories lo sapeva, ne aveva parlato spesso con il padre e con i Roussy, ed era stato tra i primissimi, in Francia, a capire quanto fosse essenziale, per una compagnia assicurativa, poter contare su una rete di officine convenzionate che fatturassero le riparazioni a un prezzo onesto, senza gonfiare le ricevute.

E anche piazzare assicurazioni contro gli incendi e polizze multirischio per l'abitazione era facile, «non ci vuole mica un mago» ripeteva sempre. Il segreto stava nel mettere su una squadra di commerciali e rappresentanti persuasivi ma al contempo rassicuranti. Bories li invitava a cena, li incalzava come aveva fatto anni prima il suocero con lui, e poi studiava la loro capacità di argomentare e di capire quando invece era il momento di fermarsi e lasciar parlare l'altro. Con apparente distacco versava loro un secondo bicchiere per vedere se reggevano l'alcol, o come trattavano le mogli, e se per caso gli rimaneva qualche dubbio faceva avviare un'indagine interna sulla loro condotta fuori dal lavoro. I dipendenti più anziani formavano i neoassunti direttamente sul campo. Era un gioco da ragazzi: bastava entrare in confidenza con i portinai, che erano al corrente di tutti i traffici all'interno dei palazzi, bussare alla porta dei nuovi condomini, complimentarsi per quel gioiellino di casa che avevano scovato, e poi al momento dei saluti, un piede oltre la soglia, chiedere loro con un'apprensione ormai amichevole se si erano premurati di mettere al sicuro quella bella famigliola. Puntualmente rispondevano che non avevano bisogno di niente, ma non era una ragione sufficiente per mollare l'osso, anzi: a quel punto si doveva rilanciare con una copertura più ampia, o una tariffa più conveniente, o proporsi di prendere in mano il loro contratto non appena quello attuale fosse scaduto. Gli ispettori, che si spostavano da una sede all'altra e rincasavano solo di rado, avevano il compito di verificare che tutti avessero acquisito una certa dimestichezza con questi stratagemmi: per motivare gli agenti organizzavano delle gare, li trasformavano in segugi sempre a caccia di nuovi clienti, e in navigati dialettici capaci di tenersi buoni quelli che già avevano nel portafoglio.

È un po' desueta, a pensarci, questa Francia. Fa un po' Francia di una volta. Ma in lei c'è qualcosa che mi commuove, come nelle vecchie fotografie. Come quel cassetto del comò nella casa in campagna che non aprivi da chissà quanto, e come gli oggetti insulsi che contiene, magari ancora intatti ma ormai resi obsoleti da anni di oblio e polvere. La cosa più toccante è pensare che per quanti lo hanno vissuto quel tempo era il presente, la sola epoca che avrebbero conosciuto in prima persona, e che doveva apparirgli incredibilmente *moderna*: erano l'avanguardia, ma d'altronde siamo tutti condannati a esserlo, e dovevano fronteggiare un avvenire popolato da fantasmi ancor più sfumati di quanto non lo siano loro ai nostri occhi, senza sapere cosa sarebbe venuto dopo, da dove sarebbero sbucate le mode, le espressioni, gli atteggiamenti e i punti di vista che li avrebbero resi antiquati. La cosa che più mi piaceva durante quei tre anni trascorsi a studiare storia tra le mura della Sorbona, prima di deviare verso il giornalismo, la cosa che più mi entusiasmava, anche se non sapevo ancora darle un nome, era proprio questo dialogo tra fantasmi che si osservano attraverso la coltre dei decenni. Più o meno sbiaditi, e presumibilmente desiderosi di vedersi restituita la vita dei colori, se ne stanno lì, immensa folla immobile e raccolta, costretta a galleggiare nella spirale del tempo in attesa di qualcuno che arrivi a ricomporne il profilo e a ravvivarne la voce, facendone il soggetto inconsapevole di quei tentativi di resurrezione che non funzionano mai fino in fondo. Se ne stanno lì e basta, immobili, muti.

Cora era arrivata alla Borélia nell'autunno 2007, quando ormai i superstiti di quella prima era dell'azienda si contavano sulla punta delle dita. Édouard Verzack si era subito accorto di quella sua curiosità, e le aveva suggerito, per scoprire qualcosa in più, di pranzare con Jacqueline Mazel una volta o l'altra. Jacqueline mangiava solo alla mensa, dove in effetti la conversazione veniva interrotta ogni cinque minuti da un collega che si fermava per farle un saluto o chiederle un'informazione, ma ne valeva comunque la pena. Tendendo il lungo collo fuori da una casta camicetta, diceva di essere un dinosauro, e quando Édouard la correggeva, definendola piuttosto la memoria vivente della compagnia, si scherniva con un gesto della mano. «Jacqueline aveva un pregio raro» ha tenuto a precisarmi Cora. «Poteva andare avanti a raccontare per ore, ma faceva molta attenzione a non annoiare l'interlocutore. E quando parlava con te, nonostante il casino generale, riusciva sempre a darti l'impressione che quella fosse una storia inedita, che tu fossi la prima ad ascoltarla.» Cora le si era affezionata. Sperava che giunta alla sua età sarebbe stata anche lei capace di chiacchierare con persone di trent'anni più giovani, rievocando i propri ricordi senza cedere alla malinconia e all'esaltazione di quel mondo a cui erano sopravvissuti e dal quale li ripescava, senza tuttavia privarli della loro aura.

Jacqueline Mazel aveva cominciato dal basso, assunta come dattilografa quando la sede principale si trovava ancora a Clermont-Ferrand, e a pochi anni dalla pensione ricopriva un ruolo di rilievo nelle risorse umane. Per Cora e Édouard risuscitava la memoria di un'impresa familiare dove si conoscevano tutti. C'erano un sacco di feste e momenti di svago in cui si ballava insieme, dal direttore all'ultima impiegata, e si rimorchiava parecchio. Il lunedì era tutto dimenticato, e la solita gerarchia si ristabiliva come niente fosse. I dirigenti avevano una mensa riservata dov'erano serviti a tavola, e attaccapanni con le loro iniziali per appendere cappotto e cappello. Alle donne era proibito scendere agli archivi, giù nello scantinato, per evitare che qualcuno tentasse di abusarne approfittando dell'oscurità. Agli uomini, invece, era vietato l'accesso al reparto delle dattilografe: «Lo chiamavamo "il convento". C'erano solo le segretarie, me compresa, tutte in fila a battere a macchina i contratti o la posta, e il supervisore, un uomo, l'unico autorizzato a entrare, che teneva il tempo guardando il suo orologio in piedi su una pedana di legno». Non esistevano orari flessibili: qualche minuto prima dell'inizio del turno vedevi affrettarsi per strada anche le donne anziane o incinte, e la sera, quando già vibrava nell'aria il trillo liberatore della campanella, davanti alle porte degli uffici si formavano lunghe file di impiegati pronti a riversarsi giù per le scale.

«Era un mondo strano» diceva Jacqueline Mazel. «C'era una gerarchia rigorosissima, molto paternalismo, ma al tempo stesso regnavano il buonumore e una certa vicinanza reciproca. Vi sembrerà assurdo, ma il direttore non lo chiamavamo signor Bories. Lo chiamavamo signor Georges.» E al momento della successione, verso la fine degli anni Settanta, erano passati al signor Pascal, il figlio di Bories che aveva preso le redini dell'azienda e l'aveva trasferita nella capitale. Credeva fosse giunto il momento per Les Prévoyants di aprirsi all'internazionale, incorporando altre imprese o quantomeno concludendo qualche partenariato all'estero, così da diversificare il rischio e fare in modo di operare sempre in un mercato favorevole. E per quanto fosse spiacevole ammetterlo, certe operazioni non si mettevano a segno restando nell'Auvergne. Ma la ferrea logica del ragionamento declinato in più occasioni da Pascal Bories, con il padre due passi più indietro che si limitava a fare sì con la testa, non bastava ad attenuarne la violenza. Quando iniziarono a circolare le foto della nuova sede a due passi da gare Saint-Lazare molti dipendenti vi videro un'indecente ostentazione di ricchezza, del tutto aliena all'immagine che avevano dell'impresa e del proprio mestiere. Un bel giorno Pascal Bories aveva trovato gli uffici occupati dai dirigenti sindacali, senza nessun preavviso. Neanche dieci mesi di gestione ed eccolo già alle prese con il più grande sciopero nella storia della compagnia.

A sentire Catherine Giuly, che su questo punto è palesemente a disagio e si rifugia nell'edulcorazione con la grazia tipica degli agiografi, l'insorgere dello sciopero era dovuto a un banale malinteso. Schiacciati dal timore reverenziale nei confronti del padrone, i dipendenti non avevano saputo far valere le proprie rivendicazioni negli anni precedenti. E dal canto suo Pascal Bories, che era un uomo moderno, dinamico, e quindi talvolta un po' sbrigativo, aveva probabilmente sottovalutato il loro attaccamento alle origini dell'azienda, a quel mondo agricolo, industriale e provinciale che sentivano di dover difendere a tutti i costi. Seduta a un tavolo della mensa, piluccando un po' di macedonia ogni due o tre sorsi di tè, Jacqueline Mazel tratteggiava invece una storia molto diversa. Pascal Bories era nato insieme all'azienda, era cresciuto nella bolla rassicurante di un'espansione senza intoppi, aveva ascoltato i genitori parlarne con il coinvolgimento che di solito si riserva alle vicende famigliari, e quindi si sentiva investito di un'autorità tanto palese da dimenticare che, per quanto importante, la sua discendenza non lo legittimava alla coercizione né lo dispensava dall'onere di guadagnarsi a sua volta il rispetto delle truppe, e anzi, lo costringeva a dover dimostrare di non considerare Les Prévoyants alla stregua di una proprietà privata.

La primavera del 1978 è ad ogni modo il periodo peggiore mai vissuto dall'azienda. Una sfilza di gomme bucate, di volantini rabbiosi che sporcano le dita d'inchiostro e amabili ingiurie affidate a lettere anonime. Per due mesi gli scioperanti tengono duro e rifiutano di obbedire all'ingiunzione di sgombero, il sindaco di

Clermont-Ferrand è costretto a invocare l'intervento della polizia, ma lascia filtrare l'informazione affinché i dipendenti abbandonino i locali prima di essere cacciati *manu militari*. Nelle settimane che seguono Pascal Bories riceve a colloquio più di cento persone: annota le proposte di quanti vorrebbero ridefinire la strategia aziendale, placa gli eccessi di collera senza indietreggiare di un passo, tiene sempre a portata di mano un fazzoletto da porgere a quelli che scoppiano in lacrime. Sulla base delle storie personali di cui lo rendono partecipe, e delle richieste che i suoi interlocutori enunciano a gran voce o nascondono tra le righe di discorsi vagamente sconnessi, decide chi deve restare, chi deve seguirlo a Parigi, e chi invece ha il profilo adatto per andare a far crescere la filiale italiana o quella in Québec. Jacqueline, che proprio in questo periodo comincia la sua scalata ai vertici della compagnia, riconosce a Bories di aver gestito egregiamente quel battesimo del fuoco. Consapevole dei benefici che avrebbe ricavato dando a Les Prévoyants un'immagine di impresa sociale, in seguito si è sempre sforzato di anticipare il legislatore, ad esempio proponendo incentivi per trattenere i più ambiziosi o autorizzando la conversione degli straordinari in giorni di stipendio o di congedo.

Ma, più dell'insediamento a Parigi, è stata l'acquisizione della Castel a portare Les Prévoyants in una nuova era, raddoppiando dall'oggi al domani le dimensioni del gruppo. «Ti dice qualcosa il nome Castel?» chiede Jacqueline a Cora. «Non credo, sei troppo giovane. Ebbene, la Castel era la regina dell'assicurazione francese: si occupava di incendio da una cosa come il 1840, di sinistri dal 1875, e aveva una sede maestosa accanto al parc Monceau. I loro dirigenti erano tutti personaggi con una certa influenza, capaci di cucire una clausola dopo l'altra contratti su misura secondo le esigenze di ogni cliente. Diciamo che noi, a confronto, sembravamo venditori di enciclopedie.» Nel 1918 la Castel si era sentita abbastanza solida da poter indennizzare i sinistri legati alla guerra sebbene fossero coperti da una clausola di esclusione, e l'iniziativa era valsa alla compagnia una reputazione imbattibile nel

Nord e nell'Est del Paese. In tempi più recenti, invece, Bernard Castel aveva inanellato una serie di investimenti disastrosi: certe operazioni immobiliari nelle stazioni sciistiche delle Alpi o in Costa Azzurra – all'epoca si parlava di «corsa all'oro bianco» o «all'oro azzurro» – l'avevano portato dritto in tribunale. Quando nel 1981 il governo era passato ai socialisti sulla prestigiosa agenzia di assicurazioni si era stagliata la minaccia della nazionalizzazione.

Pascal Bories ricorda perfettamente il modo in cui suo padre aveva approfittato della situazione creatasi nell'immediato dopoguerra. E si dice che ora è il suo turno. Da giovane ha imparato il termine greco *kairos*. Il *kairos* passa di rado, ma quando passa bisogna essere pronti ad afferrarlo, altrimenti vuol dire che non si è nati per gli affari. Protetta dal proprio statuto di società mutualistica, Les Prévoyants non ha nulla da temere: le sue azioni non sono quotate in borsa, ma ripartite tra i soci; se anche il mercato volesse punire l'avventatezza dell'acquisizione facendone crollare i titoli, la compagnia sarebbe comunque al riparo dagli attacchi esterni. La notizia si diffonde nelle settimane seguenti. Alla Castel si stizziscono, punti sul vivo all'idea di venire inglobati da quella che vedono alla stregua di una banda di bifolchi. Bories ottiene l'avallo del governo. Ora gli manca solo quello degli azionisti della compagnia rivale. Il documento con la lista completa dei loro nominativi è depositato in una banca, ma i dirigenti di quest'ultima, tutti votati alla causa della Castel, continuano a rifiutarsi di collaborare. Una situazione di stallo, insomma, che si protrae per diversi mesi. A mezzo stampa, Bernard Castel accusa Bories di approfittare della crisi per fare un'offerta al ribasso e giura che per nessuna ragione al mondo accetterà di svendere il suo gruppo.

Poi viene una sera d'autunno. Piove a dirotto. Rintanato nel suo ufficio, Bories rivolta il problema da tutti i lati e non sa più che pesci prendere. La segretaria annuncia una visita. Nel suo studio si accomoda un signore paffuto, sbucato come da un'altra epoca e apparentemente inoffensivo. È il *kairos* in persona. Non somiglia per niente a un semidio, ma poco importa. È solo un modesto azionario che non sopporta più i modi aristocratici di Castel, la sua collezione di donne e automobili, e che da anni ha sviluppato nei suoi confronti un risentimento pari soltanto all'attenzione con cui tiene d'occhio il corso delle proprie azioni. Con un gesto che tradisce una certa vergogna, quasi scusandosi, l'uomo deposita sulla scrivania di Bories la lista completa degli azionisti.

Così Pascal chiama a raccolta i fedelissimi. Fanno l'appello, controllano chi conosce chi per provare a convincere i soci più importanti. Quando ormai hanno la sensazione di essersi infognati in un vicolo cieco, decidono di affidare il ruolo di intermediario a Victor Tardieu, un dirigente della Société générale la cui vicinanza a Bories non è di dominio pubblico. È una persona discreta, di gran tatto. Sa come guadagnarsi la fiducia di qualcuno senza svelare da subito per conto di chi stia negoziando. Da noi, a Les Prévoyants, insiste, il mestiere di assicuratore è preso molto sul serio. Sarà lo stesso se la Castel finisce nelle mani della società di telecomunicazioni che sembra profilarsi come l'unico altro possibile acquirente? Dopo i recenti fiaschi nell'immobiliare, vale la pena di buttarsi in una nuova avventura altrettanto imprudente? Passare con Les Prévoyants, in realtà, non significherebbe tradire ma, al contrario, rimanere fedeli allo spirito della propria professione… Si convincono in molti. E ciononostante, alla vigilia dell'assemblea generale, Bories rivede comunque al rialzo la sua offerta per accertarsi di portare a casa la partita. Il prezzo non conta, acquisire la Castel sarebbe un colpo straordinario, punto. L'affare giusto al momento giusto. Un concorrente così prestigioso che soltanto due anni prima nessuno avrebbe pensato di poter assorbire, ma indebolito da una particolare congiuntura su cui Bories e i suoi si avventano approfittando dell'incertezza generale, e soprattutto del timore generato in tutti gli altri imprenditori dall'avvento di un governo di sinistra che minaccia le sorti delle loro aziende e li spinge a vagheggiare ambiziose acquisizioni piuttosto che progetti d'esilio.

Superata la prova, Pascal Bories sa di non dover infierire sui rivali di una volta. Per prima cosa rassicura quelli della Castel: la loro identità verrà rispettata. Perché dovrebbe essere altrimenti, visto che è proprio l'eleganza dei loro metodi ad aver convinto Les Prévoyants dell'opportunità di quest'alleanza? Ma al di là delle belle parole, Bories è costretto a smentirsi dopo appena un anno, quando, analizzando le complicazioni segnalate dai suoi fiduciari, vede confermato uno dei timori iniziali: il connubio funzionerà soltanto se si provvede alla fusione delle direzioni commerciali e tecniche, oltre ovviamente alle risorse umane. Ma per altri versi, il discorso di pace che tiene di fronte ai suoi nuovi dipendenti non è solo uno specchietto per le allodole: quindici anni più tardi, quando nei corridoi si vuole descrivere qualcuno rapidamente, si dice ancora: «Ecco, vedi, lui è uno della Castel, lei invece è sempre stata qui a Les Prévoyants». In quella fase di transizione nessuno sa dire per quanto tempo potranno coesistere due visioni tanto differenti della professione di assicuratore. Quel che si sa, invece, è che le due imprese si fondono e hanno bisogno di un nuovo nome. Qualcosa di meno paternalista di Les Prévoyants, e meno aristocratico di Castel. Un nome che si lasci alle spalle il crepuscolo del vecchio millennio e apra gli occhi sull'alba di quello a venire. Alla fine del 1983 la scelta è fatta: il nome sarà Borélia.

Man mano che rimette insieme gli episodi salienti di questa storia, completando i racconti di Jacqueline e Édouard con le sue letture sull'argomento, l'attenzione di Cora si concentra sugli elementi del presente che il passato non rischiara del tutto. Alcune cose stridono, non collimano con quanto le viene detto. Perché l'azienda che sta iniziando a conoscere non ha certo un profilo espansivo. Il Pascal Bories che intravede nelle assemblee generali non ha molto in comune con lo scaltro stratega di cui Jacqueline e altri le dipingono un ritratto retrospettivo. Un dolore senza contorni ne intralcia l'eloquio, pondera a lungo le sue affermazioni, e a ognuna di queste sembra far eco una voce più bassa, ma più incarnata e decisa, che dice sì, insomma, alla fine non è così importante. Quando si sforza di scherzare le sue parole avanzano su una fune tesa tra il riso e l'amarezza, e spesso vacillano per poi cadere dalla parte sbagliata. Ispira un rispetto velato da una profonda inquietudine, e invece del terrore suscita simpatia – il che è encomiabile nella vita di tutti i giorni, ma in una posizione come la sua non è proprio l'ideale per tenere alla larga i nemici.

Da dove viene quella tristezza? Può darsi che la carriera di Bories sia stata col senno di poi al di sotto delle sue aspettative, ma siamo sicuri che sia tutto qui? O forse ci sono altre ragioni, che nessuno conosce o vuole raccontare? Una cosa è certa: dopo l'acquisizione della Castel, e nonostante la fondazione di una società anonima destinata ad assorbire la maggior parte delle sue attività, la Borélia è rimasta a margine dei grandi processi accentratori che hanno imperversato per ben due decenni. Bories non è riuscito, o magari non ha voluto seguire fino in fondo la strada del *big is beautiful*. «Se lo si ripete come un mantra, è ovvio che diventa ridicolo» commenta Édouard. «È ovvio che non se ne può più di sentirlo dire a destra e a manca, specie con quell'aria da megalomani. Ciò detto, se c'è un settore in cui questa formula risulta valida è quello delle assicurazioni, dato che la solidità delle imprese è effettivamente proporzionale alla loro capacità di diversificare il rischio.» Mentre i concorrenti si annettevano l'un l'altro a colpi di mercato, la Borélia si è accontentata di coltivare la sua crescita interna, acquisendo tutt'al più nel corso degli anni qualche piccola società mutualistica. All'arrivo di Cora, la Borélia è ormai all'ottavo o nono posto nella classifica delle compagnie assicurative francesi. Il rapporto tra Bories e il suo stato maggiore si è sfilacciato. Forse si sentivano *arrivati*, forse ne avevano abbastanza della routine, ma hanno finito per ripetere gli stessi errori di Castel, quelli da cui in precedenza avevano saputo trarre vantaggio.

La fine degli anni Ottanta, e poi gli anni Novanta. È l'epoca in cui lo Stato insiste affinché le assicurazioni si facciano carico più attivamente del proprio ruolo di finanziatori dell'economia. Il ministro chiede aiuto a Bories e ai suoi, li riceve regolarmente, con carrelli pieni di stuzzichini e primizie di ogni genere, per fare il punto sulle imprese che hanno più bisogno di liquidità. In quelle occasioni Pascal Bories, che nonostante gli ormai vent'anni di vita parigina si sente ancora di Clermont, e che rimpiangerà sempre di non appartenere dalla nascita al mondo esclusivo e consanguineo dei grandi decisori, ha la sensazione di avvicinarsi a ciò che avrebbe voluto diventasse il cuore della sua esistenza ben di più rispetto a quando invece è costretto a occuparsi di provvigioni e fluttuazione del tasso della sinistrosità. E, dal momento che in quegli uffici dalle enormi finestre affacciate sulla Senna sono tutti convinti che la sua sia un'azienda *solida*, può tranquillamente rendersi utile e acquistare qualche partecipazione qua e là.

«E questa strategia di diversificazione avrebbe anche potuto funzionare» spiega Édouard a Cora «se Bories l'avesse portata avanti col senso del calcolo di un banchiere navigato; ma buttarcisi per fare un piacere ai potenti, cedendo alle loro lusinghe, era ovviamente un rischio. Cosa credi che sia successo? Avevano tutti la testa altrove. I risultati concreti prodotti con le assicurazioni hanno iniziato a sgretolarsi, e da lì in poi si è instaurato un circolo vizioso: la tentazione di mantenere quell'imponente portafoglio azionario si è fatta sempre più forte. Serviva a garantirsi un buon ruolo in borsa, capisci?, e a distogliere l'attenzione da tutti gli indicatori che avevano avuto il cattivo gusto di mettersi a lampeggiare. Quando sono arrivato io sulla carta andava ancora tutto bene, ma di fatto stavamo già imbarcando acqua. E quando abbiamo avuto tutti i dati nero su bianco abbiamo cercato di farglielo capire, io e pochi altri, ma si può dire, per tagliare corto, che nessuno ci ha dato retta.»

Grossi problemi di governance, insomma. Ma c'è dell'altro nelle occhiaie di Bories. Con qualche riserbo in più – ma anche, almeno in certi casi, con una certa malcelata soddisfazione, come se il potere fosse una colpa da espiare, e il successo ottenuto in una sfera dell'esistenza imponesse dei sacrifici nelle altre, delle sanzioni impreviste –, qualcuno accenna a Julien Bories. Suo padre l'ha fatto studiare perché sia in grado, un giorno, di raccoglierne il testimone. Ma mentre si fa le ossa in un ruolo operativo cominciano a circolare voci sulle sue assenze, le sue sbandate, i suoi strafalcioni madornali. Diserta una riunione cruciale, non risponde al telefono, e il suo entourage viene a sapere soltanto qualche giorno più tardi, sconcertato, che ha guidato tutta la notte verso sud-ovest per andare a vedere l'alba sulla spiaggia di San Sebastián. Scompare per un'intera settimana, poi rispunta tutto agitato, gli occhi a fessura, accompagnato da una fanciulla della quale dice di essersi innamorato perdutamente in un coffee shop di Amsterdam. Quando la diagnosi di disturbo bipolare viene confermata e la notizia si sparge a macchia d'olio nonostante il rispetto che tutti nutrono nei confronti del loro direttore è ormai chiaro che Julien non assumerà mai la guida della Borélia. Sarebbe già tanto se riuscisse a mantenere dignitosamente un ruolo di quadro. La figlia di Bories, Mathilde, ha intrapreso una carriera da stilista a Londra e non si è mai interessata all'azienda, dato che era destinata al fratello. Per Pascal Bories, che ha speso una quantità inusitata di energie per tenere a bada i suoi delfini, talvolta piazzandoli in ruoli dove si annullavano a vicenda, talvolta spingendo i più ambiziosi all'errore, se non direttamente all'uscita, è un colpo tremendo. Da trent'anni non fa che tessere con tutti le lodi del capitalismo famigliare, il solo che consenta di conservare una visione a lungo termine e arginare la *hybris*; la sua visione del mondo è interamente fondata sulla placida solidità del principio dinastico, ma all'improvviso si sente dire da tutte le parti – ancor peggio, può constatarlo da sé – che quell'assunto non vale più niente, e sarebbe irresponsabile, colpevole e insensato restarci aggrappato.

Quando si profila questa crisi di successione Cora è arrivata in azienda da un anno. Con l'impressionante nitidezza che la memoria restituisce ai contorni dei momenti decisivi, rivede il bar di Ménilmontant dove, navigando su internet, ha trovato l'annuncio di lavoro, il colpetto superstizioso della mano sulla buca delle lettere quando ha deciso di raddoppiare la sua candidatura aggiungendo anche un invio postale a quello on line, e la rivoltante indifferenza dei passanti a gare Saint-Lazare il giorno in cui ha firmato il contratto. Entrata nel reparto marketing, i primi due anni si è occupata essenzialmente di prodotti assicurativi offerti da non-assicuratori. Ma sì, sapete già di che si tratta: sono quelle garanzie aggiuntive che ci propongono quando compriamo un biglietto aereo o una macchina fotografica. In casi simili, capita che il cliente tenga così tanto al proprio acquisto da accettare di buon grado il costo extra. L'oggetto del desiderio è bello da morire, ma anche troppo caro per permettersi di romperlo o farselo rubare. E come si recupera la cifra spaventosa che ci si appresta a sganciare per un viaggio se poi si è costretti a posticiparlo o annullarlo? In quel momento preciso, almeno per i riscofobi (ma non solo loro), vale assolutamente la pena di sobbarcarsi una spesa supplementare che rapportata all'investimento totale sembra irrisoria e indolore, mentre presa singolarmente sarebbe parsa insopportabile.

Cora inizia a fare ricerche, mette a confronto garanzie differenti, tiene d'occhio i prodotti della concorrenza, tutte attività non proprio elettrizzanti che però le servono, appunto, per cominciare a familiarizzare col mestiere. La miseria che ha assaporato negli ultimi anni tentando di farsi strada nella fotografia, d'altronde, le ha lasciato segni troppo profondi perché ora possa lamentarsi di questo nuovo inizio. Sa bene che la cosiddetta libertà, spogliata dell'ebbrezza del primo appuntamento, ha il fascino di un telefono che non suona mai, di un cesto pieno di biancheria sporca e di un frigo disperatamente vuoto. Ha imparato sulla propria pelle, nel corso di lunghi mesi di lavoro assiduo con cui non riusciva nemmeno a pagarsi le bollette, che in fin dei conti la precarietà non è meno alienante e insostenibile del lavoro dipendente. Ma della Cora fotografa, poiché prima o poi dovrò pur farlo, vi parlerò più tardi. Per ora vi basti sapere che Cora traeva anche grande beneficio da questo primo impiego in azienda, poiché imparava molte cose e raramente era obbligata a rimanere davanti al computer: usciva spesso per incontrare i referenti delle altre imprese con cui collaborava, in ufficio c'era un viavai ininterrotto e capitava con una certa frequenza che le venisse chiesto un parere sui progetti di qualcun altro.

Nel giro di due anni, come da prassi, si è messa in mobilità, ha fatto girare il curriculum, e alla fine si è ritrovata nello stesso reparto. Dapprima ha esitato (non rischiava di essere etichettata come quella che avrebbe fatto marketing per tutta la vita?), ma dato che il posto aveva un'importanza più strategica, e che con Édouard Verzack si era instaurata una certa sintonia, non aveva motivi per rifiutare. Ormai si occupa essenzialmente di marketing relazionale, che mira non solo ad attrarre nuovi clienti ma a fidelizzare i più redditizi, o quelli che presentano grossi margini di sviluppo. Un contratto assicurativo di solito *vive* esclusivamente al momento della firma, dei pagamenti delle rate e degli eventuali sinistri, mentre la vera sfida consiste nell'immaginare occasioni d'incontro più stimolanti per i clienti, ad esempio proponendo loro servizi di consulenza che possano trasformarli in ambasciatori del marchio. In un mercato dove la liberalizzazione dei regolamenti inasprisce una concorrenza un tempo assai fiacca, fidelizzare costa dieci volte meno che andare alla ricerca di nuovi clienti – ma, di nuovo, bisogna pur sempre esserne capaci.

Tutta presa in questo genere di attività, Cora inizia a trovarsi bene alla Borélia, ma ecco che dei nuvoloni plumbei oscurano il cielo e si diradano solo per far posto ad altri nuvoloni, ancor più minacciosi. I venti che soffieranno fino a far volare per aria ogni cosa nella sua vita si scontrano e scatenano una tempesta, che per ora tuttavia non si vede, o infuria lontano. Nell'autunno del 2008, i prestiti ad alto rischio concessi alle famiglie americane fanno crollare Wall Street. È dallo choc petrolifero del 1973, da quando è nata, che Cora sente parlare di crisi, ma stavolta, almeno a dar retta alle voci concitate e assordanti che girano, stavolta la crisi è arrivata *davvero*. I toni allarmistici dei media, la solennità abbottonata assunta d'un tratto dai politici sembrano indicare che la parola stia recuperando un po' di quel suo senso da troppo tempo abusato, della sua forza drammatica, e quindi anche quella brutalità con cui tiene in pugno le vite degli esseri umani e le stritola fino a farle esplodere.

Col passare dei mesi le azioni delle banche o delle società industriali a cui la Borélia si è esposta vengono travolte dal crollo. Sebbene l'azienda disponga di una qualche riserva, i risultati finanziari non tardano a subirne l'effetto. Poi Pascal Bories convoca una conferenza stampa in cui annuncia di soffrire – ormai da tempo – di un cancro alla prostata, e che dunque dovrà presto cedere il testimone. «Io non c'ero» mi ha raccontato Cora. «Ho visto il video più tardi e mi è dispiaciuto molto. Sarei stata felice di conoscerli, lui e suo padre. Non dico che fossero gente alla mano, né sono sicura che saremmo andati d'accordo, ma avevano un'aria interessante. Forse, se non li avessi incrociati soltanto di sfuggita, le cose sarebbero andate diversamente. È così... quando ci penso mi dico che, ecco... sono arrivata nel posto giusto, ma al momento sbagliato.» Già l'indomani i giornalisti che si occupano di economia non perdono un minuto a sfoderare senza vergogna le loro trite metafore sulla nave alla deriva che ha perso il suo comandante; i più freudiani mettono in luce il nesso evidente tra la fragilità dell'impresa, dovuta a una cattiva gestione degli attivi, e la vulnerabilità nascosta del proprietario; in molti rimproverano a Bories di non aver reso note prima le sue condizioni di salute, ma la ripercussione immediata della notizia sul valore delle azioni basta da sé a spiegare come mai abbia tenuto il segreto così a lungo.

All'inizio del 2010 il ministro dell'Economia convoca al capezzale della Borélia un'assemblea di banchieri e colleghi assicuratori. I suoi consiglieri lo hanno messo al corrente sulla genealogia del problema, e il ministro sa che lo Stato condivide una parte delle responsabilità, ma tuttavia non è disposto a salvare l'impresa a spese dei contribuenti. Si cercano altri investitori. I fratelli Frémont, a capo di un importante gruppo che opera nell'edilizia e nella gestione delle risorse idriche ed energetiche, escono allo scoperto all'ultimo momento con la proposta più convincente. Ottenuto il consenso del consiglio d'amministrazione, attivano i propri contatti con le banche tedesche e olandesi. Una volta concluso l'affare, e senza perdere tempo in consultazioni all'interno della Borélia, annunciano la nomina di Antoine Mangin nel ruolo di presidente e amministratore delegato. Mangin non viene dalle assicurazioni, ma ha una reputazione di ferro: è l'uomo giusto, ne sono certi. A metà aprile, quando Cora entra nel sesto mese di gravidanza, un Pascal Bories emaciato e livido, intenzionato a salvaguardare i suoi cari in vista del giorno, ormai imminente, in cui non sarà più tra loro, firma l'accordo con cui la sua famiglia smette di essere l'azionista di maggioranza dell'impresa fondata dal padre più di sessant'anni prima.

Sebbene Cora abbia potuto seguire l'avvicendamento al vertice tramite la stampa e le voci di corridoio, e sebbene lo riconduca facilmente agli effetti della crisi economica, resta comunque dell'idea che tutto si svolga a livelli della gerarchia cui lei non può accedere, e che la cosa in fin dei conti non la riguardi in prima persona. A parte una lettera di Mathilde Rameaux, la direttrice delle risorse umane, dalla quale viene a sapere che il suo prossimo aumento è rimandato a data da destinarsi, non ci sono segnali che la inducano a temere ripercussioni immediate sulla sua vita quotidiana. E dato che a ciascun giorno basta la propria pena, la sua priorità per il momento è continuare ad affermarsi come un membro imprescindibile del reparto marketing.

Se avesse nutrito una vocazione precoce per il mestiere di assicuratore, probabilmente non avrebbe ambito a svolgere quella funzione. E se la sua passione fosse stata invece il marketing, di certo non avrebbe scelto quel settore per fare carriera. Lavorare in un'assicurazione significava sforzarsi di vendere prodotti immateriali, essenzialmente finanziari, che le persone acquistavano per obbligo o per prudenza; le differenze d'offerta tra una compagnia e l'altra erano minime, e anche quando, spremendosi le meningi, si concepiva un'idea innovativa, non c'erano brevetti che impedissero alla concorrenza di riproporla tale e quale. Per quanto elegante fosse la strategia comunicativa che Cora avrebbe contribuito a mettere in campo, quelle cene tra amici in cui a un certo punto un commensale si lancia in una dichiarazione d'amore eterno per la propria previdenza sociale sarebbero rimaste esclusivo appannaggio della pubblicità; era quantomeno raro vedere persone che si vantavano di aver sottoscritto per primi le nuove condizioni generali; un prodotto assicurativo non avrebbe mai potuto assurgere a una dimensione feticistica, come quella dei telefonini che milioni di persone carezzavano, bloccavano e si infilavano in tasca per tornare a riprenderli un minuto dopo, allertati da una vibrazione o ansiosi di inviare la risposta ammiccante che gli era appena venuta in mente.

La sensualità delle assicurazioni era più sottile, il loro fascino più discreto. Le persone volevano sentirne parlare il meno possibile, e la scommessa era esattamente questa. Firmavano un assegno allo scadere della polizza solo perché dovevano, ma non avevano nessuna voglia di immaginarsi macchine cappottate, tetti sradicati dal vento, morti precoci o incendi che lasciano a malapena il tempo di salvare qualche lettera privata o un album di famiglia. Senza rendersene conto, persino quelli che davano dei ladri agli assicuratori pagavano per un servizio di cui si auguravano di non dover mai verificare l'efficienza, se non in situazioni di poca cosa. «Personalmente» ripeteva Cora ai suoi amici amanti dei paradossi «mi sta bene, anzi benissimo pagare tutta la vita senza mai consumare. Di certo non mi lamento.» Gli unici a far valere i propri diritti erano, di fatto, quelli a cui un caso fortuito, un incidente, una tragedia avevano appena rovinato l'esistenza.

La finanza, la consulenza, l'audit, la vendita... tra gli sbocchi principali che venivano prospettati alla business school, il marketing era quello che preferiva, o il meno peggio, diciamo. Certo, in quegli anni in cui l'Avvenire con la sua bella A maiuscola era sempre al centro delle discussioni nelle comitive di amici che si rimescolavano di continuo, aveva valutato anche altre possibilità. Le sirene delle ONG, dell'imprenditoria sociale o solidale erano certo ammalianti. Ma sognare non bastava. Puoi aiutare per tre mesi i contadini boliviani a commercializzare la loro quinoa o, come nel suo caso, richiamare l'attenzione sui danni causati dalla pesca dinamitarda sulla barriera corallina delle isole dell'Indonesia, ma poi torni in Francia, cominci a cercare lavoro, e ben presto ti accorgi che in quel settore ce n'è ben poco, per giunta pagato ancora meno, e uno strattone violento ti riporta a terra, come a dire che, malgrado tutto l'acume che pensavi di avere, ti eri solo montata la testa e ora i tuoi sogni fuggivano via come un palloncino d'elio dal filo spezzato. Perché è la realtà a tenere quel filo, a nessuno viene in mente di tagliarlo o toglierglielo di mano, e non è facile capire se sia davvero un peccato aver smesso di flirtare con la troposfera, tra cumuli e nembi, o se invece sia meglio così, perché una volta lassù, lontano da tutti gli sguardi, saresti esplosa in un secondo, come tutti.

E quindi ai suoi occhi restava solo il marketing, meno barboso delle discipline numeriche perché popolato da figure umane, persone di cui si tentava di stabilire il profilo, prevedere i comportamenti, attirare l'attenzione. Per come vedeva le cose, certi giorni le davano la stessa eccitazione dei giochi di strategia che faceva da adolescente con suo fratello Bruno, con la differenza che si incontravano un po' meno orchi e guardie naziste. Tra i professionisti che erano venuti a buttar l'esca nel suo campus parlando delle loro agenzie – quelle che esistevano davvero, e assumevano centinaia di persone ogni anno –, gli assicuratori le avevano lasciato un buon ricordo. Erano simpatici, brillanti quanto basta, posati. Sembravano possedere un certo equilibrio e un occhio di riguardo per questioni sociali di cui gli altri relatori non si occupavano affatto. Il piglio tipico dei finanzieri, nervoso, sprezzante, li faceva apparire invasati, fuori dal mondo, bolliti già a quarant'anni – e poi erano quasi tutti uomini, il che faceva supporre una campana di cristallo a proteggerli contro ogni tentativo d'effrazione da parte del genere femminile. Gli altri professionisti che avevano partecipato alle giornate di orientamento venivano dal mondo del lusso o delle nuove tecnologie, e incarnavano un consumismo da cui Cora era ammaliata un po' come tutti, ma che le sembrava tollerabile solo a piccole dosi. Non ci si vedeva proprio a vendere prodotti di cui nessuno aveva realmente bisogno. Era il lato protestante e camisardo della sua famiglia che veniva a galla: con un padre consigliere alla circoscrizione comunale e una madre segretaria in uno studio medico non aveva avuto in dote né il gusto né i mezzi per appassionarsi al superfluo. Si sentiva immune a ogni frivolezza, e poiché la cosa non le aveva mai impedito di percepirsi come simpatica o sexy non trovava nessuna ragione per cambiare.

Scavando più a fondo, nel silenzio imperturbabile e avvolgente dello studio di uno psicanalista o tra le pagine scarabocchiate dei suoi quaderni, ci si imbatterebbe sicuramente in motivazioni capaci di chiarire perché Cora sia finita a lavorare nelle assicurazioni – ma visto che lei stessa le ha formulate solo in seguito alla sua caduta nella spirale, non mi sento di anticiparvi nulla. Interrogata sulla sua scelta, in quell'autunno in cui sta per riprendere il lavoro, risponderebbe forse che soddisfa un lungo elenco di requisiti e comporta tutta una serie di risvolti positivi: è un settore in cui i posti di lavoro qualificato non si delocalizzano con uno schiocco di dita, poiché il mercato è regolato dalle reti di distribuzione e le leggi variano da un Paese all'altro; gli stipendi sono più che onesti; le imprese stabiliscono la propria sede principalmente nelle grandi città; e dal momento che si lavora meno rispetto ad altri settori finanziari, non è impossibile trovare un equilibrio tra vita professionale e vita privata. Quindi d'accordo, forse non è ciò che aveva sempre sognato, ma in fin dei conti diventare adulti non significa proprio iniziare a percepire, nell'espressione «sogno d'infanzia», l'irritante puerilità del bambino invece della forza ostinata e luminosa del sogno?

Non si può sempre fare ciò che si vuole, dice la voce. O almeno non tutto. È una voce un po' disturbata, che parla spesso, ma è difficile da ascoltare. Le viene da dentro, sembra far parte di lei, e Cora non sa più dire se sia quella dei genitori, di Pierre o la propria. E d'altronde quando mai la sua voce ha riecheggiato come una musica che non poteva appartenere a nessun altro? O è forse sempre risuonata a quel modo, seguendo una partitura eseguita da uno strumento indecifrabile? Quelli che non mollano, dice la voce. Quelli che inseguono i propri sogni a qualsiasi costo. Li ammiriamo, certo. Ma ancora di più adoriamo quelli che si spingono oltre le nuvole. Li guardiamo e pensiamo che hanno tutto. Ma che ci scrutino dall'alto con tanta disinvoltura, che siano molto più in vista di noi, che ci investano del riflesso quasi divino che spandono quaggiù, non sono buone ragioni per dimenticarsi di tutti gli altri. Hai anche studiato statistica tu. Non puoi proprio dimenticarti degli altri. Sai benissimo che nella stragrande maggioranza sono soltanto palloncini a elio. O tanti Icaro, se preferisci. Partono all'arrembaggio, salgono salgono e poi… pluf! precipitano. Icaro, il sole e pluf. Li vedi, là in alto? Guardali bene da qui, coi piedi piantati per terra: Icaro, il sole e pluf.

3. Navi in partenza

A volte va tutto così veloce. Tra l'istante in cui Édouard Verzack, contro ogni abitudine e principio, comincia a chiudere la porta dell'ufficio e il giorno in cui lui e Cora si stringono l'uno tra le braccia dell'altra, in piedi, proprio dietro quella porta chiusa, passa un'intera stagione. Le foglie non smettono di cadere. Guarda gli alberi, Manon: hai visto che belli? È l'autunno! Quando le chiome si tingono di giallo e di rosso Manon Esterel ha tre mesi; quando ormai sono spoglie e annerite ne ha quasi sei. Per lei è un lasso di tempo considerevole: impara a raccogliere gli oggetti, gattona a marcia indietro, s'incanta davanti al suo riflesso nello specchio e alle volte vaneggia in una lingua sconosciuta. Ma per Cora va tutto così veloce. Sa ripercorrere perfettamente la sequenza di quelle settimane: una specie di discorso di politica generale tenuto da Antoine Mangin davanti all'albero di Natale; gli aneddoti di Édouard sul seminario per dirigenti grazie al quale ha scoperto il Mali; i suoi resoconti sulle riunioni del comitato esecutivo che si susseguono e si fanno sempre più tesi, passando dal dibattito allo scontro aperto, dalla divergenza di vedute alle strategie di logoramento tipiche della guerra di posizione.

Diciamolo subito, Édouard le piace. Le è piaciuto fin dall'inizio. E non solo perché lavorare con lui è piacevole. Ha sentito dal primo momento che erano fatti per capirsi al volo. È il tipo di capo che ti invita a passare nel suo ufficio per qualsiasi cosa, senza esitare. Se ti astieni allora lo fa lui, gira tra le varie stanze per assicurarsi che vada tutto bene. Vuole essere messo al corrente di tutti i dubbi rimasti irrisolti e delle osservazioni taciute, e non lo dice tanto per dire. Se gli sembrano falsi problemi o presentimenti fallaci risolve la questione con poche frasi sapientemente articolate, ma preferisce comunque perdere cinque minuti, se necessario anche venti volte al giorno, invece di lasciare che qualcuno si tenga per sé delle buone idee o stia lì a lambiccarsi il cervello. Sulla carta un manager in gamba dovrebbe essere proprio così, accessibile, disponibile a qualsiasi ora, ma Cora sa bene come quello di Édouard sia un caso più unico che raro, e quanto quell'assenza di barriere non sia affatto naturale né scontata: le basta guardare il resto del reparto marketing per capire che lui viene da un altro mondo.

Ha frequentato tutte le *grandes écoles*: la Normale, Sciences Po, l'École des hautes études commerciales. Lui non lo dice mai, ma bastano due clic per scoprirlo, e d'altronde si percepisce. Cora se lo immagina preparare un concorso dietro l'altro, diligente, meticoloso, senza farsi paralizzare dallo stress, e soprattutto senza quell'arroganza sbandierata dagli altoborghesi quando fingono di prendere le cose sottogamba solo per darsi delle arie o esorcizzare il terrore di un'eventuale bocciatura. Con un padre psicanalista e una madre professoressa di storia dell'arte all'università, entrambi noti nei rispettivi ambiti, Édouard è fin troppo consapevole dei privilegi garantiti dalla sua provenienza sociale per attribuirsi meriti eccessivi. C'è da scommettere che a cena dai suoi siano passate chissà quante figure di quell'ambiente intellettuale di cui Cora invece ignora principi, fazioni e antagonismi. Conoscendolo meglio, scopre che Édouard ha letto Dostoevskij una decina d'anni prima di lei; che ha visto l'intera filmografia di Bergman e di Kurosawa, mentre lei sì e no un paio di film, dei quali peraltro fatica a ricordare titolo e trama, e a dirla tutta non è nemmeno sicura che fossero effettivamente opera loro. E se di solito le persone cresciute in quell'ambiente considerano la cultura alla stregua di un passatempo adolescenziale che si accantona una volta entrati nel mondo del lavoro, e al quale tutt'al più si ritorna su un lettino in riva al mare o in una casa di campagna quando fuori piove – perché in fondo sono più borghesi che intellettuali –, Édouard invece non ha mai smesso. È padre di due bimbe e di un maschietto, sgobba dieci, quindici ore a settimana più di lei, e ciononostante trova il tempo per occuparsi dei figli, guardare quei film di fronte ai quali Cora si addormenta in cinque minuti e leggere quei libri che lei tiene sul comodino per quando avrà una vita meno frenetica (un giorno, chissà!) – ma lo fa con la naturalezza con cui ci si veste al mattino o si cena alla sera, come se non potesse davvero vivere altrimenti, con una tale assenza d'ostentazione, una tale indifferenza all'idea di primeggiare che non si può proprio trovarlo antipatico, e anzi suscita un'ammirazione superiore ai complessi d'inferiorità che per forza di cose semina sul suo cammino. Per fortuna almeno ogni tanto si presenta al lavoro con la faccia sbattuta e dice di aver dormito male.

In ogni caso a Cora Édouard ha sempre dato la sensazione di essere umile, non si è mai vantato di quell'aura che gli viene dalle sfere che frequenta, e anzi, parlando con lui le pare di poterne far parte a sua volta senza sentirsi inadeguata. E questo avviene, lo sa bene, perché è lui a stabilire le regole del gioco, ad appiattire lo scalino sociale che li separa e ad abolirne i riti e i costumi più discriminanti. È la dimostrazione della sua superiore eleganza, il punto più alto della sua raffinatezza, e a Cora dà perfino sui nervi. A volte avrebbe voglia di chiedergli: c'è qualcosa di importante che non sai fare? Davvero non hai mai bisogno di aiuto? Mostrami le tue debolezze, ragazzo! Parlami dei tuoi fallimenti, andiamo!

Ma a questo proposito, al massimo si può dire che ha fatto un percorso leggermente inusuale, che sarebbe potuto salire più in alto, e più in fretta. Capo dell'ufficio marketing e membro del comitato esecutivo della Borélia: per molti sarebbe un traguardo più che onorevole a quarant'anni, ma trattandosi di Édouard le sembra un tantino modesto… non vorrebbe ricorrere a espressioni come «per un uomo del suo calibro», poiché non ne può più di questa lingua infestata dalla tacita accettazione della superiorità virile, ma ecco, diciamo che è un po' poco, forse. Cora non se lo spiega. Magari qualcun altro aveva notato il suo talento in quel settore, così come in quello delle risorse umane, dove aveva iniziato, e visto che non capita spesso di vedere persone col suo profilo (per non dire semplicemente: un uomo) crescere e portare risultati, si è detto che sarebbe stato un peccato lasciarsi scappare uno così. O forse lui per primo si era presentato come un letterato, razionale e rigoroso certo, ma non particolarmente a suo agio con le cifre; i numeri li tollera perché gli agenti di commercio e gli azionisti ne affermano prosaicamente l'esistenza, ma quando si sveglia al mattino non ha nessuna smania di trovarsi in loro compagnia, come d'altronde non ha alcuna predisposizione per sottrarli al loro apparente mutismo.

E già che ci siamo con le domande lasciate in sospeso e con le piccole stravaganze: è così affabile con tutti? Cora ci ha fatto caso. Se si tratta di rapportarsi ai propri subordinati con lo stesso rispetto che alcuni ritengono di dovere soltanto ai loro pari, allora la risposta è sì, assolutamente. Ha interiorizzato la lezione della Rivoluzione francese: gli uomini nascono e rimangono liberi e uguali nei diritti; le distinzioni sociali sono giustificate unicamente sulla base dell'utilità comune. Vasto programma, che non possiamo davvero dire di aver realizzato... Va bene, va bene, ma quei continui inviti a pranzare insieme? Quella premura di presentarle Jacqueline Mazel, di farle conoscere più da vicino la storia della Borélia? O il fermarsi a bere qualcosa a fine giornata, magari cenare insieme di quando in quando? Si confida più con lei che con gli altri, invoca continuamente il suo parere, eppure non ci prova mai, se non a dosi infinitesimali. Non che lei gli abbia mandato chissà quali segnali, tutta presa com'è a parlare di Manon, dapprima di Manon-ancora-senza-nome, Manon-in-utero, poi di Manon-nuovo-mondo, Manon-primi-sorrisi; e anche, va da sé, di Pierre, senza esaltarlo, ma nemmeno sminuirlo, non fosse altro perché la sua esistenza intesse dei legami dissimulati con cura ma non certo misteriosi con la suddetta personcina in fase di sviluppo. È forse questo a impedire che tra loro nasca un altro tipo di rapporto? Chi può dirlo. E nemmeno l'ipotesi deludente, ma non del tutto infamante, dell'amicizia è da escludersi. A volte si chiede se le piacerebbe che ci fosse qualcosa di più. Ma non lo sa nemmeno lei. Non è stupida, vede benissimo che Édouard è un tipo tormentato, un malinconico da competizione, con cui non dev'essere affatto facile convivere. Così si ripete: mi sembra invincibile perché mi baso sulle apparenze, ma cosa ne so in fondo? Mica sono nella sua testa. Lo conosco fino a un certo punto. Non so nulla dei suoi incubi.

Lui l'ha abituata a intere giornate di silenzio, ed è per questo che quell'autunno Cora ci mette un po' ad accorgersi che le notizie dal fronte non devono essere delle più rosee. Allora tutto si capovolge. Il fatto che anche a lui vengano le occhiaie è rassicurante. Il problema è quando si fanno scavate, quando la porta del suo ufficio inizia a essere sempre chiusa. Osservandolo dal primo giorno, perché ha un fascino magnetico, certo, ma anche perché è una sorta di barometro dell'atmosfera dei piani più alti, Cora si dice sulle prime che probabilmente deve avere qualche grattacapo, può darsi abbia bisogno di fare più chiamate personali del solito o di sistemare qualche magagna privata. Ma quando la cosa si fa sistematica e la porta del suo ufficio non si riapre più capisce che il problema non è solo di Édouard, o non solo suo, almeno. C'è qualcosa di più grande, e forse è il caso che tutti comincino a preoccuparsi.

Sono state disposte seicento sedie nel salone di rappresentanza. A parte la prima fila, riservata ai membri del consiglio di amministrazione, ognuno può sedersi dove vuole. Col timore di doversela filare prima del tempo, Cora si è accomodata in fondo con Jacqueline, vicino alla finestra, perché ci mette poco a sentirsi soffocare e le piace tenere sempre un occhio rivolto all'esterno. Il cortile è immerso nell'oscurità, l'illuminazione è fioca. Il corpo di Antoine Mangin, in lontananza, è una piccola sagoma sul palco, Cora lo osserva sugli schermi e si dice che lì le appare più vicino di quanto lo vedrà mai nella realtà. Ha un viso aguzzo, e il corpo nodoso di un vecchio ulivo. Dà l'idea di essere fatto per resistere agli incendi, ma al tempo stesso ha un fuoco che lo anima e lo divora dentro.

Mangin parla a braccio ma dietro un leggio, non nello stile stand-up col microfono ad archetto che furoreggia da quando Steve Jobs se n'è impadronito per addentare sempre più fette di mercato. Scherzando, ma fino a un certo punto, dice che sta per tenere un discorso di politica generale. Loro devono immaginarsi come seicento parlamentari ai quali è venuto a chiedere la fiducia. Non si aspettino che vada troppo nel dettaglio o faccia grandi proclami. Siamo sotto Natale, è il momento ideale per ricordarsi come un'impresa sia anche una comunità che può prefiggersi dei fini nobili. Se oggi è felice di essere tra loro è perché si riconosce nella storia di questa azienda, nel suo spirito, nelle parole lungimiranti di Georges Bories: «Il primo effetto dell'assicurazione, e il più salvifico, è eliminare la paura che appesantisce le nostre vite e ci impedisce di agire e fare progetti. "Rex est qui metuit nihil" scrive Seneca da qualche parte. Non so se avete fatto un po' di latino, o se i vostri studi classici sono lontani quanto i miei… "Re è colui che nulla teme", che è libero dal timore. Per scoprire cosa avesse in serbo per loro il futuro, Greci e Latini consultavano gli oracoli. Quando i loro piani non andavano come previsto si sforzavano di capire quale rito avessero celebrato male, quale dio si fossero inimicati. Anche per i cristiani tutto dipendeva dalla provvidenza, che concede il proprio favore ma le cui famose vie rimangono misteriose. Per noi invece l'avvenire è un campo di probabilità quantificabili, un oggetto d'indagine scientifica come un altro. La previsione era il dominio degli dei: ora invece possiamo affermare, senza montarci la testa, che è divenuto il terreno degli assicuratori. Se restiamo inerti» prosegue Mangin «il caso regnerà sulle nostre vite, e scaverà un fossato tra i più fortunati e quelli che, comunque vada, pagano sempre dazio. Lo sapete meglio di me, il nostro mestiere serve a ridurre queste disparità, a fare in modo che chiunque incappi in una sorte avversa, come un incidente, non sia obbligato a ripartire da zero». E per fare ciò analizzano un'enorme messe di dati. Prevedono l'avvenire a partire da questa raccolta metodica di informazioni sul passato. Gli scienziati che hanno fondato lo studio delle probabilità avevano già in mente qualcosa di simile quando parlavano di legge di frequenza degli errori o della legge dei grandi numeri. «Si prenda un vasto campione di elementi casuali» scriveva per esempio Galton «e si vedrà apparire una sorta di regolarità d'impareggiabile bellezza che non si sarebbe mai immaginata.» Mangin sa bene che questa regolarità può mettere i brividi, poiché sembra ridurre l'individuo a un accidente. «Ma il fatto è che noi siamo un accidente. Non dobbiamo dimenticarlo se vogliamo vivere con saggezza. Che ci piaccia o meno, facciamo parte di queste statistiche invisibili. E ciò non esclude che ciascuno di noi sia un individuo unico, una combinazione estratta una sola volta, che non si riprodurrà più. Le due cose non sono in contraddizione, è proprio questo che mi affascina. Se possiamo svolgere il nostro mestiere, aiutare a curare delle ferite, riparare dei danni, significa che nel mondo ci sono più ordine e stabilità di quanto non crediamo. E non so voi, ma conoscendo il numero delle violenze e la portata delle catastrofi che avvengono ogni giorno, io mi dico che è un dato assai rassicurante.»

Il viaggio in Mali si era svolto nella prima decade di novembre. Mangin ha avuto l'idea a giugno, e dal dire al fare è stato un attimo. Sbarcando alla Borélia si era trascinato dietro, a mo' di scorta personale, una ventina di collaboratori della Redex, l'azienda in cui lavorava prima, così ha pensato che ci volesse un momento fondativo dopo il quale vecchi e nuovi colleghi avrebbero smesso di guardarsi come estranei o addirittura nemici. La scelta è caduta sull'Africa perché era convinto che i viaggi in condizioni difficili cementassero i rapporti più dei soggiorni negli hotel o nei resort di lusso, ma anche e soprattutto perché, sotto la sua pelle bianca, Mangin è africano. È infatti il pronipote del celebre generale Charles Mangin che esplorò la valle del Nilo intorno al 1900, e in seguito caldeggiò, appoggiato dai *tirailleurs sénégalais*, la formazione di un'armata *nera* al servizio della Francia; divenuto celebre, si era visto assegnare una guardia maliana di etnia bambara, tale Baba Koulibaly, che lo avrebbe seguito come un'ombra, tanto nella battaglia di Verdun quanto in quella del Chemin des Dames. Il giudizio degli storici sul suo conto non è ancora unanime. Ci si chiede se il generale fosse davvero un mangiatore d'uomini. Aveva meritato il soprannome di *bevitore di sangue* perché effettivamente non teneva conto del numero di vite che sacrificava? O doveva invece quell'infame reputazione al clan del rivale Pétain, quando in realtà, opponendosi alla dottrina dell'offensiva a oltranza e facendo precedere gli attacchi della fanteria dal fuoco continuo dell'artiglieria, aveva dato prova di essere un comandante attento all'integrità delle proprie truppe, nonché uno stratega visionario?

Una cosa è certa: sulle tracce del suo avo, colpito se non dal virus della guerra almeno da quello dell'Africa, Antoine Mangin ha vagabondato laggiù da giovane e vissuto per un periodo in Mali. Nella regione del Pays Dogon ha potuto assistere al rito del Sigui, che commemora la rivelazione della parola agli uomini e la morte del loro primo antenato. La cerimonia dura ben sette anni, ma si tiene una volta ogni sessanta. Quando viene intervistato da una rivista di storia dell'arte sulla sua collezione privata, che lui ha ampliato aggiungendo molti pezzi a quelli ereditati dalla famiglia, descrive il soggiorno africano come una delle esperienze più importanti della propria vita. E non vede l'ora di tornarci circondato dalle donne e dagli uomini che insieme a lui costruiranno il futuro della Borélia. Ci tiene tantissimo, ed è difficile capire perché. Quando gli è stato fatto notare che novembre forse non era il momento più adatto, con il bilancio da chiudere entro fine anno e la caccia ai grossi contratti che si fa più spietata, ha respinto l'obiezione con placida fermezza: «Queste sono cose di normale amministrazione. I nostri team sanno già cosa fare, e lo faranno. Noi invece dobbiamo guardare avanti, immaginare l'avvenire della Borélia da qui a vent'anni, e vi assicuro che lo faremo meglio laggiù, risalendo le correnti del Niger». Nella vita bisogna saper fare delle deviazioni, aggiunge. Scorrendo il suo curriculum viene da chiedersi in quale momento, di preciso, si sia concesso un privilegio simile, ma visto che ne parla con grande convinzione, e l'idea sembra spogliare la vita di quel suo triste aspetto di linea retta verso la morte, vien voglia di credergli.

Cora non era mai stata in Africa, e le sarebbe piaciuto molto prendere parte alla spedizione. Lo sognava fin dall'infanzia, quando ramingava con lo sguardo sulla superficie ammaliante del planisfero, ma dopo aver fatto amicizia con Astou, la segretaria del reparto marketing originaria proprio del Pays Dogon che parlando dell'Africa trasforma la pausa caffè in un vero e proprio viaggio mentale, il suo sogno ha assunto contorni più vivi. Quando racconta dei suoi viaggi in Mali Astou descrive il vento carico di sabbia che spira sulla cima delle falesie di Bandiagara, e della savana del Burkina Faso, visibile da lassù volgendo lo sguardo sulla pianura che si stende sconfinata verso est. Astou Djiguiba è uno di quei testimoni con cui ho avuto lunghi colloqui. Rivedo le sue mani affusolate che mi fermano se faccio domande sconclusionate, il mento che annuisce quasi suo malgrado quando invece trovo una buona pista, quel viso di cui è impossibile stabilire l'età e che ispira fiducia fin dal primo istante. In seguito ho scoperto che ha avuto un ruolo cruciale in questa storia: se non ci fosse stata lei, lo scandalo andato in scena due anni dopo non sarebbe mai accaduto, almeno non allo stesso modo. Per ora non aggiungerò altro, perché non è ancora il momento, ma intanto segnatevi questo nome, Astou Djiguiba, cercate di tenerlo a mente.

Cora era in azienda da troppo poco tempo per sperare di far parte del gruppo dei quarantacinque eletti, al massimo avrebbe potuto imbucarsi: il regolamento non era poi così categorico, e gli organizzatori avrebbero accettato di buon grado di compensare il rapporto uomini-donne, se non altro sulla foto di gruppo. Ma non poteva abbandonare di punto in bianco il lavoro ripreso soltanto un mese prima; e non se la sentiva di fare un simile scherzo a Pierre quando Manon ancora non dormiva la notte, né tantomeno di abbandonarli entrambi, di allontanarsi dai loro corpi, il grande e il piccolo, raggomitolati vicino al suo. Così è rimasta in ufficio, di fronte allo schermo, sotto la pioggia. Édouard invece è partito: e al ritorno era diverso, raggiante come un sole.

Le riunioni del comitato esecutivo sono fissate sempre per il lunedì mattina. Quando c'era Bories duravano dalle 9 alle 13, spezzate da una pausa caffè-sigaretta che invece Mangin ha eliminato per finire entro mezzogiorno. Vuole che si parta col piede giusto e la settimana inizi subito a spron battuto. Non si perde un minuto. Mangin inaugura la seduta senza preamboli, ancor prima che tutti abbiano preso posto, passando velocemente in rassegna i vari fronti aperti. Il vicepresidente Arnaud Guillemard tiene il tempo redarguendo quelli che si perdono in digressioni e stronca sul nascere gli alterchi, che se necessario verranno risolti in separata sede. Mangin coglie tutto al volo e non esita a interrompere qualcuno se capisce dove vuole arrivare o ha già integrato la riflessione che gli sta sottoponendo. È qui per fare domande e chiedere pareri, non per sentirsi ripetere cose già scritte nei dossier. Anche se di solito glieli recapitano il giovedì sera o il venerdì mattina, si vede subito che li conosce a menadito. Ragion per cui conviene averli ultimati per tempo, ma non alla bell'e meglio, altrimenti si rischia di vederlo commentare imprecisioni e inesattezze con un'alzata di sopracciglia colma di perplessità. La nota dolente del presiedere quelle riunioni è che spesso Mangin ascolta con attenzione, ma delibera solo in seguito e altrove, a tu per tu con i diretti interessati. Non si può decidere in quindici, dice, e non c'è nulla di peggio di una discussione tirata per le lunghe.

Ciò che Édouard ammira maggiormente in lui è quella capacità di concludere un dibattito di punto in bianco, di porre fine alle riunioni alzandosi per primo. Quando Mangin è in piedi, significa che la clessidra è vuota, tempo scaduto. Volevi dire qualcos'altro? Dovevi pensarci prima. È un tratto che Édouard ha intravisto anche in altri dirigenti, ma lo stile di Mangin è particolarmente perentorio. Lui invece è un tipo che ha bisogno di approfondire, chiede a ciascuno di precisare una determinata osservazione e poi lascia volteggiare nell'aria le parole per studiare quali forme compongono, così comincia a dubitare di essere in grado, un giorno, di diventare un alto dirigente. Mangin ha ragione, lo sa: a un certo punto bisogna dirsi che le informazioni raccolte sono sufficienti e passare ad altro, poiché ogni settimana ci sono almeno cento decisioni da prendere.

La riunione del comitato esecutivo è seguita da un pranzo veloce. Mangin non ordina mai il vino, ma ognuno è libero di farlo. Anche Édouard evita, se no poi gli viene sonno. In teoria non si dovrebbe parlare di lavoro, ma è più facile a dirsi che a farsi: il presidente è un uomo molto riservato, e chiunque osi condividere un aneddoto un po' più dettagliato ha subito la sensazione di passare per una lingua lunga o, peggio, per uno sbruffone. Alle volte Mangin racconta del suo weekend, di una passeggiata nel bosco, una conversazione a cena che gli è rimasta impressa, uno spettacolo teatrale o un film visto al cinema. «E voi?» chiede ai commensali guardandoli con occhi diversi da quelli del mattino, come se non li vedesse più nelle vesti di dirigenti ma in quelle di privati cittadini. Non si fa problemi a dire ad alta voce che Tizio ha una buona cera e Caio invece avrebbe bisogno di un po' di riposo. Spesso e volentieri quelli più sbattuti hanno passato il fine settimana a lavorare per lui, o comunque per la Borélia, e oltre al danno subiscono anche la beffa di non avere niente da raccontare. Ma come farglielo capire senza fare la figura dei lagnosi? Quando Mangin si lancia in un aneddoto o in un'analisi parla con un tono bassissimo, a un volume facilmente coperto dal rumore della sala, come a dimostrare che non ha bisogno di sforzarsi per ottenere il silenzio. «La cosa buona è che non è un cafone» commenta Édouard. E in questo si allinea con la tradizione dell'azienda. Ma, quanto a calore umano, Bories era di un'altra categoria.

Lo stesso accade quando Mangin si presenta all'improvviso in questo o quel reparto per tastare il polso della situazione. «Nelle sue intenzioni è un gesto distensivo, che va oltre i protocolli gerarchici, ma non funziona. Appena mette piede nella stanza hanno tutti la voce tremante. Forse migliorerà col passare del tempo, ma per il momento incute paura e basta. Mi sembra controproducente. Se nessuno gli parla apertamente né lo contraddice si rischia di tenerlo all'oscuro delle cose che non vanno o su cui non si riesce ad avanzare.» Sebbene Mangin affermi di essere assolutamente aperto ai punti di vista diversi dal suo, solo quelli che vengono dalla Redex e lo conoscono da più tempo sanno come farsi ascoltare. Lasciano la parola ai numeri, e descrivono la Borélia come la bella addormentata, che riposa su una montagna d'oro e non è in grado di farla fruttare. È ora di scrollarsi di dosso le vecchie abitudini, i nostri team devono mettersi in riga e mostrare di cosa sono capaci. È questa la nuova sinfonia, intonata da voci un po' troppo ripetitive per fugare il sospetto che non si siano accordate in anticipo, e di fronte alle quali Édouard si trova sempre, suo malgrado, a produrre dissonanze che suonano più come stonature. Non può farne a meno. E quando è costretto ad ascoltare le proposte avanzate con assoluta naturalezza e disinvoltura dall'uomo che, a malincuore, devo mettere al centro di questa mia cronaca – ovvero Franck Tommaso –, l'istinto di contestazione che gli ribolle dentro diventa incontenibile.

Il 10 dicembre, davanti all'albero di Natale, Antoine Mangin parla di Londra. Cora non si ricorda come ci è arrivato, ma le piace, è come se li portasse a spasso con lui. Mangin ci va spesso, e ci è tornato anche di recente. Per la prima volta ha potuto visitare il Lloyd's Building progettato da Richard Rogers, quei tre grattacieli irregolari con le gru sospese sui tetti, le colonne dell'acqua e dell'elettricità che si arrampicano dritte sulla facciata lasciando libero lo spazio all'interno per il vertiginoso atrio dove s'incrociano gli ascensori. Su alcune delle sedi più antiche della compagnia assicurativa si possono ancora vedere, abbarbicate a mezz'altezza, statue di donne che cullano tra le braccia delle navi, come a proteggerle. «Una cosa a metà strada tra le polene e le sante patrone dei marinai. Saranno pure un po' all'antica, allegoriche, ma le trovo comunque toccanti, perché parlano della storia del nostro mestiere. Se potessi tornare indietro nel tempo mi piacerebbe andare a bere qualcosa nel bar di Lombard Street in cui Edward Lloyd annunciava a marinai, mercanti e armatori le ultime dagli oceani. In assoluto anticipo sui tempi – erano gli anni Novanta del Seicento – fu il primo a capire che chiedendo a ogni equipaggio di versare un contribuito in anticipo la compagnia sarebbe stata in grado di indennizzarli quando, a causa di una congiuntura sfortunata, di un contrattempo o di un naufragio avrebbero perso il loro carico. Fu anche il primo a comprendere quanto l'informazione fosse indispensabile per il calcolo del rischio, e pubblicò il "Lloyd's List", un bollettino – stampato ancora oggi – che forniva aggiornamenti settimanali sulle navi pronte a salpare e quelle giunte a destinazione, sugli orari delle maree e i movimenti del mercato azionario. Che roba incredibile, i Lloyd's! Il più antico mercato assicurativo tuttora in attività... In Lombard Street, di fronte alla targa affissa dove un tempo c'era il bar, ho pensato: sarebbe stato stupendo mettersi lì in un angolo, senza dire una parola, ad ascoltare i capitani intenti a dibattere sui vantaggi e i pericoli delle ultime rotte, ancora poco battute, su cui avevano navigato. Non erano immuni alla paura, né tantomeno incoscienti, eppure non si lasciavano fermare...»

Ma il discorso poteva essere esteso a tutti gli inglesi del tempo, insisteva Mangin. Erano trascorsi neanche trent'anni dal Grande incendio di Londra che aveva raso al suolo gli edifici di legno della City, preso d'assalto l'antica cattedrale di Saint Paul arrampicandosi sulle impalcature montate lungo i suoi fianchi in vista del restauro e attraversato le acque del Fleet come se non fosse stato un fiume. Tre lunghi giorni di panico e morte che avevano costretto le guardie della Torre di Londra ad abbattere a cannonate intere file di edifici per arrestare la marcia del fuoco. Il ricordo della tragedia era ancora vivo nella mente di tutti quando, durante la ricostruzione della città, si era deciso che la pietra avrebbe preso ovunque il posto del legno. «E pensate che lo slogan coniato dai Lloyd's dopo questi anni bui è una semplice parola latina: *Fidentia*. Fiducia in se stessi, negli altri, spregiudicatezza e convinzione. Ora forse capite meglio perché, se solo fosse possibile, andrei volentieri a bermi una pinta col signor Edward Lloyd, e offrirei un giro a tutti per ringraziarli di aver saputo coniugare con tale maestria calcolo e audacia, ragione e follia.»

Cora conosce il vento che gonfia le vele, le navi in partenza, la sensazione di un mondo nuovo che ti si spalanca davanti. Ma non è Londra a farle quell'effetto: la capitale inglese le è sempre parsa troppo grande, così estesa e informe da non riuscire mai a memorizzarne la piantina, e di una ricchezza che le è sembrata, a seconda delle occasioni, troppo aristocratica o troppo ostentata e pacchiana. No, man mano che il racconto di Mangin avanza nella sua mente si materializza Amsterdam. Vi ha passato una meravigliosa settimana d'inverno insieme a Pierre (quand'era? già quattro, cinque anni fa?), una sorta di reminiscenza incantata degli anni trascorsi a Berlino. Ci pensa spesso. Assaporavano a piedi il gelo della città attraversandola in lungo e in largo, dalla mattina alla sera, e quando rientravano al loro hotel a Jordaan, in quella stanzetta che somigliava alla cabina di una barca, a volte crollavano a letto con tutti i vestiti e non uscivano nemmeno per cena. All'una o alle due di notte Cora si risvegliava facendo brrrrr!, e si metteva a battere i denti dal freddo nella speranza che Pierre trovasse, a tentoni, il modo di riaccendere le stufe dei loro corpi, esibendosi nell'inarrivabile dimostrazione delle sue doti di calorifero umano, nonostante fosse mezzo addormentato.

Quella settimana Cora aveva provato a ritrarlo ogniqualvolta poggiava i gomiti sul parapetto di un ponte, in quelle fiammate di luce radente che gli facevano strizzare gli occhi e ne spaccavano il viso a metà tra luce e ombra, rendendo il compito del fotografo molto più arduo. Sul tetto del Palazzo Reale aveva osservato Atlante portare il mondo sulle spalle – il globo sembrava troppo pesante, il titano riusciva a malapena a sostenerlo piegando le ginocchia – e si era chiesta se non bisognasse vedervi il simbolo di una sfrontatezza e di un'ambizione inquietanti, l'inganno dell'imperialismo volto a dissimulare la brama di accaparrarsi nuovi mercati, spacciandola per un mandato sacro da imporre a tutti quei sudditi sprovveduti che invece, se solo ci si fosse preoccupati di interpellarli, lo avrebbero descritto come un giogo.

Al lato dei canali e delle strade, i palazzi s'inclinavano con le loro ghimberghe attraversate da travi a vista dalle quali penzolavano ganci pronti a sollevare, grazie a un sistema di paranchi, le casse di merci fino ai piani superiori, senza rovinare le scale strette e ripide, né i mattoni dipinti della facciata. Sulle sponde dell'Entrepotdok, invece, le costruzioni erano più spaziose. Al di là del rivo d'acqua ecco le giraffe dello zoo, che si chiedevano cosa diavolo ci facessero da quelle parti. Nel quartiere di Houthaven, in pieno rinnovamento, avevano osservato le acque del Markermeer confluire in quelle dell'IJ per poi scorrere lungo il Noordzeekanaal fino a perdersi nel mare, e si erano detti che in fondo era pur sempre la stessa acqua che affiorava inarrestabile, di diverso c'erano solo i nomi scelti di volta in volta dagli uomini. Esplorando la città anche Cora aveva sentito crescere in lei un animo intraprendente. Su questo era d'accordo con Mangin: qualcosa era partito da lì. Non solo navi, ma qualcosa di più grande e decisivo.

Visitando i musei Cora faceva la spesa nella profusione di vita immobile delle tavole imbandite delle nature morte. Mi dia un mazzo di fiori secchi, un orologio, la fiamma sottile di una candela, quel bicchiere di vino bianco, una manciata di noci schiacciate e una scorza di limone tagliata a spirale. Me le porta per piacere in quella casa dove le finestre e ogni singola piastrella risplendono della luce nitida che i pittori infondono persino nei gioielli e negli occhi delle donne? Alle pareti della sala adiacente erano appesi paesaggi uniformi, campagne immerse nel buio e spiagge in toni di grigio che invogliavano la fotografa a passare al 16/9. Ma anche navi, coi loro tre alberi ritti, sulle quali bandiere contratte dagli spruzzi sbattevano tra il mare agitato, in mezzo alle onde in cui si era appena inabissata una balena. E Cora aveva pensato che il capitalismo fosse nato da quella congiuntura, da quella convergenza di interessi e desideri tra le donne della borghesia, i commercianti vestiti di nero, che poi erano i loro mariti, e i marinai scheletrici che ogni tanto eleggevano a propri amanti. Le padrone di casa dicevano: «Mi servirebbe un po' di pepe per la cucina, e qualche chiodo di garofano. Ah, è finita anche la noce moscata: non è che scenderesti a comprarmi queste due cose?». E i marinai partivano, con la benedizione della Compagnia delle Indie e dei prestiti della Banca di Amsterdam, sbrigavano quelle faccende domestiche e trovavano il modo di rendere più speziata la vita delle corti del sultano di Sumatra, di Celebes o delle isole Molucche.

Di fronte ai dipinti Cora aveva sviluppato il desiderio di avventurarsi in quei luoghi, per vedere con i suoi occhi se i marinai di Bira costruivano davvero le barche senza né viti né chiodi, e se i Bajos preferivano edificare i loro villaggi sull'acqua piuttosto che sulla terraferma. Per un momento era stata uno di quei marinai e giramondo. Ma ora, con lo sguardo fisso sull'orologio, la realtà le diceva che erano quasi le 17.30 e lei doveva svignarsela forse anche prima della fine del discorso per andare a recuperare Manon da Silué; ormai era passata dalla parte dei sedentari, aveva trasformato il suo piano cucina o il tavolo del salone in nature morte dal disordine assai meno artistico di quello che strabordava dalle cornici dei quadri, e per tutto quel tempo aveva avuto la netta sensazione che da qualche parte, benché invisibile sulla tela, un teschio la stesse spiando.

Dopo tre giorni a Bamako, conditi da un ricevimento all'ambasciata e una serie di incontri con gli imprenditori malesi e i rappresentanti delle società francesi insediate sul posto, i quarantacinque della Borélia si sono imbarcati a Mopti per una crociera sul Niger. In attesa che le barche mollassero gli ormeggi, Édouard è andato a fare due passi da solo, affascinato dal fermento diffuso sulla riva sterrata che s'immergeva nel fiume con una lieve pendenza. Sugli scafi dal profilo basso le sedute dei passeggeri erano protette dal sole con teli di plastica ricoperti di catrame o stuoie di ginestrone adagiate su una struttura ad arco. Il tettuccio si curvava sotto un ammasso di bauli, barili arrugginiti, gabbie di legno piene di volatili, sacchi di riso e biciclette. Gli uomini affidavano grossi carichi alle braccia tese sulla riva, poi si issavano in spalla i colli più pesanti e oltrepassavano in due balzi le assi che servivano da passerelle. Mentre li osservava nelle loro tuniche larghe, oppure vestiti solo di pantaloncini e maglietta, Édouard ha pensato di possedere un corpo impacciato, sgraziato, un corpo che non conosceva.

Hanno risalito il fiume su tre pinacce che non davano l'impressione di viaggiare tra colleghi, e offrivano modo invece di starsene in disparte e godersi qualche momento di solitudine inseguendo chimere che si sfilacciavano al vento come cotone sotto un cardo. A terra alcune donne chine su catini di latta lavavano i piatti con i neonati appesi sulla schiena, la testolina schiacciata tra le scapole delle madri, mentre tutt'intorno decine di bambini si schizzavano e ridevano a crepapelle. Ogni tanto incrociavano altre barche stipate di passeggeri o di cataste di rami nodosi, sospinte da una sola vela ricavata da ritagli di tessuto cuciti tra loro e bucati qua e là, che sembrava pronta a cedere da un momento all'altro sotto la forza del vento. Édouard si è chiesto cosa sarebbe successo se uno di quei carichi improbabili fosse finito in acqua. Chi ripartiva le colpe tra i piloti e gli armatori? I passeggeri sarebbero rientrati delle spese? E ammesso che venissero rimborsati, chi calcolava i danni, chi li pagava? Poi, mentre il sole scivolava sulle acque verdi e fangose che fendeva con la mano, ha sentito distintamente il Niger dissipare quei suoi pensieri inquieti e inondarlo di una pace assoluta e inedita. E così, anche se non c'era nulla su cui concentrare gli occhi o la mente, gli è parso che il tempo non fosse più vuoto, ma attraversato da ogni genere d'intensità.

Da lontano sentiva Franck Tommaso che chiacchierava col comandante e, dopo averlo interrogato a lungo sulla poligamia, cercava di portarlo sul tema dell'escissione. Il capitano spiegava che era un male necessario, altrimenti le donne si sarebbero messe a correre dietro agli uomini starnazzando come galline, senza dargli un attimo di tregua. Non è colpa loro, è il desiderio a renderle folli. L'escissione era l'unico modo per permettere loro di concentrarsi su attività più importanti, e distogliere la mente da certe cose. Mentre abbassava la fiamma sotto la pentola in cui ribollivano il riso e il pesce pescato un'ora prima nel fiume, la cuoca diceva di non dargli retta, che raccontava un sacco di sciocchezze solo per darsi un tono. Franck era estasiato da quel teatrino esilarante, e così non la smetteva di fare avanti e indietro per istigarli e tenere viva la tenzone. È il volere di Dio, sentenziava il comandante. E chi era lui per conoscere il volere di Dio, ribatteva la cuoca. È così, è così, chiosava l'uomo pur di non lasciarle l'ultima parola. È così e basta.

Nel pomeriggio la pinaccia si è fermata in un'ansa dove la corrente era abbastanza forte da permettere di fare il bagno senza beccarsi qualche parassita. Franck si è tuffato. Sulle prime Édouard ha esitato – non si vedeva il fondo, che c'era là sotto? –, ma di fronte ai colleghi che nuotavano beati ripetendo come si sta bene ha ceduto alla tentazione e s'è buttato a sua volta in quell'acqua dal sapore di fango e erba tagliata. E al tramonto, quando erano nei pressi del lago Débo, la terra s'è fatta così piatta e spoglia che i pescatori in piedi sulle piroghe e i motociclisti che sfrecciavano a riva si stagliavano sull'orizzonte come ombre cinesi. Hanno mangiato presto, finché era ancora giorno, e si sono preparati un bivacco nel solco di una duna con dei teli sollevati agli angoli per evitare che si riempissero di insetti. Poi la temperatura è scesa. Seduto accanto al fuoco, Édouard ha preso a osservare oltre le fiamme quei colleghi che aveva visto soltanto in ufficio, alla macchinetta del caffè o, nel caso di quei pochi coi quali negli anni era nata una specie di amicizia, al massimo in un bar, in un ristorante. E davanti a quegli sguardi ravvivati da una complicità nuova, a quei corpi rilassati dalla stanchezza e dal vento, ha cominciato a comprendere il disegno di Mangin.

Hanno continuato a chiacchierare infagottati in pesanti maglioni, o sprofondati nei loro piumini, con lo sciabordio del lago in sottofondo. Man mano che il cielo si riempiva di stelle, accantonavano le frasi inutili e le battute idiote, come se calato il sole non fossero più buone. «Non ho mai visto un cielo così» ha raccontato Édouard a Cora e Astou. «Sei nel bel mezzo del continente, l'aria è molto secca. Alzi gli occhi, ci sono stelle ovunque, ad altezza d'uomo, da tutte le parti, che sfiorano il terreno fin quasi a toccarlo. Capisci che in verità le stelle ci circondano, letteralmente. Pensi al significato di espressioni come "firmamento", "volta celeste".» Con Franck e altri hanno iniziato a dirsi che dovrebbero farlo più spesso, di dormire all'aperto, per non perdersi ogni santo giorno uno spettacolo simile. Poi, siccome tutti i sogni si portano dietro l'ombra della disillusione, si sono rimangiati le loro stesse parole dicendo che a Parigi non avrebbe senso, con tutte quelle polveri sottili sospese nell'aria, l'inquinamento luminoso, le piogge dall'Atlantico...

Quando sono andato a trovare Franck, ormai quattro mesi fa, e gli ho chiesto del viaggio, non si ricordava del bagno nel Niger, né tantomeno della conversazione sull'escissione. In compenso non si era dimenticato di quella notte passata a guardare il cielo. La cosa curiosa è che aveva del tutto cancellato Édouard dalla scena, forse perché riteneva la sua presenza insignificante, o forse perché la sua memoria aveva deliberatamente scelto di escluderlo. È parso ricordarsene soltanto quando gli ho confessato che era stato lui ad aggiornarmi sulla spedizione in Mali. E quando ha fatto mente locale, dopo aver ripetuto quel nome, Édouard Verzack, sul suo viso è scesa un'ombra, si è come indurito, e un nuovo Franck, assai meno seducente, si è palesato davanti ai miei occhi.

Quella sera si erano chiesti in quale angolo dell'universo si nascondesse la forma di vita più simile a noi, e avevano provato a immaginarne l'aspetto. Franck aveva snocciolato i rari esopianeti più o meno simili alla Terra che erano già stati scoperti, di cui conosceva peraltro la distanza in anni luce, e fornito un elenco delle componenti atmosferiche essenziali per poter sperare di trovarvi la vita. Nel profondo dell'animo era rimasto un ragazzino appassionato di riviste scientifiche, ha confessato. Se fosse stato più bravo in fisica, e se la carriera di ricercatore fosse stata più facile e remunerativa, avrebbe preso quella strada più che volentieri. Ad ogni modo, per quanto le terre abitabili più vicine fossero ancora fuori portata, si diceva ottimista: prima o poi finiremo per trovare un'altra stella da colonizzare. Édouard nel frattempo si mordeva le labbra dalla voglia di rispondergli che, se anche il suo ipotetico esodo fosse mai avvenuto, di certo non sarebbe stato appannaggio dei comuni mortali, nove o undici miliardi, ma di una strettissima cerchia di eletti, provvisti delle competenze tecniche indispensabili o di risorse illimitate – ma ha preferito non innervosirsi e ha continuato a contemplare le stelle, lasciando che le sue osservazioni si dileguassero nel sonno.

Il lunedì mattina, a Parigi, le stelle sono un miraggio ancor più lontano, e in attesa di sbarcare sul pianeta che ci ospiterà in futuro, bisogna riportare la Borélia agli antichi fasti. Antoine Mangin non perde occasione di ricordare ai membri del comitato esecutivo che è proprio questa la missione dei Frémont: hanno investito una bella somma, cosa affatto scontata, e lui ha promesso loro di risollevare l'azienda. Ora è arrivato il momento di ricambiare lo sforzo, ci vogliono dei risultati. Sta a loro adesso individuare la giusta strategia e rimboccarsi le maniche.

Secondo Franck Tommaso, spalleggiato da Éric Pertuis e Simon Keller, la partita non si gioca sui contratti. È inutile cercare un'innovazione radicale in quell'ambito: non si può battere la concorrenza alzando le tariffe, perché i clienti ormai le confrontano su internet, ma non ci si può nemmeno permettere di abbassarle, perché così facendo le spese sarebbero maggiori dei ricavi. Un vero margine di miglioramento, un fattore di distinzione autentico, lo si può individuare soltanto se si passa a una visione incentrata sul cliente. La Borélia, sostiene Franck, è ancorata a una cultura troppo tecnica, focalizzata sul prodotto: è ora che invece si converta a una cultura del servizio, che rimetta l'umano al centro. L'umano in persona? ironizza Édouard, ma nessuno raccoglie la frecciatina. Se prendiamo per buono l'assunto secondo cui è il cliente a dare gli ordini e dettare la linea, continua

Franck, possiamo ripensare ogni cosa a partire dalla relazione che stabiliamo con lui e dall'esperienza che gli offrono i nostri prodotti. Il cliente non vuole solo essere rimborsato – quello è il patto iniziale, il minimo sindacale –, vuole che gli si prospettino in anticipo delle scadenze e poi vengano rispettate, secondo criteri di trasparenza che non gli diano mai l'impressione di essere raggirato, né di ascoltare una lingua incomprensibile o di essere sommerso da un mare di scartoffie. E per fare questo è necessario conoscerlo meglio. Al momento ci sono persone che hanno tre contratti diversi – salute, abitazione e auto –, e il nostro sistema le tratta come tre persone diverse. Ecco perché bisogna investire più risorse nella gestione delle relazioni coi clienti, conclude: è questo il nocciolo della questione. Così facendo si potranno sfruttare i dati per calibrare i prezzi con maggiore accuratezza ed entrare in una logica di profili, norme e statistiche, anticipare gli eventi capitali delle loro vite, come matrimoni, divorzi, traslochi, cambi di macchina, nascite, morti, e di conseguenza proporgli prodotti fatti su misura per le esigenze del momento.

L'altro obiettivo essenziale, a detta di tutti, è istituire relazioni multicanale. Contrapporre le agenzie fisiche alle piattaforme telefoniche e ai siti internet è ormai una battaglia persa. Gli agenti hanno spesso esitato in questo senso, perché non vedevano come avrebbero potuto essere competitivi se i prodotti che proponevano si potevano trovare meno cari on line, ma non basta più. Non sta a noi scegliere, insiste Mangin: il cliente deve poterci contattare come vuole, quando vuole. E per recuperare il ritardo, la Borélia dovrà acquisire un operatore di vendita diretta, che consenta di sottoscrivere i contratti più semplici con due clic e di intervenire su un sinistro in un quarto d'ora al telefono, un attore formato esattamente per questo, che offra costi di acquisizione clienti vantaggiosi e personale operativo ventiquattr'ore su ventiquattro. La cosa fondamentale – gli dà corda Édouard – è che quando si passa da un canale all'altro il cliente non se ne accorga. Che su qualunque piattaforma si abbiano sempre i dati corretti per rispondere alle sue domande. All'inizio sarà un ginepraio, un vero e proprio casino – è inevitabile, è così in tutte le società un po' datate –, ma deve rimanere una questione interna: si studia il caso, si mette una pezza dove possibile, si improvvisa se necessario, ma nessuno deve accorgersene.

Ecco, hanno definito un orizzonte. Ora rimane solo da decidere come raggiungerlo, come affrontare il problema delle risorse, e in primo luogo delle risorse umane. Un breve silenzio aleggia nella stanza. Mangin e Guillemard ci provano gusto, mettono sul tavolo un tema senza aggiungere altro, e poi aspettano di vedere chi prende la parola per primo. Poiché non osa nessuno, si fa avanti Édouard. Sa che è il genere di discussione in cui è meglio schierarsi subito per non rischiare di trovarsi coinvolti, più tardi, in un gioco che ha regole ingiuste e dove le frasi sembrano destinate a essere fraintese per principio. Crede sia una buona occasione per concentrarsi sul rinnovamento della formazione continua intrapreso sotto la guida di Bories. Da troppo tempo oramai i dipendenti si limitano a fare quello che sanno, e non imparano altro. Sarebbe opportuno creare spazi in cui permettergli di familiarizzare col cambiamento in corso, in cui possano tornare ad apprendere cose nuove e concepire insieme idee innovative per rivitalizzare l'impresa.

Mangin si rivolge alle risorse umane, ovvero a Mathilde Rameaux, perché vuole sentire la sua opinione. L'idea sarebbe di attivare una serie di laboratori intensivi che mettano alla prova il personale, ma abbastanza distanziati da dare ai partecipanti il tempo di assimilare quanto imparato. A quel punto basterà aspettare e vedere chi coglie l'opportunità per uscire dalla sua zona di confort e prendere l'iniziativa. E, se nel corso degli anni dovessimo decidere di lasciarli andare, la affronteranno con più fiducia in se stessi, poiché avremo fornito loro tutte le carte per trovarsi un altro lavoro. D'altronde abbiamo già preparato qualche proposta, in concreto… Ma Franck, se gli è concesso d'intervenire, non è convinto. In linea di principio il discorso non fa una piega, sarebbe bellissimo poter procedere in questo modo, ma non crede ci sia abbastanza tempo. Il passaggio al digitale è una di quelle svolte che vanno imboccate pestando sull'acceleratore. Se lasciamo che ognuno le affronti coi propri tempi, e cioè *piano piano*, al ritmo della paura, la concorrenza ci sorpasserà a destra. Ma anche andare troppo veloce sarebbe controproducente, fa notare Édouard, perché nessuno riuscirà a stare al passo con l'innovazione. Franck respinge l'obiezione: chi ha detto di andare troppo veloce? Per avviare il progetto servono semplicemente persone dinamiche, che non abbiano bisogno di *acclimatarsi* e sguazzino nel nuovo come indomiti pesci nell'acqua. Personalmente non ha niente contro la strategia di Verzack e di Rameaux ma, bisogna essere onesti, richiede almeno due o tre anni. E siamo sicuri che alla fine produrrà i risultati sperati? Probabilmente ci renderemo conto che molti dipendenti non sono affatto «formabili» – perché anch'io sono per la perfettibilità, continua Franck, ma in più di un'occasione ho potuto constatare come anch'essa abbia i suoi limiti; e ce ne saranno altri refrattari, che si diranno d'accordo per non mettersi di traverso, ma poi nel loro piccolo faranno giusto il minimo indispensabile; e tutto un contingente di senior penserà che ormai per loro è troppo tardi, oppure accetterà suo malgrado, ma con le valigie già pronte. Sarà la classica montagna che partorisce un topolino. E invece la cosa più semplice sarebbe reperire sul mercato i profili adatti, andando a prendere i junior direttamente all'uscita delle *grandes écoles* e i manager nelle società di consulenza o tra le fila dei nostri rivali. Édouard dice che ciò non vieta di... Mathilde non vede perché... Ma bisogna pur riconoscere, li interrompe Franck, che nella baracca ci sono diversi pesi morti. Non ci vuole un Einstein della psicologia per rendersene conto. Sono qui da quattro mesi soltanto, ma mi sono bastati. E ce ne sono in tutti i reparti, ogni quadro lo sa bene, non ci vogliono chissà quali laboratori di formazione per capirlo.

È a questo punto che Édouard si scalda. Alza la voce solo un po', ma è sufficientemente alterata da catturare l'attenzione di tutto il tavolo. Dice che la forza della Borélia, quella alla base della sua longevità e del suo successo, è sempre stata non considerare nessuno come un peso morto. Be', col senno di poi forse sarebbe stato meglio farlo, ribatte Franck. Dopo sette anni di vita professionale nell'azienda Édouard si dice fiero di non aver mai sentito espressioni del genere. E Franck replica che, se preferisce, può usarne altre; parlare, che so, di dipendenti a prestazione non ottimale, o di *rather low potentials*, oppure possiamo dire che quello o quella non è esattamente un'aquila. Ma finché ci rifiutiamo di riconoscerlo, il problema resta.

A questo punto Arnauld Guillemard ferma tutti, alza entrambe le mani col suo sorriso indulgente di arbitro delle buone maniere che può apparire, a seconda dei casi e dell'umore, assolutamente simpatico o farti venire voglia di prenderlo a schiaffi. Ma una volta seduti nei rispettivi uffici, col reflusso gastrico delle frasi dell'altro nello stomaco e la risposta giusta affacciatasi alle labbra troppo tardi, Édouard e Franck si accorgono che quanto è appena successo non è una semplice sbandata; non sono andati fuori tema, anzi, hanno puntato dritto al cuore della questione, dove fa più male, e se niente è stato risolto, evacuato, deciso, significa che il meglio deve ancora venire, basta aspettare.

Davanti all'albero di Natale Cora non stacca gli occhi dall'orologio. Quello del salone di rappresentanza segna le 17.38, il suo invece le 17.45. Da un po' lo ha portato avanti di qualche minuto, per pianificare in anticipo i suoi ritardi e disinnescare i contrattempi che puntualmente causano. Questa trovata invero potrebbe produrre effetti opposti a quelli desiderati – se per esempio cominciasse a dirsi massì, c'è tutto il tempo –, ma ha constatato che, per il momento, è piuttosto efficace.

Antoine Mangin ha raccontato di Londra. Si sarebbe potuto spingere dall'altra parte dell'oceano, e parlare di New York. «Una volta qualcuno ha detto che New York non è una creazione genericamente umana, ma degli assicuratori. Senza assicurazioni non ci sarebbero mai stati i grattacieli, perché nessun operaio avrebbe accettato di lavorare a un'altezza simile col rischio di cadere di sotto e lasciare la sua famiglia nella miseria. Nessun capitalista investirebbe milioni per la costruzione di edifici così imponenti sapendo che a volte è bastato un mozzicone spento male per ridurli in cenere. Senza assicurazioni, nessuno circolerebbe a quelle velocità per le strade, perché chiunque abbia un minimo di coscienza sa che potrebbe investire un pedone in qualunque momento.»

Sono parole di Henry Ford, spiega Mangin, che le cita a memoria seppur con qualche approssimazione. Ford non si è limitato a portare l'automobile nella produzione di massa e ad aumentare gli stipendi dei suoi operai perché avessero accesso al mondo dei consumi e fossero in grado di acquistare i veicoli che producevano; non solo è stato tra i primi a intuire come la crescita potesse trarre grande profitto dall'espansione della domanda interna, ma ha capito anche che le assicurazioni erano una delle strutture invisibili del mondo. «Le persone non lo sanno, ed è nostro compito farglielo scoprire, ma le assicurazioni sono ovunque. I volti delle più celebri top model sono assicurati. I piedi dei calciatori sono assicurati. Come tutte le grandi imprese, la Borélia è assicurata nell'eventualità, assai meno glamour, che il suo presidente o uno dei suoi dirigenti dovesse venire a mancare (ma non c'è fretta, eh!).» Anche se avviene nell'ombra, il loro lavoro di fatto sostiene la società da cima a fondo, e questa tendenza può solo accentuarsi: «Lo Stato sociale dell'epoca dei Keynes e dei Ford è ormai con l'acqua alla gola, tutte queste tutele non potranno durare in eterno. E affermarlo non è né di destra né di sinistra». Ciò significa che nei decenni a venire si apriranno sempre più spazi per l'assicurazione privata nel campo delle pensioni, della salute, dei sussidi di disoccupazione.

«E noi ci faremo trovare pronti» esclama Mangin in uno slancio enfatico. Non si tratterà soltanto di rassicurare le persone mostrando che, grazie al sistema mutualistico, possono godere del sostegno dell'intero corpo sociale, ma di educarle a una più corretta valutazione dei rischi. «Immagino sappiate tutti fino a che punto il buon senso possa sbagliarsi in merito. Forse non la vinceremo, ma dobbiamo comunque portare avanti una battaglia contro quell'irrazionalità che a volte ci guida: quell'irrazionalità sulla base della quale molti hanno paura di volare nonostante le probabilità di un incidente aereo siano praticamente nulle rispetto a quelle di un incidente stradale; quella che in vacanza ci induce a temere gli squali, che fanno sì e no dieci vittime all'anno, quando invece dovremmo temere le zanzare, di gran lunga l'animale più pericoloso per l'uomo, responsabile di milioni di decessi ogni anno.»

La buona notizia è che, per mettere i clienti nelle condizioni di misurare i rischi reali, le compagnie assicurative potranno avvalersi di strumenti sempre più affidabili. I sistemi di analisi, al giorno d'oggi, fanno passi da gigante. I *big data* consentiranno di calcolare non tanto i rischi per la popolazione in generale, ma quelli a cui viene esposto ogni singolo individuo in base al suo stile di vita. Approfittando di questa capacità diagnostica, responsabilizzare vorrà dire allora personalizzare le proprie tariffe in modo sempre più marcato: «Lo si è visto nelle campagne per la sicurezza stradale o contro il tabagismo: è quando gli metti le mani in tasca che le persone cambiano. Possiamo anche continuare a sognare un mondo diverso, ma è un sogno, appunto. La verità è che l'essere umano non si decide a porsi dei limiti finché non ha una visione chiara dei pericoli in cui rischia di cacciarsi, del prezzo che potrebbe pagare per i suoi comportamenti avventati, e soprattutto finché non entrano in gioco i suoi interessi personali».

Per questo Mangin, insieme a quelli della comunicazione, ha pensato a un nuovo slogan. Alla fine degli anni Novanta Pascal Bories aveva optato per: *Al vostro fianco*. Un motto in cui si sente tutta la solidarietà e l'onere dell'assistenza, ma in cui manca del tutto l'idea della responsabilità. D'ora in poi sarà: *Borélia, per vivere meglio!* Un concetto di lapalissiana semplicità, mutuato da quei discorsi di Sant'Agostino che l'hanno sempre affascinato e che, senza esagerare con le citazioni, vuole condividere con loro: «"E voi affermate che sono tempi difficili," dice Sant'Agostino "sono tempi duri. Ma vivete bene, e i tempi saranno buoni. Il tempo siamo noi! Così come noi siamo, il tempo è"». È con questo spirito che vorrebbe vederli al lavoro. Insieme troveranno il modo per portare avanti un'avventura iniziata nel bar di Edward

Lloyd e nella Clermont-Ferrand di Bories. Lavoreranno meglio di come hanno sempre fatto, affinché le persone possano vivere meglio di come hanno sempre fatto.

Mentre il pubblico applaude, Cora raduna le sue cose, chiede al resto della fila di alzarsi e riesce ad aprirsi un varco. È andata bene, è riuscita ad ascoltare fino alla fine. Non potrà rimanere a godersi il buffet e discutere degli scenari proposti da Mangin, commentare i passaggi su cui è più perplessa, né tantomeno approfittarne per andare a salutare quelli che ha raramente l'occasione d'incontrare, quelli che le stanno simpatici, o quelli che contano: non ha più tempo per niente di tutto ciò, ma non importa, non si può essere dappertutto. È già un bene esserci stata. Saluta con un cenno della mano Jacqueline, Édouard e Astou, e s'incammina all'uscita. Mentre avanza verso la fermata Havre-Caumartin, dapprima a piccoli passi perché il pavé del cortile è insidioso se porti i tacchi, e poi a gambe levate una volta per strada, sente che il pozzo nero si riempie. È dentro il suo corpo. Da qualche parte dentro di lei, in un punto indefinito tra il cuore e lo stomaco c'è come un piccolo lago, o un pozzo appunto, solitamente vuoto e di cui nemmeno si accorge, ma che talvolta comincia a riempirsi di un liquido nero. Quella sera non è niente di impetuoso né preoccupante, ma uno stillare continuo, di cui sente ogni goccia. Le prime cadono inavvertite, in realtà, come se scivolassero lungo le pareti, ma quelle subito dopo precipitano dritte fino al fondo e formano cerchi concentrici, ciascuna col proprio rumore, quel piccolo *plin* che la trafigge come una lama. Si sente in colpa per essersi alzata prima della fine, in colpa perché arriverà in ritardo da Manon, in colpa per imporre il proprio ritardo a Siluè, che ha già le giornate belle piene. Si sente in colpa per tutto, ma vorrebbe anche dire che non è colpa sua, contestare i suoi stessi capi d'accusa, denunciare ciò di cui è vittima, quella sera come tante altre, perché è un'ingiustizia – ebbene sì – ma così palese e accettata che parlarne l'indomani in ufficio non solo sarebbe inutile, peggiorerebbe pure la sua situazione.

Tornati a Mopti dopo aver risalito il Niger, i quarantacinque della Borélia riprendono la strada per il Pays Dogon. Édouard e Franck sono di nuovo nello stesso gruppo, insieme a Éric Pertuis, il direttore delle finanze che soffre terribilmente il caldo, e Mathilde Rameaux, la quale ha pensato bene di mettere i Led Zeppelin, la versione di *Dazed and Confused* registrata durante le *BBC Sessions* dell'aprile 1971 che i genitori di Édouard ascoltavano mentre lui imparava a camminare, e la cui melodia, a detta di tutti, si accorda perfettamente con la vastità del paesaggio. L'asfalto è cosparso di buche, attraversato da lingue di sabbia, mangiato dalla terra rossa che s'infila nelle fessure dei finestrini inceppandone la risalita e brucia gli occhi di Édouard, come a punirlo per aver voluto mettere le lenti a contatto semirigide a tutti i costi. C'è quasi sempre Franck al volante, tanto più che guidare gli piace ed è pure bravo. Anche sui lunghi rettilinei, d'altronde, non si può raggiungere chissà quale velocità: la strada è disseminata di ostacoli che il calore rende simili a miraggi e poi da vicino si rivelano per quello che sono, arbusti sradicati dal vento, copertoni distrutti, un asino all'apparenza imbalsamato e pastori sbucati fuori all'improvviso mentre inseguono una capra. Nei villaggi i bambini circondano la macchina in preda a una frenesia euforica. I più grandicelli e smaliziati invece allungano la mano dicendo *toubab*, *toubab*, mi dai qualcosa? A Franck dispiace non lasciare niente, ma l'unica volta in cui ha provato a tirar fuori dalla tasca alcune penne a sfera per poco non ha scatenato una sommossa, e da allora si astiene. Di fronte al rifiuto i bambini mettono gli occhi sulle bottiglie vuote nel bagagliaio, borraccia *toubab*, borraccia, e per quelle non c'è problema. Solo gli adolescenti rimangono in disparte, lo sguardo rivolto altrove, persi in un'indifferenza impenetrabile, che si fatica a capire se sia reale o simulata.

La strada inizia a salire impercettibilmente verso l'altopiano. Nonostante le precise sterzate di Franck, che permettono al veicolo di arrampicarsi in diagonale nei punti più delicati, finiscono per insabbiarsi, le ruote girano a vuoto. Ne approfittano per una sosta. Gli uomini fanno pipì girati di schiena, le donne s'inoltrano tra i cespugli. Mathilde Rameaux e Pauline Louvier tagliano a fette un'anguria e tutti ne mangiano fino ad avere le braccia gocciolanti di sudore rosso zuccherato. Poi, dopo aver posizionato delle grosse pietre piatte davanti a ogni ruota, si mettono in quattro a spingere e pregano tutt'insieme, finché la macchina non riparte accompagnata da risa e grida di giubilo.

Durante il soggiorno nel Pays Dogon a volte pernottano sull'altopiano, nei villaggi dominati dai rami senza foglie di enormi baobab panciuti, altre volte in quelli giù a valle, addossati alla falesia di Bandiagara. La mattina è consacrata alle visite e alle escursioni. Scendono nelle gole scavate dall'acqua piovana, tra colonne di arenaria che sembrano sul chi va là; poi risalgono per i sentieri fino agli accampamenti trogloditici più antichi o alle grotte sigillate da enormi massi dietro i quali riposano i morti. Ovunque, le guide mostrano loro i tetti colorati dei granai, le porte di legno intagliate, i toguna dal soffitto basso che ha la duplice funzione di mantenere il fresco e impedire agli animi di riscaldarsi, perché se qualcuno si alzasse di scatto si romperebbe la testa. Éric Pertuis propone di costruirne uno in sala riunioni, ma è arrivato in ritardo, Mathilde Rameaux ha già fatto la stessa battuta.

Dopo essersi lavati attingendo l'acqua con delle pentole dai grossi bidoni di plastica posti all'angolo di ogni doccia, si riuniscono per lavorare dalle 16 alle 20, seduti in cerchio su sgabelli di legno, forniti solamente di lavagnette bianche e pennarelli. Alcuni hanno il compito di immaginare come sarà il sistema di previdenza sociale nei prossimi vent'anni, altri di identificare quali saranno le ansie che andranno per la maggiore e i nuovi pericoli, altri ancora le nuove aspirazioni dei dipendenti in materia di organizzazione del lavoro. A un certo punto Arnaud Guillemard lascia un minuto a ogni gruppo per sintetizzare le proprie riflessioni in tre parole chiave da scrivere su ciascuna lavagnetta, e queste in seguito vengono allineate e contemplate da tutti come la bozza di un paesaggio mentale, cosa che Édouard non può fare a meno di trovare atrocemente superficiale. «Che mi rappresentano le parole chiave?» si lamenta con Cora. «Una volta che ti ho detto *prossimità*, *innovazione*, *autonomia*, abbiamo fatto dei passi avanti?»; ma è la condizione da rispettare affinché le sessioni di lavoro non si protraggano fino a notte inoltrata.

L'indomani, accompagnati dagli interpreti, hanno qualche ora per intervistare gli abitanti di Enndé sulle loro condizioni di lavoro, la qualità della vita, le aspettative e le disillusioni nei confronti del governo di Bamako e dei suoi rapporti con la Francia. Mangin approfitta del racconto per aprire una parentesi sul rapporto di cuginato che impone ai Dogon e ai loro vicini, i Bozo, di insultarsi ogniqualvolta s'incontrino, persino di fare a gara nell'inventare ingiurie stravaganti, col risultato di distendere le relazioni interetniche nella regione. Poi i Bozo comprano le cipolle dai Dogon, i Dogon comprano il pesce dai Bozo e tutti vivono felici e contenti. «Diciamo che dovrebbe essere lo stesso tra i veterani della Redex e quelli della Borélia. Siete liberi di prendervi in giro, in un certo senso è inevitabile e persino auspicabile, ma a condizione di non dimenticare che siete tutti sulla stessa barca.»

La fotografia ufficiale del viaggio è stata fatta ai piedi della falesia: uno scatto dall'alto dei quarantacinque partecipanti disposti in modo da formare le lettere maiuscole della parola *Borélia* sulla spianata. Catherine Giuly l'ha inclusa sette anni più tardi nell'inserto illustrato del suo libro celebrativo, che sfoglio mentre scrivo queste righe. Édouard ha i capelli scompigliati dal vento, o magari perché s'è appena buttato dietro la nuca il cappello di paglia di cui si vede la cordicella intorno al collo, o forse, come mi suggerisce Cora, perché è sempre stato indisciplinato nell'acconciatura quanto rigoroso nei ragionamenti. Franck è qualche metro più in là, sicuramente più padrone della propria immagine, con gli occhiali da sole e le braccia conserte su una camicia di lino con le maniche tirate su.

Prima di rientrare a Bamako Antoine Mangin si cimenta nell'arte della sintesi. Quella che hanno potuto osservare è una società in cui le assicurazioni sono ancora poco diffuse. Gli incidenti vengono di solito considerati fatalità o disposizioni di una volontà divina davanti alla quale ci si può solo inchinare. Quando la pioggia devasta il raccolto non c'è nessuno a cui rivolgersi. Quando un ragazzo viene investito sul ciglio della strada, quando una donna viene derubata della sua mercanzia, l'unica certezza è il terrore di non rintracciare il colpevole, o che questi non sia in grado di rimborsarli. E il responsabile, a sua volta, se viene identificato, rischia di dover ripagare una somma troppo elevata per le sue tasche. I Dogon non interrompono mai il dialogo con le energie che li circondano, continua Mangin: parlano con il genio dell'acqua, con gli alberi, e nella notte con le volpi; chiedono conto dei morti per incidente o delle siccità prolungate, dell'infertilità della terra o di una donna. Ma sebbene questo genere di negoziazioni non umane lo intrighino da ormai quarant'anni, rimane convinto che ricorrendo più spesso alla *razionalità brutta e cattiva* finirebbero per guadagnarci ed evitare disastri prevedibili, o porre rimedio a quelli per cui ormai è troppo tardi. Spera di vivere abbastanza a lungo da vedere quelle regioni fiorire senza che le loro culture spariscano. Spera che sia il secolo dell'Africa. E se per la Borélia si rivelasse opportuno insediarvisi, be'…

Mentre sorvolano il deserto diretti a casa, la fronte schiacciata sul finestrino, Édouard ha l'impressione che tutto gli sfugga via. Ci sono stati momenti molto intensi, racconta ad Astou e a Cora, ma non hanno avuto abbastanza occasioni di confronto con la gente del posto. «Avrebbe dovuto dirmelo,» risponde Astou «l'avrei messa in contatto con uno dei miei cugini.» Detto questo, lei stessa ci è stata una sola volta negli ultimi dieci anni: con Mounir appena nato era difficile; poi, dopo il divorzio, le relazioni tra la sua famiglia e quella di Bakary si sono inasprite, le toccherebbe spiegare che per il momento è contenta di essere single, insomma, non sarebbe una passeggiata nemmeno adesso… «Vorrà dire che ci andremo tutti e tre insieme» conclude. Cora non può mica lasciare questo mondo senza aver visto almeno una volta il Mali. È vero che abita a Bamako-sur-Seine (ovvero a Montreuil), ma non basta, deve vedere la realtà con i suoi occhi. Astou si ricorda di averci scherzato a lungo, di essersi baloccata con quel progetto senza dubitare che quel viaggio prima o poi si sarebbe fatto, magari quindici anni più tardi, ma nel frattempo il Mali sarebbe cambiato, i loro rapporti sarebbero cambiati, e non sarebbero più stati gli stessi – perché sarebbero trascorsi gli anni di violenza che ho deciso di raccontare.

E i soldi? chiede Antoine Mangin al comitato esecutivo. Dove troviamo i soldi per gli investimenti che tutti reputano necessari? Come si crea un margine di profitto?

In ambito finanziario, Éric Pertuis ha le idee chiare: potremmo ridurre i costi di cento milioni all'anno per due o tre anni. Non sarà una vera e propria cura d'austerità, ma non sono nemmeno spiccioli: gli effetti si toccherebbero con mano, l'impresa diventerebbe più snella. Con la sensazione sgradevole di dire esattamente quel che ci si aspetta da lui, Édouard si domanda a voce alta se abbia senso porsi determinati obiettivi in anticipo. Non stiamo prendendo il problema al contrario? Non sarebbe meglio chiedere a ogni team di identificare le voci sulle quali sarebbero disposti a fare qualche rinuncia e poi, sommando i risparmi ottenuti, vedere se ci basta? Éric Pertuis annuisce accondiscendente. Capisce la posizione di Édouard, solo che non funziona così. Nessuno vuole risparmiare, *mai*. Tutti vedono il proprio lavoro come *assolutamente indispensabile*, e anzi, direbbero che necessitano di più fondi. L'unico modo di procedere consiste nel presentarsi nei vari uffici, annunciare che d'ora in poi il loro budget sarà decurtato del 10-15% e, dopo avergli dato il tempo di riflettere, tornare da loro e vedere cosa hanno pensato di fare per allinearsi. Prima ancora che Édouard possa rispondere Mangin taglia corto: meglio affidarsi a gente del mestiere. Ingaggerà la Nielsen, una società di consulenza con cui ha già collaborato quando era alla Redex. Avranno uno sguardo fresco, non si sentiranno legati a questo o quel reparto, saranno chirurgici. E se a un certo punto si dovranno prendere decisioni delicate, basarsi su una diagnosi esterna permetterà di evitare che i nostri dipendenti perdano tempo negando il problema o, peggio, comincino a farsi la guerra.

Ma, senza aspettare la Nielsen, c'è ancora una questione su cui vorrebbe intervenire subito. Ha analizzato i numeri, e tra la vecchia sede della Castel nei pressi di parc Monceau, quella di Havre-Caumartin, i locali della filiale di Bobigny, il distaccamento a Clermont e gli altri centri regionali, gli affitti pesano enormemente sul bilancio del gruppo. Il contratto di Havre-Caumartin andrà presto in scadenza, bisognerebbe approfittare di quella finestra per fare un po' d'ordine. Quali sono le opzioni sul tavolo? Dunque, si potrebbe trasferire tutto a Bobigny, o comunque nell'immediata periferia nordest, dove sarebbero più a contatto con il centro operativo e i prezzi sono ancora accessibili. Ma gli hanno parlato anche di un'opportunità alla Défense, una decina di piani della Tour Galaxie che stanno per liberarsi. È comunque una sede prestigiosa, e in più offre il vantaggio, stringendosi un po', di raccogliere in un solo edificio mille e più impiegati. E se, già che ci siamo, si rescindesse il contratto di Havre-Caumartin e si riuscisse a vendere la vecchia sede della Castel, sarebbe davvero una boccata d'aria.

Lì per lì Édouard non dice niente. Quando la questione torna all'ordine del giorno, due settimane più tardi, si è già confrontato con Mathilde Rameaux, Pauline Louvier e Simon Keller, e dato che condividono la stessa linea, li lascia andare in avanscoperta. A turno illustrano come un trasferimento sia senz'altro necessario, ma bisogna prepararlo attentamente e con maggior anticipo per non fare scelte di cui ci si potrebbe pentire. Se l'idea è quella di ridurre sensibilmente i costi, dice Simon Keller, perché non vagliare altre ipotesi oltre a quella della Défense, dove i prezzi sono ormai al livello del centro di Parigi? Una volta individuate le possibili alternative, prosegue Mathilde Rameaux, le risorse umane potrebbero avviare una rapida indagine per soppesare le preferenze dei dipendenti, capire cosa pensano delle varie soluzioni e dell'impatto che avrebbe il trasferimento nella nuova sede sul loro tragitto quotidiano. Perché riunire tutti nello stesso edificio per permettere alle persone di conoscersi meglio è senz'altro lodevole, ma se il tempo guadagnato evitando di spostarsi da una sede all'altra lo si perde in un percorso più lungo tra casa e lavoro, allora forse il gioco non vale la candela.

Avrebbero altre argomentazioni da aggiungere, ma più la riunione entra nel vivo, più si rendono conto che le loro proposte non vengono prese molto in considerazione, ma anzi cadono nel vuoto di un brusio confuso o di una garbata indifferenza. Contro di loro si è formato un fronte coeso e agguerrito, guidato ora da Éric Pertuis, ora da Franck Tommaso, e che sembra essere maggioritario. Tuttavia, non è chiaro se per sportività, per provocazione o semplice sventatezza, Franck sembra andare incontro a Éric: «Ma allora, visto che non volete cedere su niente e rimandare tutto a più tardi, dove li troviamo i soldi?». Édouard sa come rispondere. I soldi si prendono dove ce ne sono di più. Nel settore che gode di maggiori fondi e che, tra le altre cose, negli ultimi anni ne ha sprecati uno sproposito. Se vogliamo andare alla radice del problema e capire per quale motivo ci troviamo seduti a questo tavolo a discutere di un taglio imminente, allora forse è il caso di dirci che sì, probabilmente qualche reparto avrà speso più del dovuto, ma il punto è che abbiamo buttato un sacco di soldi in pacchetti azionari. Il bilancio della Borélia è colato a picco insieme a quello delle banche cui era legata, non è più un mistero per nessuno. Io dico che bisogna abbandonare questa sovraesposizione finanziaria. Vendere una parte delle nostre azioni, alleggerire il portafoglio a vantaggio di valori più stabili. Se riusciamo a gestire meglio i nostri attivi, insiste Édouard, altro che cento milioni all'anno: i fondi pronti per essere reinvestiti saranno due o tre volte tanti. Per recuperare una cifra del genere tagliando le spese, invece, bisognerà licenziare a occhio e croce un quarto dell'azienda...

«E indovina che è successo?» chiede Édouard a Cora. «Non hanno risposto. Perché non sapevano cosa rispondere. Qualcuno deve aver borbottato che la gestione degli utili è sempre stata al cuore della nostra missione. Qualcun altro che non avevo diritto di metterci becco, che non era il mio campo... E Franck... Vuoi sapere cos'ha osato dire Franck? Che era giunto il momento di suonare la fine della ricreazione. Perché un'azienda, mi ha buttato lì, è come un gruppo di bambini piccoli desiderosi di fare di testa loro, come hanno sempre fatto. Di' un po': è facile mettere a letto i bambini la sera? No. E farli alzare al mattino? Nemmeno. Eppure bisogna bene che vadano a dormire e si sveglino... Come puoi immaginare, gli ho domandato se avesse dei figli. Ha sviato la questione, ma so per certo che non ne ha. Allora gli ho chiesto se crede che i membri dei nostri team siano dei bambini. Mi ha risposto che era una metafora, mica dovevo prenderla alla lettera. Un po' come se avesse detto (un altro esempio per farmi capire, visto che sono un tantino lento) che io sono un buon samaritano.»

Chi tirava i fili? Tommaso, Pertuis o qualcun altro? Édouard non può saperlo con certezza. Ad ogni modo ha l'impressione che tutto si sia svolto dietro le quinte. Non hanno preparato una strategia, si sono semplicemente sforzati di capire cosa volesse sentirsi dire Mangin e poi hanno lavorato gli altri ai fianchi per farseli amici. «Gli avranno fatto promesse, non lo so, ma tre o quattro di quelli che fino a un mese fa la vedevano come me hanno cambiato casacca all'improvviso.» Édouard prepara la controffensiva, e nei giorni seguenti passa nell'ufficio di tutti i colleghi con cui è in buoni rapporti per sapere cosa pensino realmente. Lui ha davvero voglia di ascoltarli, ma la maggior parte di loro non ha niente da dire. «Staremo a vedere» gli risponde Pertuis, come se fosse uno spettatore impotente. «È Mangin che detta la linea» schiva Mathilde Rameaux. «Non credo che il nostro parere conti granché.» E quando poi le chiede a che serve allora far parte del comitato esecutivo ottiene una sola risposta: il silenzio.

Mancano pochi giorni a Natale, fuori cade una neve che si scioglie in un baleno. Mangin ha convocato Édouard nel suo ufficio. Pare che anche lui abbia trovato il tempo di parlare privatamente con ciascuno; si vede che vuole calmare le acque. Édouard ricorda di aver preparato l'incontro con grande attenzione, annotando per ciascuna questione quei due o tre argomenti che gli sembravano assolutamente convincenti.

L'ufficio di Mangin è sobrio quanto lui. Nessuna pila di dossier sulla scrivania, solo un'elegante penna stilo poggiata di traverso sul sottomano, l'immancabile foto di gruppo scattata a Bandiagara e un ritratto di famiglia: Mangin in posa davanti a un vigneto rosso come l'autunno, a Bordeaux o forse in Provenza, insieme ai suoi tre figli e alla moglie, che a Édouard pare di ricordare sia un'enologa di professione. Ai lati dell'ampia vetrata affacciata sui tetti di Parigi montano la guardia due imponenti sculture. A sinistra, una coppia di antenati giunti direttamente dal Pays Dogon. Entrambi seduti con grande contegno sui loro sgabellini, gli occhi socchiusi, la testa ovale affollata di pensieri imperscrutabili. L'uomo con la barbetta, in un gesto di eterna tenerezza, passa il braccio dietro le spalle della donna, i cui seni si slanciano come missili all'altezza delle spalle. Hanno le gambe corte, saldamente ancorate al terreno ma divorate dalle termiti o dalla malattia del tempo. Dall'altra parte, invece, campeggia una scultura indù, un busto di pietra sormontato da tre volti incorniciati da pesanti acconciature. Si somigliano come gocce d'acqua, coi loro nasi schiacciati, le labbra carnose, i lobi delle orecchie allungati. Quello al centro è rivolto verso chi guarda, gli altri due sono di profilo. Hanno tutti gli occhi chiusi. Édouard ha come la sensazione che lo facciano non già per assentarsi dal mondo ma per dominarlo meglio.

Per qualche minuto parlano del più e del meno. Poi Mangin approfitta di una pausa per entrare nel vivo della questione: «Sono molto amareggiato, Édouard». Lo conosce da poco, è vero, ma prova una sincera stima per lui. Però quell'attitudine da bastian contrario che ha manifestato negli ultimi tempi è assai seccante, lo delude. «Si direbbe che voglia mantenere tutto così com'è. Pare ne faccia una questione d'onore e si aggrappi a un ruolo di custode del tempo che definirei a dir poco sterile per un uomo brillante come lei.» Mangin parla lentamente, scandisce le parole una a una, come se i lemmi scelti potessero aiutarlo a dirimere la questione, ma non esita mai, e chiude ogni frase senza intoppi.

A un certo punto si alza, fa cenno a Édouard di seguirlo, e si avvicina alla scultura di pietra. La indica con la mano, ma più che mostragli un oggetto pare voglia presentargli una persona che, presumibilmente, si incontra per la prima volta. «Sa chi sono questi tre?» Édouard ci pensa su un secondo. «Delle divinità, suppongo. Gli dei indù?» Mangin annuisce. «L'ho acquistata durante un viaggio di qualche tempo fa ormai. È un pezzo raro. Si tratta della *trimurti*, la trinità indù, che alcuni pensano abbia influenzato quella cristiana. Nella cosmogonia indù, non so se ha presente, ci sono tre divinità. Visnù, colui che preserva e mantiene le cose nell'ordine, aiutando il mondo a proseguire sul proprio cammino. Śiva, colui che distrugge, e Brahmā, colui che crea. Il ciclo dell'esistenza dipende dalla loro continua interazione.» S'interrompe. Qualche secondo che vibra di silenzio nell'aria. «Ora, lungi da me fare paragoni, ma credo che quello di un dirigente sia un ruolo molto simile. Deve svolgere le tre funzioni contemporaneamente. Non solo preservare, ma anche distruggere ciò che è ormai invecchiato per poter guardare avanti e immaginare l'avvenire, creare il nuovo. Il problema di molti dirigenti (e non ne parlo in astratto, potrei benissimo farle nomi e cognomi) è che si fossilizzano sullo stato delle cose invece di mettere alla prova quelle credenze che ormai sono solo rami secchi e che sarebbe un bene per tutti tagliare. Non hanno il coraggio di spronare gli altri, e ancor meno di rimettersi in discussione. Io non voglio commettere quest'errore. E anzi, ho bisogno di circondarmi di persone che m'impediscano di farlo.»

Édouard non sa cosa rispondere. Per quanto cerchi di riflettere rapidamente, di cogliere un indizio negli sguardi assenti di Visnù, Śiva e Brahmā, di leggere sulle loro labbra socchiuse, non riesce a capire che diavolo ci faccia lì quella scultura. Forse Mangin la espone come simbolo d'appartenenza all'esercito di sessantottini andati in India per constatare l'inanità di ogni possesso materiale e poi tornare a Parigi a fare carriera forti di quelle convinzioni? Una sorta di diploma hippie, conseguito a pieni voti da un giovane di buona famiglia e dall'animo fin troppo pragmatico perché un po' di fumo lo distolga dallo spulciare gli antiquari di Varanasi o dell'Antica Delhi in cerca di qualche tesoro a buon mercato? In fondo, quello di Mangin non è uno di quei discorsi collaudati per fargli mandar giù la solita pillola della «distruzione creativa» teorizzata da Joseph Schumpeter e edulcorata nella patina del mito? Édouard conosce i libri dell'austriaco, Mangin se lo sarebbe dovuto aspettare: l'uragano perpetuo che rivoluziona l'economia dall'interno, distrugge alcuni mercati e rende obsoleti certi metodi produttivi, ma al tempo stesso fonda nuovi settori, in una metamorfosi complessiva in cui si spera sempre che la fase creativa abbia la meglio... Mangin probabilmente deve aver valutato ognuno di quegli assiomi. Ma non è escluso, riflette Édouard, che quelle divinità da almeno mezza tonnellata siano ormai divenute per lui, nel corso dei decenni, dei veri e propri compagni di viaggio, presso i quali cerca consiglio quando in preda il dubbio, all'urgenza e alla solitudine, deve prendere decisioni cariche di conseguenze.

«Per usare il suo stesso linguaggio» risponde infine Édouard senza accorgersi che nella sua voce lo sdegno ha preso il sopravvento sulla solita benevolenza «potremmo dire che ci sono due modi di trasformare. Il primo ha il rigore di ciò che s'impone dall'alto, che nasce dalla visione dei capi di Stato maggiore sulla sommità della collina, ma è dogmatico, violento: manda moltissime persone allo sbaraglio e funziona soltanto nel breve termine. Il secondo, invece, scommette tutto sull'intelligenza collettiva, coinvolge nell'ideazione della strategia quelli e quelle che poi si troveranno in prima linea; certo, richiede molto tempo, ma è anche un metodo più moderno, meglio accolto e più efficace nel medio termine.

Ora, io mi chiedo: quale metodo è più conveniente per noi? Capisco benissimo come, di fronte agli azionisti che vogliono vedere i risultati, si sia tentati di imporre uno strappo tanto brutale. Ma spero che i Frémont non abbiano acquistato quest'azienda al solo scopo di farne un bancomat, per poi ritirarsi tra un paio d'anni fregandosene di quel che avviene dopo. Lo spero per noi, ma anche per loro, perché se è questo che hanno in mente rimarranno delusi: la Borélia non mi pare il tipo di azienda da cui ci si possano aspettare prestazioni simili.

Alcuni dei miei colleghi vogliono credere o farci credere che siamo davanti a un bivio: mantenere tutto così com'è oppure cambiare radicalmente. Ma non è vero. Sono troppo pessimisti. Per fortuna abbiamo molte altre scelte. A ogni livello di quest'azienda ci sono persone competenti che gestiscono delle responsabilità. Perché non dargli fiducia? E sono sicuro che, facendole lavorare assieme, abbiano tutte le carte in regola per avviare un cambiamento ben progettato, rapido quanto serve ma non brutale.» Si ferma un momento. Non sa se ha finito o deve ancora aggiungere qualcosa. «Sa... non è il massimo fare la parte di quello col piede sul freno, soprattutto quando si è rimasti da soli... ma diventa un dovere quando si ha la sensazione di essere lì lì per imboccare una strada che porterà solo guai.»

Di nuovo il silenzio. È un silenzio di pace o la quiete prima della tempesta? Il silenzio. La vecchia coppia di antenati Dogon non si pronuncia. Gli dei indù, fedeli al proprio vizio, tacciono. Lo sguardo di Mangin si posa su Édouard molto, troppo a lungo. Non dice niente, ma sembra irritatissimo, ben più di quanto non si sarebbe detto un minuto prima.

«Ebbene Édouard, credo di dovermi separare da lei. Lei è un uomo dalle grandi capacità, ma credo le manchi la convinzione, la determinazione necessaria per fare quello che va fatto. Perché vede, non condivido nulla della sua diagnosi. Qui ci prepariamo a gareggiare sui cento metri, e non sono sicuro che lei sia l'uomo adatto. Analizza ogni cosa a oltranza. Pensa troppo. Non la prenda male, ma... il suo è quel tipo di umanesimo che condanna le persone all'apatia e all'indecisione.»

Édouard non ci sta. «Non sono affatto d'accordo. Ho semplicemente una visione diversa dalla sua.»

Mangin tace di nuovo, come sforzandosi di concedere a quell'ipotesi un'ultima possibilità. «Benissimo. È un suo diritto. Ma una volta che io ho deciso, non c'è disaccordo che tenga. Bisogna andare avanti, bisogna obbedire. È disposto a farlo? Può darmi la sua parola?»

«Sì, ma a patto che possa sempre esprimere il mio parere. Conosco quest'azienda. Conosco la sua storia, e le persone che l'hanno fatta. Credo che lei si stia cacciando in un mare di guai e sarebbe disonesto da parte mia non farglielo presente.»

«No, no… non ci siamo proprio» sospira Mangin. «Lo vede, non può funzionare. Lei non appoggia la svolta culturale che la Borélia deve affrontare, e non è il tipo di persona capace di mettere in atto una politica in cui non crede. Magari per lei può anche essere un bene, ma per noi no di certo. Non sarebbe a suo agio. Stia tranquillo, le offriremo una buonuscita più che vantaggiosa. È meglio così, mi dia retta. Meglio per lei.»

E poi cos'è successo? La neve là fuori si è sciolta, come previsto. Édouard rientra nel suo ufficio e vi si rintana per un'ora buona. Poi chiama Cora. Le riassume il colloquio a grandi linee, non ce la fa a parlare di più. Nel corso dell'anno che viene le fornirà tutti i dettagli. Quanto a me, Mathias il cronista, solo molto tempo dopo mi confesserà di aver vissuto il licenziamento come una separazione amorosa. Come una donna che è cambiata, è diventata un'altra e l'ha piantato su due piedi. O come degli sconosciuti che si sono invitati a casa sua, senza che potesse rifiutarsi di accoglierli e dar loro una sistemazione, e passato un po' di tempo l'hanno sbattuto per strada, perché li guardasse subito dopo gettare i mobili dalla finestra.

Lì per lì Édouard ha una sorta di rimpianto, la sensazione umiliante di essere stato ingenuo e goffo. «Lo so che non sono abbastanza diplomatico. Non sono portato per gli intrighi, e nemmeno mi piacciono. Non mi diverto, non ci riesco proprio. In realtà» ha una voce pastosa, molto lenta, non so se riuscite a immaginarla «la cosa più strana è che non sia successo prima.»

Cora lo ascolta senza contraddirlo, la fronte corrucciata, e così ogni tanto lui si lascia scappare qualche espressione amara o di scherno. «Vogliono creare ricchezza. Bene, è fantastico! Perché, qualcuno vorrebbe distruggerla? Ma la vera domanda è: ricchezza per chi? Sulla pelle di chi? Al prezzo di quali sacrifici, di quali costi sociali?» Quando riprende un po' di lucidità, pensa a lei che invece rimarrà, e cerca di immaginare il seguito, di prepararla. Verrà creata una direzione marketing e digitale, sotto la guida di Franck Tommaso. Non so cosa ne uscirà. Non si fonda una strategia sul digitale: è una rivoluzione industriale che andrebbe integrata a ogni livello. Quando si è cominciato a lavorare col telefono, non si è creata una direzione telefonia. Ma tant'è. Vogliono puntare tutto sul marketing relazionale, la previdenza e i prodotti salute, e questo per lei è positivo, sono argomenti che padroneggia, con i quali potrà aumentare il proprio prestigio.

Non è un addio, dice infine a Cora. Non si limiteranno a rimanere in contatto, no, le loro strade s'incroceranno di nuovo. «Non so come, mi rendo conto che detto così possa suonare un po' ridicolo, ma ne sono sicuro.» In effetti per loro due, abituati da sempre a parlare il linguaggio della ragione, è una frase un po' insolita. Starebbe bene in bocca a quelli che credono nel destino, ma non sono certo il tipo, né l'uno né l'altra. E tuttavia, pronunciate in quella circostanza, sono parole che danno sollievo. Cora se ne ricorderà. Le terrà a mente abbastanza a lungo da realizzare, tre anni più tardi, che Édouard aveva ragione.

È vedendolo in quello stato, vulnerabile, ferito, sbalzato fuori dal corso ordinario dei suoi pensieri, che Cora si alza e lo prende tra le braccia. Lo stringe forte, e lui fa lo stesso. Sente la sua stretta sulle spalle, il suo corpo pressato contro il seno, le sue mani sulla schiena. Si chiede se, tra un attimo, quando scioglieranno la stretta, andrà a cercare le sue labbra. Vorrebbe trattenersi, la situazione è già abbastanza complicata. Poi invece decide di farlo lo stesso, di assecondare la propria voglia. Ma ecco che si lasciano, rivede il suo volto di fronte a lei, ormai lontano, è già troppo tardi, decisamente troppo tardi – il momento è passato.

Il lunedì seguente, quando Cora arriva in ufficio, lui non c'è più. La targhetta sulla porta è cambiata, la porta rimane chiusa. Cora sente come nel piccolo teatro dell'azienda, che è anche, le piaccia o no, il teatro più importante della sua vita, un nuovo atto stia per iniziare. Fuori Bories, dentro Mangin. Fuori Édouard Verzack, dentro Franck Tommaso.

4. Costruiamoci una torre

Follia, pensa e dice Astou Djiguiba. Follia travestita da ragione. Perché uno dovrebbe scegliersi il proprio dio, si chiede. Se ogni religione contempla forme altrettanto seducenti di saggezza e mistero, in nome di quale istinto masochistico dovremmo limitarci a esplorarne una sola? La storia dei suoi genitori, madre cattolica e padre musulmano che si incontrano e si innamorano a Saint-Denis dopo essere emigrati da due piccoli villaggi dogon distanti qualche decina di chilometri l'uno dall'altro, le ha sicuramente facilitato il compito, ma qualcosa le dice che, in un modo o nell'altro, avrebbe finito comunque per imboccare un cammino simile, anche a rischio di passare per una miscredente da una parte e dall'altra. E quando la vede arrivare in ufficio con un Corano e una Bibbia che durante il giorno ripone nella borsa in compagnia del rossetto, dello smalto e di un paio di preservativi, Cora sente nascere nel proprio animo di atea una curiosità che nemmeno la frequentazione dei credenti più ortodossi le aveva mai suscitato.

Qualche settimana dopo il trasferimento alla Défense Astou legge la Genesi e le racconta di Babele. Siamo nell'epoca in cui gli uomini parlavano tutti la stessa lingua e utilizzavano le stesse parole. Hanno trovato una pianura accogliente nel paese di Shinar e ci hanno piantato le tende. Si sono detti: «Venite! Facciamoci mattoni e cuociamoli col fuoco. Costruiamoci una torre che arrivi fino in cielo e facciamoci un nome, per non finire dispersi su tutta la Terra». Perché hanno deciso così? Perché costruire una torre e non una città di case basse? Gli uomini di quel tempo, a ben vedere, non avevano capito davvero cosa fosse il cielo, se pensavano di raggiungerlo. E perché mai farsi un nome avrebbe dovuto impedir loro di ritrovarsi sparpagliati per i cinque continenti e sballottati sull'acqua salata che fa morire di sete?

Non è chiaro, commenta Astou. Sta di fatto che l'Eterno è sceso sulla Terra per vedere la torre, o magari ha monitorato di nascosto i progressi del cantiere restandosene lassù. «Eccoli riuniti in un solo popolo» ha constatato. «Questo è l'inizio della loro opera, e ora nulla gli impedirà di portarla a compimento.» Ecco perché, senza preavviso, senza esitazioni, e senza che nessuno capisse come ci fosse riuscito, l'Eterno ha confuso le lingue degli uomini affinché non potessero più comprendersi. Poi li ha osservati mentre si azzuffavano, si accusavano a vicenda per il ritardo inatteso del cantiere e, messi da parte a poco a poco gli strumenti di lavoro, si munivano di armi bianche. E, infliggendo loro quella sorte che s'erano sforzati di scongiurare, li ha dispersi ai quattro angoli del globo.

Una cosa è certa, chiosa Astou: il progetto Babele non è stato un successo. Quegli uomini non avevano capito niente. E ancora oggi – Cora inizia a comprendere dove vuole arrivare – non abbiamo capito niente. Pura follia! Follia l'orgoglio per le torri crollate a Manhattan. Follia ancor più perversa il disprezzo dei dirottatori che le hanno abbattute con gli aerei. Follia il Burj Khalifa che si innalza per ottocento metri nel cielo di Dubai, costruito sotto l'occhio nero del deserto da persone che conducono esistenze da quattro dollari al giorno per garantire il confort e il relax di un'oasi climatizzata a quanti invece, grazie al mercato onnipotente, vivono vite che valgono quattromila volte di più. Dubai, Manhattan, La Défense, ma anche Chicago, Tokyo e Singapore: una gara infantile a chi arriva più in alto; una gara che, agli occhi di Astou, offende ogni buon senso. Non riesce a capire come mai l'Eterno consenta agli uomini di perseverare nell'orgoglio, limitandosi da parte sua a progettare, con la minuzia che sappiamo, pene fatte su misura per i loro crimini. Adesso basta, vorrebbe dirgli, hai visto quali sono i risultati? Adesso fai il tuo lavoro. Intromettiti, o Signore. Lo sa che prima o poi sarà chiamato a intervenire, e allora perché non li ferma subito? Cos'è, una questione di metodo, di deontologia? È davvero così importante per lui aspettare ogni volta di vedere fin dove si spingerà la bramosia degli uomini, se finiranno per rendersi conto da soli di quello che combinano?

Nella brochure che hanno ricevuto appena messo piede nella Tour Galaxie da parte dell'agenzia incaricata di accompagnare i dipendenti alla scoperta del distretto non c'è alcuna traccia del risveglio mentale che Astou invoca per Dio e gli uomini. «Dall'*homo neanderthalensis* all'*homo œconomicus*» vi si legge. «Forse non tutti conoscono l'incredibile epopea di questa collina, diventata ormai il primo distretto d'affari d'Europa. In origine era una semplice altura. Il suo nome, Chantecoq, rievoca il canto dei galli illuminati dal sole dell'alba che si leva sulle anse sinuose della Senna. Quel sole è rimasto lo stesso, salvo che oggi si specchia sulle facciate di vetro e acciaio dei grattacieli. Simbolo di un futuro ambizioso, La Défense prolunga l'asse reale che, dal Louvre all'Arco di trionfo, continua a scrivere il destino di una Parigi alla conquista del mondo.» A questo punto, si dice Astou, è meglio leggere la Bibbia. Cora invece è più combattuta. Ha sempre avuto una sorta di passione latente per l'architettura e non nutre alcuna particolare avversione per l'audacia dei grattacieli. Quando sbuca sull'enorme spianata, al mattino, le piace fermarsi un minuto con il naso all'insù e girare su se stessa per ammirare quelle torri stipate una contro l'altra, finché anche loro, prese nelle sue giravolte, non si mettono a danzare. È rimasta piacevolmente sorpresa nello scoprire che il progetto urbanistico del distretto si basa su un'idea di Leonardo da Vinci, riesumata da Le Corbusier e iscritta nella Carta di Atene del 1933: la città del futuro sarà quella in cui la vita famigliare, il lavoro, i luoghi di svago e le infrastrutture verranno suddivisi in zone indipendenti. Si svilupperà su due livelli: quello della *commoditas*, con le sue vie d'accesso, le stazioni, i parcheggi, le aree di carico e scarico e le condutture, nascosto sotto quello della *voluptas*, consacrato invece alla bellezza e agli sguardi che i pedoni rivolgono alle vetrine o ai giochi di luce delle facciate.

Approfittando di un buco a pranzo, e dato che l'ultima volta la guida era tutta trafelata, Cora è tornata al museo della Défense. Si è chinata sui modellini che riproducevano le metamorfosi subite dal distretto nei decenni, dal progetto inziale all'effettiva realizzazione, alle demolizioni, agli ammodernamenti, al rilancio finale. E meno male che la Francia era vittima di una crescita stiracchiata, al rallentatore... Sulle didascalie cronologiche, le battute d'arresto che erano seguite puntualmente alle crisi economiche, lasciando migliaia di uffici vuoti e immensi cantieri in sospeso, duravano giusto un attimo, e le ripartenze erano sempre più vigorose. Cora aveva pensato che le generazioni future, gli storici figli di genitori ancora sconosciuti e i cronisti dilettanti tipo il sottoscritto, forti del distacco dei secoli, non avrebbero visto in quel cambio di millennio un'epoca di atonia e smarrimento, ma al contrario, un'epoca di produzioni straordinarie: un'imponente accelerazione che, a seconda del personale rapporto con l'ambizione e dell'impegno profuso, del sentirsi investiti da una forza collettiva o dell'essere invece trascinati proprio malgrado nella corsa, poteva condurre a uno stato di esaltazione o sprofondare in un'angoscia senza confini.

Scopre cosa sia la vita in un grattacielo, cosa significhi passare le proprie giornate al ventisettesimo piano, a centodieci metri d'altezza. Dopo pochissime ore ha realizzato, con inquietudine via via crescente, che non c'è una sola finestra che si possa aprire. Il pensiero da allora non le dà tregua. Cerca una qualche ragione. A queste altitudini non si può mica lasciare che degli individui, sia pure competenti, ma in definitiva assai ordinari, esercitino la facoltà di decidere in autonomia quando è il caso di rinfrescare un po' l'aria. Due impiegati, agli angoli opposti della torre, toccati dalla grazia simultanea della medesima iniziativa, ed ecco che la burrasca farebbe irruzione all'interno obbligando tutti a procedere chini, attaccati al muro, per schivare un uragano di articoli da ufficio, post-it, graffette, puntine e fogli sparsi. Una semplice finestra aperta, e la pioggia e il gelo arriverebbero a scombussolare l'intero sistema di climatizzazione, vanificando il lavoro distaccato ma scrupolosissimo di tutti i computer pagati per calcolare le variazioni di temperatura e il tasso d'umidità. E prima o poi, in un giorno di crac finanziario o di licenziamenti di massa, o semplicemente per scampare a una vita che non vale più la pena di essere vissuta, un dirigente anonimo, un quadro che all'apparenza si sarebbe detto assolutamente privo di un mondo interiore, avrebbe avuto voglia di affacciarsi e lanciarsi nel vuoto per ricongiungersi all'asfalto là sotto.

Come al solito, come nei documenti che spiegano in caratteri microscopici le clausole di una copertura assicurativa, o come negli annunci dell'azienda dei trasporti, le ragioni ingiunte dalla realtà dei fatti si rivelano ottime ragioni. Ma, come al solito, il cuore non vuole saperne. Quello di Cora misura l'enorme differenza tra una finestra che puoi aprire e chiudere quando ti pare e un vetro fisso che ti viene imposto. Il suo udito non riesce ad abituarsi a quel brusio permanente che le dà l'impressione di essere chiusa in un aereo bloccato sulla pista di decollo. La sua pelle e le sue narici avvertono immediatamente come l'aria degli uffici sia secca, asettica, filtrata di tutte le impurità e dei microbi che portano malattie, ma anche dei profumi vagabondi e di ogni germe di vita. Fin dal lunedì mattina quell'aria sembra depositare sui volti una patina invisibile che già il giorno dopo li veste di un colorito grigiastro.

I soli a cui la torre riservi uno spettacolo interessante sono i suoi occhi. Non nelle settimane, fin troppo frequenti, in cui gli altostrati compongono una coltre compatta che soffoca ulteriormente il paesaggio col suo grigiore, bensì nei giorni più variabili, quando i cumulonembi strascicano le loro bianche sottane da fantasmini sopra la città. Il cielo blu pallido d'autunno è rigato unicamente dai cirri e dalla doppia scia cotonosa degli aerei. Alcune facciate sono come enormi specchi dove si ricompone, sfalsato e distorto, il riflesso della torre da cui si guarda. A volte la pioggia inghiotte ogni cosa, e allora si lavora sospesi in una nebbia che rende le conversazioni irreali. I grattacieli a una trentina di metri di distanza scompaiono, e quando la foschia si dissolve un pochino, eccoli rinascere un pezzetto alla volta (prima i contorni, poi i colori), come attori che avanzano a piccoli passi dal fondo della scena in un teatro sottratto gradualmente all'oscurità. Cora rimpiange di non avere con sé la sua macchina fotografica. A volte pensa di lasciarla in ufficio, anche perché, guardiamo in faccia la realtà, è lì che passa la maggior parte del suo tempo. Ma Franck Tommaso probabilmente non apprezzerebbe. Allora ricrea l'inquadratura con le mani e, quando è pronta, fa scattare l'otturatore strizzando l'occhio sinistro.

All'uscita degli ascensori, posti al centro della Tour Galaxie, una bussola disegnata sulla moquette indica i quattro punti cardinali per evitare che ci si perda. La direzione marketing e digitale occupa il quarto inferiore sinistro del ventisettesimo piano. La postazione di Cora è esposta a ovest, l'ufficio della sua superiore, Agathe Kerlann, a sud-ovest e quello di Franck Tommaso a sud. I locali riservati al consiglio d'amministrazione, due piani sopra, sono situati sul lato opposto, a est/sud-est, perché da lì si gode la vista migliore su Parigi. Quando ha spiegato a Pierre come niente fosse lasciato al caso, e quella ripartizione correlasse in modo inequivocabile la gerarchia del paesaggio con l'importanza di ciascuno all'interno dell'azienda, con il valore che si attribuiva a ogni ruolo o attività, e come il grattacielo fosse quindi una sorta di piramide sociale, di organigramma mineralizzato, l'ironia del suo tono non era riuscita a mascherare la sua indignazione. Ma è ovvio, le ha risposto Pierre, cosa ti aspettavi? I ricchi abitano a ovest, per respirare una brezza screziata da un sentore di salsedine; i poveri a est, immersi nel fumo delle ciminiere. I ricchi abitano nell'attico, hanno terrazze e balconi, prediligono l'esposizione a sud da quando va di moda l'abbronzatura, e relegano i poveri in basso, in appartamenti privi di luce naturale, oppure in alto, ma in casermoni orribili con finestre affacciate sul niente. E questa storia dei piani c'era già in Balzac, continua Pierre, solo che funzionava al contrario, perché *La commedia umana* è stata scritta prima dell'avvento degli ascensori, ma in fondo era la stessa cosa. Appunto, protesta Cora: visto che sono passati duecento anni, e visto che siamo in democrazia, potevamo fare qualcosa, no? È scioccante che tutto sia rimasto tale e quale, ed è scioccante che la cosa non sciocchi nessuno.

Il sole, fedele all'etichetta, si ostina a declinare verso ovest, così di quando in quando le capita di assistere a cerimonie del tramonto in sfumature di rosso che sembrano pensate apposta per riconciliarla con il paesaggio. Dietro gli altri grattacieli del settore Arche Nord scorge il cimitero di Neuilly, e un po' più a sud, quasi adiacente, quello di Puteaux. Astou Djiguiba e Nadège Galtier credono che sia di cattivo auspicio comprendere un luogo di morte nel proprio campo visivo. Ma Cora ha un debole per i cimiteri fin da quando era piccola, e la loro vista le dà una certa serenità. Le piace pensare che i morti resistano e siano riusciti fin qui a far rispettare la loro quiete, il loro fievole *requiescat in pace*, tanto più che, visti i prezzi del mattone, dev'essere una lotta continua. Più vicino, prima delle migliaia di tombe, ci sono le migliaia di vetri delle facciate, i loro rettangoli tutti uguali come tante unità di conto, caselle di un grafico infinito che vengono spuntate quando nel riquadro compare la sagoma di un omino stilizzato. I muri sembrano avere freddo. I vetri sono tanti occhi senza pensiero. Da quella prospettiva Cora muore dalla voglia di prendere per la collottola uno dei tanti lillipuziani di cui brulica il piazzale e schiacciarlo tra il pollice e l'indice. Ha la sensazione che le solleverebbe il morale. Infatti una sera scrive: «È il numero il problema. Prima era solo una supposizione, ma ora mi è estremamente chiaro: siamo troppi, decisamente troppi».

Quando vuoi toccare il cielo, la Terra diventa irraggiungibile. E uscire dalla torre è come impelagarsi in un percorso di guerra, nonostante le tre batterie di ascensori. Sono rapidi e silenziosi, non c'è che dire. Nadège sostiene che i cavi vibrino diversamente nei giorni di vento, e che la cabina si metta a *dondolare*, ma Cora preferisce classificarla come una delle sue tante fisime e non appurarne la fondatezza. Ad ogni modo, se ci si apposta davanti agli ascensori per andare a pranzo insieme a tutti gli altri, che sia per raggiungere la mensa del secondo piano o uscire sul piazzale, si può star certi di dover attendere cinque minuti per entrare, dieci per scendere, considerate le soste a ogni piano, e altrettanti, se non di più, per risalire.

Ognuno si adatta come meglio crede. Certi non hanno mai ben capito a cosa serva mangiare, e ne fanno direttamente a meno. Certi altri invece pranzano fuori orario, anticipando o posticipando la propria pausa, poiché sostengono che non sia umanamente possibile sorbirsi la ressa della mensa dopo la ressa dei mezzi. L'ora esatta in cui inizia e finisce l'ingorgo e la possibilità di prendere le scale almeno per scendere sono diventate in questo gruppo oggetto di dibattiti specialistici. Pare che d'estate tutti vadano a fare il picnic sui gradini della Grande Arche, tipo colazione sul prato, ma il cambio di sede è avvenuto a settembre, e quindi per Cora quella prospettiva è ancora lontana. Ma soprattutto inizia ad accorgersi che hanno preso l'abitudine di far salire il cibo invece di andare giù a cercarlo. È questa la differenza essenziale tra l'uomo di Neanderthal, cacciatore-raccoglitore, e gli uomini dei distretti d'affari, che si fanno portare in ufficio panini, sushi, pasta, e mangiano davanti al computer pensando distrattamente che gli toccherà ritagliarsi un'oretta, in settimana, per andare a correre. Cora lo trova piuttosto decadente e, per quanto possibile, rifiuta di nutrirsi così. Nei giorni più impegnativi si compra un'insalata arrivando alla Défense, o si porta dietro gli avanzi della cena. Gli altri giorni trova il tempo di scendere al self-service, a costo di rimanere impalata davanti agli ascensori o fare la bella statuina nella fila d'attesa. Se non altro potrà sentire Jacqueline Mazel che, in qualità di portavoce delle risorse umane e regina della mensa ormai decaduta, ripete a quanti ancora le prestano attenzione come la convivialità patisca enormemente questa situazione. Cosa vuol farci? L'architettura stessa lo impone, le rispondono con un'alzata di spalle, se le rispondono.

Scopre anche cosa significhi lavorare in un open space. Altro cambiamento radicale, che richiede al corpo ulteriori adattamenti. D'altronde, come ho potuto verificare, non è la sola a fare questo tipo d'esperienza: è la moda di quegli anni, i piani che si aprono per guadagnare spazio e far circolare la luce, le pareti che cadono per facilitare le interazioni. Ora che non ce l'ha più, Cora si rende conto di quanto fosse prezioso il suo ufficio, di quanto le piacesse il suo arredamento, il nudo di Willy Ronis, la foto dell'Aigoual, e l'ammirevole progresso della civiltà rappresentato da quella porta che, esattamente come una finestra, potevi decidere in autonomia, da persona libera, di spalancare o chiudere.

Ma questo genere di scelte appartiene al passato. Seguendo l'andamento della facciata, i posti di lavoro sono ripartiti in scomparti da quattro, separati gli uni dagli altri da scaffali di un metro e mezzo d'altezza, dove degli armadietti fungono anche da guardaroba per quelli che, in un linguaggio più neutro, sono chiamati effetti personali. Seduta di fronte a Cora c'è Astou, che adora; in diagonale Nadège, la quale, a tenersi sul vago, è un tipetto a dir poco particolare; e alla sua destra Damien Tourret, che non le fa né caldo né freddo. Nel corridoio il passaggio è incessante. Cora si chiede cos'abbiano tutti da fare avanti e indietro, tranne quando è lei ad alzarsi per andare in cerca d'informazioni, in bagno o, nella maggior parte dei casi, solo per sgranchirsi un po' le gambe, ma assumendo comunque un'andatura incredibilmente indaffarata.

Poi c'è il rumore, inarrestabile. Le conversazioni private o di lavoro che il suo orecchio carpisce nonostante non la riguardino. A volte sente qualcuno fare una domanda di cui conosce la risposta, o porre una questione sulla quale avrebbe anche un parere e potrebbe dire la sua – è lo scopo stesso dell'open space, la trasversalità –, ma farlo la costringerebbe a interrompersi, col rischio di stentare in seguito a riprendere lo stesso ritmo di lavoro. Per certe persone interrompersi ogni due secondi non è affatto fastidioso: ascoltano tutte le conversazioni facendo finta di niente, pronte a intromettersi quando la cosa le interessa, anche se nessuno parlava con loro. Alcune voci, affrancate dal controllo del loro proprietario, si librano alte nell'aria per proferire un semplice sì o un no, e così ognuno è spinto ad ampliare il proprio repertorio di facce esasperate. Un giorno una collega ha portato dei cartelli con su scritto a caratteri cubitali: *Stringi*; e poi: *Abbassa la voce*; e ancora: *Abbiamo capito*. «Guarda, ti accorgi davvero» spiega Cora a Pierre «di quanto non tutte le voci siano belle, anzi. Alcune sono proprio insopportabili. Mentre le facce hanno pur sempre un non so che d'interessante.» E quando Pierre le fa notare che ci sono comunque un bel numero di grugni di cui si farebbe volentieri a meno, e altrettante teste meritevoli di saggiare la ghigliottina, lei insiste: «Sì, ma le voci sono molto più moleste...». Una volta che il sistema nervoso centrale ha individuato il problema, non se ne esce più: battere sulla tastiera fa rumore; le persone che ripetono a mo' di litania il contenuto di ogni mail inviata, o accompagnano sottovoce ogni clic del mouse, fanno rumore – soprattutto quando, per tenere il ritmo, agitano nervosamente il piede o il ginocchio; aprire le buste delle lettere fa rumore. E poi ci sono quelli che ridono – certo, non è una colpa, anzi, beati loro, ma non potrebbero mettersi d'accordo per trovare divertenti le stesse cose e concentrare le battute in un unico momento?

Ci sono anche gli sguardi, inarrestabili. Sebbene gli stagisti o gli assistenti del lato corridoio siano i più esposti, basta buttare un occhio oltre le spalle del proprio vicino per sapere cosa succede dal lato finestre. Tutti cercano di memorizzare le scorciatoie da tastiera per passare dalla propria mail o dalle pagine internet che stanno visitando al documento su cui dovrebbero lavorare. Agathe Kerlann, con quel suo modo di rallentare il passo per salutare ogni singolo essere umano, sembra quasi faccia la ronda. Ma non è l'unica. E non è tutto: si vede sempre chi arriva e quando, chi va via e quando, si potrebbero tranquillamente annotare i tempi delle pause di ciascuno. La gerarchia degli sguardi è banale al pari di quella degli uffici: i superiori controllano i propri subordinati, i quali si controllano a vicenda. «È il principio del panopticon» le spiega Édouard una sera in cui riesce a trovarlo al telefono. «Si ispira a quanto aveva immaginato Jeremy Bentham perché i guardiani delle prigioni del Settecento potessero avere sotto tiro tutti gli illustrissimi ospiti di cui avevano la responsabilità. Era un filosofo» ci tiene a precisare. «Ma come fai a saperlo?» chiede Cora dopo un attimo di silenzio. «Quand'è che trovi il tempo di leggere i filosofi inglesi del Settecento?» «È molto famoso,» si giustifica Édouard «giuro.» Poi accorgendosi che le scuse peggiorano la situazione: «Comunque non l'ho letto di prima mano. Ne parla Foucault in *Sorvegliare e punire*. Sai, è tutta una critica di questo genere di cose... le tecniche carcerarie, e un'analisi dei legami, se non erro, tra la disciplina del corpo e l'aumento della produttività.» Quei due verbi prendono a fluttuare nella testa di Cora: sorvegliare e punire. Un bel programmino, non c'è che dire.

Dovesse basarsi sulla propria esperienza, d'altronde, non sarebbe tanto sicura che queste tecniche di controllo aumentino la produttività. Scopre cosa significhi avere il mal di testa. Sapeva dell'esistenza di un fenomeno simile, ma finora ne aveva avuto un'idea molto vaga, tipo i racconti di quelli che tornano da un Paese di cui non hai uno straccio d'immagine mentale, perché non hai mai letto un libro né visto un film che fossero ambientati lì. Alle volte rimane con gli occhi sbarrati davanti allo schermo, le dita sulla tastiera, incapace di ricordarsi cosa stesse facendo. Oppure risponde a qualcuno, sente stringersi la morsa attorno alle tempie e s'interrompe. A furia di stare nella torre, la sua testa finisce per imitare l'ambiente: si trasforma in uno spazio tagliato fuori dal mondo, dalle pareti stagne, dove l'aria gira in tondo e la pressione, in mancanza di aperture verso l'esterno, si accumula. Lei che amava confrontarsi con i colleghi, imparare discutendo, considera ormai ogni figura umana in avvicinamento alla stregua di una minaccia, l'ennesima potenziale interruzione giunta a privarla di quel poco di concentrazione che ancora le rimane. A volte ha bisogno di redarguire se stessa, di fare uno sforzo per ricordarsi che gli altri sono lì a spartirsi con lei il peso del lavoro, e vederli solo e soltanto come fonti di disturbo non è affatto utile.

Ma il nemico pubblico numero uno rimane sempre il telefono. Siccome non sono più a Parigi prende meno appuntamenti, per non perdere intere giornate sui mezzi, e passa lunghe ore con l'orecchio incollato alla cornetta. Verso il centro della torre, dunque nel punto più lontano dalla luce del giorno, sono stati creati degli spazi per isolarsi: stanzine dalle pareti trasparenti, con una poltrona in tessuto grigio e un tavolino basso sul quale un telefono fisso attende di suonare o essere usato con l'esasperante placidità tipica di ogni oggetto inanimato. Sembra uscito da un sogno ricorrente. Quando si rintana lì dentro le sembra come se i passanti tutt'attorno le lanciassero le stesse occhiate che si riservano agli animali allo zoo o ai corpi delle prostitute esposti nelle vetrine ad Amsterdam. Ci va solo se costretta, se si rende conto che una conversazione è destinata a durare a lungo e il suo bisogno di silenzio è addirittura più grande di quello della luce. Altrimenti, il più delle volte, si dedica a quello sport estremo che è la telefonata in open space. Fin dal primo giorno si è imposta di limitarle rigorosamente alle esigenze professionali. Subisce già abbastanza le conversazioni private degli altri per provare il bisogno di infligger loro le proprie, e d'altronde la imbarazza parlare davanti a tutti di Manon, della spesa, del proprio umore o delle uscite in programma. Forse sono troppo riservata, dice a Pierre mentre gli chiede, d'ora in avanti, di comunicare solo tramite mail o sms. I miei colleghi non si fanno nessun problema, e io invece… No, amore mio, la interrompe Pierre, sei riservata il giusto, non preoccuparti.

Come se non bastasse, l'abolizione dei muri comporta nuove limitazioni anche a livello lavorativo. Non le piace che gli altri la ascoltino negoziare o semplicemente discutere con i suoi interlocutori. Ha i suoi modi di esprimersi, il suo stile, che magari non sarà il più raffinato, ma le consente di essere sincera e diretta. Sapendo che si sente tutto, spiega a Pierre, si tende invece a sorvegliarsi e a censurarsi da soli: non si può più andare dritto al punto, e ci si trasforma in tanti piccoli burattini che cercano di fare il proprio lavoro ma suonano falsi e tremendamente privi di personalità. Non puoi più raccontare ai tuoi interlocutori esterni i problemi che hai in azienda o con quel tale collega, e se non capiscono al volo le allusioni, alla stregua di quelli che decifrano i telegrammi diplomatici nelle cancellerie, dovranno fare a meno di informazioni cruciali per il mantenimento pacifico dei rapporti. Per ovviare al problema, Cora cerca di cambiare spesso stratagemma: talvolta si limita e accetta di esprimersi con toni bigi, piatti, neutri, altre invece si lascia andare e rompe le linee. Ma puntualmente, quando vede un responsabile delle risorse umane aggirarsi tra le scrivanie, è colta dal terrore che si fermi dietro di lei e, in piedi di fronte a tutti, senza nemmeno degnarla di uno sguardo, esclami: Cora Salme? Diversi testimoni sostengono si sia abbandonata a discorsi inopportuni nei confronti del gruppo. Il consiglio ha giudicato le sue affermazioni, cito, *critiche* per il 30% e *lesive* per il 20%. Se vuole seguirmi, abbiamo i nastri con le registrazioni e vorremmo ci confermasse che si tratta effettivamente della sua voce.

Nei suoi diari parla di questi incubi a occhi aperti, e aggiunge: «Tutto ciò che è prefabbricato è triste. Gli oggetti prodotti in serie. Le cartoline coi sentimenti già scritti. Gli slogan edonistici dei negozi di souvenir. Il tono e la dizione dei giornalisti televisivi. Le catene di ristoranti, i centri commerciali. Noi umani invece vogliamo immischiarci, fare le cose a modo nostro, lasciare un'impronta, una firma. Può sembrare una pretesa sciocca e vana, ma credo sia un bisogno innato. E negarlo troppo a lungo non serve a sopprimerlo: resta in noi, e ci divora da dentro. Ci mangia il cuore».

Scopre anche cosa significhi incassare. La situazione è quella che è, ma l'importante è non lasciar trasparire i propri sentimenti. Perché aggiungere il peso della lamentela al già greve fardello della quotidianità? In questo senso vorrebbe tanto aver preso da suo padre. Da qualche parte, nel credo tacito di Alain Salme c'è scritto: se è sgradevole vivere una determinata situazione, allora lo sarà anche rimuginarci sopra. O si può fare qualcosa, e in quel caso conviene agire subito, oppure non c'è niente da fare, almeno per il momento, e quindi bisogna accettarla e non farla pesare agli altri. Tanto più che, da questo punto di vista, Cora crede di aver trovato in Pierre una replica, appena più smussata, del *pater familias*. Quanto sono carini quei due! Ma a parole è facile…

Se nonostante tutto cerca di attenersi a quella linea di condotta, è perché frequentando Nadège ha potuto constatare a proprie spese quanto la lamentela sia potenzialmente priva di confini. Forse esiste una temperatura alla quale Nadège sia *a proprio agio*, ma i numerosi scienziati che si sono occupati della questione finora non sono riusciti a individuarla. A volte si sente soffocare e agita convulsamente il ventaglio cinese che custodisce nel cassetto; altre annuncia un'ondata di freddo polare, mentre Cora, sicura fino a quel momento di essere la campionessa incontrastata dei freddolosi, avverte solo un frescolino inoffensivo. Per combattere queste gelate, Nadège dispone di un arsenale di maglioni e di scialli parecchio male assortiti. Franck Tommaso le ha già fatto notare in un paio di occasioni come *non è una tenuta appropriata*, e Cora sarebbe tentata di dargli ragione, poiché anche lei non ne può più di quei cosi informi tra le cui pieghe Nadège sembra voler sprofondare fino a trasformarsi in una vecchia signora che passa le giornate davanti al camino. Ma siccome si è accorta che Nadège ci è rimasta male, e non avrebbe saputo da che parte cominciare per rinnovare il suo guardaroba, ha preferito non rincarare la dose. Meglio gli scialli piuttosto che dover sopportare di averla offesa. Per Franck il discorso è diverso. Nadège non risponde direttamente ai suoi ordini, e d'altronde non ce l'ha davanti agli occhi. Eppure non riesce proprio a trattenere la sua mal disposizione nei confronti di quella donna, e d'altro canto è pur vero che non ne pagherà le conseguenze. Una volta Cora l'ha sentito dire ad Agathe Kerlann che non si capacitava di come Nadège riuscisse a mostrare *soltanto il peggio della femminilità*, e la cosa ha risvegliato in lei una sorta d'istinto protettivo. Nadège ha dieci anni in più, nessuna promozione in vista, e ha sempre sognato un compagno e dei figli che però non ci sono. Forse non è il caso di aggiungere altro.

Oltretutto bisogna sottolineare che di queste cose Nadège non si lamenta mai. I veri problemi, e a maggior ragione le cause profonde che li hanno generati, sono troppo dolorosi per condividerli con gli altri. Quando invece vede apparire un ostacolo che le sembra possa suscitare un malcontento diffuso che giustifichi la sua esternazione, si profonde in una cascata di lamentele dalla quale si evince chiaramente come l'ostacolo sia solo un pretesto per sfogare una tensione accumulata da tempo e per motivi del tutto estranei. Un'altra sua peculiarità è quella di non poter sentir parlare di un problema altrui senza ricondurlo subito a traumi vissuti in prima persona o da qualche suo conoscente. I rumori dell'open space sono identici a quelli dei suoi vicini del piano di sopra, che organizzano festini a cuor leggero, senza avvisare, e trascinano le sedie sul parquet, o almeno crede, perché cos'altro vuoi che trascinino?, come se non fossero capaci di sollevarle; lei gira per casa coi tacchi fin dal mattino, lui ascolta rap a tutto volume, e poi le liti e le urla la sera tardi, e acrobazie rappacificatrici – e lì è palese che sono due esibizionisti –, guarda, uno strazio. Le tenaci emicranie dei colleghi sono come quando lei prende il treno e le pareti dei vagoni le fanno venire il cerchio alla testa, ha già visto diversi dottori e nessun rimedio si è rivelato efficace, ma non è niente in confronto a sua cugina Margaux, poverina, soffre da almeno quindici anni di una sorta di acufene, una specie di fischio stridente che parte non appena muove il capo, poverina…

Puntualmente accompagnato dai *anche a me, anche a lui, anche a lei* di Nadège, un problema non viene mai solo – la qual cosa dovrebbe se non altro permetterle di relativizzare, ma finisce piuttosto per rafforzare l'idea che il mondo sia una valle di lacrime. E quando invece Nadège si informa sulla salute degli altri, per di più con una gentilezza disarmante, Cora sospetta voglia estorcere un problema qualsiasi da aggiungere al suo immenso catalogo. Non pensa ad altro, si dice perfidamente. Poi si pente di essere stata cattiva, anche se in effetti Nadège un po' se le cerca. Comunque sia, ormai è quasi certa che Nadège tragga dalla lamentela un godimento intimo, e abbia sviluppato un sistema di autoinganno talmente sofisticato da non rendersi più conto di tutta l'attenzione e le energie che risucchia con quell'atteggiamento detestabile.

Ma, a essere onesti, bisogna riconoscere che la lamentela ha anche risvolti positivi. Permette di quantificare, di stabilire un indicatore affidabile del livello di soddisfazione generale e d'armonia che vige tra i colleghi. In capo a qualche settimana Cora ritiene che il disagio sia abbastanza diffuso da provare a porvi rimedio. Ne parla coi colleghi, i quali la incoraggiano, e investita del ruolo informale di portavoce va a perorare la loro causa nell'ufficio di Agathe Kerlann. Agathe chiude la porta perché possano stare tranquille e la ascolta masticando una gomma. Visto quant'è complicato raggiungere il piazzale in meno di dieci minuti, e che le continue raffiche di vento rendono davvero difficile restarci anche solo per poco, ha deciso di smettere di fumare. Da quanto tempo? chiede Cora. Sessantasette giorni, più o meno. Come si dice, non tutto il male vien per nuocere. Per quanto riguarda il rumore e tutto il resto, Agathe capisce il problema ma non vede nello specifico cosa si potrebbe fare. Le consiglia di rivolgersi direttamente a Tommaso, senza scomodare altri intermediari: «Glielo spiegherai meglio tu di persona».

Il giorno seguente, forte di quel sostegno morale, Cora bussa alla porta di Franck. Le tendine sono abbassate, difficile scorgerlo nella penombra. Quando le alza sembra contento di vederla. D'altronde lei appartiene alla schiera di quelle che gli piacciono. La saluta sempre, e ogniqualvolta la incrocia le sorride. Le dà persino la parola durante le riunioni senza che debba sbracciarsi più del dovuto. Evidentemente è convinto che lei non mostri soltanto il peggio della femminilità. A un certo punto, sebbene le paresse scontato e persino un po' patetico, Cora si è decisa a esporre sulla propria scrivania una foto di Pierre e Manon, tanto per mettere le cose in chiaro. Il sorriso del capo si è attenuato, ma non è scomparso del tutto.

Allora, di che rivendicazioni parliamo? le chiede Franck subodorando le ragioni della sua visita. D'un tratto si ritrova nei panni della sindacalista pagata per essere scontenta, e lì per lì accusa il colpo. Poi si fa coraggio, elenca le problematiche riscontrate e spiega come mai le sembri che lo spazio di lavoro non sia stato concepito in modo impeccabile. È normale, ovviamente: bisogna prima abitare i luoghi per scoprire cosa funziona e cosa no. Non sarebbe la prima volta che gli architetti si dimostrano incapaci di prevedere in anticipo le esigenze di un cliente… Per conservare gli scomparti da quattro impiegati, l'idea sarebbe installare divisori trasparenti, di modo che ciascuno sia protetto almeno dal rumore delle aree di transito. Si potrebbe inoltre prevedere uno spazio per il lavoro silenzioso. E un ufficio dotato di finestre da prenotare per gli appuntamenti telefonici. Franck prende nota. Non sono richieste da poco… Ne parlerà ai suoi superiori, ma non devono farsi illusioni: i margini di manovra sono estremamente ridotti. L'obiettivo del cambio di sede era risparmiare. Forse non è chiaro a tutti, ma se si è deciso di tagliare sugli affitti è stato per evitare di tagliare sul personale. Fatica quindi a immaginare che Mangin possa mettere mano al portafoglio per questo genere di dettagli… Probabilmente devono solo farci l'abitudine, taglia corto. All'inizio è sicuramente più difficile, ma non è il caso di mettersi a piagnucolare: il grattacielo è nuovo di pacca, l'arredamento è di ottima qualità e la vista, francamente, è straordinaria. Non lavorano mica in uno scantinato, e non sono stati sbattuti in estrema periferia. Al resto ci si può adattare. Se si vuole, un modo lo si trova sempre. Poi si alza per farle strada, le apre la porta da vero gentiluomo e la richiude dietro di lei.

Per quanto possa essere di mentalità aperta, c'è comunque un aspetto della sua nuova vita al quale Cora è praticamente sicura che non si abituerà mai. Peggio del grattacielo, a detta di tutti, peggio dei rumori e degli sguardi indiscreti dell'open space, c'è il tragitto per andare al lavoro. Un altro girone infernale, sotterraneo questa volta, ancora più sprofondato negli inferi. Da casa sua a Saint-Lazare ci metteva una quarantina di minuti. Adesso deve calcolare almeno un'ora, e quando la giornata inizia con una riunione a cui non può permettersi di arrivare in ritardo le tocca partire anche venti minuti prima. E d'altronde non c'è nessun mistero, nessuna sorpresa, nessun dubbio: il treno della linea A, quello che prende ogni mattina da Nation, è sempre strapieno.

Ancora mezzo addormentata, Cora si unisce a quella folla disciplinata e in apparenza stoica, che tuttavia è pronta a esplodere al primo imprevisto e presso la quale la più piccola incomprensione volge subito in rissa. Quando non si riesce a salire in carrozza senza portare lo stato di compressione dei corpi a un livello insostenibile Cora lascia passare un treno o due, cerca di pensare ad altro, respira lentamente, ma di più non può fare: a un certo punto, se non vuole collezionare richiami, deve abbassare la testa e sgomitare. Allora prova a spingere per imporsi, fa fronte alla calca scusandosi di continuo, regala mezzi sorrisi a destra e a manca sperando che siano di qualche consolazione per i destinatari: eccoci qui, tutti sulla stessa barca, ma vedrete che ce la faremo... Poi, va da sé, quel senso di fratellanza è messo a dura prova se finisce con la faccia sotto l'ascella di qualcuno che non ha ancora scoperto cosa siano la doccia o il deodorante; oppure se uno dei suoi compagni di viaggio le appoggia sul didietro qualcosa che non vuole sapere se sia o meno un membro virile, se sia intenzionale e se sia effettivamente duro. E quando qualche stazione più tardi, a furia di scendere e risalire per lasciar passare qualcuno, riesce per miracolo a trovare un posto a sedere, spesso e volentieri fa finta di non accorgersi che a due passi da lei c'è una persona anziana o molto più stanca alla quale dovrebbe cedere la poltrona. Approfitta dell'insperata fortuna di godersi un minimo di tranquillità, sonnecchiare o leggere qualche pagina, e se ne resta assorta nei suoi pensieri, insensibile alla vocina che le ripete, Cora, ma cosa fai? Ti ci metti anche tu? Smettila, non è da te. A volte la vocina può farsi insistente: lo sai che sono tutte cazzate, i fratelli e le sorelle umani, questa stronzata dell'essere tutti sulla stessa barca. Come fai a concepire un'idea del genere? Pensa ai tuoi privilegi. Molti, che tu nemmeno vedi, sono in piedi dalle cinque, mentre tu attacchi alle nove. Sono saliti prima di te, vengono da più lontano. E nella maggior parte dei casi rischiano addirittura il licenziamento se non arrivano in orario. Non sai neanche cosa siano le ritenute sullo stipendio per reiterati ritardi... Sempre più spesso si accorge che la vocina ha lo stesso timbro di quella di Franck. E sembra aggiungere, alla fine di ogni frase, a mo' di ritornello: non è una tragedia. Non è il caso di mettersi a piagnucolare.

Pianti o non pianti, lamentele o non lamentele, una cosa è certa: le mattine con Pierre erano finite. Prima di allora, anche durante la settimana, quello del risveglio e della colazione insieme era un rito sacro. Avevano programmato così la loro vita, dal momento che Cora è mattiniera. A quell'ora ha il corpo pieno di energie, pronto a mangiare e a mordere, ad afferrare il giorno che nasce e a fargli mantenere le sue promesse. Pierre si era adeguato perché non ha ritmi, può dormire ovunque e quando gli pare; non è mai abbastanza stanco da andare a letto presto, né mai abbastanza riposato da alzarsi prima della sveglia. Cora ricorda bene quei risvegli sontuosi nell'appartamento vicino alla metro Gambetta, prima che arrivasse Manon, e poi ancora i primi mesi nella casa di Montreuil. Allungava il braccio e Pierre era lì. Si erano addormentati l'uno sull'altra, e si chiedeva spesso in quale momento della notte i loro corpi si fossero slegati e avessero cominciato ad andare alla deriva fino ad arenarsi ciascuno nel proprio angolo. Posticipavano la sveglia una o due volte per accoccolarsi di nuovo, lui sdraiato sulla schiena con lei tra le braccia, oppure a cucchiaio. Il mondo era ancora là fuori. A poco a poco il cielo riprendeva a esistere. In primavera dalla finestra aperta entrava il canto degli uccellini. Si poteva fare l'amore e poi colazione, oppure mangiare prima e accoppiarsi in seguito. Bastava far scorrere la mano sul petto di Pierre, scendere piano piano accarezzando coi polpastrelli i rilievi delle costole, poi la massa dell'addome fino a sfiorargli il sesso, premurandosi di precisare che quelle carezze, ovviamente, non avevano niente di erotico, gli stava solo dando una mano a svegliarsi. Un po' più tardi bisognava decidere se fosse prudente lasciar uscire Pierre: con quel corpicino che si ritrovava, le donne là fuori non avrebbero potuto resistere e gli sarebbero saltate addosso. Sfidando la sorte, Pierre si precipitava comunque giù per le scale, sfoderava la sua più credibile faccia da predatore e andava in cerca delle tracce che baguette e panini con l'uvetta avevano lasciato durante le loro scorribande notturne. Con le sue doti da segugio finiva sempre per trovare il loro nascondiglio e catturarle ancora vive e tiepide. Se il pane di cui azzannava il sedere una volta uscito dal negozio era appena sfornato, gli sembrava si sentire di nuovo tra le mani qualcosa del corpo di Cora.

Dopo la nascita di Manon, sebbene non con la stessa cadenza, avevano deciso di continuare, a costo di puntare la sveglia più presto. Il primo a infilarsi i vestiti tirava fuori tazze e piattini, yogurt e marmellata, il latte per il caffè e il cesto della frutta, e nel frattempo l'altro preparava la bambina. A tavola Pierre metteva spesso dei brani d'opera. Non voleva rovinarsi l'umore di prima mattina con l'attualità o la politica, e quando Cora accendeva la radio lui gliela spegneva una volta su due non appena messo piede in cucina: ancora questo coglione! Ti prego, abbi pietà... Con la barba incolta e quel corpo smilzo, per niente adatti al ruolo, preferiva intonare alla bell'e meglio le voci maschili e quelle femminili del repertorio classico. Cantava le arie di Mozart, il *Voi che sapete* e il *Porgi amor* delle *Nozze di Figaro*, mentre Cora stava in platea appollaiata su uno sgabello e Manon si girava di quando in quando per soffocare una risata o sussurrarle qualcosa, come fanno le donne mondane nell'intimità delle logge. Alla fine del *Flauto magico* Cora si trasformava in Papagena, che Pierre chiamava invano soffiando nel flauto di Pan; *Herzensweibchen*, la donna del suo cuore, *liebes Täubchen*, la sua piccola colomba, che ancora si faceva attendere benché lui fosse sull'orlo del suicidio, pronto ad appendersi a un albero, e già contasse: uno... due... tre... Ma quando tutto sembrava perduto, al momento di augurare la buonanotte a questo mondo crudele e falso, all'improvviso eccola che appariva. Lui la vedeva. Lei lo vedeva. Entrambi abbozzavano i gesti più timidi, con la voce alterata dallo stupore e dall'emozione: Pa-Pa-Pa brancolando, Pa-Pa-Pa balbettando, Pa-Pa-Pa-Pa riconoscendosi infine come Papapapapapapageno e Papapapapapapagena – e questo era più che sufficiente a buttarsi nelle braccia l'uno dell'altra e a fare un sacco di figli.

Ma soprattutto Pierre amava Gluck, il caro vecchio Christoph Willibald, che il padre avrebbe voluto come erede nel ruolo di intendente alle acque e alle foreste nel regno di Boemia, e invece era scappato di casa e si era guadagnato da vivere suonando lo scacciapensieri in un Paese che ancora non si chiamava Germania, prima di fare fortuna in Italia, poi a Londra e infine a Vienna. Un uomo che ha scritto decine di opere, tra le quali la più importante agli occhi di Pierre è senza dubbio la trentesima, la più famosa, quella in cui il compositore ha messo in atto la sua riforma del dramma fluidificando il passaggio tra le arie e i recitativi: *Orfeo ed Euridice*, applaudita dall'imperatrice Maria Teresa in occasione della prima al Burgtheater nell'ottobre 1762, e ripresa più tardi a Parigi, in lingua francese, su invito della giovane Maria Antonietta, nell'agosto 1774. È l'opera di Cora e Pierre, che l'hanno scoperta a Berlino duecentotrent'anni più tardi, nelle settimane in cui si scoprivano l'un l'altra. E poiché quella storia li ha seguiti, turbati e ossessionati fino alla fine, bisogna che ve ne parli un momento.

Pierre riassume sempre l'intreccio a Manon, convinto che ci si goda di più la musica se si conosce anche il contenuto del libretto. Euridice è una ninfa degli alberi o, come le chiamano a volte, una driade, che si sposa con Orfeo, riconosciuto da tutti come il più grande tra i poeti: il suo canto ammansisce le bestie, fa smuovere le piante e piangere le pietre. Ma non appena si uniscono in quel tenero legame ecco che Euridice viene morsa alla caviglia da un serpente e muore. Per alcuni è solo uno stupido incidente, accaduto mentre coglieva fiori in un prato; per altri invece si tratta di un caso di molestie: Euridice non stava semplicemente passeggiando senza meta, eh no, stava fuggendo a gambe levate da Aristeo, il rozzo apicoltore che le dava il tormento e rifiutava di accettare che non fosse né la sua principessa né la sua bella, e del resto nemmeno una puttana.

Quando si alza il sipario Orfeo piange sulla tomba di Euridice. Piange come un poeta, ovviamente: ogni singhiozzo è una rima. La reclama al giorno prima che venga l'aurora, e scesa la notte la invoca ancora. La reclama senza sosta alla Natura intera, il vento spazza ogni sua preghiera. Quando capisce che è tutto inutile decide di porre fine ai propri giorni. Esattamente come Papageno. Vedi, Manon, come ci disperiamo noi uomini quando all'improvviso non ci siete più? Ma siccome Orfeo non è fesso, tenta un'ultima volta, esattamente come Papageno, di ricattare gli dei: «Ridatele le vita, oppure datemi la morte».

E in quel preciso istante appare dal nulla Amore, prosegue Cora. Comunica al poeta affranto che la sua sorte ha commosso gli dei. Gli verrà concesso di scendere negli inferi per perorare la propria causa. Ma, affinché Euridice ritorni, Orfeo dovrà conquistare col canto i ministri del regno delle ombre, e non è detto che quello della sua lira sia il loro genere di musica preferito. E c'è anche un'altra condizione, ascolta, Manon: nel viaggio di ritorno Orfeo non potrà parlare a Euridice, né prenderla per mano, e neppure guardarla, foss'anche una volta sola. Piccola mortale, esclama Pierre, che non ti venga in mente di chiedere il senso di una tale imposizione! Se chiedi *perché* agli dei non otterrai nessuna risposta. È così punto e basta, perché il cammino degli eroi deve per forza essere pieno di insidie, e bisogna ricordargli chi comanda. Ovviamente Orfeo presagisce che qualcosa potrebbe andare storto, conclude Cora, ma non ha scelta, è una situazione da «prendere o lasciare», e quindi accetta.

All'inizio del secondo atto Orfeo si trova a tu per tu con le furie, in una landa desolata ricoperta di massi e ammorbata dalle fumarole. Ecco che lo circondano, *maestoso*, in un tripudio di fiati e di archi in delirio, per cacciarlo da quel luogo ove nessuno, di solito, osa mettere piede. E mentre Manon, che capisce perfettamente la posta in palio, si agita battendo i piedi come una pazza e brandendo contro le furie minacciose il cucchiaio di legno che ormai maneggia con sempre più disinvoltura, Orfeo, con la pioggerellina della sua arpa e gli acuti di contralto impossibili da raggiungere per Pierre, le implora di aver pietà dei suoi tormenti. Di primo acchito le furie intonano all'unisono un grande *No*, ma la musica del poeta si rivela più forte e a poco a poco le scioglie, le disarma, le placa, fin quando non gli dicono che può andare, scendere oltre, nessuno si opporrà al suo passaggio.

E a questo punto ritroviamo Euridice, che non sta proprio arrostendo su una brace eterna – bisogna essere giusti, Manon, e non dipingere l'Inferno a tinte troppo fosche. Abita nei Campi Elisi, e avvolta in una luce che non è né il giorno né la notte, vaga senza meta per i boschi o sulla riva di freschi ruscelli insieme ad altre morte divenute sue compagne. È il balletto che funge da intermezzo: la *Danza degli spiriti beati*. È conosciuto così, è stato Gluck a dargli questo titolo. E, se mai un giorno arriverò alla fine di questa cronaca, credo che sarà anche il titolo del mio ultimo capitolo. Ma può davvero essere definita beatitudine? Tu che ne dici, Manon? Euridice è pur sempre morta. Quando in un assolo di re minore accompagnato dai tocchi leggeri degli archi si alza sontuoso, fragile e spezzato dalle perdite subite, il lamento del flauto traverso, allora si capisce che quella pace e quel riposo non compensano la sua morte. Alla Staatsoper, Pierre e Cora a quel punto si erano guardati negli occhi. Erano sconvolti e si erano presi per mano. Tu non lo sai ancora, Manon, ma quando nasce un amore questi gesti da poco contano moltissimo. D'altronde si sente, se ascolti bene: non c'è una parola in tutto il balletto. E Pierre non può far altro che suonare un flauto traverso invisibile portando le mani all'altezza delle labbra, o eventualmente dirigere l'orchestra con una bacchetta immaginaria.

Il coro degli spiriti beati conduce Euridice da Orfeo. Il quale sa che non c'è tempo da perdere e non ci si deve attardare in luoghi del genere quando si è trovato quello di cui si andava in cerca. Vuole portarla via con sé, per trasformare l'Inferno in un brutto ricordo. Mentre si orientano nelle viscere del mondo di sotto possono ancora stringersi la mano. Ma giunti ai piedi della scalinata che li ricondurrà alla luce del giorno Orfeo deve lasciarla, è costretto a fare da guida. Euridice non riesce a stargli dietro. Perché ha tanta fretta? E perché non le parla, perché non la guarda nemmeno? Forse la trova cambiata, invecchiata, uno zombie? Che senso ha tornare insieme se non vuole più degnarla della minima attenzione? Orfeo già intravede, lassù in alto, la luce pallida e promettente del giorno. Dentro di sé la supplica, seguimi Euridice, ti prego, l'importante è essere vivi: per le carezze e le spiegazioni ci sarà tempo, più tardi. Ma se il pubblico e Manon possono sentire le sue invocazioni, Euridice non sente niente. Col cuore che batte all'impazzata, incespicando sui gradini, fa la sua parte da eroina d'opera, gli dice che è crudele, spietato. Lo copre di rimproveri – Pierre ci tiene a sottolinearlo – del tutto irrazionali e privi di fondamento. Il poveraccio non resiste a lungo. Si gira – la guarda – e la perde. Lei non respira più, o Cielo, cade a terra priva di sensi. Orfeo prova a scuoterla, ma Euridice ha smesso di muoversi; e lui, sventurato, sente di essere stato la causa della sua morte.

Allora intona la sua aria più conosciuta, quella che Pierre riprende più spesso. *J'ai perdu mon Eurydice* dice l'Orfeo francese. *Che farò senza Euridice?* si chiede quello italiano. Eh già, che fare? Può solo cantare, nient'altro. E, oscillando tra la dolcezza e la disperazione della melodia, quel romantico di Pierre si lancia in tutte le rime in -ice che la sua fulgida immaginazione gli suggerisce mentre sparecchia la tavola. Quando Cora, indicando Manon, lo blocca sul pur elegante «ti inonderò la cervice», lui ripiega su un più classico «succhierò la tua appendice», col pretesto che il disperato verso seguente, «che farò senza il mio ben», esprime in modo esaustivo anche all'orecchio di un infante come, finita l'età delle poppate e del dito in bocca, non si succhia più nulla impunemente.

Devi sapere, Manon, che nell'opera di Gluck Amore ritorna, proprio alla fine delle pene e della partitura. Impedisce a Orfeo di suicidarsi, lo rassicura di aver dato prova di costanza e fede, si china sul corpo di Euridice e, sussurrando il suo bel nome, le dice: «Respira». E come se niente fosse, la risuscita. Te lo giuro, cuoricino mio tenero. Forse per far piacere a tutti i cuoricini teneri del secolo dei Lumi, che si credono sempre i più felici o i più infelici tra gli uomini, e versano le lacrime più dolci e quelle più amare… ma questa sorta di *deus ex machina* in *bis repetita*, non so se mi spiego, è un finale troppo ottimista e artificioso per essere credibile. La verità è che lui si gira, e lei muore. Non c'è niente da fare, non se ne esce. Mi spiace, pasticcino mio. È triste, ma è così. I morti sono morti per sempre, non puoi riportarli indietro.

Quelli sì che erano bei tempi. Cora ha l'impressione che siano sfumati per sempre. Quando le aziende si trasferiscono per ammortizzare i costi raramente si preoccupano delle eventuali conseguenze sulla pratica del canto lirico. Pierre e Cora fanno il loro ingresso in una vita cronometrata, dove al mattino ogni gesto viene eseguito secondo un ordine invariabile, quello che l'esperienza ha dimostrato essere il più efficace. Accendere il bollitore, dare un'occhiata al meteo. X prepara il caffè e mette la tavola, mentre Y si veste, poi X si veste a sua volta mentre Y sveglia Manon. E, visto che è già tardi, meglio che la piccola peste non faccia le bizze. Così, un'operazione dopo l'altra, sono colti dalla sensazione di aver fatto le stesse identiche cose del giorno prima, che nel tempo contratto della ripetizione equivale a un secondo prima. Poi si alternano, in base al rispettivo carico di lavoro, per portare Manon da Siluè, che abita a dieci minuti a piedi, dall'altra parte del mercato della Croix de Chavaux. Infine Pierre prende la macchina per Roissy, mentre Cora s'inabissa nella metropolitana, dove ritrova, uguali a se stessi, quei corridoi sotterranei, da percorrere con la massima concentrazione. Per scacciare la noia calcola che, considerando almeno due ore al giorno, ogni anno passa l'equivalente di venti giorni pieni sui mezzi, anzi, quasi una trentina se si contano solo le ore di veglia. E comincia a fantasticare su ogni altro possibile impiego di quei trenta giorni persi nel mondo di sotto.

Si è comprata delle cuffie per combattere la depressione e ascoltare musica durante il tragitto. Così può isolarsi e sentirsi protetta. Ricorda che l'autunno dell'ultimo anno di liceo, mentre andava a scuola con le cuffie sulle orecchie e un enorme walkman che le spuntava dalla tasca del giubbotto, col cuore a pezzi per una delusione amorosa – si ripeteva sentendo i Dire Straits, la *Bitter Sweet Symphony* dei Verve oppure i Portishead – la musica salverà il mondo. Salva già me tutti i giorni. Forse oggi non userebbe parole tanto enfatiche, ma ne resta comunque convinta. I walkman hanno avuto vita breve, e non ha idea di che fine abbia fatto Maxime, quella sua vecchia cotta. Nella ressa di Châtelet-Les Halles il cavo delle cuffie nuove si impiglia nella cerniera di una borsa o in una cazzo di asola, e le rimangono in mano solo i fili tranciati. A Natale Pierre gliene regala delle altre, più resistenti e moderne, capaci di attutire il rumore circostante finché non restano solo il silenzio o la musica. E nonostante le sue reticenze di ragazza a cui non piace cedere troppo in fretta alle sirene della moda, la convince a passare allo smartphone, così può leggere le notizie anche in piedi o nei casi in cui aprire un giornale sarebbe impensabile. Deve ammettere che non è solo uno stupido gadget. Tra le altre cose le permette di rubare uno scatto dei volti che la colpiscono e catturare la geometria dei riflessi alla Défense.

Mathilde Rameaux ha rinforzato il «comitato per la mobilità» delle risorse umane. Cora chiede un appuntamento. Quando hanno pianificato lo spostamento di sede, si dice, devono aver pensato che quelli a cui avrebbe rovinato la vita avrebbero protestato oppure si sarebbero adattati. Prendono in considerazione la sua richiesta, e le propongono la sede operativa di Bobigny (il che la avvicinerebbe a casa, ma a costo di un cambio di ruolo), oppure un posto nel reparto marketing in una delle direzioni regionali, a Clermont-Ferrand o a Strasburgo. Nel lungo termine non sarebbe neanche così assurdo, ma ora le sembra un po' un controsenso, dato che hanno appena comprato casa, i loro amici sono tutti a Parigi e Pierre ha una buona posizione all'Air France. E poi Cora la vivrebbe come una sconfitta: il discorso è emerso a più riprese parlando con Édouard, sa bene quanto la sede centrale sia un acceleratore di carriere, è lì che bisogna essere per ottenere gli incarichi più importanti e farsi notare. Allora prova un'altra strada, chiede a Franck di poter lavorare da casa un giorno alla settimana. D'altronde è il futuro, insiste, un risparmio di tempo, di energie, e in fin dei conti anche un modo per essere più produttivi. Franck le risponde che l'idea è già stata approvata e presto coinvolgerà sempre più dipendenti, ma nel suo caso è troppo presto: deve passare un po' di tempo perché i nuovi arrivati entrino a regime e imparino a lavorare insieme. E, ancora peggio, quando scalpita e si innervosisce per la situazione, anche Pierre perde le staffe: finora è stata viziata, le dice. Adesso lo sarà un po' meno, ma non è certo grave. Non sarebbe male, anzi, se ne approfittasse per diventare un po' più paziente e meno capricciosa. Se c'è una cosa che lei non sopporta è sentirlo attaccare coi suoi predicozzi. In primis perché lui ha una situazione molto ma molto più facile. E poi perché quel tono – con le dovute proporzioni – le ricorda troppo quello di Franck, e proprio non va bene.

Certe sere, quando lo sconforto prende il sopravvento, si rituffa con una nostalgia dolce e malsana nei ricordi di Berlino. Riguarda le foto dell'epoca, rilegge alcuni passaggi dei propri diari per rendersi conto di come il paesaggio urbano evocasse in lei un paesaggio mentale, che a sua volta tingeva le strade di nuovi colori. Se ha voluto conservare quei ricordi, si dice, è per poterci ritornare un giorno e non dimenticare come la pensava la Cora ventiduenne e come fosse la città in quegli anni, anche perché né l'una né l'altra sarebbero più tornate. Altre volte si dice che è soltanto una perdita di tempo: se comincia a crogiolarsi nella malinconia a trent'anni, che farà quando ne avrà cinquanta, o peggio ancora, ottanta? Eppure...

Rammenta che, non appena arrivata lì, a luglio, ha cercato un appartamento in cui abitassero solo tedeschi, perché voleva fare una full immersion, e ha finito per sistemarsi in un palazzo di Prenzlauer Berg restaurato da poco. I muri erano molto spessi, il parquet in legno massiccio e i soffitti meravigliosamente alti. Non sapendo in che modo arredare i trentacinque metri quadri della sua stanza, ha attaccato qualche poster alle pareti, si è comprata un materasso matrimoniale che ha appoggiato direttamente per terra, e ha srotolato un tappetino da yoga sotto la finestra – mentre quello che aveva a Parigi faceva la muffa dentro l'armadio. Le avevano consigliato di arrivare d'estate per fare amicizia e trovare posti dove si sentisse a proprio agio prima che la *Winterdepression* allungasse le sue dita gelate sulle ampie strade della città.

Pochi giorni prima della partenza la madre l'aveva accompagnata a scegliere una reflex digitale. Cora era stanca della parsimonia imposta dal rullino, e le è parso come se di colpo le avessero allentato le briglie. Con la macchina fotografica a tracolla si sente viva e presente, armata e agguerrita. Nelle prime settimane ha potuto visitare la retrospettiva di Cartier-Bresson al Martin-Gropius-Bau e una mostra di Willy Ronis. Li conosceva soltanto di nome. E non sa dire perché – forse il fatto di abitare per la prima volta lontana da Parigi, dagli amici e dalla famiglia la rendeva più ricettiva del solito –, ma le loro foto avevano innescato in lei una serie di epifanie. Veder sfilare in bianco e nero davanti ai propri occhi il XX secolo, dagli orrori delle guerre alle gioie sfavillanti della quotidianità ritrovata e delle vacanze… La cosa più importante per un artista era posare sulla propria epoca uno sguardo testimoniale capace di rivelare cosa si nascondesse al fondo di quelle anime, preservandone il mistero e mantenendole in vita. In un museo si era fermata un minuto buono davanti a un sismografo, perché si sentiva un sismografo a sua volta – capace di registrare le più impercettibili vibrazioni della Terra, che s'imprimevano in lei suo malgrado. Le incombenze universitarie poteva anche sbrigarle all'ultimo momento: ma, se voleva sfruttarlo al meglio, quello doveva essere un anno di musica e di fotografia.

Si ricorda di Jonas, il quinto o sesto ragazzo con cui era andata a letto, a seconda del modo in cui si conta. Tutto è iniziato una sera d'agosto, in un prato tagliato di fresco e cosparso di mozziconi sulle sponde del Landwehrkanal. Non l'ha notato subito, c'erano molte facce nuove nel gruppo del suo coinquilino Anton, e non sapeva bene ancora chi conoscesse chi e da quanto tempo. Bevevano bottiglie di Beck's immersi nell'odore delle salsicce grigliate. Scesa la notte, un tale ha acceso delle lampade a olio che innalzavano fiamme fuligginose verso le nuvole, formando un cerchio di fuoco sospeso sul disordine dei loro corpi distesi. Qualcuno ha chiesto se l'acqua del canale fosse fredda, se fosse profonda, e un attimo dopo quel tipo bruno e slanciato, dal viso affilato come un rasoio, si stava slacciando i pantaloni e Cora restava in mutande e reggiseno. Infine, come Papageno, ma con più brio, hanno contato *eins*, *zwei*, *drei* e si sono buttati in acqua. Il canale non era illuminato, la riva di fronte lo era a malapena, Cora chiudeva gli occhi e nuotava alla cieca. Tra sé e sé diceva: questo è il canale dove va alla deriva il corpo assassinato di Rosa Luxemburg. Rinfrescata fino alle punte dei capelli, vedeva Jonas procedere al suo fianco, lei a rana, lui a stile libero, ma respirando sempre a destra per guardare dalla sua parte. Le è piaciuto il loro tacito accordo di non fare a gara ma godersi la traversata. Tra sé e sé ripeteva: è il 15 gennaio 1919, i soldati dei Corpi Franchi hanno assassinato Rosa Luxemburg colpendola più volte con il calcio del fucile, e poi le hanno piantato una pallottola in testa.

Per il resto dell'estate ha familiarizzato con Berlino in compagnia di Jonas. Una volta dormivano nell'appartamento che lui condivideva a Schönleinstrasse, la volta dopo in quello di Cora a Zionskirchplatz. Passavano la mattinata a letto, poi scendevano a comprare le olive e il formaggio di capra al mercato sulla Maybachufer mentre i venditori turchi srotolavano i loro tessuti e li mostravano a donne in hijab dagli occhi cerchiati di nero o a ragazze con i dreadlock dello stesso blu pallido delle vene che s'intravedevano sotto la loro pelle. Oppure scendevano per un brunch fino all'Ankerklause, coi suoi balconi affacciati sul canale. Aprivano sul tavolo «Die Zeit», quella pila di fogli dal volume impressionante, leggevano gli articoli che trovavano più interessanti, se li scambiavano e li commentavano. Ogni tanto Cora chiedeva a Jonas di spiegarle il significato di un lemma o il senso di una certa espressione. Da qualche settimana non aveva più bisogno di bere un paio di birre per parlare un tedesco che le suonasse spedito e fluente, cadeva meno frequentemente nella voragine delle parole che non ti vengono, iniziava a poter fare battute o comunque ad avere la risposta pronta. Le sembrava molto chic fare l'amore in tedesco, infilando un bel *Mein Gott!* al momento opportuno, o un più familiare *Es ist ja wunderbar!*, o altre esclamazioni ancora, non sempre ben articolate, ma che sperava fossero almeno vagamente idiomatiche e un tantino spaesanti, come lo sono le carezze inattese.

Spesso va in giro da sola, quando non vuole nessuno a intralciare il suo ritmo o a distogliere la concentrazione del suo sguardo. C'è un momento di quell'estate in cui due ragazzini turchi sdraiati sulla riva del Landwehrkanal riescono ad attirare due cigni e gli offrono in pasto dei sassolini col palmo della mano. Cora li fotografa. I cigni emergono dall'acqua con lenti colpi d'ala, clic, allungano il collo guardinghi, clic, poi intuiscono che li vogliono catturare e spennare, allora fanno dietrofront e volano via. Cora li fotografa. Sullo schermo della reflex il volto dei ragazzini è animato da espressioni così contrastanti che non si capisce se siano soddisfatti o delusi per come sono andate le cose. C'è un momento di quell'estate, al Victoriapark, nella sera che cosparge i corpi di una polvere dorata: una bionda coi pantaloncini rosa stretti in vita da una sottile cintura bianca, in tinta con lo smalto sui piedi, si gira una canna, un bricco di succo d'arancia poggiato al suo fianco. La ragazza la guarda, la testa all'indietro e gli occhi socchiusi, allegra e altera, e Cora la fotografa. Un po' più in là c'è un tipo a torso nudo, tutto tatuato, con gli occhialini rotondi, la coda di cavallo brizzolata, talmente assorto nella posizione del loto da non accorgersi della sua presenza. È contenta di pensare che porterà via con sé la sua immagine, che resterà con lei tutta la vita, mentre lui non l'ha nemmeno vista e non saprà mai dell'esistenza di Cora Salme. Ripensa a

Cartier-Bresson. Non mi hanno mandato a documentare la liberazione dei campi o i funerali di Gandhi. Ma l'esperienza del quotidiano, irrilevante e luminosa, le facce degli sconosciuti che s'incontrano, sospesi per un attimo nei flutti del tempo – forse anche questo ha un suo valore.

Se era stufa di camminare o la macchina fotografica cominciava a pesarle si sedeva in un bar. Erano quasi tutti vuoti ed economici. Le metteva allegria sapere che ce n'erano ad attenderla in ogni angolo della città, ciascuno con la propria identità, il proprio fascino singolare, e che in ognuno avrebbe potuto fermarsi quanto le pareva, posando libri e computer sui grandi tavoli di legno. Al confronto i tavolini rotondi bordati di metallo e accalcati l'uno sull'altro dei caffè all'aperto parigini parevano aridi, meschini, quasi ostili.

A Berlino, invece, la pace del tempo e dello spazio. Si ricorda di Jonas all'ora dell'aperitivo, seduto ai piedi d'un salice piangente, mentre i moscerini fanno la loro vita e le acque brune del canale trasportano carichi di foglioline, che risponde al telefono e, quando gli chiedono che fai ci pensa un attimo, pare chiederselo a sua volta e poi afferma: *Ich sitze am Kanal und trinke Bier*. Una frase semplicissima, esaustiva. Cora si accorge di quanto la traduzione letterale che le risuona in testa non sia corretta – *sono seduto sul canale e bevo birra* –, ma se prova a far meglio la sfumatura si perde. Non è *mi sto facendo una birra*, troppo secca e nervosa. E nemmeno *bevo una birra*, un po' sbrigativa. È come se quell'ordinario appagamento dovesse durare all'infinito, come se la birra continuasse a scorrere dal canale al fiume e poi dal fiume fino al mare. Poco dopo la telefonata accorrono amici da ogni dove, conosciuti e non, e in un paio di fermate di metro eccoli a Berlino Est, comprano qualche bottiglia, poi suonano a Katia, radunano tutte le sedie dell'appartamento in cucina e attraversano la notte insieme, senza nulla di programmato. Di ritorno da quella serata aveva scattato una foto, che in seguito avrebbe intitolato *La pozzanghera*, dove il giorno riluce sul pavé bagnato nel blu di un'alba accesa da un fremito giallo.

Sebbene nell'inquadratura non ci sia anima viva, le pare che lo scatto colga in un certo modo l'essenza della festa, e costituisca uno dei primi tentativi riusciti – per non dire la sua opera prima.

Una sera – massì dai, andiamo dritti a *una sera* –, Cora va al Tageslicht, una di quelle feste itineranti che ufficialmente non esistono e il cui indirizzo viene comunicato il martedì per il mercoledì col passaparola. Non si ricorda in quale quartiere fosse, né lo saprebbe ritrovare, eppure nessun altro momento è stato così decisivo per lei, e gli effetti di quella serata non hanno ancora finito di farsi sentire sulla sua vita e su quella di coloro che le stanno accanto.

Sono in un birrificio abbandonato dalle enormi sale mal illuminate, pavimenti in cemento armato, muri di mattoni rossi assaltati dall'edera. All'ingresso c'è un cartello su cui un uomo in giacca e cravatta viene colpito da un fulmine che sbalza per aria lui e la sua ventiquattrore, corredato per i duri di comprendonio dalla scritta: *Hier ist kein Spekuland.* Questo non è un luogo di speculazione. All'interno il dj distilla un paio di perle di Kurt Weill o Édith Piaf tra le onde frizzanti del jazz, sommerge le loro voci per qualche minuto sotto i palpiti travolgenti dell'elettronica, poi le ritira fuori, rinfrescate e nuove, in un mix che stampa un sorriso ebete sulla faccia di tutti. Al centro della pista una ragazza in sedia a rotelle agita le braccia per aria e danza con i polsi, i gomiti, le spalle: i ragazzi tutt'intorno rimangono stregati. *It don't mean a thing if it ain't got that swing*, comincia a dire Duke Ellington. *It don't mean a thing all you got to do is sing*, lo incalza Ella Fitzgerald. Louis Armstrong si unisce al duetto, e a quel punto Nina Simone non può essere da meno. Otto minuti *doo wah doo wah*, dieci minuti *doo wah doo wah*, dodici minuti, *just give that rhythm everything you've got*: una versione che ti prende allo stomaco e ti fa tremare le ginocchia, e non sai più che anno è né come ti chiami.

Svuotata, madida di sudore, Cora decide di farsi un giro nell'edificio. Si era chiesta se portare o meno la macchina fotografica

– spesso le pareva solo una facile scappatoia per rifugiarsi nel ruolo di osservatrice – ma sapeva che si sarebbe pentita di non poter immortalare nulla dello spirito di quel posto. Sale la doppia rampa di scale in ferro battuto mentre il sudore le si raffredda sulla pelle e arriva nella sala delle vasche, gigantesche, le cui cupole emergono dal pavimento come i crani di tanti mostri marini, mentre i ventri colossali aprono un varco nel soffitto del piano inferiore. Ci sono piastrelle rosse e blu notte in parte divelte, e alcuni finestroni percorsi da lunghe crepe o rotti in certi punti. Chissà quante apocalissi sono passate di lì. Si chiede cosa avrebbero visto, quelle cupole, se solo avessero tenuto gli occhi aperti durante la Repubblica di Weimar o il Terzo Reich. Di fianco alle vetrate, forse sei mesi o cinque anni prima, qualcuno ha sistemato un paio di poltrone sfondate. Sembrano messe lì apposta per sedersi ad ammirare la neve che cade e leggere tutte le poesie scritte in quella città.

Cora torna giù in cortile scendendo per una scala più stretta, fiancheggiata da pareti soffocate di tag. Giunge davanti a un edificio diroccato dal quale sbucano alcune putrelle di metallo che, pur avvinte dalla vite americana, si slanciano nella notte di quel cielo autunnale rischiarato da una luna rossa. Fa ancora qualche passo, porta la macchina fotografica all'altezza dell'occhio e inizia a mettere a fuoco quando alle sue spalle una voce sicura e sfrontata le dice in francese: «Guarda che è troppo buio…». Cora lascia passare un secondo, poi fa scattare l'otturatore, sente il rumore galvanizzante del clic che dice ok è fatta, e senza nemmeno verificare il risultato risponde: «Certo, come no; babbeo!». Allora si gira, il tipo è appoggiato al muro e tiene un piede sollevato in posa da airone e il collo di una bottiglia di birra sospeso tra le dita. Tutt'attorno a lui un gruppetto di ragazze e ragazzi, sorpresi dalla replica di Cora, scoppiano a ridere, e così fotografa anche loro.

È andata d'istinto, praticamente a occhi chiusi. Ma adesso guarda. Il ragazzo le chiede se può dare un'occhiata alle sue foto. Non le piace che la sua reflex finisca in mani altrui, però vorrebbe tanto dirgli di sì, allora accetta, e lo guarda mentre guarda.

Ha i capelli biondi sparati per aria, il viso spigoloso, gli zigomi e le arcate sopracciliari sporgenti. Una faccia interessante, un buon soggetto per un ritratto. È una spanna più alto di lei, e probabilmente non ha ancora smaltito l'adrenalina o lo swing, visto che mentre le parla oscilla avanti e indietro. Dice quello che pensa a voce alta, ma Cora capisce subito che non lo fa per darsi un tono, quanto per dare maggiore incisività alle parole. E comunque, per quanto riguarda le foto, ammette di essersi sbagliato: restituiscono tutte le sfocature, le profondità e le ombre indecifrabili di quel posto. Si è offesa davvero oppure può dirle che sono proprio belle? Cora risponde che non sa, ci deve riflettere. Ripensa al concetto di caso tematizzato da Willy Ronis. Il caso è il soggetto che incontro più spesso nel mio lavoro, aveva scritto. Era nelle cose che gli si paravano davanti senza preavviso, e bisognava farsi trovare pronti. Il ragazzo ora la fissa, il viso contratto da un'espressione stizzita che potrebbe benissimo essere ironica. Comunque, le dice. Comunque cosa?, ribatte Cora. Comunque io sono Pierre, piacere.

Per tutto l'autunno e l'inverno li vede entrambi. Sia Pierre che Jonas. A volte, presa nel turbine degli eventi, non sa più dove sbattere la testa, ma va bene così, fa quello che si sente: libertà totale, un potere mai provato. Con Jonas, che non pensa granché al passato o al futuro, si sente immersa nell'istante, mentre Pierre le dà una profondità maggiore. Con Jonas prova esperienze che la portano lontana da sé, col rischio di trovarsi talvolta in ruoli in cui non si riconosce troppo. Le sere in cui invece si sente stanca, le viene voglia di stare con Pierre, e infatti lo cerca di più. Sulle prime si dice che lo fa per comodità, per parlare senza sforzo e farsi coccolare dal calore della propria lingua. Ma non è solo questo. Ricorda che la prima volta con lui ha vissuto il momento della penetrazione come un evento assurdo e un po' solenne. Si era detta: ecco qualcosa che non ho mai provato prima, o almeno non in questo modo, non così forte. Qualcosa di nero e straziante, che sale, si scinde, esplode in un nugolo di stelle. Va bene, aveva pensato, sarà anche meno estroso di Jonas, avrà pure una gestione un po' schematica delle proprie energie e del proprio tempo che del resto ci si può aspettare da uno che studia in un istituto per il trasporto aereo e conosce a memoria il suo piano di volo, ma ciononostante Cora non riusciva a scrollarsi di dosso quella sensazione: ce l'aveva ancora nella testa, alla bocca dello stomaco, ed era una cosa troppo rara e preziosa per essere sacrificata sull'altare dell'immersione linguistica o della vita underground.

La prima settimana di forti nevicate Pierre e Cora hanno comprato all'ultimo minuto i biglietti per *Orfeo ed Euridice* allo Staatsoper. Prima dello spettacolo si sono concessi vino caldo e bretzel al mercatino natalizio di Unter den Linden. Dalla seconda balconata sono scesi e risaliti dall'Inferno senza smettere un secondo di tenersi per mano. Poi sono rientrati in bici sotto la bufera, le dita gelate sul manubrio malgrado i guanti, Pierre ogni tanto si girava per vedere se Cora tenesse il passo meglio di Euridice, lei lo sorpassava e gli sfilava il cappellino di lana con una risata da diavolessa. Una volta a Zionskirchplatz, morti di freddo, si sono avvolti nel piumone – un rifugio di cotone dopo l'ovatta ghiacciata caduta dal cielo. Cora si è arrampicata sull'albero del corpo di Pierre, che ha un sacco di rami cui aggrapparsi, e sono rimasti così, immobili, senza fare l'amore e senza staccarsi.

L'indomani, se ne doveva essere andato da cinque minuti al massimo, Pierre le scrive: «Se non fossi sì pudica, o ninfa adorata degli alberi che raramente appare, potrei cantare per ore dello sguardo dei tuoi seni, del rigoglio delle tue cosce, e poi dei piedi, di quegli occhi di rapace che fissano di sbieco, e dirti che desidero ogni centimetro del tuo corpo. Ma potrà mai il tuo pudore sopportar simili nefandezze?». Cora risponde: «Occhio, Pierre Esterel, che se continui così ti caccerai in qualche pasticcio». E lui: «Non sia mai, Dio me ne scampi!». Questo scambio si può leggere nei suoi diari di Berlino, nei quali riassume spesso i loro messaggi o li ricopia pari pari. E, davanti a quel bisogno di annotare mail di tre righe o messaggini insignificanti, è costretta ad ammettere: «D'accordo. Se dev'essere la guerra, che guerra sia».

All'arrivo della primavera si sono chiesti se fosse il caso di prolungare il soggiorno di un altro anno, e in un fine settimana di gite in bicicletta nella zona dei castelli e dei laghi di Potsdam hanno stabilito insieme i termini dell'equazione: rispetto a Parigi lì c'era meno gente e più spazio, e questo significava meno pressione, un minor dispendio d'energia per raggiungere i propri obiettivi, e quindi meno stanchezza e più tempo libero. E ora, a Parigi, seduta sul treno della RER, in quel vagone dove sarebbe complicato persino caricare la sua bicicletta, Cora ripensa a quei giorni, alla loro Conferenza di Potsdam. Qui siamo due elettroni liberi, cosmologizza l'ingegner Pierre lungo le rive della Havel. Siamo due divinità dal piè leggero, mitologizza Cora. E quella libertà, quella leggerezza, dipendevano in parte da Berlino, ovviamente, ma soprattutto dal fatto di viverci nel fiore degli anni, da studenti, per di più stranieri. Venivano da fuori, non erano vittime né colpevoli di niente: non dovevano metabolizzare le gesta dei propri nonni durante la Seconda guerra mondiale; non dovevano chiedersi cos'avrebbero fatto al posto dei genitori, confinati dai carri armati russi da una parte o dall'altra del Muro. Non avevano portato sulle spalle il cemento nazista né quello staliniano, si limitavano a condividere l'eccitazione dei berlinesi a cui quel peso era appena stato tolto di dosso, vagavano nell'euforia della no man's land che la caduta della cortina di ferro aveva scatenato negli animi. Del Muro rimanevano giusto un cumulo di frammenti memoriali sparsi qua e là per la città, che scavalchi con un passo, senza nemmeno pensarci. E questa no man's land mentale non era di nessuno: apparteneva a chiunque.

Approfittare di tutto ciò che funzionava e non sentirsi responsabili dei retaggi del passato: così era più facile essere felici. Il rovescio della medaglia, tuttavia, era che probabilmente, se avessero deciso di rimanere, sarebbe stato più difficile per loro diventare parte integrante della comunità, spogliarsi degli abiti di edonisti in vacanza e diventare degli attori attivi a tutti gli effetti. Pierre sapeva benissimo che, nel campo del trasporto aereo, la Francia gli offriva prospettive migliori. E se Cora intendeva davvero buttarsi nella fotografia, ma a quell'altezza era solo un progetto campato per aria, avrebbe sicuramente fatto meno fatica a costruirsi una rete di contatti a Parigi. Oggi le capita di pentirsi, di dirsi che Pierre le ha imposto il suo punto di vista e come al solito l'ha convinta subdolamente che fosse la scelta migliore per entrambi, era solo un felice caso se il loro interesse comune coincideva col suo interesse personale. Se avessero deciso di fermarsi, se fossero diventati berlinesi, forse Cora avrebbe potuto inseguire i suoi sogni più a lungo, la macchina fotografica a tracolla, perché guadagnare due spicci non sarebbe stato un grande dramma in quella città. Avrebbe potuto incaponirsi senza sentirsi per questo una matta, e insistere fino ad averla vinta. E a quest'ora, invece di essere rinchiusa nella metro o in un grattacielo, inchiodata alla scrivania o all'orologio, avrebbe avuto uno studio tutto suo in un ex birrificio abbandonato con enormi finestre che puoi aprire quando ti pare, i mattoni rossi, la vite americana, e d'inverno le sarebbe persino avanzato il tempo per starsene a guardare la neve che si scioglie non appena toccato l'asfalto...

Sembra tutto così lontano. Ma in fondo il cambio non è stato solo in perdita. Orfeo continua a suonare la lira del suo corpo con invariata maestria, ed è ancora malizioso e divertente. Hanno comprato casa insieme, hanno fabbricato una bambina. Certo, ha perso qualche libertà, ma al contempo ha guadagnato, costruito. Ora nella sua vita c'è anche quella birbantella che tutti chiamano Manon. Quando Cora arriva la sera da Silué la piccola comincia a barcollare verso di lei come un ubriaco e poi le salta in braccio. Davanti a quel visino illuminato da una forza inarrestabile, Cora capisce di non essere mai stata così importante per qualcuno. Per Manon lei è il sole, una presenza eclatante e indispensabile. Ogni suo ritardo muta il ritmo stesso della Natura, e Manon non ne fa mistero, si vendica dell'inquietudine sorda che le ha fatto patire girandosi dall'altra parte e regalandole meno gridolini del solito. In quei casi, sulla strada di casa, Cora affronta subito la questione a voce alta: «Prima di mettere il broncio, signorina Musona, aspetta di vedere come te la caverai tu, d'accordo? Non so come sarà per la tua generazione, ma qualcosa mi dice che nemmeno tu riuscirai a fare cento cose contemporaneamente».

Il fine settimana, dopo il riposino, si concedono una passeggiata al parc des Guilands. Sotto la cuffietta di lana, le guanciotte infreddolite di Manon si colorano di due cerchi rossi così precisi che sembrano fatti coi pastelli. Quando è bardata nel passeggino, invece, il suo viso scompare, e allora ogni tanto bisogna dare un'occhiata per capire se l'urletto che ha appena cacciato sia un commento ironico sullo stato generale del mondo, un reclamo personale o una proposta di legge meritevole di essere presa in considerazione. Cora approfitta dei momenti in cui Manon è tranquilla e paziente per scattare al volo qualche foto: gli alberi neri che incombono sulle inferriate, le altalene nei giardinetti deserti, l'asfalto perennemente rattoppato. Capita talmente spesso che macchine parcheggiate di fronte alle case le rovinino la composizione, che, fosse per lei, vieterebbe la sosta davanti agli edifici. Non sono reportage d'autore, ma una Francia prosaica, alle volte graziosa, altre decisamente brutta e pure un po' kitsch, con le sue case d'angolo cristallizzate nella luce fredda dei lampadari e le locandine dei ristoranti che invitano a celebrare compleanni o pranzi di matrimonio intorno a un cuscus o una paella.

Quasi sempre si fermano un po' al parco giochi, a volte tutti e tre, a volte solo le ragazze. Manon, incantevole nella sua calzamaglia tempestata di stelle rosse, trotterella con le braccia attaccate al corpo. Nelle ultime settimane, al momento di sollevare un piede per superare un ostacolo o, chessò, un dislivello di qualche centimetro, ha preso l'abitudine di prodursi in un'esclamazione, quasi incomprensibile, che però suona come un annuncio serio e ponderato: «Attenti: bum! Attenti: bum!». Poi si mette accovacciata ai piedi di un albero, con un bastoncino dissoda un po' di terra grumosa, la raccoglie e la offre in dono ai genitori. E, una volta portata a termine questa delicata operazione, ritorna sotto l'albero e ricomincia da capo.

Ogni giorno, in altre parole, Manon fornisce le prove di un'accresciuta autonomia, il che la rende davvero buffa da guardare, ma al contempo la proietta nell'età degli imperativi negativi, e ai loro occhi non è una cosa tanto piacevole. In uno di quegli articoli molto poco scientifici ma tutto sommato plausibili di cui è pieno internet, Cora ha letto che un neonato tra gli undici e i diciassette mesi riceve in media un avvertimento ogni nove minuti. Lungi da me volerti trasformare in una bimba come le altre, s'indigna la mamma di Manon; non vedo un motivo valido per fare altrimenti, obietta la dirigente della Borélia. I figli sono così. Bisogna porre un freno alla loro impulsività e alla loro curiosità. Sottoporli a una formazione continua perché imparino a valutare e anticipare i pericoli. La particolarità del cucciolo d'uomo, ha letto Cora in un altro articolo, è che rimane dipendente molto più a lungo rispetto a quelli degli altri mammiferi. Non è in grado di sopravvivere da solo. Va sorvegliato e accudito ininterrottamente, non sono concesse distrazioni.

Certi giorni sale sulla sommità della collina del parco, costeggiando gli stagni circondati dalle ginestre e i cedui di rovi. In quel periodo dell'anno è particolarmente desolato e selvaggio, ma Cora adora la vista di Montreuil e Vincennes che si gode da lassù. Indica a Manon la loro casa, quella macchiolina ocra sovrastata da mastodontici dormitori. Il vento sospinge i vocioni degli uomini che giocano a calcio nel campetto sottostante, si sente chiaro un: è mano, cazzo, è mano! E poi: dai, ragazzi, concentrati! Cora si dice che è in quei momenti che i dirigenti d'azienda trovano l'ispirazione, e le partitelle della domenica tra amici sono un banco di prova per le arringhe del lunedì mattina. A volte c'è anche Pierre in campo. Aveva smesso quando abitavano a Gambetta, ma da quando si sono trasferiti ha ripreso, per farsi qualche amico a Montreuil e soprattutto per sfogarsi un po', dato che la vita con Manon, per usare un eufemismo, non offre grandi occasioni di svago. Allora Cora la porta a bordocampo per ammirare l'eleganza innata con cui il suo papà smista la palla, parte in dribbling, sputa i polmoni. Prima di rientrare, però, c'è la sua tappa preferita: il saluto alle capre nere e ben pasciute che abitano sul pendio verso Bagnolet. Manon strappa dei ciuffetti d'erba, Cora la aiuta a farli passare attraverso la rete, e la piccola esplode in un grido estasiato ogni volta che una capra tira fuori la lingua grinzosa per leccarle le dita.

Ci sono giornate che passano così. E quelle che passano così, in totale serenità, meritano di essere vissute e ricordate. «Non ho costruito nessuna città» scrive Cora una domenica sera sul suo diario, dopo aver ripercorso passo passo uno di quei momenti. «Non ho innalzato nessuna torre. La mia testa non sfiora il cielo, non mi sono fatta un nome. L'Eterno non ha sentito il bisogno di farmi a pezzettini e disperdere i miei resti su tutta la superficie della Terra. Ho costruito questa felicità qui.» È maturata, è diventata adulta, si è lasciata alle spalle la megalomania d'adolescente. Ha amato questa vita in ciò che aveva di ordinario e quotidiano, con tutta se stessa. Poteva forse, in un contesto simile, percepire il pericolo che si avvicinava? Era forse chiamata a ricordarsi che il più sobrio benessere non è necessariamente più longevo delle ambizioni sfrenate? E anche nel caso in cui ce lo avesse avuto stampato in testa, ditemi, voi angeli alati che ci osservate con distacco dall'alto dei cieli, voi creature degli inferi che vi arrampicate fin quassù per morderci i talloni: sarebbe cambiato qualcosa?

5. Il bravo soldatino

Far parlare Franck Tommaso non è stata certo la cosa più semplice in questa faccenda. Da quando mi ero messo in testa di fare ricerche su quel periodo, sorprendendomi a meditare sul concatenamento dei fatti anche quando avrei voluto pensare a tutt'altro, Franck mi appariva come il principale sospettato di quanto accaduto nella primavera successiva al trasferimento della Borélia alla Défense – quella primavera del 2012 flagellata dai temporali e scandita da giornate di un calore intenso, inusuale. Sul fronte meteo forse non aveva colpe, ma era senz'altro il primo responsabile dei traumi che si sarebbero abbattuti su Cora e quindi, in un certo senso, dello scandalo che ha sconvolto la Borélia qualche settimana più tardi, e dei successivi processi.

So che non c'è niente di più complicato delle relazioni di causalità. Bisogna che confluiscano molti ruscelli per poter chiamare fiume un corso d'acqua lanciato verso il mare. È necessario un numero incalcolabile di variazioni di pressione e di temperatura in una certa massa d'aria perché cicloni e anticicloni formino lassù le loro spirali ascendenti e discendenti. Le inchieste come la mia inciampano spesso su problematiche altrettanto sottili di quelle dei meteorologi. Ti metti al lavoro, cerchi di distinguere le responsabilità dirette da quelle indirette. Ma queste ultime non sempre balzano all'occhio, può essere difficile portarle alla luce, e ancor più esporle con chiarezza a quanti ti chiedono delle prove. Tuttavia non sono quasi mai irrilevanti. I principali colpevoli salgono di rado sul banco degli imputati. E, anche quando infine la giustizia li costringe a farlo, c'è un tale garbuglio d'intermediari e circostanze intricate a separarli dalle imputazioni a loro carico che il più delle volte ne escono in un batter d'occhio e se ne vanno per la loro strada.

Ho qualche anno di giornalismo alle spalle, so come vanno queste cose. Non penso che Franck sia il solo a dover essere chiamato in causa. Cora, per prima, non si assolve. Sente la propria parte di colpa, intatta nonostante gli anni. Parlandole, d'altronde, ho scoperto che quell'8 giugno non ci sarebbe mai stato se in primavera non avesse incontrato un uomo di nome Maouloun Haïdara, di cui racconterò più tardi. E lo scandalo non sarebbe mai avvenuto se Mangin e Astou non avessero condiviso la passione per il Mali... Ma, nonostante tutto, molte frecce convergono in un'unica direzione: quella di Franck Tommaso. Ragion per cui, visto che scovare il suo indirizzo è stato un gioco da ragazzi, la tentazione di bussare alla sua porta si è fatta presto sentire.

Tremavo, ovviamente. Mi chiedevo: Mathias, non starai esagerando?, e per rassicurarmi mi dicevo che non ero obbligato a informare gli altri testimoni; Cora, Astou e Édouard non erano tenuti a saperlo. Avrei potuto dirglielo a libro ultimato, sempre che il progetto avesse dato qualche frutto. Se volevo correre quel rischio non era tanto perché dubitassi delle loro versioni, ma per mettermi nella condizione di restituire un racconto equo, e anche perché l'uomo sul quale incombevano tutti quei capi d'accusa, che peraltro era del tutto all'oscuro della mia indagine, avesse almeno una possibilità di difendersi. E poi volevo *vederlo*, giudicare con i miei occhi. Forse perché le cattive reputazioni sono quelle più intriganti; forse per non accontentarmi di quella che si era fatto Franck e verificare la tesi secondo cui non esistono esseri intrinsecamente cattivi, ma soltanto storie e circostanze difficili che inducono a comportamenti violenti persone che in origine, ammettiamolo, non sono più stronze di me o di voi.

Queste domande mi frullavano nella testa quando, in un giorno di fine marzo, mi sono seduto davanti a Franck Tommaso che, servendomi un caffè nella veranda del suo giardino, mi spiegava quante premure richiedesse quel regno vegetale. Abita da più di quindici anni a Le Vésinet, un complesso residenziale modello creato durante il Secondo impero in un'ansa della Senna, dove ogni attività industriale era proibita e gli unici autorizzati a entrare erano fiorai e giardinieri. Le forsizie nascondevano sotto una miriade di petali gialli i muri di pietra che recintavano la proprietà. La manutenzione era affidata a un'impresa, ma sull'altezza dei rosai Franck si riservava l'ultima parola. D'altronde, se volevano che il pergolato sprigionasse tutto il suo fascino nel mese di giugno, di lì a poco lui e la moglie avrebbero dovuto rimboccarsi le maniche. E se avessero trovato il tempo di recidere i fiori appassiti e i rami secchi prima di andare in vacanza, a fine agosto sarebbero stati accolti dalla fioritura autunnale, che era ancora più incantevole. Meno male che ho il mio giardino, mi ha detto Franck Tommaso. Non so come farei senza.

La sua assistente gli aveva parlato del mio progetto, un libro sulla storia della Borélia, ma era un po' perplesso, o incuriosito, scegliete voi, e voleva saperne di più. Me lo avevano commissionato? Quale editore, per quale collana? Chi avevo contattato? E come mai volevo intervistare proprio lui? Gli ho risposto come potevo, attenendomi al canovaccio che mi ero preparato, ma soprattutto stando attento a non lasciar trasparire nessuna agitazione. Gli ho detto che mi sembrava potesse essere un testimone chiave dell'epoca Mangin, alla quale avrei consacrato uno dei capitoli più lunghi. Ha alzato il mento e rivolto lo sguardo in alto a sinistra, come fa chi fruga nei ricordi. Erano tempi lontani quelli… Aveva lasciato l'azienda da ormai… quasi ventidue anni. E, ammaliato dalla semplicità disarmante del suo sorriso, non ho potuto fare a meno di notare quanto fosse bello. Da giovane doveva essere stato irresistibile. Di un genere di bellezza più universale rispetto a Pierre, e più classicamente virile di Édouard. Cora me l'aveva lasciato intendere di sfuggita, ma non ci si era mai soffermata. Forse non era il *suo* genere, o forse i loro attriti le avevano annebbiato il giudizio. E se aveva omesso un dato di fatto così lampante, cos'altro mi aveva nascosto? Bevendo l'ultimo sorso di caffè mi sono detto che, se anche quell'uomo mi avesse messo alla porta di lì a dieci minuti, avevo già imparato una cosa in più su di lui, e la visita non sarebbe stata vana.

Dopo un po' di tempo, ascoltando Franck che mi parlava della Borélia, della sua storia e dei progetti che aveva coordinato, ho capito di star imboccando un vicolo cieco. Se si fosse limitato a quel tipo di aneddoti non avrei appreso niente di nuovo sul suo conto, né tantomeno sul suo punto di vista riguardo alla vicenda che m'interessava. Così gli ho spiegato che lavoravo anche per il portale «One in Nine Billions», il quale, come senz'altro sapeva, aveva l'obiettivo di raccontare la vita, i sogni e le aspirazioni di ciascun abitante di questa nostra Terra. Avevo già scritto diversi profili per il sito, poteva verificarlo facilmente. E quindi avrei preferito, se era d'accordo, che mi raccontasse piuttosto del suo percorso personale.

Sono tornato diverse volte a Le Vésinet, nella sua casa di avenue du Grand Veneur. Durante il nostro secondo incontro, nonostante la differenza d'età, ha proposto che ci dessimo del tu, per rendere tutto più semplice e diretto, o forse perché gli andavo a genio. Lì per lì non ero sicuro fosse una buona idea, ma siccome la formalità non giocava a mio favore ed era in contrasto con i miei scopi, proprio quando il mio silenzio stava per diventare scortese ho detto sì, certo, con piacere. Ora sorpreso, ora preoccupato, scegliete voi, s'interrogava ad alta voce sulla fondatezza del mio progetto. Una storia della Borélia non gli pareva molto scaltra come scelta per un primo libro. «Pensi che possa vendere?» Visto che in passato mi ero occupato di politica ed economia, avrei potuto mettere a frutto i miei neuroni su una qualche notizia d'attualità più scottante. Oppure, se credevo di essere portato per i ritratti o per le grandi interviste, perché non trasformarmi nella penna di un dirigente o di uno di quei guru del management che partoriscono quattrocento idee al minuto ma raramente trovano il tempo di condividerle con il mondo? Forse non avrei avuto la soddisfazione narcisistica di vedere il mio nome sulla copertina, ma almeno sarei stato pagato in anticipo, e sicuramente dieci volte meglio che dal mio editore o dal portale web. Giusto, hai ragione, ma così facendo si finisce per non scrivere mai la storia delle aziende, che invece hanno un ruolo di primo piano nella vita di tante persone, ho risposto. Ci è mancato davvero poco perché aggiungessi altre cose indicibili, tipo che rivendicavo di essere un morto di fame. Che sguazzavo nel precariato intellettuale come un pesce nel mare. Che il mio desiderio più profondo era smetterla di adeguarmi alle incombenze o alle aspettative di un caporedattore e mettermi finalmente a scrivere le cose che ritenevo importanti. Che magari lui, nel fare carriera, era stato attratto dal richiamo dei soldi, ma al mio orecchio sussurrava un'altra voce, una voce alla cui malia non era facile sottrarsi. Insomma, ha sospirato come se mi leggesse nel pensiero. È facile dirsi che i soldi non sono un problema quando si ha trent'anni. Ma in molte circostanze della vita, più tardi, si è ben contenti di averne messi da parte un po'.

Il denaro aveva senz'altro avuto un peso nelle scelte di Franck Tommaso, ma era solo una piccola parte nella sua storia di riscatto. «Non mi ha regalato niente nessuno» sosteneva. Benché figlio di un chirurgo ortopedico di una clinica del XVI arrondissement, Frank si definiva un piccolo bastardo. Era stato concepito tre settimane prima che il padre convolasse a nozze con una bellissima donna, la quale tuttavia non era sua madre. Sabato 6 ottobre 1973, mentre una pioggia di chicchi di riso cadeva sugli sposini all'uscita di una chiesetta a pochi chilometri dalla casa di campagna dei Dampierre, Sonia Tommaso riaffiorava da un sonno plumbeo e constatava che il suo ritardo era confermato; si accendeva la prima sigaretta e contemplava in uno stato d'ebetudine la tv dove l'esercito egiziano attraversava il canale di Suez in un giorno di kippur, prima che un improvviso attacco di nausea la costringesse a correre in bagno. Patrice Dampierre aveva provato a farla abortire, così era parso di capire a Franck, ma l'interruzione di gravidanza sarebbe stata legalizzata solo due anni dopo. E poi era il suo corpo, il suo bambino: tutto ciò che le sarebbe rimasto della loro relazione. Dampierre non aveva riconosciuto il figlio, ma inviava loro ogni mese una somma di denaro senza che Sonia gli avesse chiesto alcunché. Più di una volta l'amante misconosciuta e il ragazzino all'oscuro di tutto si erano imbattuti nella famiglia ufficiale al Bois de Boulogne o nel giardino del Ranelagh, e in quei casi andava in scena il solito teatrino di passeggini che cambiano direzione, sguardi che si evitano e ferite che si riaprono. Ogni tanto il padre di Franck li andava a trovare durante la settimana, nel tardo pomeriggio. Giocavano alla lotta o con le macchinine, e parlava un po' con Sonia, la spingeva in camera da letto, benché sempre meno spesso e con meno appetito di un tempo; poi, col passare degli anni, aveva smesso del tutto. Di quando in quando, se gli girava, passava a prendere Franck a scuola e lo portava a mangiare il gelato in una sala da tè sulla piazza del Trocadéro. Sonia pensava che Louise Dampierre non sapesse della loro esistenza, e che fosse quello il motivo per cui Patrice aveva tutte quelle difficoltà a svignarsela e trovare un po' di tempo per loro. Ma in seguito Franck aveva scoperto che la signora Dampierre sapeva eccome. Semplicemente, si era accordata col marito affinché erigesse una parete stagna tra la vita degna di essere vissuta e gli errori di gioventù, e non privasse i suoi bambini, i suoi legittimi eredi, del poco tempo libero lasciatogli dalla clinica. D'altronde Franck aveva compreso ben presto come mai il padre avesse fatto quella scelta: era facile capire perché Louise Dampierre fosse, non tanto più attraente, ma certo più elegante e adatta a essere mostrata in società rispetto a sua madre. Nelle poche occasioni in cui, adolescente, l'aveva incrociata per caso tra le strade di Parigi, l'aveva pedinata nella speranza di scoprire qualche losco affare sul suo conto e poterla quindi ricattare, o magari violentarla in fondo a un vicolo, o quantomeno scipparle la borsetta, ma aveva sempre rinunciato vigliaccamente ogniqualvolta lei si era girata, forse riconoscendolo, e l'aveva fissato con aria di sfida. Era corso a casa a masturbarsi, pensando al modo in cui l'avrebbe sedotta, dicendosi che comunque, per quanto strano potesse essere, non si sarebbe trattato di incesto. «Non mi ha regalato niente nessuno» ripeteva fiero di sé. Poi avvertendo una nota di recriminazione nelle proprie parole, riformulava: «Voglio dire: ho capito molto presto che potevo contare solo su me stesso». Da come lo diceva, sembrava lo avessero sbattuto per strada e costretto a chiedere l'elemosina per guadagnarsi, un centesimo dopo l'altro, i soldi per pagarsi gli studi in una business school.

In realtà non era sicuro che il padre avesse riservato maggiori attenzioni al fratellastro e alla sorellastra, giacché apparteneva a quella categoria di uomini per i quali i figli sono interessanti soltanto il giorno della consegna dei diplomi. Ma la sostanza rimaneva la stessa: se fosse stato un membro della famiglia Dampierre Franck sarebbe stato circondato da persone che occupavano posti di rilievo in società importanti, o delle quali magari erano addirittura i fondatori. Anche se relegato al tavolo dei bambini, frequentandoli durante le riunioni di famiglia avrebbe acquisito una certa conoscenza del mondo, un senso degli affari. Si sarebbe fatto raccomandare per un primo stage. Gli avrebbero messo a disposizione un piccolo capitale per iniziare. Forse sarebbe diventato un uomo capace di idee originali, d'intuizioni e lampi di genio, invece di uno che ottiene qualche risultato solo in contesti già definiti. La prova, come se ce ne fosse bisogno, quando questo genere di cose si sanno e basta, è che la sorellastra e il fratellastro avevano studiato all'École des hautes études commerciales di Parigi, mentre lui si era dovuto sorbire tre anni a Rouen. «Cosa vuoi farci? Non ero portato per la matematica, e nessuno mi pagava le ripetizioni.» Il giorno della laurea la madre si era congratulata con lui: «L'importante è che tu sappia di aver fatto del tuo meglio. Non hai niente da rimproverarti». Franck, che l'amava alla follia, e spesso veniva colto alla sprovvista da quell'amore anche nei momenti in cui meno se l'aspettava, l'aveva presa per i capelli e le aveva fracassato il cranio contro il muro della cucina. O almeno, aveva immaginato di farlo, se ne era sentito capace. Davvero dopo vent'anni d'intimità (di sorveglianza oppressiva, di un'attenzione che a tratti aveva avuto la sgradevole sensazione di non ripagare a sufficienza), lo conosceva così poco da non saper dire niente di meglio? Quando durante le Olimpiadi, al Tour de France o al Roland Garros, vedeva alla televisione i cosiddetti finalisti delusi sul secondo gradino del podio, si prometteva che mai si sarebbe accontentato di fare la stessa fine. Erano gli unici artefici della loro infelicità. Non voleva entrare nella schiera degli sconfitti meritevoli a cui si riconosce di essersi battuti con onore. Forse, in questo Paese così stupidamente conservatore da dare più importanza ai titoli che al percorso, partiva con un certo svantaggio, ma avrebbe recuperato. E gli spiaceva per Sonia, ma doveva mettere in conto di abbandonarla prima o poi, lasciarsi alle spalle le sue continue preoccupazioni sul carovita, la penuria di medici e i cantieri stradali, e tutte le angosce piccoloborghesi che le riempivano le giornate e di fronte alle quali restava impotente nonostante i consigli, a volte comprensivi, altre sarcastici, che lui si prodigava a darle in merito.

Franck Tommaso ha conosciuto Mangin alla Redex, la società idrica dei fratelli Frémont. Prima aveva lavorato per cinque anni nel settore fusioni-acquisizioni. Viaggiava spesso in business class per il Brasile o per la Corea, prestava assistenza ai senior e restava in piedi fino a tarda notte a compilare tabelle di cifre interminabili svuotando il minibar dell'hotel. Quando è arrivato alla Redex i suoi capi l'hanno notato subito. Lei è uno in gamba, gli hanno detto. Si vede che ha la cultura del profitto. Ma se vuole arrivare in alto avrà bisogno di noi. Nei prossimi decenni, gli hanno spiegato, i vincitori saranno sempre meno, e arrafferanno tutto. Se non vuole essere tra quelli che resteranno a mani vuote deve eccellere, non faccia la stupidaggine di cedere alla modestia: deve darlo a vedere, mostrar loro che gli conviene averla dalla loro parte. E ben presto Franck si è detto che se il capitalismo, nella sua forma attuale, condanna sempre più persone alla miseria, non è tanto perché sia spietato – lo è molto meno di un secolo fa –, ma perché la gente si è rammollita, non è più abituata a combattere. La cosa migliore è vivere ogni venerdì sera come se ti avessero licenziato, e ricominciare il lunedì mattina come se fosse un altro lavoro: devi sottrarti alla routine, guardare le cose con occhi nuovi, dirti che tutto potrebbe cambiare senza preavviso.

Allora si è buttato a capofitto nella manualistica sul mondo degli affari che si trova in tutti gli aeroporti: quella che, rifacendosi a miliardari americani dal sorriso smagliante o a strateghi dell'antica Cina dal volto imperscrutabile, spiega come diventare ricchi, farsi degli amici, sbaragliare i nemici, ispirare fiducia, manipolare il prossimo. Ha iniziato a guadagnare un po' di soldi. Una barca di soldi, intendo. A trent'anni era il suo obiettivo principale nella vita, non lo nascondeva, e non pensava d'altronde di essere speciale da quel punto di vista: aveva letto da qualche parte che condivideva lo stesso obiettivo del 58% dei francesi – che, si sa, sono restii a rivendicare questo genere di ambizioni. Man mano che arrivava, il denaro abbatteva gli ostacoli, gli permetteva di godersi l'esistenza senza intralci, di sbagliare, cambiare idea, assecondare i propri capricci e le proprie sbandate. Gli permetteva di soddisfare ogni desiderio e inoltre lo aiutava a farli sbocciare negli altri, soprattutto – e questa era la cosa che più lo interessava – fra le rappresentanti del gentil sesso.

Insieme al sogno di farcela, le donne erano state sin dall'infanzia la sua più grande passione. E sull'argomento non c'era bisogno di incalzarlo: vi si tuffava spontaneamente e non si fermava più. Raccontava di aver seguito i principi di buon senso dispensati con forte accento cubano da Al Pacino, alias Tony Montana, in *Scarface*: «In this country, you gotta make the money first. When you get the money, you get the power. When you get the power, you get the women». Che film! Conosceva ogni battuta a memoria. Molti soldi e molto potere, si diceva, erano quel che ci voleva per assicurarsi nel lungo termine ogni possibilità di conquista. Anche in quell'ambito, Franck ammetteva di essere partito dal basso. Alle medie o al liceo aveva talmente paura di venire respinto che di solito manifestava la propria attrazione per una compagna ignorandola completamente, o omaggiandola di battutine, nelle sue intenzioni simpatiche, le quali tuttavia si rivelavano così umilianti da impedire all'interessata di scorgere la segreta fiamma che celavano. Per quanto gli sembrassero superficiali, a sedici anni le ragazze erano già donne, mentre lui sapeva benissimo di essere ancora acerbo. Fare complimenti o mostrarsi più romantico, pensava, l'avrebbe fatto apparire troppo vulnerabile.

Quando poi era diventato un uomo libero di andar dove gli pareva, e dal momento che più d'una gli aveva fatto capire di trovarlo attraente, aveva definitivamente perso la testa per le donne. E ce n'erano così tante. Così diverse l'una dall'altra, così belle! Franck non poteva fare a meno di perlustrare di continuo il paesaggio alla ricerca di quelle che avrebbe ritenuto all'altezza di andare a letto con lui. Le superava a grandi falcate sul marciapiede, poi si fermava e si voltava, fingendo di essersi smarrito o di aspettare qualcuno, per verificare se il loro viso manteneva le promesse della silhouette vista di spalle. Alcune delle signorine con cui condivideva il silenzio dell'ascensore nella Tour Galaxie, gli occhi perennemente e suo malgrado sprofondati nelle loro scollature (il richiamo dell'ombra leggera e delicata che si accentua ogniqualvolta un movimento delle braccia sospinge i seni), gli obnubilavano il cervello al punto da costringerlo più tardi a fare una pausa caffè al piano in cui le aveva viste scendere, foss'anche solo per ravvivare la speranza di incontrarle, o scoprire in quale reparto lavorassero, o carpirne al volo il nome. Una o due volte al mese, vuoi di proposito, vuoi perché perso nelle sue fantasticherie, gli capitava di saltare la fermata della metro per poter ammirare una donna qualche secondo in più. Amava il gioco di sguardi che si poteva ordire in un vagone: quei contatti tanto sfuggenti da non dare mai la certezza di esserci stati davvero. E la prova dell'attrazione dei corpi arrivava solo quando uno dei due si alzava per scendere e gettava un'ultima occhiatina furtiva, accompagnata da un sorriso quasi impercettibile.

Per caso aveva letto su «Sciences et Vie» – una rivista che adorava e a cui era abbonato da quando aveva sette anni – che l'abitudine del maschio di passare in rassegna le possibili partner sessuali, oltre a essere del tutto naturale, era anche una condizione necessaria alla conservazione della specie. L'uomo è cacciatore, sosteneva l'articolo brutalmente ridotto all'osso dalla memoria di Franck. Nel suo DNA c'è la poligamia, un bisogno irrefrenabile di spargere il seme. La femmina, ugualmente in agguato, dispensa occhiate ammiccanti o un qualche tipo di allusione. Allora il maschio deve rispondere con uno sguardo più intenso e sostenerlo almeno mezzo secondo più di lei, altrimenti il suo interesse svanisce in un attimo. Il guardone, arringava Franck nel suo foro interiore, non meritava di essere considerato alla stregua dei maniaci sessuali, perché il suo comportamento era la manifestazione di costanti biologiche dalle quali era un'illusione pretendere di affrancarsi. Sebbene lui non si ritenesse solo un animale, come dimostravano la sua collezione di gemelli e la sua tessera al tennis club del Racing, non coltivava la pretesa idiota di sottrarsi del tutto all'animalità. D'altronde pure le donne fissavano. Ma, per ragioni difficili da comprendere, erano in grado di farlo con maggiore discrezione.

Rievocando i primi tempi vissuti alla Borélia, Franck non faceva nessun accenno a Cora. E invece era lì che volevo portarlo, ovviamente, ma non potevo correre il rischio di far saltare la mia copertura. A quell'epoca, ad ogni modo, Cora doveva aver capito di essere finita nel suo mirino, e non sapeva troppo come gestire la cosa. Mollava di corsa Manon da Siloué, e dopo il viaggio schiacciata in metropolitana, arrivava in ufficio tutta sudata, con l'aria già sfatta dopo le prime ore della giornata, ma lui la salutava e le ripeteva sempre quanto fosse bella. Quando le parlava si avvicinava troppo, invadeva quella porzione di spazio che doveva appartenere solo a lei. Sembrava convinto che qualunque donna fosse alla ricerca di un maschio dominante. Ma a che serve uno che ti protegga dagli altri e dai pericoli del mondo se per prima cosa ti fa sentire di non essere abbastanza forte da difenderti da sola? Spesso Franck si produceva in lunghi monologhi, senza curarsi di avere o meno la sua attenzione. Altre volte, invece, la subissava di domande, sembrava curiosissimo di sapere chi era, cosa pensava, le chiedeva il suo parere sull'attualità, ma non riusciva proprio a mettersi in testa che abitava a Montreuil, o che sua figlia si chiamava Manon, cose *in teoria* non al di là delle sue facoltà intellettuali. Cora non capiva mai se si complimentasse con lei perché apprezzava la competenza dei suoi giudizi oppure per via delle sue gambe e del suo seno.

Voglio essere onesto con te, le aveva detto quell'autunno: non posso far crescere le pareti per miracolo, né accorciare i vostri tempi di viaggio. Non sono onnipotente. Però una cosa la posso fare, e cioè metterti sui dossier più importanti, perché sei tra quelli in gamba. Nell'aria c'era un grande progetto di ristrutturazione, le aveva confidato. Il sito principale della compagnia doveva essere rinnovato, e Mangin voleva approfittarne per ripensare l'immagine della Borélia, a suo avviso troppo vaga nella testa dei clienti, che non l'associavano a niente di preciso. Cora avrebbe potuto affiancare Franck, occuparsi di curare i contatti con l'agenzia di comunicazione. Era un'incarico di cui si sarebbero visti subito i risultati, e ai piani alti avrebbero seguito la faccenda con grande attenzione. Se la gestiva come si deve, poteva essere scelta per ideare il sito di prevenzione salute che Frank aveva incluso nel suo piano triennale, e sul quale il comitato esecutivo aveva già espresso un parere favorevole. Ascoltandolo Cora non ha potuto fare a meno di notare come il bisogno di spiegarti che non sono onnipotenti sia tipico proprio delle persone affette da megalomania, ma quell'opportunità le interessava parecchio, così ha deciso su due piedi di accettare la sfida.

Nelle settimane successive le loro riunioni si sono moltiplicate. Cora ha dovuto raccogliere informazioni sulla concorrenza. Ha dovuto spulciare stock di immagini fino a farsi venire le vertigini. Franck era molto disponibile, non perdeva occasione di ricordarle l'importanza che attribuiva al progetto, e la incoraggiava davvero a mettercela tutta. Insieme hanno preso in giro il taglio fin troppo rassicurante che tutte le compagnie di assicurazioni davano alla propria comunicazione. Se i video che cercavano di imitare il linguaggio delle serie tv con delle mini-sitcom per famiglie avevano in effetti un certo stile, le fotografie erano quasi sempre di una banalità disarmante. Qui una coppia di anziani, nella loro bella tuta di marca, che contemplano un paesaggio montano pervasi da una serenità infinita. Lì due genitori estasiati davanti al primo sorriso del loro bambino appena nato, l'uomo che cinge da dietro la donna in un abbraccio d'una tenerezza inusitata. Cora ha detto subito che si poteva fare decisamente meglio pur rimanendo sobri e classici. Ha passato diverse serate, una volta messa a letto Manon, a sfogliare i propri libri di fotografia umanista, preparando una selezione di ritratti, scene domestiche e di strada. Un po' titubante, quasi temendo di mettersi a nudo, ha mostrato a Franck le foto di Robert Doisneau e Dorothea Lange, di Édouard Boubat e Marc Riboud. Ha cercato di fargli cogliere l'intensità che sapevano dare ai volti di perfetti sconosciuti, e i diversi modi in cui erano in grado di ritrarre la tristezza senza crogiolarsi nella miseria. Magari potremmo assumere dei fotografi per documentare gli incidenti e raccogliere le testimonianze delle persone a cui la Borélia ha davvero dato una mano. Verrebbe meno quella patina liscia e preconfezionata, si sentirebbe che si tratta di casi reali, suonerebbe più autentico. Se volessimo puntare sulla nostalgia del dopoguerra, potremmo chiedere loro di lavorare in bianco e nero, o anche – per declinare la cosa più facilmente su altri tipi di supporti – di rifarsi a quell'estetica ma rivisitandola a colori.

Frank ha apprezzato l'idea, e le ha chiesto di approfondirla. Ad ogni modo per il momento bisognava prenderla alla larga, aprirsi al più ampio ventaglio di opzioni possibili, a costo di considerare anche approcci diametralmente opposti. Dal canto suo, forse perché vedeva sempre più bambini intorno a sé, sebbene non ne avesse di suoi, Franck aveva pensato ai cartoni animati, al loro umorismo, che avrebbe permesso di mostrare gli incidenti senza sfociare nel pathos o nella tragedia. I tre porcellini che fischiettano *Chi ha paura del lupo cattivo?* mentre riparano i muri e il tetto della loro casetta con spensieratezza squisitamente porcina, perché sanno di aver firmato la polizza multirischio più vantaggiosa sul mercato. Cappuccetto rosso che attraversa il bosco minaccioso per portare alla nonnina un cesto pieno di servizi di assistenza alla persona. Jerry che sottopone Tom a ogni genere di sevizie – il pelo rizzato da una scarica elettrica, il vaso che gli cade sulla testa trascinandosi dietro l'argenteria e l'intero buffet grazie a un ingegnoso sistema di pulegge –, ma non vi preoccupate, lo ritroveremo in perfetta salute nel prossimo episodio, visto che la Borélia lo copre contro ogni tipo di infortunio.

Talvolta hanno lavorato insieme, talvolta ognuno per conto proprio, in attesa della riunione in cui avrebbero dovuto presentare il progetto davanti ai membri del comitato esecutivo e ad Antoine Mangin. Sarebbe stata la prima occasione in cui Cora avrebbe preso la parola in sua presenza, il suo debutto al tavolo di quelli che contano – e sarebbe rimasto un episodio isolato nel caso fosse andata male, o chissà, in caso di esito positivo, l'inizio di qualcos'altro –, un appuntamento la cui imminenza la metteva in uno stato di grande tensione, ma al tempo stesso la elettrizzava.

È allora che è arrivata Delphine Cazères. La voce girava per i corridoi ormai da qualche settimana: la consulenza è iniziata, quelli della Nielsen sono già qui. E gli uomini non mancavano di aggiungere: c'è una consulente… Non l'hai ancora incrociata? Aspetta e vedrai… Insieme a un altro junior, Étienne Lavaux, Delphine Cazères era stata incaricata di studiare il reparto marketing e pensare a possibili miglioramenti. Nel frattempo, i due senior della Nielsen lavoravano a stretto contatto con Simon Keller, nominato responsabile della strategia, e facevano il punto ogni dieci-quindici giorni con Mangin. La società di consulenza aveva chiesto a Franck di segnalare un paio di referenti interni per aiutarli a individuare le varie problematiche, e lui aveva fatto il nome di Cora, che ormai non sapeva più come tenerlo a distanza senza metterselo contro. Per questo, dapprincipio, la comparsa di Delphine le era sembrata provvidenziale, ma in verità l'unico effetto che aveva sortito era stato complicare fino all'esasperazione la vita di Franck, in balia della propria libido.

Da come me l'hanno descritta, Delphine era la personificazione della bellezza. Una delle donne più incredibili che io abbia incontrato, ricordava Franck con un misto di tristezza e rimpianto nella voce, quasi come se in quel momento fosse stata lì, nel suo giardino di Le Vésinet, seduta al nostro tavolo o sdraiata sul prato, e, dopo essersi alzata, avesse girato i tacchi per scomparire sotto il pergolato. Una ragazza slanciata, di neanche trent'anni, la pelle chiara ma non diafana, e un tornado di capelli biondo veneziano. Hai presente la *Venere* di Botticelli, agli Uffizi, quella in piedi nella conchiglia? Ecco, solo più vivace, meno malinconica. Franck ci aveva messo un attimo a capire che Delphine rappresentava un grosso rischio per il suo battito cardiaco, la sua produttività, il suo equilibrio psichico. Era passata solo una settimana da quando l'aveva vista sbucare dall'ascensore del ventisettesimo piano, e da allora non riusciva a smettere di pensare alla storia, divenuta virale, di quel dentista americano che aveva licenziato la sua assistente perché era troppo attraente, gli faceva perdere la concentrazione, e costituiva una minaccia per il suo matrimonio; e perché avercelo duro, alla lunga (questo non lo si ripeteva mai abbastanza), può diventare un rischio psicosociale, o comunque pregiudicare la tenuta di una relazione professionale. Ma per quanto potesse empatizzare, ora più che mai, con l'istinto di autoconservazione di quell'uomo, si augurava in cuor suo di dare prova di coraggio, mostrarsi all'altezza e sfidare il pericolo – o meglio, andargli incontro a braccia aperte.

Non che Delphine avesse lineamenti perfetti o un portamento da modella. Sulle foto che mi ha mostrato Cora ha gli occhi sottili, il mento un po' sfuggente, la mascella un po' squadrata, le spalle un po' troppo larghe. Ma non è questo il punto. La bellezza non si misura pezzo per pezzo. Ha come una luce negli occhi. Quando entra in una stanza l'atmosfera muta, gli elettroni che le girano attorno vanno in tilt e non sanno più come disporsi. La guardi e non ti sazi mai, vuoi vedere ancora, da più vicino: se solo potessi, vorresti vedere tutto. Però Delphine non ci marcia: porta quasi sempre pantaloni a palazzo ampi, eleganti e sobri, vestiti mai troppo corti o aderenti, e stivali che la fanno crescere non più di un paio di centimetri. Cora le fa fare il giro del reparto per mostrarle come funziona, chi è chi, chi fa cosa, e ha l'impressione di camminare all'ombra di un corpo più imponente, un astro di cui lei è solo un satellite, che la rende invisibile alla maggior parte degli astanti. Durante le riunioni gli occhi di Franck non sono più puntati su di lei, ha cambiato bersaglio, o quantomeno priorità. Lì per lì le dà un po' fastidio, ma il sollievo è di gran lunga maggiore. Com'è possibile d'altronde, si chiede Cora, rimanere indifferenti a contatto con una donna del genere? Anche quando sono sole e Delphine le parla le capita di astrarsi dalla conversazione e di chiedersi come facciano certi visi ad attirare così tanta luce, cosa determini l'aura di un corpo o l'eleganza assertiva di un gesto.

Delphine parla a getto continuo, tende a finire le frasi del suo interlocutore come se sapesse già alla terza parola dove vuole andare a parare. Ma si rende conto di poter intimidire, e cerca subito di compensare e rassicurarlo. Spiega a Cora che l'obiettivo dei partner della Nielsen non è ridurre la direzione generale al mondo incantato di Excel o Powerpoint. È vero, un grafico con una curva che sale, una che scende, e una terza, quella auspicata, che s'insinua sapientemente tra le due, oppure un paio di cifre che sostituite in una tabella modificano a cascata tutte le altre, possono dare l'illusione che la realtà sia molto semplice e malleabile. Ma più lo utilizzo per lavoro, dice Delphine, e più mi rendo conto che quello di Powerpoint è un mondo parallelo, governato da regole tutte sue; e tuttavia, di quando in quando, per una sorta di strana alchimia, interagisce col mondo fisico. Ci sono consulenti che approdano in un'azienda della quale sanno vita morte e miracoli, succhiano tutto il denaro che possono in due o tre anni e poi se la svignano. Se non raggiungono i risultati promessi spariscono per un po', giusto il tempo di un avvicendamento ai vertici, poi si ripresentano a vendere il loro miracolo con altri discorsi fumosi, forti del fatto che le aziende hanno la memoria corta. Noi faremo diversamente, dice. L'idea è stabilire una diagnosi insieme, non raccontarsi favole ma confrontarsi con la realtà e vedere cosa si può fare in funzione delle vostre esigenze. È una promessa: la nostra sarà una vera collaborazione.

Il giorno prima della presentazione Cora ha dormito poco, o forse non ha dormito affatto, non lo sa più. La settimana precedente ha lavorato fino a tardi ogni sera, a prendere Manon ci è sempre andato Pierre, e sebbene si astenga dal farglielo notare – perché sa benissimo che di solito accade il contrario – ce l'ha scritto in fronte cosa pensa di lei: avrebbe potuto preparare il tutto in meno tempo, sprecando meno energie e con un risultato altrettanto dignitoso. Come gli è venuto in mente di mettersi con una perfezionista? Cora ricorda di aver incontrato Delphine alla toilette. Cora se ne sta di fronte allo specchio, cerca di rappezzare quella composizione di arrossamenti e occhiaie che ha al posto del viso, allisciarsi con le mani quel completo che si sgualcisce per dispetto, e richiamare all'ordine i ciuffi ribelli, mentre Delphine, perfetta quasi fosse appena uscita di casa, con voce allegra le dice quanto non veda l'ora di ascoltarla, farà un figurone, è sicura.

Dopo aver ricapitolato il progetto a grandi linee, Franck ha lasciato spazio ai rappresentanti dell'agenzia di comunicazione perché spiegassero in che modo intendevano procedere. La fotografia umanista e i cartoni animati: in entrambi i casi l'obiettivo era quello di accostare la Borélia a un universo in cui si crede al potere delle immagini, dove si cura ogni minimo dettaglio, fino a ridurre la quantità di informazioni veicolate delle pubblicità. Le persone non ne possono più, sono sature di nozioni e sarebbero molto più felici di vedere immagini fuori dal coro; un mondo privilegiato dove riposare gli occhi, seducente ma non aggressivo, nel quale devono solo decidere di entrare. Quanto alle animazioni, ha spiegato Franck, richiederebbero un budget più elevato (tanto acquistando i diritti di immagini esistenti quanto creandone di nuove per far coesistere i personaggi delle fiabe e dei cartoni in un contesto grafico omogeneo), ma in compenso il tasso di memorizzazione sarebbe senz'altro molto elevato; e, attingendo a un immaginario condiviso, la campagna si rivolgerebbe a diverse fasce d'età, consentendoci, una buona volta, di ringiovanire il portafoglio clienti della Borélia, che ne ha davvero bisogno. Pubblicità giocate sull'ironia, ma senza l'orribile tono entusiastico che va per la maggiore: penseremo a qualcosa che sia divertente e sobrio. Sul versante fotografia… e con la mano indica Cora, che prende la parola per una decina di minuti, ripetendosi ogni volta che guarda l'orologio: tutto 'sto cazzo di stress per dieci minuti… Sul versante fotografia, ecco, l'idea è comunicare ai nostri clienti che la loro forza, bellezza e integrità vanno preservate, e che da noi saranno accolti per come sono, con le loro rughe, le loro debolezze, senza sottoporli alle solite umiliazioni dell'eugenismo pubblicitario. Potremmo coinvolgere celebrità dello sport, skipper, tennisti, sciatori, e farli posare per i manifesti o farli recitare nei video, accostando i loro volti a quelli di persone comuni, giacché è proprio questo lo spirito della fotografia umanista: ciascun individuo è degno di attenzione. Franck Tommaso ha ripreso il microfono e misurato i pro e i contro, lasciando intendere quale fosse la sua preferenza: sono entrambe opzioni valide; gli sembra che i cartoni animati possano essere declinati più facilmente, in brevi sketch alla televisione o in strisce di fumetti da mettere sul sito, il quale al momento è ancora troppo fitto di testi, che per di più nessuno ha voglia di leggere; anche l'idea di Cora Salme gli piace, solo, si chiede se con la fotografia artistica non si corra il rischio di creare false aspettative, perché non è che abbiano i mezzi per trattare effettivamente ogni cliente come una star…

Segue un'ora di dibattito. A un certo punto, dopo aver chiesto ai membri del comitato esecutivo di dire la loro, Antoine Mangin si è rivolto a Delphine. Un parere esterno, su, uno sguardo fresco. E con un soffio nella voce che rendeva ogni frase più viva e la trasformava in un piccolo evento, Delphine ha socchiuso gli occhi, ha annuito con la testa come per filtrare l'essenza delle proprie parole, quindi si è schierata senza se e senza ma per la fotografia, perché è più elegante, più colta, senza dubbio più efficace; poi, così almeno è parso a Cora, ha osservato compiaciuta la mascella di Franck che si serrava. Mangin ha approvato il suo ragionamento. Assolutamente d'accordo. In quella proposta c'è una solidità temporale molto più in armonia con la storia dell'azienda. I cartoni animati potrebbero forse attirare nuovi clienti, ma sarebbe un contropiede troppo brusco per quelli attuali. È una questione di coerenza, ha continuato: noi chiediamo loro di prendere sul serio i pericoli che corrono, sicché mi sembra il minimo mostragli quanto, da parte nostra, prendiamo sul serio ciascuno di loro; e del resto sarebbe un po' complicato convincerli che qualche stellina attorno alla testa e un bernoccolo siano il peggio che possa capitare. La fotografia era perfetta. Sarebbe stata apprezzata da persone con la testa sulle spalle. E avrebbe valorizzato il marchio: il cliente della Borélia deve sentirsi trattato come il membro di un club, non esclusivo, ma comunque chic, mica come un teledipendente da spennare o, peggio, un bambinone. Bisognava sviluppare l'idea: preparare le prime prove, contattare i fotografi e i vari vip, stabilire un budget, e sondare la fattibilità dell'operazione assieme all'agenzia. Tutto entro la riunione successiva.

La sera stessa Cora ha telefonato a Édouard, il quale si è complimentato con lei dicendole che era sensazionale, avrebbe portato il bello dove nessuno se lo sarebbe mai aspettato. E, anche se le foto servivano agli obiettivi commerciali dell'azienda, avrebbero comunque raggiunto un pubblico maggiore di quello che di solito frequenta le mostre o le gallerie d'arte. Mentre Édouard non finiva di ripeterle quanto fosse contento per lei, Cora si è sentita stranamente sollevata, in pace con se stessa. Quando ridendo ha aggiunto come gli sarebbe piaciuto esserci per godersi la faccia di Franck, lei gli ha confermato, appunto, che aveva trattenuto a stento la propria irritazione. Peggio per lui, ha concluso Édouard: perdere una gara è la cosa migliore che gli potesse capitare, visto che non sa perdere. Era bello sentirlo così allegro, soprattutto perché non stava passando un bel periodo. Ma mentre parlavano in Cora è maturato uno spiacevole presagio, come se quanto accaduto quel giorno non fosse di buon auspicio per lei.

E così è stato. Il messaggio che volevano far arrivare a Frank, per dire le cose come stanno, poteva essere tradotto così: era un uomo a modo, intelligente e tutto il resto, ma le sue idee erano un po' scadenti. Il marketing invece richiedeva finezza: tanto valeva lasciarlo alle ragazzette empatiche, quelle che bevono il tè verde leggerissimo e non ridono alle battutine sconce. Che se la vedano loro… Lui dovrebbe ritirarsi finché è in tempo, cercare di ottenere al più presto la direzione del commerciale, della strategia o delle finanze, un ambito dove nessuno lo vedrebbe come un elefante in una cristalleria. Quello stronzo di Mangin avrebbe potuto decidere più tardi, tra pochi intimi (lo fa sempre, perché stavolta no?), invece di mostrarsi così indelicato e dare ragione a una subordinata davanti a tutti. Magari… massì, certo: magari l'aveva fatto perché stregato dal fascino di Delphine, per ingraziarsela e poi abbordarla. Dopotutto quelli della Nielsen venivano pagati profumatamente, quindi, in barba ai venticinque anni di differenza, poteva anche pretendere di sbattersela se gli girava.

Per sbollire il nervoso Franck fa avanti e indietro nell'open space. Agathe Kerlann gli tiene il muso perché ha dato a Cora l'opportunità di mettersi in luce. Nadège Galtier continua a vestirsi male. Étienne Lavaux e Delphine Cazères occupano la sala riunioni dalle pareti trasparenti, dove ricevono a colloquio alcuni dipendenti. Talvolta c'è anche Cora, e Franck le guarda insieme, la brunetta e la biondona: una che riflette, si esprime adagio, fa lunghe pause; l'altra che enfatizza il suo eloquio frizzante con un gesticolare e dei sorrisi che non lasciano scampo. È insopportabile quella ragazza, così difficile da afferrare, l'incarnazione della femminilità assoluta. Ha capito che non le conviene dar troppa confidenza. Come se fosse consapevole di avere un corpo pericoloso, si rifiutasse di giocarci e lo adoperasse in modo logico e razionale, con le stesse accortezze che si usano per una bomba.

Appartiene a quella categoria di donne per cui non c'è una scelta giusta, si dice Franck: se si mostrano fredde, diranno tutti che sono mascoline e castranti; se approfittano del proprio potere di seduzione, si dirà che la danno via per fare carriera. Si chiede se Delphine si ponga mai quel tipo di problemi – in che modo regolarsi, come trovare il giusto equilibrio? – oppure se è lui che sta semplicemente sragionando. Ogni tanto rimane a lavorare fino a tardi, le undici, persino mezzanotte. Le mettono così tanta pressione quelli della Nielsen? O magari non ha nessuno che l'aspetta? Anche china sui dossier, quando crede di essere sola e non sa di venire osservata, il suo viso conserva intatta quell'espressione intelligente. Stringe un po' gli angoli della bocca per concentrarsi, mette i gomiti sul tavolo e appoggia il mento sul palmo della mano... Chi gliel'ha insegnato? Chi è che insegna, che s'incarica di trasmettere qualità come la grazia? Dato che non ci sono più testimoni, bussa ed entra: fanno due chiacchiere, lei ride a certe sue battute e di quando in quando gli rivolge uno sguardo complice che non sa esattamente come interpretare, ma gli restituisce comunque un po' di speranza.

In quei giorni Cora si presenta nel suo ufficio di continuo, camminando sulle uova, per comunicargli i progressi, mostrargli il lavoro dei fotografi che è riuscita a scovare, aggiornarlo sugli scambi con l'agenzia di comunicazione e i web designer. Lui non ha nessuna voglia di occuparsene. I colleghi del marketing, gli dice Cora, faranno un'indagine di mercato per valutare l'apprezzamento dei potenziali clienti... Franck osserva le sue labbra sottili, vede che non c'è nessuna luce nei suoi occhi, di solito così verdi e oggi di un bronzo opaco. È incredibile, se ne va in giro con quella faccia da sfigata anche se ha appena portato a casa una vittoria. Senza troppi giri di parole le risponde: se proprio lo vuoi sapere, visto il budget che abbiamo a disposizione queste indagini non hanno nessun valore effettivo. Sono il genere di cose che si fanno quando non si sa che pesci prendere. Come bagnarsi i piedi sulla battigia per misurare la profondità dell'oceano. Non si può prevedere se il nuovo progetto grafico, il nuovo sito e la nuova campagna funzioneranno o se saranno un flop clamoroso. Non ne sa niente nessuno…

Tre settimane dopo arriva la seconda riunione. C'è Antoine Mangin, elegantissimo nel suo abito a righine, il comitato esecutivo quasi al completo, Cora ancora più stanca e tesa della prima volta, perché sa di essere in prima linea. Manon ha avuto la bella idea di passarle un malanno invernale, e così ha il naso tutto arrossato a furia di soffiarlo e una voce che emerge roca e atona tra gli accessi di tosse. È uno di quei virus benigni contro cui nessun farmaco fa effetto, devi solo portare pazienza e, mentre il tempo si degna di passare, vivi immerso in una coltre di nebbia.

Franck presenta il lavoro come se fosse effettivamente coinvolto, ma si sente quanto poco ci creda, quel suo tono persuasivo suona forzato al punto che Cora vorrebbe interromperlo e ricominciare daccapo. Forse è ciò che farebbe Delphine, a costo di attirarsi qualche grana. Ma lei non è Delphine, e aspetta il proprio turno. Per fortuna manca poco. Allora inspira come può e parte: eloquio spedito ma non troppo incalzante, energico ma fino a un certo punto per non esasperare il contrasto con Franck. Distribuisce i primi scatti rassicurando tutti che, nel caso si decida per il bianco e nero, il risultato non sarà austero, bensì sublime – guardate la profondità, i chiaroscuri; in seguito spiega, con l'ausilio di una serie di slide, come si potrebbe integrare il tutto sul sito: pagina dopo pagina commenta il Powerpoint che ha riletto la sera prima fino a mezzanotte, per memorizzarlo ed eliminare i refusi. Procede sicura, risponde alle domande, le aveva previste quasi tutte, con un'inebriante sensazione di controllo che la invade minuto dopo minuto: ottimo, nessuno guarda il telefono, ha tutta la loro attenzione, qua e là intercetta qualche segno d'approvazione, un linguaggio non verbale piuttosto incoraggiante.

Dopo venti minuti buoni Antoine Mangin le chiede: e i sondaggi? Se non mi sbaglio non ne abbiamo ancora visti. Quante persone avete testato, come sono i riscontri? Cora apre la bocca per rispondere, ma non esce niente. Dura qualche istante. Un secondo, e capisce: ha messo il dito nell'unica crepa, lei non ha ciò che le chiede. Rivede la mail, l'allegato che ha scaricato e a cui ha dato una scorsa, la sintesi dei risultati provvisori, e poi il buio. Non solo non ha l'analisi con sé, nel computer poggiato sul podio per la presentazione, è che non l'hanno proprio fatta. Un'altra frazione di secondo: sente montare un'enorme vampata di stress, e l'ennesimo maledetto attacco di tosse. In realtà era Nadège a doversene occupare, ma non ha preso l'iniziativa, e né Agathe né Franck le hanno fatto pressione per sapere a che punto fosse. Ancora un secondo: deve dire qualcosa. Quattrocento. Hanno intervistato quattrocento persone. Tutto qui? ribatte Mangin. Vi sembra che basti? Ci pensa: in realtà Franck Tommaso mi ha detto che non valeva la pena di perderci troppo tempo o risorse, ma si trattiene dal dirlo a voce alta. Tossisce. Vuoi vedere che Franck ha orchestrato tutto per metterla in quella situazione? O forse pensava sul serio che Mangin non vi avrebbe dato chissà quale importanza? Lo cerca con gli occhi, ma da parte del capo, che guarda altrove, evasivo, non arriva alcun sostegno. Adesso è lei a trovarsi sola davanti a trenta persone. Spera Mangin lo interpelli, che cerchi conferme risalendo nella gerarchia, ma non avviene, resta su di lei, non la molla nemmeno un attimo. E i risultati, le chiede. Che dicono i risultati? Tossisce. Molto buoni, risponde. La sensazione, globalmente… i clienti sembrano apprezzare, davvero. Tanto meglio, taglia corto Mangin. Ma insomma, dove sono? Non poteva farceli vedere invece di parlarne così, a braccio? Cora sente il sudore condensarsi alla radice dei capelli, pochi secondi e saranno in trenta a vedere le gocce rigarle le tempie.

Eppure era nella *to do list*. Ci annota di tutto nella *to do list*, altrimenti si dimentica sempre qualcosa, o magari non sempre, ma comunque le capita spesso di dimenticare cose, anche di una certa importanza. Con l'arrivo di Manon il fenomeno è peggiorato, e poveretta, non è certo colpa sua. Cora ripensa a quando a cinque o sei anni giocava al gioco del vassoio. Se toccava a lei uscire per poi tornare e cercare di indovinare qual era l'oggetto che gli altri bambini avevano tolto dal piatto, era agitata come se ne andasse della sua stessa vita. Sul vassoio di lacca nera posto in mezzo a quei visini concentrati c'erano ancora il ditale, la matita rossa, la chiave del baule, il cavallo degli scacchi... Cosa mancava allora? L'elefante di plastica? Il pirata con la gamba di legno? Il soldatino di piombo? E con le sedie musicali non andava molto meglio, a dire il vero: battere gli altri sul tempo a costo di far male a qualcuno per accaparrarsi un posto non faceva proprio per lei. Preferiva gli sport o le attività in cui si combatte contro se stessi, in cui si devono affrontare i propri limiti. Quando ripensa al gioco del vassoio (le accade spesso, di fatto), non riesce a non soffermarsi sul fine pedagogico. Era una sorta di corso d'addestramento, una prima lezione per ricordarsi, un giorno, di ringraziare tutti i membri della squadra senza la quale nulla sarebbe stato possibile, oppure per non tornare dal supermercato dimenticandosi, nella follia centrifuga delle corsie, di prendere le mandorle tritate o lo zucchero. Quanto alle sedie musicali...

La nostra zucchinella, le dicevano suo padre Alain e sua madre Marianne. Cora zucca vuota, che lasciava sempre il pallone ai giardinetti, la sciarpa sotto il banco, gli occhialini nell'armadietto della piscina. Un giorno era successo anche di peggio. Da bambina amava così tanto la musica, si illuminava a tal punto di una luce interiore quando ascoltava la radio, che i suoi genitori l'avevano iscritta al conservatorio perché imparasse a suonare il violino. Nel giro di qualche mese, però, il suo entusiasmo era scemato: il solfeggio le faceva l'effetto di una sofisticata tortura, come le lezioni di algebra a scuola. Il divario tra il suono prodotto dalle corde e le sconvolgenti armonie che ascoltava nei suoi dischi le sembrava troppo ampio per essere colmato. Gli altri bambini si sentivano già abbastanza sicuri da togliere i gommini segnanota dalle corde, mentre lei restava a guardarsi le dita martoriate e inette, alle quali imputava ogni colpa. Un sabato, nel tardo pomeriggio, sfiancata dall'ennesima prova per un concerto imminente, buttandosi finalmente sul letto con un fumetto tra le mani, Cora si era accorta che il violino era sparito. Aveva cercato in camera, nel corridoio, in salone, non c'era da nessuna parte. L'aveva perso ritornando a casa, e siccome ricordava distintamente di averlo sottobraccio mentre scendeva le scale del conservatorio, non poteva che averlo lasciato sulla metro...

Aveva passato la serata sudando freddo, paralizzata dalla vergogna, senza osare aprire bocca. All'una di notte era ancora sveglia. Non riuscendo a prendere sonno, era andata in cucina per bere un bicchier d'acqua, aveva visto il suo papà che leggeva sdraiato sul divano, e per un attimo aveva sperato si accorgesse che qualcosa non andava; ma lui non aveva staccato gli occhi dal libro. Mettendosi in punta di piedi sulle piastrelle gelide della cucina, aveva preso dalla dispensa una bustina di aspirina, di quelle che le avevano detto mille volte di non toccare, erano per gli adulti. L'aveva mandata giù senza pensarci, dicendosi che forse avrebbe aiutato a diluire il problema, e chissà, magari avrebbe pure fatto riapparire il violino da qualche parte in camera sua. E dato che la febbre non le passava, ne aveva presa un'altra. Solo più tardi, troppo tardi, si era accorta che le cose non miglioravano affatto, era anzi riuscita a peggiorare la situazione. Aveva assunto una dose decisamente troppo forte per una bambina della sua età. Era tornata a letto convinta di aver fatto un'altra cretinata, più grave della prima. La medicina le scorreva già nel sangue e presto l'avrebbe avvelenata. Ormai era condannata a morte. Non aveva scelta, non poteva confessare niente al padre, e non poteva nemmeno dirgli che non si sarebbero visti mai più. Si era addormentata ingurgitando lacrime, amareggiata di dover fare quella fine, di vedersi la vita stroncata così presto, di essersi suicidata per stupidità, proprio lei che era terrorizzata dall'idea della morte. L'indomani mattina, quando Bruno era andato a svegliarla per preparare insieme una colazione orgiastica versando trecento grammi di cioccolato fuso su un paio di banane tagliate a metà, Cora esplodeva di gioia. La vita era ancora lì, davanti a lei, intatta e meravigliosa. Non se la meritava, ma le veniva concessa quella grazia. In compenso il violino non era mai stato ritrovato, né al conservatorio né agli oggetti smarriti, e l'episodio aveva messo fine alla sua carriera di musicista: quell'anno i suoi genitori stavano imbiancando casa e dovevano sostenere già molte spese, ma soprattutto avevano concluso che il suo fosse un atto mancato. Una volta cresciuta, di fronte al potere trasformativo che la musica aveva ancora nella sua vita, Cora non avrebbe mai smesso di rimproverarsi per averla abbandonata così presto, da un giorno all'altro.

Il terribile episodio del violino e del suicidio con l'aspirina, ad ogni modo, non aveva sortito effetti degni di nota sul funzionamento della sua memoria. Alle medie come al liceo, i suoi genitori continuavano a lasciarle disposizioni sulla lavagnetta del frigo, e suo fratello di quando in quando le appiccicava dei post-it sulla fronte. Nel suo quotidiano di donna adulta, quei promemoria si erano trasformati in *to do list* e in *check list*: la lista delle cose da fare, la lista delle cose fatte, e il piacere di spuntarle una per volta... Non esistevano espressioni adatte, in francese, per competere con quel genere di pragmatismo, e forse era proprio in virtù di quell'efficienza monosillabica, pensava, che l'inglese era diventato universalmente la lingua degli affari. Per non imbrogliare, inoltre, per non illudersi che un giorno sarebbe finita, aveva salvato sul desktop un file battezzato *Infinite to do list*. Ma non è tutto. Molti dei litigi con Pierre ruotano attorno a questo argomento: non sa più dov'è finita la sua carta di credito o l'abbonamento della metro; d'improvviso non si ricorda dove ha messo la macchina; a volte succede anche a lui, ma bisogna ammettere che è un po' più accorto. E lei si imbestialisce quando pensa allo stereotipo dell'uomo razionale e della donna svampita. Ha persino chiesto più volte a Google se fosse vero che le donne sono più distratte degli uomini, ma cosa vuoi che ne sappia Google, non le ha mai dato una risposta soddisfacente. Nella loro settimana c'è un momento ricorrente, che Cora chiama *della demenza*, in cui Pierre la attende già sulla soglia, Manon è pronta, e d'un tratto, diciamolo, le si spegne il cervello... sente che c'è qualcosa che manca, ma non sa dire cosa...

Ma insomma, dove sono? I risultati? Non può mostrarceli invece di parlarne così, a braccio? Adesso deve rispondere. Non pensavo, balbetta, che ce ne fosse bisogno già oggi... Non li abbiamo ancora... Non è così, la interrompe Franck. Si è dimenticata, afferma sprezzante. È inutile che si arrampichi sugli specchi: si è dimenticata, punto e basta. Ma visto che in quella replica emerge una nota di esultanza, e non di delusione, Antoine Mangin lo interrompe a sua volta: lei si sarà anche dimenticata di presentarli, ma lui si è dimenticato di chiederglieli, quindi farebbe meglio a stare nel suo. Ci passate tutta la notte se volete, ma sistemate la faccenda tra di voi e ci inviate i risultati al più presto, così possiamo passare ad altro, grazie. Perché dobbiamo andare avanti, grazie.

E per tutta la vita, dopo quei mesi d'inverno e di primavera in cui la lista delle cose da fare ha assunto le dimensioni di un incubo, dopo quell'8 giugno di cui a un certo punto dovremo parlare, quell'altro giorno in cui, sette mesi più tardi, non ha pensato proprio a tutto... per tutta la vita Cora sentirà risuonarle nella testa quella voce sprezzante che dice: si è dimenticata. È inutile cercare scuse: si è dimenticata, punto e basta.

Durante il mio settimo incontro con Franck Tommaso, quando ho capito che sarebbe stato l'ultimo perché iniziava a spiegarmi come non avrebbe avuto tempo da dedicarmi nelle settimane a venire, e comunque avevo materiale a sufficienza sia per il libro sia per il ritratto che gli volevo fare sul sito (quelli per «One in Nine Billions» d'altronde erano testi stringati, e nel caso mi fossero servite ulteriori precisazioni potevo sempre inviargli le domande via mail), mi sono detto: è il momento, ora o mai più.

Così, a un certo punto della conversazione, non proprio alla fine, per non lasciarci su quell'argomento, ma approfittando di una pausa, cercando di essere il più discreto e naturale possibile gli ho chiesto se si ricordava del caso Cora Salme, di quello che era successo a Cora Salme. C'è stato un attimo di silenzio. Si è sentita una macchina passare per strada, un tagliaerba all'opera in un giardino lì accanto, forse il ronzio di qualche insetto. Che strano, mi ha detto, come mai me lo chiedi? Gli ho spiegato che ne avevo letto sulla stampa dell'epoca. Aveva fatto parecchio scalpore, o sbaglio? Mi è parso assorto, pensieroso. Certo, mi ha detto. Io l'ho vissuta molto da vicino. Un dramma umano, terribile. E di cui, in un certo senso, sono stato una vittima, un danno collaterale. Ho rigirato nella mia testa l'espressione *dramma umano*. Non sapevo cosa pensare. Come mai dici che è strano, gli ho chiesto? Perché è strano che te lo chieda? Ho percepito che si assentava, che andava ancora più lontano. È strano perché di recente mi è capitato di pensare a lei, ha ripreso. A Natale ho fatto un viaggio in Cile. Sono andato a visitare La Silla, hai presente?, l'osservatorio astronomico nel deserto di Atacama, uno dei miei sogni di ragazzino. Non c'è nessun inquinamento luminoso... Il cielo è così scuro... più che al lago Débo. E una notte, in hotel, una notte in cui la temperatura è crollata e non c'era niente che mi tenesse caldo, né il loro mate, né il termosifone, né le coperte, né la borsa dell'acqua calda... insomma l'ho sognata, non so perché. Ho sognato Cora Salme.

Poi mi ha parlato a lungo del momentaccio che lui attraversava a quell'epoca, e dei motivi per cui, a suo parere, era potuta accadere una cosa simile. Quando si fa un lavoro come il mio, ad ogni modo, arriva sempre il momento in cui ci si trova a dover affrontare storie come quella. Ti dirò, posso ritenermi fortunato che drammi del genere non mi siano capitati più spesso, dato il livello di pressione delle aziende in cui ho lavorato. A quel punto però non ho mollato l'osso e, sebbene Franck non sia stato prodigo di dettagli quanto speravo, sono comunque riuscito a farmi raccontare quello che volevo sapere. E tre o quattro ore più tardi l'ho lasciato lì, nel suo giardino di Le Vésinet, alla prossima, Mathias, in una luce pallida, cesoie alla mano, fammi sapere, deciso a potare le rose per godersi una bella fioritura al ritorno del sole di giugno.

6. Demoni di compagnia

Passa altro tempo, ma il tempo che passa non sistema niente. Sedici mesi da quando Antoine Mangin ha preso la direzione della Borélia, quaranta interminabili mesi da quando a New York è fallita una banca chiamata Lehman Brothers e per poco non si è trascinata dietro nel crollo uno dei colossi mondiali dell'assicurazione, l'American International Group, che all'ultimo Washington aveva deciso di salvare a colpi di centinaia di miliardi di dollari insieme a pochi altri stabilimenti troppo cruciali nell'equilibrio economico mondiale per rischiare di vederli colare a picco. L'onda d'urto si propaga per cerchi concentrici: non ci sono solo le famiglie americane con il sogno sfrenato di una grande casa col giardino; molti governi europei si sono rivelati assai spendaccioni o non sono riusciti ad aumentare le tasse quanto serviva, il credito si assottiglia, il baratro del debito si fa sempre più profondo e cifre di un rosso malaugurante lampeggiano ovunque nella notte. Sui giornali che Cora si ostina a leggere gli economisti si scontrano per stabilire se l'austerità o la liberalizzazione del mercato riusciranno, nel medio termine, ad alleggerire il tasso di disoccupazione che, nel breve termine, sembrano aggravare. Enormi folle scendono in piazza, thermos del tè alla mano, striscioni tesi e megafoni in pugno, sotto il monumento equestre della Puerta del Sol, al riparo delle foglie gialle delle acacie di Zuccotti Park, sovrastate dai grattacieli di Wall Street, o sulla spianata della Défense quando Cora esce dalla metro al mattino; folle che si sollevano affermando noi siamo il popolo, l'immensa maggioranza del popolo, il 99% dei cittadini, e urlano la propria rabbia contro i dominanti, l'esigua minoranza degli ultraprivilegiati, quell'1% che si tiene tutti i soldi della crescita e per evitare di ridistribuirli pianifica una secessione sempre meno discreta ma diabolicamente efficace. I politici non vedono l'ora di annunciare la ripresa, per allentare la tensione: tengono d'occhio i bilanci delle aziende, i portafogli degli ordini e il morale delle famiglie, ma per il momento si vendono meno macchine e meno case. E per quanto riguarda i risultati degli ultimi mesi anche alla Borélia hanno di che inquietarsi.

Nel suo ufficio della Défense, dove arriva un'ora prima che il sole sorga su Parigi, Antoine Mangin si ostina parimenti nell'incresciosa abitudine di aggiornarsi sulle ultime dal mondo. Così, tanto per iniziare bene la giornata, viene a sapere che una milizia di ribelli tuareg, seguita a ruota da una banda di jihadisti e dai disertori della guerra civile in Libia, si sta impadronendo del Nordest del Mali: sgozzano i soldati delle guarnigioni sconfitte, lapidano le coppie che hanno avuto figli al di fuori del matrimonio, invocano l'applicazione della sharia e l'indipendenza di quelle regioni. Mangin cerca su internet la posizione delle città cadute nelle loro mani: non ne ha visitata nessuna, ma una sensazione di terrore, molto più viva di quella che si prova quando la guerra devasta un Paese sconosciuto, gli percorre la schiena. Rabbrividisce, sospira. A differenza del bisnonno non è un generale, non può fare niente per aiutare il popolo maliano. Il suo dovere nella vita, nella buona e nella cattiva sorte, è risanare la situazione finanziaria della Borélia prima che gli azionisti perdano la pazienza. In una congiuntura così delicata, questo presidente restio alla mondanità, sicuro che un'eccessiva esposizione mediatica finisca sempre per rivoltartisi contro, si sente obbligato ad alzare la voce.

Nell'intervista che il suo ufficio stampa è riuscita a combinargli su «Challenges», foto di copertina più quattro pagine all'interno, dice che è arrivato per restare. Da qualche tempo gli amministratori delegati si avvicendano troppo in fretta. All'inizio del nuovo millennio un mandato medio negli Stati Uniti durava nove anni, ma via via siamo passati a quattro: è poco serio, poco ragionevole. Ovviamente ricominciare a essere attivi nell'investimento è una delle sue priorità – gli azionisti hanno determinate aspettative, si tratta dei loro soldi, vogliono essere sicuri di non buttare via il tempo –, ma lui non è uno di quei mercenari che se ne infischiano di costruire il futuro. Vendere alcolici o polizze antincendio non è lo stesso. Vendere sabbia ai beduini o ghiaccio agli eschimesi non gli darebbe alcuna soddisfazione, né aggiungerebbe senso alle sue giornate. Tutto sta, sostiene, nel mantenere una visione a lungo termine. Per questo fa in modo di riservare sempre una parte del suo tempo alle scadenze a più di un anno: se non occupano almeno un terzo della sua agenda significa che si sta facendo risucchiare dalla gestione del quotidiano, col rischio di affossare l'azienda.

Prima che l'eco di quell'operazione di comunicazione si disperda, la Borélia organizza una giornata dedicata agli investitori. Éric Pertuis comunica i primi risultati ottenuti col taglio dei costi, e con un sorriso malizioso annuncia che non si accontenteranno, faranno di più. Per esempio attraverso un'ottimizzazione delle spese e del comparto informatico, ma anche con qualche sacrificio nelle risorse umane. Poi elenca il risultato operativo lordo, l'indice di redditività del capitale proprio, il coefficiente di solvibilità, insomma tutte quelle cifre che addolciranno i sogni della maggior parte dei presenti in sala. Nelle settimane successive, cliccando su un tasto del computer, Mangin riaggiorna compulsivamente la pagina dell'andamento della borsa (fino a trenta volte al giorno, anche quando è in riunione, con la sensazione di vegliare sulle oscillazioni del proprio elettrocardiogramma) e si dice che ne è valsa la pena, i numeri iniziano un minimo a risalire, possono concedersi una tregua.

La sera in cui legge a tavola l'intervista su «Challenges», commentandola insieme a Pierre, Cora scopre davanti allo specchio di avere dei capelli bianchi. Dei fili d'argento nella sua chioma bruna, non certo i primi, ma abbastanza numerosi ormai perché gli altri li vedano. Ha anche un orzaiolo, afte a ripetizione e dolori lombari. Ma soprattutto è stanca, di una stanchezza senza fine, come se fosse diventata una persona più debole. Ingiusta crudeltà, crudele ingiustizia: è passata direttamente dall'essere giovane, fin troppo giovane, sprovveduta, acerba, all'essere vecchia, senza sostare su quel piano dal quale si guarda la vita dall'alto. Con la sua scrittura sottile annota nei diari: «Soffro di una malattia in stato avanzato, intermittente ma incurabile. In questi giorni ho avuto una ricaduta. È la malattia del tempo». Il tempo che passa non sistema niente. Ogni giorno una ruga si conferma, il cammino si accorcia e volge in discesa: il sole impallidisce, le ombre allungano le braccia, la terra si fa sempre più friabile e insidiosa.

Nel novero dei momenti decisivi della sua vita c'è la fine dell'estate dei suoi cinque anni, sulle Cevenne. La casa di Valleraugue è assopita nel torpore della siesta, la madre la manda dal nonno a dire di prepararsi per la passeggiata: andranno in macchina fino in cima all'Aigoual e faranno un giretto prima di ridiscendere lungo il Bonheur, così si chiama il fiume, lassù, e il lago dove si fa il bagno. In camera la tenda svolazza soave tra la brezza e la luce. Il nonno è sdraiato pancia all'aria su quel letto con la spalliera in legno massiccio che lo contiene appena, a piedi nudi ma vestito. L'istinto di Cora sarebbe saltargli sopra e mettersi a tamburellare su quel pancione dove, come le racconta sempre, stiva le provviste per l'inverno, ma qualcosa le dice che è meglio di no. Lo chiama sottovoce, nessuna risposta. Non si muove più, dorme in silenzio, non respira. Cora ignora la procedura prevista dai signori dell'Inferno per quelle fattispecie, così lo guarda più da vicino, gli stringe la mano, gli appoggia l'orecchio sul cuore, lo bacia sulla guancia ispida, gli parla.

È il periodo in cui ruba la macchina fotografica dei genitori non appena la lasciano un attimo incustodita. Si apposta vicino al muretto per scattare una foto alla testolina della lucertola che spunta all'improvviso, ma il più delle volte la manca, e su quei rullini assai sperimentali si imprime solo il muretto. Fotografa gli uccelli nella mole oscura degli alberi o sul bordo delle nuvole, che sembrano essersi smarriti in quei quadri così ampi. Costretta ad arretrare di fronte al silenzio, quel giorno, va a prendere la macchina fotografica sul tavolino basso del salone senza dir niente a sua madre che sta riempiendo le borracce, torna nella stanza del nonno, sale in piedi sulla sedia piena di vestiti e lo guarda attraverso l'obiettivo. È gentilissimo a rimanere immobile, si presta al gioco più volentieri delle lucertole e degli uccelli, e lei quindi ha il tempo di inquadrare, mettere a fuoco. Ritrae quel corpo una sola volta, poi aspetta di vedere cosa succede, che il clic s'insinui nella coscienza intorpidita del nonno, lo riporti al sole, alla passeggiata, alla sua nipotina, e gli faccia aprire gli occhi. Ma è già troppo lontano, non può sentire, o non vuole più: non è mai tornato. È il primo scatto che le riesce. Sul mattonato di cotto passa il gatto nero che quell'estate si frega tutte le loro costolette, la coda tagliata dal margine della foto, vivo.

Posticipano il rientro dalle vacanze e restano lì per organizzare il funerale. L'estate volge al termine, il primo settembre i bacini di contenimento dell'Hérault vengono aperti e così non si può più fare il bagno nel fiume, l'intero villaggio odora di fango. Gli adulti si agitano. Le spiegano la morte, visto che la vede per la prima volta. Cora è scandalizzata. Ma come, davvero funziona così? La notte non dorme più, racimola tutte le forze per comprendere, perché si dice che se capisce troverà una soluzione. Se le montagne si colorano con tinte rossastre e violacee di foglie di felce e fiori di brugo naturalmente è a causa della morte. Anche il gatto che accumula sul terrazzo roditori scuoiati è un sicario della morte. La sera temporali titanici fanno saltare i fusibili, si spostano da un versante all'altro della montagna sradicando dal buio le foreste di castagni, finché il paesaggio assume la patina tremolante di una vecchia pellicola in bianco e nero. Il giorno del funerale, per scrupolo, chiede alla mamma, al papà, agli zii e alle zie se anche loro moriranno. Non subito, le dicono, tra molto tempo, ma sembrano certi che sì, succederà. Pare non ci siano eccezioni. Chiede conferma un centinaio di volte, per essere sicura. Ma cosa vuol dire questa regola così universale? Visto che a Parigi abitano a un quarto d'ora dal parc Georges Brassens, aperto da poco sul sito dell'ex mattatoio, e sono sue le canzoni che allietano il viaggio fino a Valleraugue, Cora domanda se per caso anche Georges Brassens un giorno morirà. E quando le dicono che è cosa fatta, ha tolto il disturbo proprio l'anno in cui è nata lei per fare spazio ai giovani, si premura di chiedere: ma è contento di essere morto? E alla fine, l'hanno sepolto a Sète, dove è nato, sulla spiaggia, come chiedeva in *Supplique*? E passa davvero la morte in vacanza? Le piacerebbe avere delle risposte, perché in quella sua canzone Brassens sembra aver escogitato una soluzione niente male.

Presto le viene il sospetto che toccherà pure a lei. Ma certo, perché no? Impossibile da immaginare, ma impossibile che sia altrimenti. D'un tratto allora le passa la voglia di tornare a scuola. Se aveva le ore contate voleva impiegarle meglio. Interrogando suo padre, che all'epoca sentiva più vicino della madre ed era più incline alla metafisica, aveva identificato con orrore le varie tappe: la scuola, dove non puoi scegliere un bel niente, l'università, con l'ansia di capire a cosa ti porterà, se sarai all'altezza, dopodiché quarant'anni di lavoro, cinque giorni su sette, quarantasette settimane all'anno, poi la pensione, ad annoiarsi e invecchiare, e per finire – barrate la voce non pertinente – un cancro o un infarto, a patto di essere riuscita fin lì a scampare gli incidenti automobilistici, l'annegamento, gli omicidi, gli incendi e le cadute in montagna. Ma come, davvero funziona così? Non le piaceva proprio per niente. Un rifiuto radicale le si annida nel cuore.

Per circa un anno, ha preso l'abitudine di entrare in chiesa a negoziare la faccenda con le autorità competenti. Non potevano concederle almeno un'immortalità passiva, una sopravvivenza dell'anima che, una volta morta, le avrebbe permesso di guardare il seguito da lassù, e di tornare di quando in quando a visitare i posti in cui aveva abitato e le persone care? Non potevano consentirle (mica chiedeva la luna) di confabulare con gli amici venuti a sedersi sul bordo della sua tomba, se non altro per rassicurarli sul fatto che, a dispetto delle apparenze, lei era lì, non li aveva dimenticati, ma li ascoltava e li sosteneva? Le chiese erano fredde. Presto ha intuito che era quanto volevano farle credere, d'altronde la maggior parte delle persone si abbandona al dolce ristoro della fede, ma lei, a credere, non ci riusciva. Il materialismo s'è radicato nella sua mente e da lì non schioda. Il conto alla rovescia è partito, non c'è tempo da perdere cullandosi nelle illusioni.

Preso atto della tragicità della situazione, seppur a malincuore, Cora ha cercato di regolarsi di conseguenza. Ai suoi occhi la morte era un motivo per esigere molto dalla vita, assaporare ogni ora di ogni giorno che scorre, non farsi irretire dalla routine, assecondare solo ed esclusivamente il proprio desiderio, ma anche per progettare la propria esistenza mirando a cose più belle e longeve di quanto non lo siano gli umani. E tuttavia erano propositi claudicanti, e quando cercava di metterli in pratica la facevano sprofondare in una giungla di contraddizioni. Dunque bisognava vivere nel presente e trarne tutto il piacere possibile? Oppure fare di ogni momento una pietra su cui edificare il futuro, preparando la serenità di un tempo in cui saremo più liberi nelle nostre scelte, più a contatto con le nostre passioni, più utili agli altri e meno disperatamente irrilevanti?

Quando vent'anni dopo ha fatto il suo debutto nel mondo delle assicurazioni e le hanno mostrato i grafici della mortalità elaborati dai demografi e dagli attuari per prevedere il destino di una generazione, determinare il computo dei decessi e degli anni rimasti da vivere, l'angoscia e l'attrazione hanno ripreso il loro tango. Parlando della morte, qualunque sapere o cultura, di qualunque origine o tempo, sottolineava prima di tutto la sua imprevedibilità. Non potevi sapere né l'ora né il giorno. E, dato che in effetti era così, forse bisognava vivere come se la mannaia potesse caderti sul collo da un momento all'altro; eppure la scienza statistica faceva vacillare quell'assunto. Magari non l'ora e il giorno, ma volendo, se proprio ci teneva, chiunque poteva scoprire l'anno in cui, probabilmente, sarebbe morto. Per questo Cora Salme ha lo sguardo che guarda lontano. Quando ce l'avete davanti e vi parla, al contempo fissa l'orizzonte. Nella lista delle cose da ricordarsi ce n'è almeno una che Cora non dimentica mai: anche lei, un giorno, dovrà morire.

Come impiega il proprio tempo Cora? Da qualche settimana lo dedica quasi tutto al progetto Clarifix. Consiste nel riscrivere la maggior parte dei contenuti sul sito e il materiale informativo che la Borélia recapita ai suoi clienti in un linguaggio più accessibile, meno barboso, e, auspicabilmente, più accattivante. Insieme a Agathe Kerlann hanno esaminato almeno otto profili di redattori esterni, ma quando la collega è andata da Franck a presentare il terzetto di punta è ritornata col muso lungo, annunciando che non c'erano i soldi e avrebbero dovuto fare tutto internamente – ovvero, doveva occuparsene Cora, perché è quella che scrive meglio. A nulla le è servito ribattere che no, non è vero che sa scrivere, ha mille altre cose da fare, non è il suo lavoro; Agathe le ha detto di non sminuirsi, lei non aveva alcun dubbio, se la sarebbe cavata egregiamente. Cora, va da sé, ha tentato di rifilare la patata bollente a Nadège Galtier o a Damien Tourret, ma le hanno presentato delle bozze disastrose, e ha capito che, delegando, avrebbe comunque dovuto rileggere tutto ogni volta e riscriverlo daccapo.

Da quel giorno le frasi la ossessionano. Le sente sulla metro, di ritorno a casa. Le sente la notte, quando le gira e le rigira nella speranza che suonino meglio. Ognuno di noi è nato per proteggere. La differenza è che alla Borélia ne abbiamo fatto una professione. Non so se ve ne siete accorti, ma il mondo cambia, evolve, potrei dire si trasforma, a una velocità incredibile. E i francesi devono affrontare ogni giorno nuove difficoltà e incertezze. In fondo ci avete già fatto i conti, giusto? Non abbiate paura, non siete soli. Il mondo è più confuso e pericoloso di quanto non sia mai stato. Vi ricordate la Guerra dei cent'anni, quando i briganti perlustravano le campagne massacrando gli uomini e violentando sistematicamente le donne? Ecco, non era niente a confronto. E l'esodo del maggio 1940, all'ombra mortale degli Stukas? O il contingente inviato come rinforzo per le torture in Algeria? Tutti eventi accaduti in un mondo che aveva i suoi punti di riferimento, in cui si poteva prevedere il domani. Ammetterete che, all'epoca, nessuno parlava di cambiamento climatico o di concorrenza cinese. Gli investimenti erano sicuri. L'andamento della borsa meno imprevedibile. Ma nonostante il contesto sia mutato la Borélia è ancora qui per accompagnarvi e aiutarvi a fronteggiare gli imprevisti della vita. Lasciate che vi dica chi siamo e cosa proponiamo. Innanzitutto, sappiate che abbiamo dei valori. Ne abbiamo almeno tre – perché due ci sembravano un po' poco e quattro un po' disonesto. Sono il cuore della nostra filosofia; guidano la nostra strategia; mobilitano le nostre forze. Ambizione. Efficacia. Condivisione. Ma volendo, potremmo riassumerli con un'unica parola – se fossimo costretti a sceglierne una soltanto, intendo. Ebbene, quella parola sarebbe: *Umano*. L'Umano è il nostro obiettivo, e abbiamo il dovere di tenerlo in vita ogni giorno. Perché, detto tra noi, che obiettivo sarebbe quello che non si persegue ogni giorno, o un essere umano che vivesse un giorno sì e uno no?

Insomma, avete capito: siamo al vostro fianco. Quello a cui puntiamo, insieme a voi, è una ricerca di qualità fondata su innovazioni reali. Ma non una qualità di facciata, che alla prova dei fatti si dimostra fasulla. Nessuna trovata farlocca. Noi andiamo al sodo, proponiamo ai nostri clienti i servizi di cui hanno veramente bisogno. Se siete dei beduini, sappiate che non cercheremo di vendervi la sabbia. Se foste eschimesi e vi invitassimo a prendere un aperitivo, non vi proporremmo del ghiaccio. Perché noi conosciamo i nostri clienti. Quando la loro casa brucia, o quando perdono una persona cara, piangiamo anche noi. Usciamo dall'ufficio prima del previsto per affogare insieme a loro il dispiacere nell'alcol e dargli conforto, anche se l'indomani dobbiamo andare al lavoro. Il nostro presidente, Antoine Mangin, porta sempre il lutto. Non lo vedrete mai in un completo blu cielo, verde acqua o giallo canarino: questi colori non hanno niente a che fare con voi, né con i nostri valori. Dovete sapere, inoltre, che siamo risolutamente orientati verso il futuro. Non verso il passato. Abbiamo esitato tra le due direzioni; abbiamo attivato dei gruppi di ascolto, e la maggior parte ha concluso che bisognava che ci rivolgessimo al futuro. E noi seguiamo i loro consigli.

Dicevamo: Ambizione, Efficacia, Condivisione. Tutto questo, beninteso, si concretizza in uno scambio basato sulla fiducia reciproca. Poiché noi crediamo nell'Umano, nutriamo nei nostri clienti una fiducia totale. Quindi, quando capita che vi chiediamo dei giustificativi – l'originale, mi raccomando, non la fotocopia –, i chilometri esatti della vostra macchina, i recapiti precisi dei testimoni dell'incidente, le foto dei beni che avevate in salone con tutte le loro belle fatture, nonostante li abbiate acquistati dieci anni fa, è solo per appurare che l'Umano sia un valore fondamentale anche per voi. Che non apparteniate a quella genia di furfanti in grado di falsificare persino il senso dell'espressione *fiducia reciproca*. In poche parole, vogliamo garantire la soddisfazione del cliente a ogni livello del nostro rapporto, in un'ottica di conquista e fidelizzazione. E voi a che punto siete? Stanchi di pagare cifre folli? Dei contratti che non si adattano alle vostre reali esigenze? Perché non scegliete la nostra offerta su misura? Bastano un paio di clic. Se non avete problemi particolari e avete un lavoro che vi garantisce solvibilità, saremmo onorati di potervi assicurare a un prezzo né più né meno vantaggioso rispetto a quello proposto dalla maggior parte dei nostri concorrenti. Allora cosa aspettate? Perché esitate ancora? A cosa serve, in fondo? State solo perdendo tempo, e senz'altro potreste impiegarlo meglio... Fidatevi di noi. Firmate il modulo con cui ci garantite un bonifico annuale e godetevi la vita in tutta serenità.

E tu? Com'è andata oggi? Cosa può raccontare la sera a Pierre, in quei casi? A volte si salva in corner: niente di straordinario, raccontami tu piuttosto. A volte invece vorrebbe parlare, ma non è sicura che lui la ascolti. Stremati dalla giornata appena trascorsa, i nostri pensieri sembrano tutti più importanti, e forse dovremmo abbassargli il volume ed essere più accoglienti nei confronti degli altri, ma non sappiamo più dove abbiamo messo il telecomando, e poi ha troppi tasti. Del resto Franck Tommaso, Agathe Kerlann, Nadège Galtier, quelle sciagure ambulanti di cui Cora porta tutto il peso sulle spalle, per lui sono solo sagome senza volto, nomi qualunque relativi a certi aneddoti che le servono principalmente a spiegare perché sia di cattivo umore. Anche il contrario è vero, ovviamente: per quanta vivacità, ironia e precisione Pierre possa metterci nel fare il resoconto delle proprie giornate, lei continua ad avere un'idea assai vaga di quello che fa. Sa che i piloti dell'Air France non hanno nessuna intenzione di perdere i propri privilegi e mettono la compagnia in una situazione a dir poco scomoda. Che la British Airways è più economica, come d'altronde tutte le low cost sul breve e medio raggio, e che i dirigenti vogliono chiudere diverse tratte verso i Paesi del Golfo. Ma a parte questo…

Ci sono giorni, e non sono i peggiori, in cui le viene voglia di condividere con Pierre tutta la rabbia accumulata, ma lui la prende alla sprovvista vuotando il sacco per primo; e lei, inizialmente convinta di potersi lamentare, si ritrova nel ruolo di quella che rassicura, consola, pensa a una soluzione. Altre sere invece, dopo una giornata buttata in attività noiosissime, infinite e di un'assurdità umiliante, Cora è decisa a tenersi tutto dentro, ma Pierre si accorge che qualcosa non va, oppure un dettaglio la fa innervosire, e allora l'unica scappatoia che le resta è lo scatto d'ira, la crisi di pianto, o il più delle volte una sottile combinazione dei due. Avanzano sul filo, una parola dopo l'altra, un silenzio dopo l'altro, sempre a un passo dal precipitare nella scenata furibonda, ma può anche accadere l'opposto: può bastare un piccolo gesto, uno sguardo incerto, e finiscono a fare l'amore e a dirsi cose eccitanti.

Però, persino quando tutto va bene, resta comunque il susseguirsi dei giorni uno dopo l'altro, e il tempo che passa, il tran tran quotidiano. Talvolta le capita di pensare a quella parola, *quotidiano*, finché le lettere si staccano e non vuol dire più niente. E poi le serate che si somigliano tutte, proprio come le mattine, i tragitti in metro. Manon non vuole fare il bagno, non vuole più uscire dal bagno, non vuole mangiare, vuole leggere un'altra storia, ma è l'ultima, d'accordo?, poi non vuole dormire, eh no, avevamo detto che era l'ultima, e vuole un bacino, no, non ci sono i mostri nell'armadio, e un altro bacino, nemmeno dietro la tenda, non vuole che sia tutto buio, almeno una lucina, e si rialza, insopportabile, poi si rimette a letto, adorabile, infine si addormenta. Ma una volta disinnescata la piccola peste, sul divano si ricomincia: ti sei ricordato di passare in lavanderia? No, non ho avuto tempo. Tu hai chiamato l'idraulico? Dai, cavolo, da quanto tempo è che lo diciamo? C'è l'alogena nello studio che non va più, non so se è la lampadina, e il faro anteriore destro della macchina, sì, sembra che si siano messi d'accordo, quando riesci a passare dal meccanico, venerdì sera, sabato mattina? E dobbiamo assolutamente rispondere all'invito di Marc per il fine settimana, andiamo o no? Bisogna dirglielo. Per la signora delle pulizie alla fine cos'abbiamo deciso, la prendiamo? Ce la possiamo permettere? Non saprei, ad ogni modo dobbiamo mettere qualche soldo sul conto comune, è a secco. A Pasqua partiamo o no? Dove andiamo, Valleraugue? Macchina o treno? In macchina sono nove ore, troppe per Manon, in treno c'è da vedere quanto costano i biglietti, e poi magari fa ancora freddo… oppure Venezia, o Roma, però in quel caso niente signora delle pulizie… Insomma, che facciamo? Innanzitutto, chi fa cosa? Allora io devo, aspetta, no, tu devi, aspetta che me lo scrivo… dobbiamo… non posso ricordarmi tutto.

Ma Cora non si limita a compilare liste. In quel periodo scrive più spesso: di notte i diari si riempiono di zampe di gallina agitate. Teme si stia producendo in lei quello che chiama un *ottundimento generale della vita*. Le sue sensazioni hanno perso vigore, non hanno più la stessa intensità, lo stesso smalto di una volta. Quando c'era una festa a casa, da piccola, aspettava gli invitati con l'impazienza di chi conta le ore, si buttava corpo e anima in ogni gioco, gustava ogni piatto con l'impressione di non aver mai assaggiato niente di così buono, e alla fine si nascondeva sotto il letto per sottrarsi alla tristezza dei saluti. Quando a scuola, dopo lunghe settimane di piogge incessanti, il cancello ossidato si apriva cigolando sulle vacanze, una gioia danzante la faceva correre e volteggiare nell'aria. Ormai tutto quel che riesce a strappare al grigiore dei giorni, a patto di essere sempre organizzata e costantemente efficiente, è una cenetta *carina* con gli amici, un week-end in campagna *davvero rilassante*, tanto più che abbiamo avuto *il tempo è stato clemente*. Grazie a Manon potrebbe ritrovare l'intensità perduta, è anche per questo che si fanno i bambini in fondo, e in effetti ne riceve un'iniezione ogni volta che ai giardini la piccola le corre incontro, lei indietreggia di qualche metro e allora quella grida: mamma mamma, e si mette a ridere fin quasi a strozzarsi e poi le si butta tra le braccia. Ma a Cora non basta: vorrebbe provare sensazioni sue, non per interposta persona. Lasciarsi turbare da una canzone sentita a un concerto, dal viso di uno sconosciuto, da una prima volta. È l'abitudine che la logora, la sfibra, la incupisce? Oppure sono la stanchezza e lo stress? Se conducesse un'esistenza più tranquilla, vivrebbe ancora istanti di euforia? O forse quella capacità la abbondona man mano che la giovinezza si allontana? Se almeno il mutamento obbedisse a una qualche proporzionalità, si dice, se ricevessi in cambio una corazza dura per incassare meglio le batoste. Ma non funziona così. La sua pelle è quella di sempre, sensibile al minimo dolore, e anche la mente, permeabile ai pensieri più bui: la felicità è l'unica cosa che non sente con la stessa forza di prima. Spesso ripensa a quel verso che ha imparato al liceo e continua a tormentarla, l'unico che ricordi di Saint-John Perse: «Oltre all'infanzia, cos'altro c'era che non c'è più?».

Una sera, dopo aver saputo del ricovero di un'amica alle prese con una forte depressione, e aver appreso che Bruno, suo fratello, sta per lasciare Leïla, perché la loro relazione è agli sgoccioli, prova ad analizzare la questione con calma: «La prima cosa a cui tutti rinunciamo è cambiare il mondo, il mondo in generale: capiamo che non avremo nessun impatto degno di questo nome su ciò che ci circonda, perché siamo un dettaglio insignificante, e con o senza di noi il mondo resterà lo stesso. Poi capiamo come nulla ci garantisca di vedere un mondo migliore da qui alla nostra morte, che voler *cambiare la vita* è da megalomani, e quanti ci ripetono che possiamo *fare la differenza* continuano a venderci l'oppio di una falsa tranquillità. Ci accorgiamo anche di non aver alcun peso sull'esistenza dei nostri cari, perché quando il dolore li affligge possiamo al più stargli accanto come semplici spettatori. La tentazione allora è pensare solo a sé e chi si è visto si è visto: invece di lottare per migliorare il mondo, facciamo a spallate per accaparrarci un posto privilegiato, oppure ci accontentiamo di quello che abbiamo già. Ma questi sogni, questi sforzi, non tengono conto del fatto che la vita ci sfugge, che noi non decidiamo praticamente nulla, che quanto desideriamo è fuori dalla nostra portata e ciò da cui scappiamo ci aspetta sempre dietro l'angolo, che siamo costantemente sospinti dentro trappole o vicoli ciechi da questa forza assolutamente indifferente che finiamo per chiamare *la vita*. A volte sento dire: la vita ha deciso altrimenti, la vita non ha voluto. La vita è il nome di ciò che allarga il divario tra quello che stiamo diventando e quello che avremmo voluto essere. Senza girarci intorno: è chiaro, la vita è una stronza».

Scrive queste parole e non cancella quasi mai: si sente che pondera ogni frase, la gira e la rigira affinché aderisca alla realtà più di quelle che inventa per la gloria della Borélia, e il giudizio sia netto, anche se della nettezza del buio.

Pure il dialogo con Pierre spesso sembra un ritornello. All'inizio, quando ancora non la conosceva bene, lui dissezionava i motivi della sua angoscia e, dopo averli elaborati nel circuito neuronale del suo cervello d'ingegnere, glieli restituiva insieme a una serie di soluzioni gerarchizzate in base a pro e contro – e, stremato nell'ingegno, alzava bandiera bianca solo quando Cora lo ricopriva di insulti dichiarandosi incapace di applicare uno solo dei consigli che le porgeva su un piatto d'argento. Ormai da molto tempo, invece, ha capito che è del tutto inutile, e la cosa migliore da fare in quei casi, o la meno idiota, è prenderla tra le braccia e ripeterle che andrà tutto bene, lui è lì con lei, la ascolta, e poi daccapo, nonostante trovi tutta quella tiritera un tantino ripetitiva e persino frustrante, e sebbene neppure quel metodo sia garanzia di risultati davvero soddisfacenti. Se la sera Cora rientra con una stanchezza e un grado di esasperazione tutto sommato ancora sopportabili, Pierre cerca di relativizzare dicendole che è solo una brutta giornata, capitano a tutti, ogni lavoro ha le sue rogne, deve guardare il lato positivo. Ma quando l'ansia di Cora supera il livello di guardia ben prima che varchi la porta di casa – non le passa, non respira più –, e gli grida che non capisce niente, non c'entra niente la giornataccia, è che sta sprecando la sua vita in un lavoro inutile, da idioti, e ormai è troppo tardi e tutto è perduto, vano, allora anche Pierre alza la voce e ribatte a tono, se pensi di perdere tempo con un lavoro che ti sta rovinando la vita allora mollalo, trovatene un altro, rimboccati le maniche invece di lamentarti, prendi in mano la situazione.

Di solito segue un silenzio: tirano il fiato. Poi l'elenco sparso, a due voci, delle ragioni per cui non sarebbe possibile, almeno non adesso. È stata assunta da troppo poco tempo per rivendersi bene altrove; le compagnie del settore hanno congelato le assunzioni, quando non licenziano; e non potrebbe cambiare ambito perché l'ha già fatto una volta; dopo la fotografia e il marketing assicurativo a cosa vorrebbe dedicarsi, se posso chiederglielo, signorina, al trading finanziario? Magari alla metallurgia? Si sono caricati sul groppone un mutuo troppo pesante, ora è chiaro, le rate li mettono spalle al muro, sono schiavi legati mani e piedi al contratto di lavoro, ma la trappola era ben congegnata, perché al momento di firmare sapevano entrambi che era l'unico modo per non abitare troppo lontano dal centro e in un posto che gli piaceva davvero. Se si licenziasse tornerebbe a essere precaria, e non è che la cosa non la spaventi o le sia sconosciuta, ci è già passata ed è ben lieta di esserne uscita, sa per certo di non poter ricominciare a vivere serenamente in quelle condizioni, soprattutto ora che c'è Manon.

Tornata da Berlino ci aveva provato: la vita da artista, la carriera di fotografa. Se non lo fai adesso non lo farai mai, e lo rimpiangerai per sempre. Era davvero convinta di avere la vocazione. Ha pensato e creduto fortemente: questo sarà il mio mestiere, scriverò i giorni e i volti con la luce. Quando vede qualcosa di bello ma non ha con sé la reflex, o le manca il tempo di mettere a fuoco come si deve ed è già troppo tardi, andata, perduta, si apre in lei una piccola ferita; ma quando, al contrario, riesce a fissare un soggetto, a fare di quell'apparizione effimera un'immagine che duri, la ferita si rimargina, guarisce, e allora la vita non sfugge più e la sua esperienza aumenta, si arricchisce, acquisisce spessore. Ogni fotografia testimonia la sua esistenza: non vi compare, perché è dietro l'obiettivo, ma è lei che ha deciso di cogliere quel momento, da quel punto di vista, con quell'inquadratura e quella profondità di campo. Essere fotografata non le piace più di tanto: non è l'immagine del suo corpo ciò che vuole preservare, ma l'impronta del suo sguardo. Preferisce defilarsi ed essere quella che dice: guardatele in faccia, guardatele tutte e tutti, ricordatevi che queste cose hanno vissuto, sono esistite, e io con loro, perché le ho aiutate a trasformarsi in segni. E al di là della lotta contro la morte, in certi modi di praticare quell'arte c'era anche una modestia nella quale si riconosceva. I fotografi che aveva sentito parlare non si prendevano quasi mai per geni o demiurghi, o comunque lo facevano molto meno degli altri artisti. Se anche fosse riuscita a far carriera e a pubblicare mille o duemila scatti nel corso della vita, quelle foto avrebbero rappresentato soltanto una manciata di secondi prelevata, messa in salvo, estorta allo scorrere del tempo.

All'inizio non era neanche andata così male. Durante l'ultimo anno alla business school aveva seguito un corso di fotografia, e l'estate successiva, dopo che le era venuta voglia guardando i marinai al museo di Amsterdam, era partita per l'Indonesia, senza nessuna idea in tasca, solo il biglietto aereo, per mettersi alla prova sul campo. Pierre l'aveva accompagnata i primi quindici giorni, poi Cora era rimasta un altro mese ed era ritornata con quelli che le parevano due buoni reportage, uno sui riti funebri della comunità toraja, l'altro sui pescatori bajau delle isole Togian, a nord di Sulawesi. Ma una volta in Francia, traslocando le proprie foto prima dai genitori e poi nel monolocale che aveva trovato ai piedi della collina di Montmartre (aveva bisogno dei suoi spazi, andare a vivere con Pierre le sembrava prematuro), era rimasta delusa: nella maggior parte di esse non ritrovava quello stupore che aveva provato dal vivo. I colori le sembravano troppo accesi, naturali ma al tempo stesso irrealistici, esagerati. Presi dal basso, dalle piroghe con cui ci si arrivava, i villaggi di palafitte dei Bajau si stagliavano sulle acque verdi coi loro labirinti di passerelle barcollanti e i tetti di palme essiccate, ma non c'erano figure umane a dare movimento. E, al contrario, i ritratti che era riuscita a scattare, le donne intente a lavarsi i capelli alle fontane di cemento e le decine di bambini, un facile e sorridente bersaglio, erano strappati dal contesto. Ma forse, guardando meglio, non era tutto da buttare. Nelle cerimonie toraja, ora che rivede uomini e donne in cerchio attorno a enormi bufali sacrificati con un coltello nella speranza che scortassero le anime dei defunti fino alle porte dell'aldilà, le sembrava di scorgere lo stesso grado di mistero diffuso e incalzante di alcuni tra i suoi fotografi preferiti. E, nonostante la scarsa padronanza dei piani notturni, sul viso degli uomini che andavano a pescare – con l'arpione, una torcia fissata sulla fronte con un elastico di gomma e, arrotolato in vita per respirare sott'acqua, un lungo tubo di plastica su cui infilzavano le loro prede – si percepiva tutto il pericolo a cui erano esposti dalla propria miseria, e la terribile incoscienza con cui lo affrontavano.

Aveva concepito il suo portfolio intorno a quei due soggetti, preceduti da qualche foto dei vagabondaggi berlinesi, si era concessa l'irragionevole lusso di una stampa di qualità e aveva iniziato a contattare i giornali. Nel giro di un mesetto i responsabili delle sezioni immagini avevano cominciato a riceverla, un colloquio di qualche minuto infilato tra due riunioni obiettivamente più importanti. Poggiavano il portfolio sull'angolo della scrivania, lo sfogliavano un po', s'interrompevano per rispondere al telefono, sfogliavano ancora, davano retta al collega venuto con un problema urgente, poi le dicevano: il book è interessante, senza dubbio, ma non è ben editato, il filo logico a volte si perde; qui per esempio, vede, non può passare da questa a questa, non racconta niente. Quindi la riaccompagnavano alla porta, le stringevano la mano, mi tenga aggiornato, e quando, dopo aver esitato a lungo – non sarà troppo presto?, non gli metterò pressione? – si rifaceva viva, le dicevano sì, mi ricordo, ma sarebbe meglio parlarne prima col direttore artistico; senza la sua approvazione io non posso farla lavorare.

Mentre aspettava ha trovato un contatto per fare un po' di corporate, foto di seminari, ritratti in serie per gli organigrammi – ti avviso, non è uno spasso veder sfilare tutta 'sta gente in giacca e cravatta, ma non si può dire di no a mille euro al giorno per cinque giorni di fila. Poi le hanno affidato dei reportage, i marginali dell'Aveyron, le iurte, gli orti botanici, le capanne nel bosco, per il taglio chiama il giornalista, ti dirà lui, oppure un'enorme villa abbandonata sulla strada per la Normandia, occupata da alcuni artisti, mi sono ricordato le foto di Berlino che mi avevi mostrato, ho pensato potesse essere un soggetto adatto alla tua sensibilità; e quando rientrava dalla spedizione, sfinita, un po' scossa, dato che quelli l'avevano intimorita, non hai fatto altri scatti?, perché non si riesce a *entrare* davvero, là per esempio, vedi, ci giri un po' intorno, capisci? Poi ha avuto il suo quarto d'ora di celebrità, la rivista «VSD» si è decisa a comprarle il reportage sui Toraja, sei pagine piene, non vuoi scrivere pure i testi?, e anche se non si sentiva più legittimata, poiché le sembrava tutto così lontano, le risaie e il fango, le statue di legno dei defunti, gli occhi degli animali colti nell'istante in cui vengono sgozzati, una parentesi stravagante e chiusa una volta per tutte, ci ha lavorato come una pazza, giorno e notte, e hanno iniziato a dirle ah sì, ho visto il suo lavoro, e anche la voce dentro di lei ha mormorato: cominci a ingranare, vedrai che ingrani, ce la stai facendo.

Ma era solo un'illusione: non bastava. Faceva una fatica dell'anima per farsi pagare le commissioni e sopravvivere, tra un ingaggio e l'altro, all'immobilità dell'attesa. Il fatto è che, vede, si fanno sempre meno reportage. Forse dovrebbe concentrarsi sui ritratti. Non appena metteva piede in una redazione i telefoni squillavano senza sosta, squillavano persino nei suoi sogni, tutti insieme all'unisono, tutti tranne il suo, che aveva iniziato a detestare ma da cui non si separava più per paura di perdere un'occasione. Non c'è bisogno di specificare che viene dalla fotografia umanista, si vede subito: il problema è che quasi tutti vengono da lì. Guardando il suo portfolio non è chiaro fino in fondo se vuole essere una reporter o una ritrattista. Dovrebbe decidere... E quelle osservazioni la ferivano perché erano vere. Praticava una fotografia che ambiva alla grazia, all'essere di consolazione, a lanciare un grido di rivolta, è vero, ma ciò detto, non sapeva da dove iniziare, dove cercare, né tantomeno come conciliare i lavoretti saltuari con l'Arte. Non si sentiva in grado di essere una reporter di guerra, aveva troppa paura di saltare sopra una mina, venire presa in ostaggio, morire asfissiata da uno di quei gas che non fanno distinzione tra soldati e civili, uomini, donne e bambini. Già nei territori in cui regnava la pace doveva imporsi degli sforzi colossali per abbordare gli sconosciuti e conquistarsi la loro fiducia, anche quando si trattava di persone ordinarie, e in special modo di fronte a quelle che vivevano in contesti sociali lontani dal suo e le incutevano timore, che fosse per i segnali del loro potere oppure per le stigmate indelebili della loro marginalità. Era pronta a lavorare sodo, ma non a compromettere la sua salute o il suo equilibrio mentale pagando per ogni scatto il prezzo di un salto nel buio. In quell'ambiente di filibustieri, di gente emaciata e senza legami che poteva vivere di nulla e riteneva normale sparire per sei mesi dall'altra parte del mondo se fiutava la possibilità di ottenere qualche immagine esclusiva, a Cora mancavano diverse qualità essenziali per non farsi scoraggiare.

Per esempio: trovava estremamente difficile lavorare da casa, da sola. Diciannove metri quadri erano davvero troppo pochi.

Dopo l'appartamento di Berlino, si sentiva un gigante imprigionato nella casa delle bambole, che sbatte dappertutto a ogni passo. Nei giorni in cui non aveva particolari impegni le capitava spesso di non alzarsi prima delle dieci o delle undici; poi, davanti allo specchio del bagno, guardando quella sua faccia che aveva le sembianze di un letto perennemente sfatto, stringeva i pugni e si giurava occhi negli occhi ora basta, avrebbe fatto sul serio, non l'avrebbero beccata mai più a svegliarsi così tardi. Il sonno che covava non era soltanto una forma di arrendevolezza o di pigrizia, ma un demone che chissà per quale motivo la disprezzava e la perseguitava, capace di minare i suoi sogni eliminando ineludibilmente ogni possibilità di realizzarli. Seduta al bar dell'angolo per darsi almeno un'apparenza di vita sociale, Cora leggeva i giornali fino alla nausea: tutto quel lavoro macinato dagli altri, quell'affaccendarsi molesto ma utile dal quale era esclusa. Si sentiva obbligata a tener dritte le antenne per captare in anticipo gli avvenimenti che avrebbero interessato l'opinione pubblica, gli sfratti appena prima della tregua invernale, le manifestazioni dei liceali in primavera – ma anche lì: non era mai sola, si ritrovava a sgomitare nella calca, spesso ne usciva con immagini meno efficaci rispetto ai professionisti più scafati, e otteneva meno attenzione da parte dei giornali rispetto a quelli con più contatti.

Una volta approdata alla Borélia ha ripensato spesso a quel periodo chiedendosi come avesse potuto nascere in lei un tale senso di disfatta quando invece il suo stile di vita le permetteva di approfittare di ogni giornata, fare due passi appena spuntava il sole tra un temporale e l'altro, leggere, dormire di più, godersi i momenti che altri passavano in riunioni la cui inutilità era unanimemente riconosciuta o schiacciati sui mezzi pubblici. Quale grave forma di squilibrio l'aveva spinta a consacrare quelle ore di libertà, guadagnate comunque a caro prezzo, a tediosi andirivieni tra il frigo e il divano, dove giaceva per leggere al computer un interessante articolo sulle protesi mammarie che aveva voluto regalarsi una certa attrice di Hollywood, o il blog di una ragazza che criticava il mondo dell'arte contemporanea perché si conoscono tutti, come dimostravano inconfutabilmente quelle foto di gente chic a braccetto in serate chic, o infine le pagine uno, due e tre dei commenti on line in fondo a un editoriale di «Le Figaro», monopolizzati da una polemica feroce tra i detrattori di quei fannulloni dei funzionari di Stato e i paladini della sacralità del servizio pubblico che, vi piaccia o meno, è il patrimonio di chi è senza patrimonio... Dopo queste fatiche si concedeva una meritata pausa nell'angolo cottura, apriva senza pensarci il cassetto dove teneva la sua riserva di cioccolato, ne prendeva due quadratini, lo richiudeva e tornava sul divano; poi, constatando con una certa sorpresa come quel gesto potesse darle un vero piacere, tornava indietro per prenderne altri quattro e ripiegava l'alluminio su ciò che rimaneva della tavoletta – quasi che quel sigillo bastasse a dissuaderla dal ricominciare, mentre in realtà ci sarebbe voluta una cassaforte di cui nessuno poteva darle la combinazione. Quando stava da Pierre, che viveva in un appartamento più spazioso, una morsa di panico le serrava la gola non appena sentiva la chiave girare nella toppa. Vedendolo rientrare da una giornata qualunque, si metteva a fare la lista delle cose che avrebbe potuto fare, avrebbe dovuto fare e non aveva fatto, e alla fine si arrendeva all'evidenza di essere una figlia del proprio tempo: ogni giornata in cui non aveva prodotto niente la lasciava insoddisfatta, perché aveva l'etica del lavoro radicata nelle ossa, e se il lavoro non dominava la sua esistenza quei momenti di piacere rubato restavano insulsi e ammantati dal senso di colpa.

I suoi amici iniziavano a guadagnare dignitosamente. Al ristorante era rimasta l'unica a prendere un solo piatto, a dire di non avere troppa fame, aveva piluccato qualcosa prima di uscire, un bicchiere di vino per lei era sufficiente, forse non era il caso di prendere un'altra bottiglia ma se proprio ci tenevano il Côtes du Rhône poteva andare, non era malaccio in fondo, giusto un po' asprigno. Si ricorda di una cena al Rocher de Cancale, nella bolgia di rue Montorgueil. Conosceva la storia del posto, avrebbe potuto raccontare agli amici che Balzac era solito abbuffarsi proprio lì, ci aveva messo su la pancetta e, già che c'era, aveva riservato lo stesso trattamento ad alcuni dei suoi personaggi, in particolare a Lucien de Rubempré – che si credeva qualcuno finché abitava a Angoulême, ma nel bailamme di Parigi si scopre un perfetto signor nessuno, e non gli basterà il talento per farsi notare nell'ambiente letterario. Avrebbe potuto raccontare quel genere di cose, insomma, se solo i suoi amici non fossero stati occupati a ordinare calamari saltati al peperoncino d'Espelette, tartare di tonno, costate di manzo e vassoi di frutti di mare, mentre lei era indecisa tra un'insalatina e i ravioli al parmigiano.

Molti tra quelli della cerchia della business school (ma accadeva anche con i vecchi compagni del liceo o nella comitiva di Pierre) erano incapaci di stare ad ascoltare, e la prospettiva di vedersi sottratta la parola per più di un minuto li rendeva insofferenti. Cora non si capacitava di come potessero provare un tale piacere nell'inondare i propri interlocutori con idee e opinioni, cancellando completamente lo spazio per la replica e la possibilità di imparare qualcosa che già non sapessero. Sebbene amasse farsi trasportare lontano dai racconti degli altri, essere ignorata quella sera le aveva fatto male. Nel caos delle conversazioni sui prezzi delle case, i matrimoni di giugno e di luglio, i trucchi per prepararsi alla mezza maratona, non vedeva nessuno spiraglio per approcciare una questione tanto delicata come il suo rapporto con la fotografia. Già le riusciva a stento con gli amici più stretti, dei quali dava per certa la recettività, ma se doveva conquistarsi la parola come si conquista un tavolo in un cocktail bar aperto da due mesi, una stanza d'hotel abbordabile con vista sul mare in un fine settimana di giugno o qualche istante di solitudine davanti a un quadro nella sala di un museo, be', preferiva lasciar perdere.

A un certo punto, mentre la cameriera portava il conto al primo piano del Rocher de Cancale – non stiamo qui a fare i calcoli, no?, facciamo prima a dividere tutto per otto –, la ragazza di quello che parlava troppo si è rivolta a Cora per includerla nella conversazione, dicendole: «E tu allora? Continui con la fotografia o hai deciso di trovarti un lavoro?». Non c'era malizia nelle sue parole, e Cora era già pronta a risponderle garbatamente, evitando di innervosirsi, poiché ci volevano troppe energie e finiva sempre per rimpiangerlo, ma al contempo l'ipotesi di sorvolare le faceva molta fatica, e sapeva come nei giorni successivi si sarebbe pentita della propria gentilezza e avrebbe pensato per ore alla risposta stoica ma sferzante che avrebbe dovuto indirizzarle – perché dopotutto non avevano ancora imparato a usare un po' di tatto, perché la cortesia, nella loro educazione, era stata valorizzata solo a un livello formale e i loro genitori gli avevano mostrato mille volte con l'esempio, senza proferire verbo, che era una qualità adatta ai deboli, e a furia di essere gentili si correva il rischio, più tardi, di farsi sorprendere in balia degli scrupoli nei momenti cruciali della vita. Ma prima di aver elaborato la risposta adeguata, prima di essersi decisa una buona volta tra l'indulgenza dal retrogusto umiliante e un'aggressività apparentemente fuori luogo, il tizio che parlava troppo, del quale fin lì aveva sempre sopportato la spudoratezza perché in cinque anni di conoscenza si erano già imbarcati in più di uno sproloquio narcisistico, quello che pochi minuti prima aveva attaccato loro una pezza infinita sui suoi primi passi da trader in una banca d'investimento, ha approfittato del silenzio imbarazzato di Cora per confidarle: «Ma lo sai che anch'io ho iniziato a fare foto? Mi sono comprato un'attrezzatura da urlo e sto facendo passi da gigante, ti giuro, devo farti vedere qualcosa!».

Le era venuta voglia di diventare fotografa perché il suo sguardo sul mondo, che sperava dotato di un minimo di originalità, potesse sopravviverle; ma se falliva, se non riusciva a dar forma a quella sensibilità, la sua vita sarebbe stata ancora più insignificante di quella di chi, forse con maggiore modestia, profondeva le proprie forze in una struttura più grande, accettando di vederle svanire, disperdersi, o comunque confluire in un'impresa collettiva troppo ramificata e complessa perché il loro effettivo apporto fosse quantificabile. Le giornate negative erano più frequenti di quelle positive, e le sussurravano all'orecchio che voler essere un'artista significa diventare il proprio carnefice e la propria vittima, propiziare il proprio fallimento, predisporre con metodo le condizioni della propria rovina. Doveva guardare in faccia la realtà: era una fotografa appena più dotata della media, in un ambiente in cui potevano sperare di farcela solo quelli con molto talento, faccia tosta e carisma. Una vocazione realizzata, un mestiere che si fa per passione, era forse la via più nobile e più fedele all'infanzia, ma una vocazione mancata... Perché rimanere aggrappati a un sogno che ci rende infelici? Se insisteva per altri due anni sarebbe rimasta intrappolata, a quel punto l'investimento su quella carriera sarebbe stato troppo grande per fare marcia indietro, mentre adesso era ancora in tempo per ritirarsi: aveva fatto buoni studi, si presentava bene, poteva trovare un lavoro con uno stipendio che arriva regolarmente alla fine del mese senza doverlo chiedere. D'altronde chiunque la esortava in quella direzione. Gli amici a cui diceva: vedi, al giorno d'oggi l'economia è una specie di dittatura che ti lascia solo due possibilità, morire di fame o fare un lavoro di merda, le rispondevano, indulgenti: sei troppo idealista, oppure la prendevano sul personale, facendole capire quanto fosse snob la sua osservazione.

Le cose con Pierre andavano bene, erano sempre a casa dell'uno o dell'altra, e visto che pagare due affitti era diventato francamente assurdo, si sono messi a cercare un appartamento insieme. Ne hanno visitati alcuni d'un fascino irresistibile, per esempio quello con le travi a vista a un metro e ottanta dal parquet: promettevano a Pierre una lunga serie di gite al pronto soccorso, ma almeno quello, a giudicare dal suono continuo delle sirene, era vicino; oppure la casa talmente inondata di luce che, alle due di un pomeriggio di fine giugno, si poteva addirittura sperare di vedere il sole. I proprietari e gli agenti immobiliari celavano il proprio entusiasmo di fronte al dossier in cui Cora aveva fatto l'elenco delle sue pubblicazioni, concentrandosi invece, con quello che le sembrava un piacere sadico, sulla dichiarazione dei redditi, un indice ai loro occhi più affidabile per pronosticare i suoi successi o insuccessi a venire. Quando hanno firmato il contratto per l'appartamento a Gambetta, con il grande cortile interno dai balconi colorati che si affacciavano come logge di teatro, si è detta che stavolta era andata bene, erano stati fortunati, ma finché continuava con la fotografia non avrebbero mai potuto aspirare a qualcosa di più grande, tantomeno da comprare. E le battutine dei banchieri, sommate alle battutine degli amici più abbienti, alle battutine che di tanto in tanto si lasciavano sfuggire i suoi genitori o i suoi suoceri, i quali avevano fatto loro da garanti, e infine alle osservazioni di Pierre quando era di cattivo umore o non ne poteva più di doverla raccogliere col cucchiaino, insieme al suo desiderio crescente di sistemarsi, stare più tranquilli, mettere al mondo un figlio, ebbene tutte quelle battutine e quel desiderio a ogni ora più grande hanno prevalso sul sogno, e l'hanno convinta a rinunciare o, per lo meno, ad accantonarlo per un po'. Mentre riceve da Agathe Kerlann o Franck Tommaso una sfilza di ordini a volte sensati a volte assurdi, di contrordini che le danno sollievo o la mandano al manicomio, si dice che in passato ha sofferto per colpa di una libertà troppo grande, e ora invece soffre per averla persa – evocando nella sua mente l'immagine poco lusinghiera dell'artista eterna insoddisfatta, mai contenta e buona nulla. Ma quelli che si agitano nella sua pancia sono gli stessi demoni che la inducono a preferire l'alienazione, al riparo delle vetrate della torre, a una vita con le mani in mano in un monolocale di diciannove metri quadri, le giornate a correre senza un minuto per sé a quelle in cui nessuno viene a chiederti aiuto, il troppo pieno che soffoca al vuoto in cui si rischia di annegare.

E tutto ciò anche a causa di un sogno: il vecchio sogno della mendicante, della strega. Il suo unico incubo ricorrente dai tempi dell'infanzia, che aveva fatto per la prima volta quando aveva sette o otto anni e da allora non aveva mai smesso di tornare a perseguitarla.

Nel cortile del palazzo dov'è cresciuta, dietro i fili del bucato, nascosta dall'avidità dell'edera in fondo a un vialetto approssimativamente delimitato da piante e vasi fioriti, sorgeva una casetta di un solo piano, venuta fuori da un mondo meno metropolitano. Negli anni Ottanta ci viveva una donna sulla quarantina, bruna, seni e guance rotondi, senza marito, o forse vedova, e senza compagno, a parte qualche visitatore furtivo, notturno ed effimero. Quando Cora giocava con Bruno e i vicini del quarto piano all'elastico, a saltare la corda e a «ce l'hai», o quando il pallone faceva cadere i vasi e tremare i vetri, talvolta li invitava a entrare e gli offriva un bicchiere di granatina e caramelle da una scatola di latta. Suonava il pianoforte. Nella casa c'erano molte locandine di spettacoli appese alle pareti, forse festival di teatro o di cabaret. E una ciotola sul tavolino basso, nella quale bruciava della carta d'Armenia.

Quella donna aveva perso il lavoro. Cora non sa che lavoro facesse, ma ad ogni modo l'aveva perso, e ascoltando i suoi genitori parlarne, ha sentito e immagazzinato per la prima volta la parola *disoccupazione.* La porta della casetta era chiusa sempre più spesso, e così le imposte. La bicicletta era scomparsa. Le bottiglie di vino vuote hanno iniziato a moltiplicarsi tra le ortensie e i fichi, e alcune piante non hanno superato l'inverno. A volte la porta si apriva di colpo e la donna chiedeva a Cora di venire ad accenderle la tele, perché da sola non ci riusciva, o magari non funzionava più. I tasti del telecomando erano tutti appiccicosi, come quelli del piano. Tra le frange del tappeto giacevano sparse pastiglie di medicinali. Sua madre le chiedeva di portare alla vicina la pasta, le scatole di sardine o le mele che aveva comprato per lei, ma Cora non ci voleva più andare, in ogni caso non da sola.

Poi l'avevano sfrattata. Cora ha iniziato a incontrarla nel quartiere con una lattina di birra in mano, le palpebre pesanti, mentre faceva l'elemosina. Una volta suo padre si è avvicinato per parlarle, e Cora ha visto che la bocca della donna non si apriva più, le labbra scivolavano orizzontalmente una sull'altra. Non li ha nemmeno riconosciuti. D'istinto si è coperta il viso dicendo:

«No, per piacere… non faccio male a nessuno…». La disoccupazione le aveva preso gli occhi, poi il resto del corpo e ora anche la testa. In seguito ha smesso di girovagare e si è piazzata su una grata d'areazione dove faceva i bisogni e si raggomitolava su se stessa. Con la pioggia e col freddo era sempre là, ci tornava anche dopo essere stata portata via da una ronda di volontari. Un pomeriggio Cora ha dimenticato le chiavi di casa, ed è rimasta un'ora ad osservarla dalla vetrina della libreria all'angolo, mentre la donna teneva un monologo puntando il dito contro forze oscure nascoste tra le nuvole, per poi riconoscere le proprie colpe e subissarsi di pugni sul capo.

Quella era la realtà. Ma il sogno è un'altra cosa. Nel sogno la donna suona il campanello del loro appartamento. Indossa una camicia da notte con sopra un giubbotto, un piumino a buon mercato che perde piume nonostante la spilla da balia a suturare lo strappo. Ha letto il loro annuncio e vuole presentarsi per fare da tata ai bambini. Cora segue le venuzze della couperose sulle sue guance. La donna sta sulla soglia, e bisogna a ogni costo impedire che l'attraversi. Come se avesse già vissuto quella situazione in una vita precedente, Cora sa che se l'avessero invitata ad accomodarsi in salone, a prendere il caffè e fare due chiacchiere, suo padre l'avrebbe vista a piedi nudi e l'avrebbe spedita nella sua stanza a mettersi le ciabatte. E anche se per miracolo fossero al loro posto e non dovesse perdere neanche un minuto a cercarle nell'armadio, non riuscirebbe a tornare giù per tempo: il padre sarebbe già bell'e disteso sul pavimento, morto, la donna e la mamma chine su di lui, senza parole, smarrite. Le toccherebbe subire il mutismo, l'ebetudine di sua madre, così come la farsa inscenata dalla donna con una lieve tristezza sul viso, mentre Cora sarà la sola a sapere che è lei la colpevole, è venuta apposta per diffondere nella casa la morte che porta appiccicata sul viso, soffiando il suo alito di strega. E non è tutto. Quella donna verrà anche al funerale, la mano posata sulla spalla di Cora mentre sua madre guarda la terra gettata sulla bara. Diventerà la vicina premurosa e disponibile a cui Marianne affiderà i bambini ogni volta che dovrà uscire per fare la spesa o assentarsi per qualche giorno. Sua madre non vedrà più niente, non sentirà più niente, non sarà più lei. E una volta rimasta sola con la strega, senza nessuno che possa correre in suo aiuto, la donna finalmente si toglierà le maschere una alla volta, le appenderà ai chiodi della parete sopra il pianoforte, e mostrerà a Cora il suo vero volto.

Nel sogno ha solo pochi secondi per impedire la catastrofe. Deve evitare che prendano i suoi avvertimenti come i capricci di una bambina e che trovino ridicolo il suo improvviso terrore. Allora tira la manica della madre con tutte le forze – no, no! –, con l'irruenza di chi sa che ci sono in ballo delle vite – non lei, non lei! Inutile spiegare: non le crederebbero. La madre le dice di smetterla, di non fare scene, le ripete che è insopportabile, ma poi finisce per scusarsi con la donna in preda ai brividi: «Mi spiace, credo abbia paura di lei». E la vicina la supplica, una fievole luce le trema negli occhi: «È che questo lavoro è la mia unica speranza. Se mi dice di no, non so più... per me è la fine». Allora Cora grida: «No! Ha detto di no!». E sua madre di nuovo: «Mi spiace davvero, ma la piccola non vuole». Le spalle della donna crollano. Rimette le mani sporche in tasca e lentamente fa dietrofront.

Alle volte Cora si sente rincuorata e il sogno finisce qui. Altre, invece, si accorge d'improvviso di quanto freddo faccia fuori, scende le scale per raggiungere la donna, chiederle scusa, dirle di tornare su. Si potrà fare una doccia, le daranno dei vestiti caldi, il caffè è già pronto. Ma davanti ai suoi occhi la donna sprofonda nei gradini di legno o va dritta contro un muro che la inghiotte. Cora, piena di rimorsi, viene travolta dalla consapevolezza di essere stata cattiva, e allora le corre dietro a piedi nudi, ma ormai è troppo tardi: la donna è scomparsa.

7. L'eros secondo Cora

Un messaggio, un giorno. Una busta sulla scrivania del suo ufficio, di una carta un po' spessa, più bianca delle nuvole che trasformano la torre in un'isola, sulla quale appare soltanto il suo nome, *Cora*, scritto a mano con inchiostro nero. Cerca le forbici per non strapparla col dito, ne estrae un foglietto piegato in tre. È tutto bianco, a parte una breve frase, anch'essa scritta a mano: *dobbiamo parlare*. Gira e rigira la lettera, poi la busta. Nessuna firma, né francobollo né mittente, niente. La infila in un cassetto, si immerge nel lavoro e non ci pensa più.

L'indomani un'altra busta la chiama: *Cora*. E, senza spiegazioni, riprende la frase del giorno precedente: *perché tu sappia quello che sta per accadere*. Stavolta Cora passa la giornata a chiedersi, ora intrigata, ora inquieta, chi si nasconda dietro quelle parole, cosa voglia e perché proprio lei. Durante il fine settimana, sognando di essere una di quelle telecamere a circuito chiuso che filmano gli uffici vuoti, vede una figura starsene in piedi accanto alla sua scrivania per ore, senza muoversi né parlare, senza nemmeno guardare le nuvole. Il lunedì, di ritorno da una riunione in città, la trama s'infittisce. Una terza busta: *giovedì, 19.30, al Chin P'ing Mei*. Una rapida ricerca la informa che si tratta di un romanzo risalente all'ultimo periodo della dinastia Ming, ritenuto pornografico; l'autore, ignoto, racconta in cento capitoli la vita del mercante Ximen Qing, delle sue spose e delle sue concubine. Ma scavando un po' scopre che è anche un ristorante situato in una stradina tra gare de Lyon e il mercato di Aligre. Col cavolo che ci vado, si dice. Ha ben altro da fare che leggere tomoni cinesi o rispondere a convocazioni anonime di questo genere. Per due giorni studia i colleghi per vedere se il loro sguardo si agita quando la incrociano o se le mandano qualche segnale. In un momento in cui (spera) nessuno la sta osservando, apre le tre lettere sulla scrivania, come se rileggerle e giustapporle potesse aiutarla a fare chiarezza. Poi capisce che non succederà niente, non ne saprà mai nulla se rifiuta di correre il rischio. Nella bolla dei suoi pensieri pian piano prende forma la frase: *mettersi il cuore in pace*.

Arriva il giovedì, con una pioggia invernale che fa rimpiangere di non essere rimasta a casa al calduccio. Sul piazzale di gare de Lyon una folla carica di valigie attende un taxi o una navetta. Le grondaie haussmaniane parlano la lingua della pioggia, le insegne e i semafori all'incrocio colano sull'asfalto in pozzanghere rosse. Cora cammina per le vie di quella città che sempre più spesso chiama Parigrigia, maledicendo a gran voce il tempo e quello stupido appuntamento. Se è un'altra mossa di Franck, una delle sue trovate per provarci fuori dall'orario di lavoro, gli rifilerà un schiaffo e girerà i tacchi; questa volta non tratterrà la propria ira. Individuato il Chin P'ing Mei, ci passa davanti svelta, il volto doppiamente protetto dal cappuccio e dalla cupola dell'ombrello, ma un paravento di bambù le impedisce di vedere l'interno della sala: per sapere deve entrare.

Una volta dentro, superata la tenda che attenua le correnti d'aria e liberatasi dell'ombrello gocciolante, Cora è travolta dal calore del posto: è un locale raccolto, dove divisori in legno trasformano i tavoli in piccole alcove e lanterne di un rosso intenso illuminano le pareti di mattoni. A terra un lucido parquet che non ci si sarebbe aspettati. L'unico volto noto è quello di Delphine Cazères, che si alza e le va incontro. «Sono contenta che tu sia venuta» dice salutandola con un bacio sulle guance. «Mi dispiace per le modalità, ma volevo essere discreta.» Cora non sa cosa rispondere. Avrebbe avuto mille occasioni per parlarle in privato, mica sono sotto sorveglianza… Ma che senso avrebbe iniziare con un rimprovero quando è lei la prima a scusarsi? «Non ti siedi?» le chiede Delphine. Cora sente le ginocchia che le cedono, la tensione si allenta tutta d'un colpo. Nessuna minaccia imminente, di fronte a lei solo quella ragazza rassicurante, con la sua energia e il suo tono fermo.

Ordina un succo di mango senza ghiaccio al cameriere; Delphine beve un cocktail a base di baijiu scurito da una spruzzata di liquore al lampone, e quando alzano i bicchieri per brindare l'occhio di Cora si posa su quelle dita affusolate, sullo smalto color prugna applicato con cura o estrema destrezza, come si poserebbe sul dettaglio di un quadro che nessuno è riuscito a dipingere e in realtà non esiste. A bassa voce, Delphine va dritta al punto. Voleva parlarle perché la direzione ha decretato una riduzione delle spese più ingente del previsto. Dicono di non avere scelta, e in effetti le cifre non promettono niente di buono. Dato che il taglio sull'immobiliare è cosa fatta, benché ci saranno altri interventi per camuffare la cosa, l'operazione, prevista per il mese di marzo, inciderà soprattutto sulla voce di spesa dei salari. Si chiamerà Optimo, dice Delphine. L'idea è quella di chiudere una ventina di filiali nella prima ondata – poiché, anche se non lo diranno, sanno già che ce ne sarà sicuramente un'altra nel giro di due o tre anni. I tagli più ingenti saranno effettuati tra le fila dell'amministrazione, perché è lì che c'è più trippa, soprattutto grazie alle nuove possibilità offerte dal digitale. Il reparto commerciale e il tecnico non subiranno alcuna riduzione, perché sono settori chiave nella catena del valore e in realtà alla Borélia sono ancora sottodimensionati. Invece – e qui rallenta, alza gli occhi – è probabile che faranno dei tagli nel marketing e nella comunicazione, anche solo per mostrare che neanche quelli della sede centrale sono intoccabili. Figurati, sanno benissimo che si tratta di un reparto molto importante, ci tiene a precisare, ma semplicemente credono possiate fare di più con meno. E non si può dire che Tommaso li difenda con le unghie: da un lato perché vuole mettersi in luce, dall'altro perché, in fondo, la pensa come loro. «Mi stai dicendo che vogliono fare un licenziamento collettivo?» chiede Cora con la voce un po' impastata. Delphine fa una pausa, beve un sorso del suo cocktail. Non necessariamente, non è ancora deciso. E se si farà, non per forza sarà di grande portata. Temono che gli costi troppo. Che incoraggiando i licenziamenti volontari saranno solo i migliori ad andarsene, quelli che non aspettano altro per potersi rilanciare altrove. L'obiettivo ufficioso (ma io non ti ho detto niente!) sarà piuttosto identificare i dipendenti che rendono di meno e spingerli a dare le dimissioni, oppure metterli sotto pressione al fine di poter operare il maggior numero possibile di licenziamenti per giusta causa. Cora la ferma, non capisce. La cultura del lavoro è una cultura sociale. Nemmeno gli assicuratori che versano nelle peggiori difficoltà possono essere così spietati; non possono permettersi una reputazione del genere, altrimenti non ci si rivolgerà più a loro per finanziare l'economia. Sì, magari una volta era così, risponde Delphine un po' cruda, ma a quanto pare i tempi sono cambiati.

Cora si stringe nelle braccia per proteggersi dall'inverno, dal freddo che è tornato e l'ha raggiunta nonostante la tenda, dalla minaccia che si profila all'orizzonte. Tra tutte le domande che le saltano in mente, le fa quella che la incuriosisce di più: «Perché me lo stai dicendo?». Allora, risponde Delphine, dopo l'annuncio al comitato aziendale a inizio marzo, ci sarà una sorta di fase diagnostica, un periodo molto penoso in cui, se non si vuole subire la mannaia a propria volta, converrà trovarsi dalla parte di quelli che aiutano a individuare i posti da sopprimere e scegliere chi dovrà fare le valigie. No, no, chiarisce Cora. La sua domanda è: perché lo sta dicendo a lei quando in realtà non potrebbe, anzi, il suo lavoro consiste proprio nel fare in modo che queste cose accadano senza che si sappia. Delphine s'impappina. Solidarietà femminile, suppongo. In questo ambiente di machi che decidono sempre tutto tra di loro, mi sembra assurdo che le donne si mettano i bastoni tra le ruote invece di darsi una mano, con tutte le battaglie che ci sono da portare avanti… C'è una certa gravità nel suo viso, una luce sinistra, come se lei stessa si sentisse in trappola, minacciata da un pericolo incombente. «In realtà, non lo so nemmeno io… Sarei stata presa dai rimorsi se non ti avessi avvisata, ecco.»

Ordinano di nuovo da bere per onorare l'offerta sontuosa del menù, o forse perché Cora ha bisogno di un diversivo per elaborare la notizia. Parlano del più e del meno. Di Antoine Mangin, che Delphine ha visto in azione: la sua intelligenza sottile, quella capacità di passare da un argomento all'altro e di cogliere in una frazione di secondo il nocciolo della questione. Non è uno di quelli che affrontano l'avversario a viso aperto, dice Delphine; è più un giocatore di biliardo, usa sempre tante sponde: la palla fa tac, tac, tac… e hop!, che strano, Tizio è scomparso, Caio è stato fatto fuori. Lo trova elegante, affascinante a modo suo, simpatico benché privo di emozioni, e Cora si chiede se non sia il caso di interromperla per obiettare che no, mi spiace, ma non si può essere simpatici benché privi di emozioni. Poi parlano di Franck Tommaso. Si chiedono il perché di quel suo brutto carattere. Nonostante lo frequentino quotidianamente, a quell'epoca ne sanno meno di me e anche un po' meno di voi. Per quanto riguarda se stessa, invece, Cora crede che il suo problema sia non riuscire a nascondere agli altri ciò che pensa di loro, e la cosa le si ritorce contro terribilmente. Delphine è d'accordo: bisogna sempre portare una maschera, in società e al lavoro, in famiglia e in coppia. Se no non se ne esce più. Con Franck, ad esempio, bisogna schivare i colpi, e al tempo stesso rispondere a tono, fargli capire che non temi lo scontro; alternare queste due tattiche senza farsi logorare mentalmente, lasciarsi scivolare addosso i suoi commenti come l'acqua sulle piume di un'anatra. Se ti mostri debole lui ci gode troppo. Se ti metti a piangere ti ci vorrà un mese per farti prendere di nuovo sul serio. È un peccato che sia così molesto, anche perché Delphine se lo porterebbe a letto molto volentieri, se solo fosse sicura di potersene poi sbarazzare. «E a te? Ti piace?» Cora ammette che sì, ha un certo fascino. Ma se a letto è un cafone come nella vita di tutti i giorni, be', non ci perdiamo niente… O forse bisogna trovare il modo di attirare la sua attenzione, ribatte Delphine. Secondo lei potrebbe valerne la pena, dopotutto. Magari a fine missione, chissà…

«Non hai fame?» le chiede Delphine. «Sono molto bravi qui, fanno la cucina dello Yunnan, buona e per niente cara, vedrai.» Da quando ce l'ha portata un'amica cinese conosciuta durante il suo triennio a Shangai, Delphine ci torna spesso. Il lavoro laggiù era davvero impegnativo, ma non le ha impedito di visitare diverse regioni del Paese. Ha adempiuto ai propri doveri di pietà filiale bruciando incenso sulla tomba di Confucio. Ha letto *Il sogno della camera rossa* distesa nei giardini delle dimore dello Shanxi, una fila interminabile di sontuose abitazioni fatte costruire da banchieri che in alcuni casi, pensa un po', hanno fatto fortuna vendendo il tofu. E il *Chin P'ing Mei*?, chiede Cora. Anche quello non è male. Più arcaico ma scorrevole, molto divertente. Uno dei suoi ricordi più cari è averne letto qualche passaggio sui monti Huangshan. Ha preso un bus notturno da Shangai con un pittore cinese di ventott'anni incontrato qualche giorno prima in una galleria di Moganshan Lu. Un tipo molto talentuoso, bello da morire, ma parecchio complicato, forse anche perché, tra le altre cose, suo padre era tra gli oppositori ridotti in poltiglia dai carri armati di piazza Tienanmen. Non invento niente, purtroppo, sono parole sue: una poltiglia di carne e ossa. Con il pittore hanno iniziato a farsi strada tra i bambù mentre sorgeva un sole nebuloso, poi hanno fatto l'intera salita (non meno di quattromila gradini) sotto un diluvio che infradiciava anche le ossa e aveva trasformato la scalinata in un torrente. Una volta arrivati in cima, non si vedeva niente, letteralmente niente. Allora hanno preso una stanza in un immenso hotel del tutto anonimo, hanno mangiato una zuppa nel ristorante dai grandi tavoli rotondi per lo più deserti e poi hanno passato il resto della giornata a scopare sul loro king size; hanno fatto la siesta, letto un po', tradotto parole dolci dal loro inglese comune in francese e in mandarino, sondato dalla finestra lo spessore della nebbia, per poi ricominciare daccapo fino al giorno dopo. A mezzogiorno la coltre s'è levata e d'un tratto è comparso il massiccio, i pini radicati nei punti più improbabili tra le faglie della roccia, le cime granitiche che si stagliano sulla massa di nubi, le pareti a picco sulle risaie giù a valle: uno spettacolo della Natura, una grazia. «All'epoca ero circondata da amici che volevano visitare solo le discoteche del Bund o i negozi di Nanjing Xi Lu; devo dire che quel giorno mi sentivo lontanissima da loro.»

Cora si rende conto che vuole saperne di più di quella ragazza. Vuole anche capire come facciano quelle polpette di verdure a farle esplodere i fuochi d'artificio tra lingua e palato, ma non è un segreto, le dice Delphine, è il pepe di Sichuan. Il suo viso è così vivo e animato che le si perdona facilmente di prendersi tutta la scena. Parla velocissima, coinvolge, stordisce, salta da un argomento all'altro, si ferma un secondo prima di diventare eccessiva, tace, lascia cadere il silenzio, poi inverte il senso della conversazione e si mette a fare domande, con un appetito così manifesto, un trasporto così energico da non poterlo schivare o soddisfare con risposte vaghe. Cora le racconta un po' di Berlino e dell'Indonesia, come le viene, con la sensazione che non le sia capitato niente di abbastanza avventuroso – Delphine, al suo posto, avrebbe trovato il modo di vivere esperienze molto più intense e inattese. Eppure le frasi le vengono spontanee, piene di entusiasmo ma senza forzature, rette da un equilibrio che non si ottiene mai se le si pesa in anticipo. Le sue mani scandiscono ogni parola, come possedute da un mimetismo che è tanto voglia di stare al gioco quanto il segno di un'intesa nascente. Il tavolo si restringe. Le mani di Delphine spostano senza sosta piattini, residui di cocktail annacquati nel ghiaccio sciolto, sale, pepe, inanellando i gesti secondo regole più intuitive e machiavelliche di quelle degli scacchi o della dama, polverizzando ogni ostacolo. Rapidamente si scava un fossato tra loro e il resto del mondo, non ci sono più camerieri né clienti, soltanto la certezza per Cora che, se stesse cenando a un altro tavolo, avrebbe la sensazione di perdersi qualcosa, di perdersi tutto, e morirebbe dalla voglia di raggiungere quelle due, entrando di soppiatto nella sfera di cristallo della loro conversazione.

Poi escono dal ristorante. Il blu del cielo slavato di pioggia si stende sopra i tetti delle case, un blu cosmico, magnifico, intervallato qua e là dagli aloni gialli dei lampioni. E quando

Delphine blocca con la mano la porta di un palazzo lì accanto dove qualcuno è appena entrato, trascina Cora nell'ingresso, la spinge contro il muro e la bacia, stringendole la nuca e catturandole le labbra, Cora capisce subito di averlo voluto, senza saperlo e senza cercarlo forse, ma era tutto ciò che voleva.

L'indomani, raggiungendo la torre avvolta in una nebbia da pittura cinese, Cora si porta dentro un peso e una nube. Il peso è quello dell'eccitazione, del timore di sapere come reagirà alla vista di Delphine. Ma è un peso grato, pensa in un certo senso, altrimenti prenderebbe il volo. Quel mattino, mentre faceva saltare i bottoncini a pressione del pigiama di Manon, ha visto il corpo di una donna adulta sfilarsi il vestito da sopra la testa con entrambe le braccia e rovesciarsi all'indietro sul letto, un corpo in grado a quanto pare di svestirsi da solo, tutto curve e riccioli, i capelli biondi sparsi sull'intero cuscino. Cambiandole il pannolino ha visto delle cosce aprirsi, ha sentito delle gambe muscolose e dai piedi ricurvi come quelli di una ballerina sulle punte passarle dietro la schiena e stringerla sui fianchi per tirarla a sé. Infilando il reggiseno si è rivista esitare a toglierselo per paura di dare una delusione (ha le tette meno sode da quando ha smesso di allattare, e le smagliature non sembrano voler sparire), finché non ha sentito le dita dallo smalto color prugna slacciarlo per lei, prenderle i seni a piene mani, bagnarli di saliva, accarezzarne i capezzoli, e quella voce che le mormorava bella, quanto sei bella. Compressa nel vagone della metro, mentre avanza a piccoli passi nei corridoi, è montata di nuovo leggera sullo scooter, ha cinto la vita della conducente, ben più brilla di lei, e ha visto sfilare le strade, le vetrine dei negozi, le dita sferzate dal vento dei boulevard fra rue d'Aligre e rue Oberkampf; poi ha tergiversato sul pavé del vialetto e del cortile interno – quattro piani senza ascensore, la porta che si richiude, quelle mani dappertutto sul suo corpo, che le scivolano nei jeans, le abbassano le mutandine, le dita che carezzandola le entrano dentro. Si è seduta in sala riunioni, ha aperto il computer e tirato fuori il bloc-notes per darsi un contegno. E quando ha rialzato la testa e da lontano ha visto, all'altro capo del tavolo, quello sguardo che ora conosce da molto vicino – quello sguardo dritto che ieri invece era inquieto e miope, quel volto di nuovo mascherato quando invece il giorno prima i suoi contorni si erano addolciti fino a riecheggiare l'infanzia –, nell'occhiata che si sono scambiate, quelle immagini sono tornate a fuoco, e ha avuto la certezza che fosse successo per davvero.

Una nascita, una promessa: un'alba del cuore, un inizio. «Mi sta succedendo qualcosa» scrive Cora. È sorpresa di essere riuscita a sorprendersi. Le piace. Ripensa a quella prima volta. Vorrebbe ce ne fossero altre, e va bene, perché Delphine non vede l'ora. Così si rivedono. È straordinario conoscersi, scoprire qualcuno che sia veramente qualcuno. Qualcuno di così diverso, per giunta. Cora si chiede: cosa mi attira di lei? E cosa la attira di me?

Da quando è tornata da Shangai Delphine gira in scooter per avere l'impressione – mentre sfreccia sul ponte di Neuilly e i grattacieli della Défense richiudono su di lei le loro dita d'acciaio – che il suo cuore voli alto come quegli edifici, e per sottrarsi al gregge sotterraneo che si trascina ogni giorno dal sonno alla metro alla sedia in ufficio, e così via fino al mattatoio. E se è dal meccanico per colpa di un'automobilista che le ha fatto il pelo cercando di rimediare a un attimo di distrazione fatale (carini tutti quei capelli che escono fuori dal casco, come sarà di faccia?), prende la metropolitana ma non usa mai le scale mobili, perennemente intasate, e annunciando il suo arrivo con un gran tuonare di tacchi tiene la sinistra e sorpassa, supera tutti, non si stanca mai di superare. Ho troppi desideri da soddisfare, spiega: la città è un ingorgo, e la vita è troppo breve per rimanere imbottigliati.

Gironzolando con lei nel suo quartiere, a Oberkampf, Cora si accorge che Delphine conosce tutti. Saluta calorosamente i camerieri e le cameriere di ogni bar, non ha uno ma cinque o sei locali preferiti, e riesce a conquistare anche i gestori più scorbutici. Conversa amabilmente, sempre a suo agio, con la fruttivendola cinese, di cui conosce tutti i bambini, e con gli amministratori delegati. Le ragazze dei negozi dell'usato le tengono da parte i vestiti e le borse che potrebbero piacerle o vorrebbero provasse. La panettiera senegalese, che Delphine ricopre di complementi per le acconciature e il trucco estroso, nutre il dubbio sempre più forte di non essere del tutto eterosessuale. E se per caso qualcuno la tratta male, Delphine non se la prende, né si mette in questione: non era mica il suo approccio a essere fuori luogo, sono gli altri che sono ottusi o si sono svegliati con la luna storta, tanto peggio per loro. Una cosa è certa: al passo di Delphine questa Terra diventa un posto in cui si vive proprio bene, dove tutto può trasformarsi in rito senza farsi vincolo, in cui l'avventura nasce spontanea ovunque e ognuno è pieno di storie da raccontare.

Al mattino il suo telefono intona *Rise and Shine*: alzati e brilla. Una o due volte a settimana va in piscina, fa le vasche in un costume intero molto castigato, e sulla via del ritorno si compra un giglio o qualche peonia come ricompensa. Quando fa la scorta di sigarette al mentolo dal tabaccaio tenta la sorte con un gratta e vinci, gioca i suoi numeri fortunati o scommette sul suo segno zodiacale. E una volta finiti i pacchetti li trasforma in origami, barchette e cigni cangianti che navigano nelle fontane o solcano i rigagnoli con la certezza di affondare, ma intanto si godono il brivido delle rapide e dei giochi di luce. Intendiamoci, non che Delphine sia un sole perenne. Ogni tanto le piace anche stravaccarsi sul suo vecchio divano con un sacchetto di biscotti o di orsetti di cioccolato, i piedi avvolti in eleganti pantofole con le orecchie di topo, e guardare commedie romantiche in cui la protagonista trascina a fatica un albero di Natale nella neve di New York, prima di finire, per via di un espediente narrativo del tutto imprevedibile (d'altronde siamo già a un'ora e diciotto minuti), tra le braccia del ragazzo con gli occhi dolci su cui fantasticava nei giorni di pioggia guardando fuori dalla finestra a ghigliottina, un uomo tenero nella sua goffaggine, che con un sorriso innocente le rovescia sul cappotto di lana bianca la salsa di mirtilli appena acquistata per condire l'arrosto della madre. Ma anche in giornate del genere, o quando passa tre sere di fila a bere tisane e leggere fumetti per poi addormentarsi alle nove, parla di quegli appuntamenti con se stessa come di una goduria immensa, un evento al quale dovreste amaramente rimpiangere di non essere stati invitati.

Fluttuare, fluttuante. Le nubi nella testa, il cielo sotto la pelle. In quelle settimane, se si dà retta ai suoi diari, Cora è di nuovo la ragazza con gli occhi persi nel vuoto, l'inconfondibile eroina di quelle canzoni e poesie d'amore che si guardano bene dal precisare l'identità del *tu* e l'aspetto della *lei* o del *lui*, consentendoci di riempire il vuoto con le nostre storie. La poesia torna a parlarle. Così come il suo telefono: *Quiero hacer contigo / Lo que la primavera hace con los cerezos*. E cinque minuti dopo: «Vorrei fare con te / Quello che la primavera fa con i ciliegi. Ma allora era proprio kitsch questo Neruda. Tu ti senti mica un fiore?». Un sorriso le si stampa sulle labbra, cerca una bella risposta, inizia a scriverla, ha un'idea migliore, cancella e ne scrive un'altra, poi invia: «Senz'altro kitsch, ma mi tenta: dovremmo provare». Proprio lei che non lo sopportava ora guarda il telefono ottanta volte al giorno. E non importa se via satellite transitano faccine, parole dolci, occhiolini, frammenti di corpi scagliati nello spazio per poi ricadere sulla Terra; ciò che conta è portare avanti lo scambio, dono-controdono, non interrompere il flusso.

Ne ha la conferma nelle settimane che seguono: in nessun posto si fa l'amore come alla Cité de Crussol, al n. 7 di rue Oberkampf. Quando si reca a quegli appuntamenti (per i quali ha dovuto ritoccare l'orario di lavoro e dire a Pierre che rientrerà tardi), incede per le strade della città canticchiando allegramente. Ogni passo è una festa. Parigrigia non è più Parigrigia. È bello andare incontro a qualcuno come se fosse un luogo pronto ad accoglierci – e le sue braccia che si apprestano a stringerci forte sono il posto più meraviglioso del mondo. Dietro l'inferriata del cancello, il vialetto buio si inoltra nel corpo dell'edificio ramificandosi in piccoli cortili interni dove il frastuono della città giunge ovattato. Le piacciono le vetrate dello studio di architetti al pianterreno, quelle dell'orologiaio e del laboratorio tessile, che mitigano il grigiore dell'inverno con le loro lampade dalla luce calda. Lungo i muri sono allineate le biciclette, e ovunque ci sono sedie e tavolini coi posaceneri pieni di mozziconi lasciati a marinare nell'acqua piovana: Delphine dice che in primavera è tutto un aperitivo dietro l'altro, una vera delizia. Ormai giunta a destinazione Cora non può fare a meno di ricordarsi che ha un cuore, talmente le batte forte, e i quattro piani di scale peggiorano la situazione.

Delphine vive in un bilocale dal soffitto basso, appena più grande del vecchio monolocale di Cora a Montmartre. Un piccolo rifugio estroverso, dove tutti gli oggetti si mettono in mostra: le stoviglie sulle mensole, il basilico nel vasetto, i pacchi di pasta e di spezie, le bottiglie di rum e di mescal. Gli appendiabiti pieni di vestiti e giacche in camera da letto, una dozzina di paia di stivali in fila come altrettante personalità in cui al mattino non deve far altro che infilarsi. Venti o trenta paia di orecchini appesi ai rami di un baobab di metallo sulla cassettiera davanti allo specchio, dove campeggiano anche delle *mandorline*, quegli anelli dalle pietre ovali indossati dalle lesbiche nelle città romane o dell'antica Grecia come segno di riconoscimento, racconta Delphine. Sulle pareti, alcune sue foto attaccate con le puntine: una su un'altalena nel giardino di sua madre, nella periferia di Tolosa, a quindici anni o giù di lì, la testa all'indietro, le spalle nude in una canottiera blu; una con la sorellastra sui tetti di zinco di Parigi, sigaretta in bocca, le gambe sospese nel vuoto, sullo sfondo il richiamo all'ordine morale impartito dal Sacro Cuore su una foresta di camini. Seduta al minuscolo tavolino davanti a una birra o un bicchiere di vino, limitando ogni gesto per non rovesciare qualcosa, Cora si chiede come Delphine possa vivere in una simile casa di bambole quando è palesemente una a cui piace accumulare, e sono già cinque anni che guadagna bene, ma almeno all'inizio preferisce non farle troppe domande.

In nessun posto si fa l'amore come alla Cité de Crussol, al n. 7 di rue Oberkampf: ogni volta è un evento. «Mi sta succedendo qualcosa» scrive Cora. Dapprincipio si sente una ragazzina, non sa come si tocca il corpo di una donna. Ma il desiderio guida le mani nei posti giusti, muove il corpo con destrezza, semplici carezze e improvvisi slanci magicamente fluidi. Imita i gesti con cui Pierre le dà piacere, prova a fare a lei quello che le fa lui – ragioniamo per analogia, si dice, non c'è motivo per cui non debba funzionare –, e d'un tratto le sembra di ritrovarsi al posto di suo marito, di fare un'esperienza dell'amore che, va da sé, non le appartiene, ma è invece più simile a quella che lui deve provare con lei. È straniante, ma comunque piacevole. Poi guarda Delphine, quel suo corpo che diventa una pasta modellabile, si lascia guidare, si lascia prendere, d'improvviso contrattacca e la costringe a dire ecco, sì, avrei fatto la stessa cosa. Le finestre si ricoprono di condensa. Il motore del frigo ricomincia a rombare. L'attenzione si sposta su un'altra parte del corpo, e così il piacere. Il sesso di Delphine è diverso dal suo: le piccole labbra sono più carnose, le si può toccare la punta del clitoride, mentre quello di Cora può essere accarezzato soltanto attraverso il cappuccio di carne appena meno sensibile che lo protegge. *Fiume di ciprina, mar di Citera*: Cora scopre i piaceri da rabdomante di cui Pierre le ha tanto parlato, usa le dita o la lingua per allargarle le labbra, come si cercano le cose nascoste, le cose segrete. Dolce soglia, grotta liscia, l'uovo sodo del collo dell'utero sulla punta delle dita. Cora misura tutta la propria potenza.

Sospese sopra la paulonia del cortile, dai cui rami spogli pendono solo gusci secchi, sentono i gabbiani risaliti dalla Senna lungo il bacino dell'Arsenale volteggiare gridando: mia amata, mio banco di sabbia leccata dai flutti, tesoro mio, le cui piume disperse s'involano portate dal vento e, impregnate di schiuma e salsedine, si posano su epidermidi che sole le eguagliano in candore. Aspetta, un po' più giù. La mente di Cora è attraversata dalle foto di Lucien Clergue scattate sulla spiaggia di Arles, *Née de la vague*, nata dall'onda, il ventre infossato sul quale l'acqua ristagna, il petto collinoso su cui invece scorre e zampilla, solo che di colpo diventano a colori: è ciò che sta vivendo proprio in quel momento, quello che tocca è un altro corpo vivo, non uno incorniciato sotto vetro. Girati dall'altra parte, dai, girati... A Delphine piace parlare mentre fanno l'amore, in mezzo ai mugolii: dice a Cora che la eccita troppo, le rivolge epiteti che non lasciano scampo, sei uno splendore, le dice, una donna blu, una luna, appellativi che non le danno tregua, stringono ancora più forte, mi fai impazzire, mi fai impazzire, lo sai?

In altri momenti tacciono, rimangono in ascolto di ciò che accade dentro di loro. Chiudono gli occhi, poi una li riapre e dice guardami, e gli sguardi in cui si perdono sono immensi. A Cora sembra di camminare sulla fune metallica tesa tra i loro occhi. Vede il viso cangiante di Delphine sopra di lei, che aggrotta di piacere le sopracciglia in un'espressione d'implorante frenesia, respira con la bocca spalancata, come in attesa, poi si butta a capofitto alla ricerca di un'altra bocca da baciare, di altre labbra da mordere. Una foschia entra dalla finestra mentre Cora sbatte le ciglia in un lampo di sorpresa, non sapeva il suo corpo potesse provare quello che prova, le infinite variazioni e gradazioni dei loro amplessi le strappano sospiri di stupore, scopre tutto con una gratitudine autentica, immediata, straripante: a ogni colpo di reni sale un gradino dell'immensa scala di carne, elevandosi con pazienza, un passo dopo l'altro, facendo soste a ogni piano perché il cuore possa riaversi, cambiare ritmo, con calma, ecco così, è bello anche così.

Dopo aver goduto Cora sprofonda nell'incavo della spalla di Delphine e resta lì per un attimo, guancia a guancia. Poi si stacca di qualche centimetro per guardarle il viso: le fossette, le cicatrici, l'ombra delicata agli angoli della bocca, il rigonfiamento tra la palpebra e il sopracciglio che le affila lo sguardo, le dà un che di asiatico, occultandole le ciglia e impedendole – suprema ingiustizia – di mettersi il mascara. Esausta, ansimante, si alza per prendere il vino, la birra o il succo di frutta. Beve a canna, a grandi sorsate. «Mi abbandoni?» le chiede Delphine. Cora rimane un po' in piedi a contemplarla sdraiata sul letto, adagiata sui cuscini, il piede destro che tiene il tempo appoggiata sul ginocchio alzato della gamba sinistra. Le scatta qualche foto con gli occhi, poi si allunga di nuovo accanto a lei e riposa satolla nel pulsare del suo sangue. «Se io sono blu tu di che colore sei?» Per qualche minuto dormono d'amore. Rimangono intrappolate in rapidi sogni da cui vengono espulse appena un gabbiano si mette a gridare o la pioggia batte contro la finestra, e se li raccontano. Sopra il letto Delphine ha appeso un acchiappasogni ojibwa comprato a Toronto, un cerchio di legno attraversato da fili tesi come quelli di una ragnatela che cattura le immagini inviate dagli spiriti, conserva quelle piacevoli e brucia i cattivi presagi. «Ma quando dormo con te non ho mai cattivi presagi» le dice.

Avvinghiate l'una all'altra sul letto, faccia a faccia sedute al tavolino o comodamente allungate sul divano, ancora mezze nude nell'aria satura di ferormoni, Cora e Delphine si parlano. Cora le fa delle domande, prova a svelare il mistero. Da dove viene quell'energia, quel corpo così florido? Delphine le concede solo brandelli di confessione che sta a lei cucire nel corso delle settimane. La storia della sua adolescenza a Tolosa. Era appassionata di rugby, a quattordici anni invadeva il terreno di gioco a fine partita per infiltrarsi negli spogliatoi, e si faceva un punto d'onore di sfuggire all'inseguimento degli addetti alla sicurezza. I giocatori la rincontravano all'uscita e, un po' fraterni un po' eccitati, se la portavano dietro al terzo tempo. È stato uno di loro a deflorarla, per poi scarrozzarla per gli alberghi del Gers, in modo molto cortese e romantico. Ma il vero amore, il primo amore, è arrivato in seguito, con un ragazzo parecchio più grande – aveva solo trentacinque anni, ma quando ci ripenso, all'epoca mi sembravano tantissimi – incontrato un'estate mentre giocava a beach volley sulla spiaggia di Capo di Feno, sopra Ajaccio. Lì non è successo niente. Ma quando sei mesi dopo è venuta a Parigi per cercare di capire quali studi intraprendere, e sebbene nel frattempo lui le avesse confidato di essere sposato e con un bimbo di tre anni, si sono incontrati per caso in un bar che non saprebbe più riconoscere – ero appena arrivata, era tutto nuovo –, e hanno passeggiato insieme tutta la notte. Hanno scavalcato i cancelli del parc des Buttes-Chaumont e sono saliti quatti quatti fino al tempio della Sibilla, sulla sommità del belvedere, col lago che sciabordava scuro sotto di loro, finché hanno trovato un albero abbastanza appartato e un letto di foglie soffice e umido sul quale stendersi e fare l'amore.

A proposito di fare l'amore... ribatte Cora con un tempismo ai limiti del miracoloso. Allora ricominciano. La bocca di sopra esplora la bocca di sotto. Il cuore che batte sotto le palpebre, nella pancia, nella vagina. Un lento lavoro di pelle e di respiro, fino a un orgasmo ancor più languido. Poi le loro mani si stringono, si sfiorano, le dita avviano la danza che dice l'indicibile, o per lo meno ciò per cui non ci sono parole. Ma come mai te lo sei scelto più grande di te? continua Cora. Delphine pensava fosse il suo destino, almeno all'inizio: era una di quelle ragazze troppo sicure di sé o troppo attraenti perché i ragazzi della sua età osassero provarci se non sulla soglia del coma etilico. Deve avere anche qualcosa a che fare con mio padre, si lascia scappare con un sorriso che è anche un sospiro. Il classico sessantottino che gestiva un caffè-libreria e l'ha lasciata libera di scorrazzare dove le pareva pur di non vederla immobile e assorta. Qualunque cosa facesse, lui la trovava straordinaria, ma ciò non gli ha impedito di piantare lei e sua madre per scappare di casa con una ragazzina (poi un'altra, e poi un'altra ancora, una ragazzina perenne, insomma), andare a coltivare i fichi a Tenerife e, anellino d'oro all'orecchio, mettersi a riparare una vecchia barca. Mentre Delphine rievoca queste immagini, Cora rivede Alain Salme rientrare alle 19.15 dal suo ufficio alla circoscrizione del XIV arrondissement, e mentre si toglie la cravatta, le chiede se ha preparato la tavola, ma si guarda bene dal dirle mai sei bella poiché Marianne, oltre che una madre, è pur sempre una donna, e potrebbe ingelosirsi, allora esclama ad alta voce: no, non abbiamo avuto la stessa infanzia, e intanto tra sé e sé pensa che stabilire a quale delle due sia andata meglio è un'impresa ardua, ci sono pro e contro in entrambi i casi.

E le donne in tutto ciò? Le altre donne intendo, l'attrazione per le donne? Quella è arrivata più tardi. Un giorno Delphine è saltata impulsivamente su un treno per riconquistare un ragazzo che si era trasferito a Marsiglia. Lui era stato chiaro, voleva rompere, ma lei si diceva che vedendola spuntare senza preavviso, pazza di desiderio e come trasfigurata, avrebbe cambiato idea. Seduta di fronte a lei c'era una coppia che aveva sollevato il bracciolo per accoccolarsi meglio. Mentre il ragazzo prendeva sonno, la ragazza ha cominciato a lanciarle occhiate insistenti, con un'aria talmente stregata e un'intensità così involontaria che sulle prime le avevano messo paura, poi erano divenute quasi comiche: i loro sguardi riuscivano a evitarsi per un minuto o due voltandosi verso il finestrino o immergendosi tra le pagine di una rivista, poi cadevano di nuovo l'uno nell'altro, sempre più ammaliati e decisi, fino a farle scoppiare a ridere. Il ragazzo si è svegliato, ha chiesto cosa fosse successo. La ragazza gli ha spiegato che il controllore era volato per terra mentre attraversava la carrozza. Si sono date appuntamento nell'andito tra i due vagoni e, sballottate a ogni sussulto del treno, nell'odore penetrante della gomma che brucia, hanno cominciato a divorarsi a vicenda. «Scusami,» ha detto la ragazza «nessuno mi fa quest'effetto.» Arrivata a gare Saint-Charles, Delphine ci ha messo un paio d'ore per realizzare che quel ragazzo che era venuta a cercare non voleva davvero più vederla. Allora si è trascinata per i bar di cours Julien, verificando nello specchio di ogni bagno quanto le lacrime le sciupassero il viso; poi, alla quinta birra, ha inviato un messaggio alla ragazza del treno, che le ha risposto subito e l'ha raggiunta in hotel. E non era una ripicca, solo un'altra vita che si apriva, senza annullare quella precedente ma semplicemente ampliandola, una finestra a due battenti di cui non si era accorta, alle sue spalle, che ingrandiva la stanza e la inondava di luce.

Cuori mai sazi, roventi, Cora Salme e Delphine Cazères si ritrovano alla Cité de Crussol a intervalli irregolari, una volta ogni quattro, ogni dieci giorni. In ufficio si vedono di continuo, ma si trattengono – lavorano insieme solo se necessario, pranzano insieme di rado, evitano di lasciar trasparire qualunque segno di connivenza. A volte è dura, l'astinenza la erode da dentro. Cora pensa sempre più spesso che per migliorare la comunicazione della compagnia il colpo di genio sarebbe trasformare Delphine nel nuovo volto della Borélia, una testimonial a portata di mano, da ammirare sugli enormi cartelloni, certo, ma anche da concupire in ascensore, nei bagni o in uno qualsiasi degli inutili anfratti che si aprono nei corridoi della torre per possedere il suo corpo finché non si regge più in piedi, finché non le manca il respiro, le forze, o anche solo la voce per ansimare. Spesso è una fatica, ma a ricompensarla c'è la consapevolezza di avere una complice che, come a suo tempo Édouard, la informa in anticipo su quanto accade ai piani alti, un'alleata che non si limita a trasmettere le informazioni più utili o dissipare il fumo di guerra ma, quando serve, risponde colpo su colpo.

Una sera, mentre chiedono conto a Franck dei progressi di Clarifix e quello si arrampica sugli specchi, Delphine interviene per dire che lui non può rispondere con la dovuta precisione, poiché il dossier lo gestisce Cora Salme. Ora, Cora Salme non si è potuta liberare, perché hanno avuto la brillante idea di fissare questa riunione solo due giorni prima, e per di più alle 19. E, mentre Mangin la ascolta attento, aggiunge che è sorprendente quest'incapacità del reparto marketing di fare spazio alle donne, quando rappresentano più del 65% del personale. E nonostante il collega della Nielsen le faccia segno con tutti i mezzi non verbali a sua disposizione di porre fine a quella piazzata, Delphine rincara la dose: non è che siccome avete messo due donne nel comitato esecutivo il gioco è fatto. Quando glielo racconta, Cora vuole sapere tutto, cerca di immaginarsi le loro facce, ride di gusto ma al tempo stesso s'inquieta: non hai avuto paura, non temi che te la facciano pagare? Delphine fa spallucce: «Cosa vuoi che mi facciano? Franck non può certo chiedere di licenziarmi per una cosa del genere. E poi lo sa benissimo che Mangin mi adora e gli piace essere stuzzicato. Poi, se anche dovessero decidere di togliermi l'incarico, non sarà la fine del mondo...». A quelle parole, nel cuore di Cora, il riso si spegne e si tramuta in un sentimento spiacevole e duro, di cui non conosce il nome, ma che le fa pensare a come sia triste non essere nella posizione di potersi permettere un gesto del genere, o attribuirsi simili affermazioni.

Un giorno di metà febbraio Pierre va con Manon a trovare i suoi, dalle parti di Nancy, e così Cora, che non aveva nessuna voglia (troppo lavoro, troppa fatica, troppa strada), un minuto dopo averli salutati si ritrova di fronte allo specchio del bagno, giovane, single e non più madre di famiglia: in apparenza lo stesso volto, ma non esattamente la stessa donna. Mentre si trucca per andare da Delphine si rende conto di aspettare quel momento ben più di quanto non si goda i fine settimana tutti e tre insieme o le serate con Pierre. Fuori c'è bel tempo, si infila i collant e un paio di pantaloncini, si mette tutta sexy come le capita ormai raramente, e subito fa capolino il senso di colpa. Eppure non ce l'ha con Pierre. Pierre non c'entra niente, son cose completamente diverse. Potrebbe addirittura parlargliene, se non temesse di indurlo a rimettere in discussione la loro intera relazione. È un altro rapporto, vissuto da un'altra lei. Si disegna una linea nera sopra gli occhi dalle pagliuzze color bronzo e si dice: ma chi vuoi prendere in giro? Smettila di nasconderti dietro a un dito. Ad ogni modo, quello che dedica a Delphine è tutto tempo che toglie al sonno, alla lucidità di cui ha bisogno al lavoro, alla figlia e al compagno. Il fatto è che il loro benessere non sempre si accorda con il suo. Manon ha bisogno di calma, di serate casalinghe, di punti di riferimento, di rituali. Cora invece ha bisogno di evadere, spezzare la routine, assaporare il pericolo. Non può vivere solo per la prossima generazione, cancellarsi completamente, nemmeno per pochi anni. Se così fosse, la prossima generazione dovrebbe a sua volta reprimere i propri desideri per il bene di quella che le darà il cambio, e di sacrificio in sacrificio, a furia di tenersi a galla dando sempre la priorità all'avvenire, rimarremmo impantanati nel fango del presente, rischiando di annegare, di morire soffocati. Pierre Esterel, invece, lui ha bisogno... Chi lo sa di cos'ha bisogno Pierre? Forse che Cora accetti di vedere il loro amore affievolirsi a causa degli obblighi della vita di lavoratori e di genitori, senza che né l'uno né l'altra lo prendano come un fallimento? O che al contrario si ribelli e trovi il modo di restituirgli vigore? Non sa che rispondersi. Su quella, come su molte altre questioni, Pierre non dice una parola. Da qualche settimana ormai Cora mormora *ti amo* a Delphine con una naturalezza che con Pierre non ha più. Con lui le sembra troppo banale, un'espressione inadatta per qualificare un rapporto sedimentato nel tempo, che li ha formati e tenuti insieme, attraversando tutto un ventaglio di colori, di alti e bassi. Sussurrato nell'orecchio di Delphine, invece, *ti amo* torna a essere un'espressione semplice, due parole che è il corpo stesso a proferire, le più urgenti e le più giuste, al cospetto delle quali tutte le altre sono solo perifrasi o approssimativi sinonimi.

È un ingannevole fine settimana di primavera in anticipo, nel bel mezzo di febbraio. Bevono qualcosa, vanno a ballare, poi passeggiano per Parigi senza meta, solcano l'incanto delle colline, dal Père-Lachaise al Buttes-Chaumont, scortate da una luna bianchissima. I tavolini dei bar invadono le stradine in discesa. Emancipate dall'alcol, le conversazioni degli altri sembrano ancora più animate e tanto più interessanti quanto meno le si riesce ad ascoltare. I bicchieri si levano alti, e così le risa; a Cora sembra che queste persone stiano ricostruendo il mondo, pensa potrebbero diventare amici. *Si impara di più da una notte in bianco che da un anno di sonno*, confida loro un muro di Belleville. Ogni tanto non si trattengono, si prendono per mano, si baciano, ma anche in un quartiere di sinistra attirano troppi sguardi, privi di condanna o biasimo, va bene, ma comunque intrigati e invadenti. Delphine confessa che non potrebbe mai essere solo lesbica. Si immagina felice in una relazione duratura con una donna, ma è troppo faticoso portarsi addosso tutto quel peso. La battaglia è ancora lunga. Lei contribuisce come può, senza nascondersi, ma sa che essere bisessuale, poter scegliere, è una fortuna; sarà vigliacco, poco coraggioso, certo, ma preferisce semplificarsi la vita. Ha troppi progetti per essere una militante. Più avanti vedrà. Non è sicura di volere figli, né una vita di coppia. Le persone sarebbero talmente più felici se fossero più indipendenti e smettessero di giudicarsi per difetto. «Scusa se lo dico, ma se c'è una cosa di cui sono certa è che la coppia esclusiva non fa per me.» E quando Cora obietta affermando che in fondo è il male minore, il modello più funzionale, Delphine le risponde che sul lungo periodo nessun modello funziona: tutti abbozzano, tirano avanti, si godono la felicità fintanto che c'è, poi si sentono in gabbia e scappano, oppure accettano di restare e morire di noia; c'è chi segue le regole e chi improvvisa, chi fa grandi progetti per il futuro e chi sa vivere solo nell'incertezza più assoluta, ma prima o poi andiamo tutti a schiantarci contro un muro: lo avevamo visto benissimo o magari non ce ne eravamo accorti; versiamo un po' di lacrime e poi ripartiamo, con qualche acciacco in più e qualche illusione in meno, ma comunque ci rialziamo e ripartiamo.

È strano, o forse no, ma lo stesso identico pragmatismo la anima anche la domenica in cui, durante il brunch alla Cité de Crussol, sebbene abbiano le ore contate, cominciano a discutere di lavoro e, una cosa tira l'altra, finiscono per tirare in ballo la crisi economica e lo stato attuale del capitalismo. Mica farò la consulente per tutta la vita, dichiara a un certo punto Delphine. Non potrei voltarmi indietro un giorno e dirmi: ecco quello che ho fatto; ho bisogno che abbia un senso. Tuttavia, per il momento, non ho trovato di meglio per rendermi utile e sfuggire alla noia. Sul lavoro incontra un sacco di gente sveglia, eccezionale, a cui dà la possibilità di vedere le cose in grande, di riprendere tutto da zero. Se deve essere sincera, non è certa di possedere un cervello fuori dal comune, ma le piace vederlo trottare e sfornare idee in situazioni tanto stimolanti, circondato da menti che pensano così bene; un problema non è mai solo un problema, ma un'occasione per far andare a briglia sciolta quello strumento meraviglioso. E non ti dà fastidio – chiede Cora un po' secca, avendo superato la propria soglia di tolleranza all'autocompiacimento – guadagnare tutti questi soldi chiedendo agli altri di fare di più con meno, per permettere a un ristretto numero di azionisti di arricchirsi ulteriormente? Delphine, abituata com'è alle sessioni di domande e risposte, raccoglie l'osservazione senza formalizzarsi per il tono: c'è una logica. Guadagna bene perché i suoi diretti superiori guadagnano dalle otto alle dodici volte di più; e loro guadagnano così tanto perché le ore fatturabili dei dipendenti della Nielsen hanno tariffe che sembrano proibitive, ma il motivo è semplice: possono fare una differenza enorme nel bilancio di un'azienda. Una differenza di fronte alla quale la sua remunerazione somiglia più a una mancia da taccagni. Non è uno scandalo, né un mistero, dice arrotolandosi un ciuffo di capelli sulla punta dell'indice destro: la paga dipende dall'impatto che hai. A parte la politica, non vede un'altra professione in cui potrebbe avere un impatto simile sulla vita di così tante persone. Nel bene e nel male, certo. Ma per tutte le aziende che hanno lasciato a casa un sacco di persone dopo essersi consultate con la Nielsen, ce ne sono altrettante che lei ha contribuito a rimettere in piedi. «Non puoi guardare solo il lato negativo. Quello che conta è il saldo. E il saldo è positivo.» E quello di Optimo – rilancia Cora, ora mossa più dalla preoccupazione che dal desiderio di provocare – sarà positivo? Difficile a dirsi. Ma se la Borélia continua a sborsare così tanto per impieghi che rendono così poco, incarichi amministrativi superpallosi che farebbero perdere la pazienza persino a te, nel giro di dieci anni si farà inglobare dalle compagnie che hanno investito per tempo nella gestione dei dati.

«Quello che conta è il saldo» ripete Delphine, il labbro superiore ricoperto dalla schiuma del caffelatte, con una pervicacia che spinge Cora a chiedersi quanto le sue affermazioni dipendano da un sincero amore per l'analisi e quanto invece dal bisogno di giustificarsi. È ovvio, se si è terrorizzati dal potere, se si ritiene che corrompa e vizi, e ce ne si tiene alla larga, non si corrono mai grandi rischi. Si passa la lingua sulle labbra prima che Cora abbia il tempo di toglierle la schiuma con un bacio. Per avere un'influenza positiva bisogna avercela, un'influenza, dice Delphine. Ci piaccia o no, a migliorare più di tutti la vita delle persone sono stati quei filantropi che, seppur spietati nella gestione degli affari, si sono prima costruiti un impero e poi hanno creato una fondazione per investire nella salute e nell'educazione. Sì, per pulirsi la coscienza, ribatte Cora. Ennò, è troppo semplicistico. Non li obbliga mica nessuno. Ma possono fare ciò che fanno solo perché prima si sono intascati una parte assolutamente iniqua della ricchezza generata dai loro dipendenti. Delphine si alza, le si siede in braccio e la bacia. Non posso farci niente, sei irresistibile con la tua barba da rivoluzionaria. Non so se te ne rendi conto, ma questi spendono miliardi! Se fosse soltanto per pulirsi la coscienza, potrebbero investire molto meno, non ti pare? Io trovo questo tipo di persone molto più ammirevoli di quelle che dedicano un paio d'ore alla settimana a qualche associazione, oppure di quegli intellettuali che parlano di emancipazione in libri che le vere vittime di oppressione non apriranno neanche tra un milione di anni perché, pensa un po', non hanno i soldi per comprarseli, né tantomeno il tempo di leggerli, e se anche ne avessero morirebbero di noia… «Ecco, mi pare siano loro a lavarsi la coscienza a basso costo.»

Cora guarda le lancette che corrono. Nessuna delle due convincerà l'altra. Non ha senso bisticciare, sarebbe meglio fare l'amore un'ultima volta. Ma è comunque indispettita, mentre Delphine adora la contesa intellettuale, è evidente; forse non quanto il sesso, ma è quasi un testa a testa. Allora le fa notare quanto quel genere di ridistribuzione non tenga, a pagare la crisi non sono gli stessi che l'hanno causata, le disuguaglianze esplodono e tornano a livelli da primo Novecento: un sacco di studi lo dimostrano chiaramente, il ritorno delle grandi eredità, la società della rendita sono uno scandalo – ma Delphine la guarda come fosse una bambina, obiettando che vede le cose da un'unico punto di vista.

«Non puoi tenere conto solo delle statistiche che ti fanno comodo! Non tu, non con il lavoro che fai!» Certo, il sistema funziona. È vero, ci sono dei megaricchi, beati loro, ma non è grave, non quanto sia meschino esserne invidiosi. Cosa ce ne frega dei ricchi se ci sono meno poveri? A partire dagli anni Ottanta abbiamo tirato fuori dalla miseria un miliardo di persone. «Puoi almeno provare a pensarci un pochino, a prendere in considerazione questo miliardo di persone, oppure di quelle non te ne frega niente?»

Quando sente proclamare, per calmare gli animi, che riusciremo a rendere morale il capitalismo, a Delphine viene da sorridere. È nella natura del sistema essere amorale, è da lì che trae la propria forza e la propria stabilità. Non dipende da un'ideologia. Se ne frega dei buoni sentimenti, e meno male, viene da dire, dato che l'altruismo e la generosità sono risorse rare, mica crescono sugli alberi. Il sistema punta tutto, banalmente, sul calcolo degli interessi, sul bilancio costi/benefici – e così facendo si rivela più realistico ed efficace, perché genera maggiore progresso e, nel lungo termine, almeno secondo lei, una maggiore eguaglianza. Ovvio che la povera vedova o il tenero orfanello non sono mai stati e non saranno mai la priorità, eppure il capitalismo si fa sempre più umano. Ci sono meno dittature. Meno guerre rispetto agli anni Novanta, quando si diceva che la Storia era finita. Più Paesi in cui si ha il diritto di scendere in piazza, e meno piazze in cui alla polizia viene dato l'ordine di sparare sulla folla. «Se guardi le cose da un punto di vista globale, non soltanto qui ma nel mondo intero... Perché noi ci culliamo nel nostro pessimismo, nel rimpianto del boom dei *trenta gloriosi*! Magari i nostri genitori hanno scopato come ricci, provato tutte le droghe e partecipato alle feste del secolo: ma qualcuno per caso ha chiesto ai soldati vietnamiti o alle donne algerine cosa ne pensavano?»

Lungi da lei negare le ingiustizie: ce ne sono tante, e tutte insopportabili; ma, per essere onesti e non sprofondare nella depressione, sarebbe giusto riconoscere che non sono mai state così poche. Shangai le è servita per vedere le cose con il giusto distacco. Lì la gente fa una vita da cani, ma cinquant'anni fa, in nome dell'uguaglianza, morivano letteralmente di fame a decine di milioni alla volta. E, invece di lamentarsi, guardano avanti, a quello che resta da fare. La loro sfida più grande sarà l'inquinamento. Lei lo sa, ha dovuto installare un filtro per l'aria nel suo appartamento, ricorda i giorni in cui non vedeva il palazzo di fronte e non poteva uscire di casa – ma si stanno già preparando alla transizione, non hanno scelta in ogni caso, e quando ci si metteranno davvero dispiegheranno tutte le loro energie per trovare una soluzione.

«Detto questo, critica pure il capitalismo quanto ti pare, la cosa non mi disturba affatto» conclude stringendo tra le braccia la sua Cora Guevara. «Anzi, lo trovo molto sano. Quando le critiche sono serrate il sistema è tenuto a prenderle in considerazione, a trovare il modo di incorporarle: questo gli permette di migliorarsi, ed è chiaro che ne ha bisogno. Ma io preferisco criticarlo dall'interno, approfittando al tempo stesso di quanto di buono ha da offrire. Quando sento quelli che lo fanno a pezzi, che lo ridicolizzano nonostante ci siano dentro fino al collo e ne beneficino in così tanti modi da non accorgersene neanche più... be', mi sembrano un po' disonesti, ecco. Ma oh, se la cosa li aiuta a sentirsi in pace nelle loro sneaker, facciano pure, ne hanno pieno diritto: siamo in un Paese libero.»

Calata la sera, quando stanno per lasciarsi, svuotate ma sazie l'una dell'altra, si stringono ancora una volta sul letto, si baciano nel salone barcollando fino alla porta chiusa, si danno un ultimo bacio sulla soglia, poi se ne mandano un altro sulla punta delle dita, straziante, e la porta si richiude.

Di ritorno a Montreuil, mentre si prepara ad accogliere Pierre e Manon, seduta alla scrivania, con lo sguardo a tratti perso fra i rami del ciliegio lustri di pioggia, Cora scrive come in preda a una vertigine, consegnando ai suoi diari ogni dettaglio del fine settimana: quello che si sono dette, le sensazioni inattese, così da potersele ricordare un giorno, conservarne una traccia prima che tutto si dissolva per potercisi rituffare quando quell'amore sarà finito e non potrà più riviverlo, così che tutto possa risorgere e rifiorire nella sua mente. Almeno in forma di frammenti.

Un messaggio, un giorno. Dobbiamo parlare. Giovedì, al Chin P'ing Mei. Mettersi il cuore in pace. Mi dispiace per le modalità, ma volevo essere discreta... Magari una volta era così, ma a quanto pare i tempi sono cambiati. Perché me lo stai dicendo? Non lo so nemmeno io... Sarei stata presa dai rimorsi se non ti avessi avvisata. Bisogna sempre portare una maschera, in società e al lavoro, in famiglia e in coppia. Se no non se ne esce più. Non hai fame? Il vestito da sopra la testa. Riversa all'indietro, tutta curve e riccioli. Un'alba del cuore, un inizio. I capelli biondi sparsi sull'intero cuscino. Mi sta succedendo qualcosa. Cosa mi attira di lei? Fluttuare, fluttuante. Alzati e brilla, sii un sole. Parigrigia non è più Parigrigia. Le nubi nella testa, il cielo sotto la pelle. Tu ti senti mica un fiore? Guida le mani nei posti giusti. L'altra che diventa pasta modellabile: ecco, sì, avrei fatto la stessa cosa. Fiume di ciprina, mare di Citera. Dolce soglia, grotta liscia, l'uovo sodo del collo dell'utero sulla punta delle dita. Le cose nascoste, le cose segrete. Nate dall'onda, dalla luna, amanti. Aspetta, un po' più giù... La bocca spalancata che respira. Un lento lavoro di pelle e di respiro: salire i gradini della scala di carne, a ogni colpo di reni, fare delle soste, cambiare ritmo in un attimo, fortissimo, poi piano piano, è bello anche così. Dare il colpo di grazia. La testa che cade, si volta, si nasconde. Ricevere il colpo di grazia. Le fossette sulle guance, l'ombra delicata agli angoli della bocca. Mi abbandoni? Soli che splendono sui polpastrelli, nella pancia, nella vagina. Seguire a piene mani le curve, gli infossamenti, le onde. Cuori mai sazi, roventi. Vulva pulsante, assetata. Inondazioni, incendi. La bocca di sopra esplora la bocca di sotto. Dare forma con la lingua e con le dita. Aspirare, carezzare, modellare con la lingua e con le dita. Impastare con le mani. Dare la caccia con gli occhi. Il polso che accelera, s'inquieta. Nate dall'onda, dalla luna, amanti. Lei che si aggrappa alle sue spalle, le passa le gambe dietro la schiena, la tira a sé, le cosce muscolose, i piedi ricurvi, stringe la presa. Con la punta della lingua, in esplorazione tra le labbra, scoprono una lingua nuova. Una lingua che si inventa in due. Irresistibile, mia cara, mio tesoro, mio cuore: amore mio. Sei bella, irresistibile, lo sai che mi fai impazzire? Irresistibile, quanto mi fai godere. Irresistibile, non potersi più trattenere, non volersi più trattenere, non trattenersi più, dire: amore mio.

8. L'effetto della folla. Gare Saint-Lazare

La prima constatazione è che sono le 19.29. La seconda che indossare quelle scarpe è stata davvero una pessima idea. La terza che sono le 19.32, il treno frena di nuovo senza alcuna spiegazione, e quando riparte lo fa con una lentezza disarmante. Lei se ne sta con la testa poggiata al finestrino, lo sguardo fisso all'orologio, il cuore colmo di rabbia per le lancette che corrono e per quel treno che, invece, non vuole proprio saperne. Per una volta aveva pianificato tutto in anticipo, si era organizzata per raggiungere Pierre davanti alla Salle Gaveau mezzora prima dell'inizio del concerto, così da poter lasciare i cappotti al guardaroba, evitare file snervanti per il bagno, dare una scorsa al programma scambiando quattro chiacchiere sulle rispettive giornate e infine calarsi, prima dell'attacco degli strumenti, nel brusio della sala che va riempiendosi, con una disposizione d'animo gioiosa. Ma durante la riunione Frank l'ha trattenuta con un pistolotto di un quarto d'ora e passa fino a quando, costretta a essere maleducata dalla maleducazione del proprio interlocutore, non si è dovuta alzare, «Mi spiace tantissimo, ma devo davvero scappare», e poi, voltandosi per dire arrivederci a tutti, ha notato che non la guardavano negli occhi ma fissavano il suo vestito, la collanina, le scarpe, l'insieme dei simboli della sua civetteria fuori luogo e della sua disinvoltura, e nessuno, nessuno le ha risposto buonasera o a domani, quasi fosse una disertrice.

In seguito le cose sono andate sempre peggio: le ci sono voluti i soliti dieci minuti per arrivare al piano terra, ma sulla linea 1 della metro la circolazione era interrotta e ha dovuto ripiegare in fretta e furia sul treno; la mappa sul cellulare le assicurava che dal piazzale di Saint-Lazare fino a rue La Boétie avrebbe dovuto camminare soltanto una decina di minuti, ma è stata una pessima scelta, e infatti eccola lì, immobile, in quel vagone fermo pure lui, con la certezza che appena arrivata in stazione dovrà correre, non nel senso di allungare il passo, no no, proprio mettersi a sprintare su tacchi da otto centimetri, costretta in un paio di scarpe insensatamente viola e insensatamente nuove che le fanno male solo a pensarci. E, ammesso che riesca a farcela, quello che si troverà di fronte non sarà più Pierre, ma un uomo fuori di sé, ingrugnito, che non la abbraccerà né la degnerà di uno sguardo. Lui detesta essere in ritardo, e ancor più che lo sia lei. La vede come una mancanza di rispetto nei confronti degli altri, quelli che fanno lo sforzo di arrivare puntuali e poi sono costretti a fare anticamera, come se non valessero nulla. E se per caso si rischia di perdere un treno, un aereo o uno spettacolo, ancora peggio: invece di godersi il viaggio o quel che sia, diventa una bestia, il corpo teso e il battito accelerato. Così ora Cora non sa se mandargli un messaggio o telefonargli, e deve decidersi in fretta, dato che ha la batteria a terra. Pierre se ne starà lì a scalpitare sotto la tenda parasole rossa con la scritta Gaveau, oppure sul pavimento bianco e nero dell'atrio, tutto intento a cercare tra gli avventori un profilo che possa somigliarle, a scrutare quella folla di donne che non sono mai lei chiedendosi se non farebbe meglio a trovarsene direttamente un'altra.

È la loro prima uscita di coppia da settimane. Avevano comprato i biglietti mesi prima, a inizio settembre, quando lei ancora non lavorava alla Défense e – le sembra davvero un altro mondo – non conosceva nemmeno Delphine. La madre di Cora, per la quale, non è un mistero, Montreuil è in capo al mondo, ha accettato di sorbirsi la traversata per tenere Manon e lasciarli a godersi quella meraviglia, il *Teatro d'amore* di Claudio Monteverdi nell'esecuzione dei L'Arpeggiata. Li avevano scoperti per caso l'estate precedente, nell'abitacolo arroventato della loro auto lanciata nella siccità delle colline del Massiccio Centrale, ascoltando la voce scanzonata di Christina Pluhar che, con quel suo maldestro francese dall'accento austriaco, raccontava alla radio di quando, al momento di partire per studiare liuto al conservatorio dell'Aia – un posto gremito di giovani squattrinati provenienti dai quattro angoli del globo, pronti a sacrificare tutto pur di imparare a suonare il salterio, o la tiorba, o un qualsiasi altro strumento che avrebbero dovuto farsi fabbricare perché irreperibile in un normale negozio –, le era parso di sentire il cielo aprirsi, e aveva capito che quello era il suo destino. Restituire vita alla musica barocca, della quale si poteva sì riesumare il repertorio o compulsare gli spartiti nelle biblioteche, ma finiva puntualmente per essere cantata come si parla una lingua morta, senza mai sapere se le intonazioni o gli accenti si avvicinassero in qualche misura a quelli originali che avevano riecheggiato nelle corti e nelle chiese d'Europa. Negli album dei L'Arpeggiata, che Cora ascolta senza posa, albergano divinità gioiose, nascoste tra le nuvole o nei mulinelli del vento, pronte a soffiare con le guance gonfie sui bassi continui, trasformandoli in improvvisazioni jazz. E ora lei quella gioia rischia di perdersela, o quantomeno di guastarsela, proprio stavolta che, con grande anticipo, si erano concessi il lusso di riservare due posti buoni.

Anche quelle décolleté erano state una piccola pazzia. Cora ha i piedi molto sensibili e una pessima circolazione, e di solito evita di rischiare troppo in materia di scarpe. A gennaio non aveva avuto il coraggio di gettarsi nella calca dei saldi, tanto più che prima di Natale si era già dovuta immolare per i regali di Manon. Il pensiero di doversi sorbire lunghe code, sopportare la tortura di quella musica orribile, e aspettare in fila davanti ai camerini per poi accontentarsi di una taglia che non era la sua, solo per dirsi di aver fatto un buon affare, era bastato a dissuaderla. Quando con Delphine avevano discusso delle ragioni di questo suo malessere Cora le aveva detto: vedi, tutto ciò è pensato per rendere il lusso più accessibile, ma non senza sottolineare che si tratta di una concessione, disponibile solo per pochi giorni all'anno, e che in quei giorni bisognerà farsi la guerra come straccivendoli – e lo stesso accade per i posti all'asilo nido, le offerte di lavoro, gli appartamenti migliori eccetera eccetera.

E ciononostante due settimane prima, percorrendo passage du Havre, aveva visto in una vetrina quelle décolleté con il cinturino e se ne era innamorata: il cuoio molto lavorato, la forma graziosa, il viola così allegro, originale ma non kitsch – non è il suo genere di scarpe, ma il genere che le piace addosso alle altre e ti slancia le gambe al punto che chiunque, persino Pierre, non può fare a meno di voltarsi. Il negozio era piccolo, non c'era quasi nessuno, ma le scarpe, va da sé, non erano in saldo. Era entrata a provarle perché provare non costa niente. I tacchi erano alti ma non improponibili, e appollaiata lassù si sentiva a suo agio. Si era fatta due conti al volo e aveva calcolato che costavano l'equivalente di quattro giorni di lavoro, forse cinque al netto delle imposte. Poi si era chiesta se avesse un vestito al quale abbinarle, altrimenti rischiava di non metterle quasi mai. A venti, venticinque anni non avrebbe mai osato, a stento poteva permettersi i vestiti di tutti i giorni, ma se adesso lavorava così duramente forse era anche per concedersi, di quando in quando, una follia come quella.

Indecisa, aveva mandato una foto a Pierre, nella speranza che le rispondesse subito. «Care sono care, ma le trovo bellissime. Che dici, ti piacciono?» Poi un minuto dopo, compulsivamente, aveva inoltrato la stessa foto a Delphine: «*What do you think?*». Si era messa a gironzolare nel negozio in attesa che uno dei due reagisse. La commessa aveva provato ad attaccare bottone, ma Cora si sentiva tesa come di fronte a una decisione di vita o di morte – se avesse sbagliato? se se ne fosse pentita? –, e realizzare di essere sul punto di scoppiare a piangere aveva raddoppiato la sua ansia: era la conferma, se ce ne fosse stato bisogno, che in lei qualcosa non andava. Pierre aveva risposto: «Sì, sono molto carine», e Delphine aveva confermato: «Deliziose! Vai, comprale!», e così, forte della loro benedizione, considerata l'influenza complementare che i due esercitavano sulla sua vita, aveva tirato fuori la carta di credito ed era uscita dal negozio con un sorriso compiaciuto stampato sulle labbra, sicura di aver fatto un ottimo acquisto.

Il treno riparte, stavolta per davvero. La morsa si serra di nuovo su quei piedi che fanno la gioia di Pierre e la gioia di Delphine. Cora ha cosparso le scarpe di ammorbidente ancora e ancora, ma niente, il tallone e il cinturino le fanno un male cane. Si era sentita davvero scaltra portandosi dietro una confezione di cerotti seconda pelle, ma ora indossa i collant, e mica può spogliarsi davanti a tutti. Sono le 19.45, tra pochi minuti arriveranno in stazione, se se la gioca bene ha ancora una speranza di farcela. Alternando un «mi scusi» a un «permesso» per farsi largo tra i passeggeri che dall'inizio del viaggio se ne stanno in piedi nel corridoio centrale, Cora risale verso la testa del convoglio, trova un bagno, vi si chiude ansiosa e, a mali estremi, estremi rimedi – il pavimento è un lago, c'è puzza –, si sfila le calze attenta a non smagliarle, scalda i cerotti tra i palmi e li applica sui punti in cui la pelle dei piedi è più martoriata.
Quando il treno, come allo stremo delle forze, fa il suo ingresso a gare Saint-Lazare, sotto il lucernario avvinghiato dalla notte, tra fasci di luci confuse, Cora è in piedi davanti alla porta di uno dei vagoni di testa e scrive un messaggio a Pierre per dirgli di non aspettarla e lasciarle il biglietto all'ingresso, chiederà alla maschera di accompagnarla da lui, e aggiunge che, davvero, le dispiace tantissimo. Ma proprio mentre sta per schiacciare *invio* il cellulare si spegne.

Il seguito è talmente sfocato che Cora non sa se ricorda davvero qualcosa o se invece le hanno raccontato tutto in un secondo momento. Scesa sulla banchina vorrebbe mettersi a correre, ma c'è una folla inverosimile, quella della sera, una massa di profili scuri irrigiditi dall'inverno, lei ha lo sguardo fisso davanti a sé e vede solo nuche, capelli neri, capelli biondi che sfuggono ai cappellini, alcune teste sono alla sua altezza e molte altre la superano, vuole correre ma non vede niente, le schiene delle persone formano una sorta di muro, quando può avanza approfittando di una breccia, la borsa stretta sotto il braccio per farsi più piccina, continua a dirsi: è il numero il problema, siamo troppi, decisamente troppi. Il cuoio delle scarpe le si conficca comunque nella carne, deve trattenersi dal gridare, procedere a passettini, allora si mette un attimo in disparte, slaccia il cinturino e rimane scalza. Il pavimento sotto i piedi nudi è gelato ma, di necessità virtù, almeno adesso può correre. Tutt'attorno, nell'atrio, la folla continua a infoltirsi, lei cerca di leggere le indicazioni, non ricorda mai se è meglio uscire dal lato di cour de Rome o di cour du Havre, esita a chiedere informazioni, è come se fosse scoppiato un incendio, le si annebbia lo sguardo, è il panico e non ci sono uscite di emergenza, si ripete siamo troppi, decisamente troppi – e poi è finita, la sgambettano o inciampa da sola, spinge o viene spinta, va a sbattere o le sbattono contro, sia come sia prende una storta, la caviglia cede, Cora cade, la testa urta su qualcosa, è finita, è tutto nero, Cora cade.

Quando riapre gli occhi un viso la osserva. Il ragazzo chino su di lei ha una faccia sconosciuta e labbra che si muovono. Le sta parlando, ne è abbastanza certa. Non capisce cosa dice, ma quella voce baritonale la avvolge. Le ci vuole un po' per ricordarsi di essere Cora. Vorrebbe che il ragazzo le chiedesse come si chiama, tanto per pronunciare il proprio nome e rassicurarsi. Non sa bene perché, ma con la mente corre a Valleraugue, ai muretti a secco nel giardino dei nonni, alla vita delle lucertole. Ero solo una bambina, pensa. E poi: sono svenuta, ho perso conoscenza. Quelle parole incomprensibili le rimbombano nel cervello. Non le era mai accaduto niente di simile e credeva che non potesse succedere davvero, o quantomeno non a lei. Il ragazzo africano continua a parlarle, ma lei non risponde e la cosa lo agita, questo lo ha capito. La sta visitando con gli occhi, passa in rassegna il suo corpo nel tentativo di scoprire dove le faccia male. Quel viso sconosciuto ha zigomi sporgenti, tratti assolutamente regolari. Prova a girare la testa per capire dove si trovi ma il dolore la blocca, e le mani del ragazzo le fanno intendere che non è una buona idea. Niente: non è in condizioni di decidere alcunché. Quel pensiero le dà un certo sollievo. C'è davvero troppa gente, ma almeno non è più sola. Le capita spesso, nei momenti di sconforto o di debolezza, di ripetersi quelle parole: vorrei che qualcuno si occupasse di me.

«Mi sente adesso?» Di nuovo la voce del ragazzo. Cora strizza gli occhi, fa di sì col mento. «Riesce a dirmi dove le fa male?» Le poggia una mano dietro il collo, poi le passa un braccio sotto le ginocchia e la solleva. Certe parti del corpo le sembrano pesanti, altre invece non le sente proprio, ma da lì a stabilire quali... Alcune persone si fermano con un'espressione di attesa – possiamo fare qualcosa? E tutt'attorno a quel capannello di sagome che si bloccano, scompaiono e subito vengono rimpiazzate, continua a scorrere il flusso della folla. «Fate spazio per favore, la signorina si è fatta male» dice il ragazzo. Lo immagino in quel momento vagare con lo sguardo alla ricerca di una panchina, salvo poi rendersi conto, o magari ricordarsi, che nell'atrio non ce ne sono, perché sarebbero una tentazione troppo forte per i senzatetto. Allora cammina ancora un po', individua un angoletto tranquillo, chiede a un passante di aiutarlo a srotolare lo stuoino che penzola appeso al suo grosso zaino e vi adagia Cora.

«Qui va bene» le dice. «Ora diamo un'occhiata a questi bernoccoli.» In seguito, ogniqualvolta lo sentirà parlare a metà strada tra il serio e il faceto, saprà che è il suo modo di essere, la sua maniera di esprimersi, ma adesso ancora lo ignora, e quindi si dice che quel tono è un tentativo di rassicurarla. Meno confortante, invece, è constatare che dalla mano destra gli gocciola un sangue che dev'essere per forza di Cora. «Le pare normale andarsene in giro a macchiare i vestiti delle persone?» La palpazione conferma che sì, c'è una ferita nel cuoio capelluto che sanguina copiosamente, ma comunque sembra superficiale. Comincia a percepire altri dolori: le fa male l'anca e ha un polso tutto sbucciato. Ma il problema è la caviglia sinistra, dev'essersi slogata o fratturata. Ora che il ragazzo sta inginocchiato lì accanto a lei si perde spensierata in quel volto sconosciuto. Ha la pelle molto scura e molto liscia, fatta eccezione per una cicatrice sul sopracciglio. Nell'incavo del collo e sul dorso della mano sinistra ci sono tracce di depigmentazione, delle chiazze bianche, come ne lascerebbe il morso di un animale che si nutra di melanina e fosse andato nottetempo a strappargli dei lembi di epidermide. Saranno congenite? Percorrendone i confini si schiuderanno davanti ai suoi occhi isole e nuvole in fuga? Le dice di chiamarsi Maouloun Haïdara, lei si presenta: Cora Salme.

Si avvicina qualcuno in uniforme, probabilmente è un ferroviere, o uno della sicurezza, o magari un poliziotto – Cora non lo sa, non si ricorda, non le distingue mai le divise –, in ogni caso è una donna un po' in carne, coi capelli legati in una coda di cavallo. «Ci sono problemi, signora?» Il corpo di Maouloun si raddrizza, abbassa leggermente gli occhi e si fa tutto teso sulle spalle, è quasi impercettibile ma lei se ne accorge comunque. Allora trova la forza di rispondere che ha avuto un capogiro, è caduta ma non si è fatta niente, per fortuna il suo amico l'ha aiutata. La donna esamina lentamente l'abito da sera di Cora, le calze strappate, le décolleté viola che giacciono intatte sullo stuoino, poi sposta lo sguardo sul maglione bucato di Maouloun, lo zaino tutto scolorito, le macchie di sangue sui jeans sbiaditi. Cora vede la strana coppia formata da lei e dal ragazzo e l'insolito spettacolino di cui sono protagonisti riflessi negli occhi dell'agente in cui si danno battaglia linee guida, scene di interrogatori e i tanti discorsi contraddittori che si sentono in giro sugli immigrati e sul loro contesto di provenienza, fatto di fatica infinita, e stanchezza, e un'umanissima tristezza – ed è evidentemente quest'ultimo aspetto, il contesto, a prevalere, giacché la donna si gira dall'altra parte, che se la sbrighino tra di loro, non aggiunge altro, vivi e lascia vivere, e se ne va. «Mi scusi, ma forse è il caso di chiamare un'ambulanza» dice Maouloun.

Poteva andare peggio, chiosa Pierre Esterel, alias signor Bicchiere mezzo pieno, appena salgono sul taxi all'uscita dall'ospedale. Cinque punti di sutura e una stecca sulla caviglia slogata, in effetti è vero che poteva andarle peggio, e che quanto accaduto non basta a giustificare le lacrime che ha versato ogni due per tre durante la settimana di malattia. Sei stranissimi giorni di clausura a Montreuil, passati a ripetere assieme a Manon la storiella della nuvola blu che voleva essere un pesce, della giraffa che provava a mordere la luna, oppure a esplorare, tutta sola davanti allo schermo, la casa abbandonata in cui adolescenti neri di Baltimora fanno sparire sotto colate di cemento i corpi di quanti non vanno loro a genio. Mentre se ne stanno accoccolate nella penombra della camera da letto Cora si sforza di piangere in silenzio e senza singhiozzare, per non svegliare la piccola. O si scioglie dalla stretta del corpicino di Manon e si chiude in bagno, messaggia Delphine, zooma sulle sue foto e si masturba delicatamente, evitando di ansimare, ma è solo un ripiego, non basta, anche l'assenza le fa venire da piangere, e non è semplice spiegarlo a Pierre. Quando la figlia si sveglia fanno quattro passi in giardino, Manon tutta esitante, Cora appoggiata alle stampelle, oppure escono, su sentier de Tourniquet, per godersi la neve caduta, anche lei delicatamente, delicatamente e senza rumore, mentre facevano il riposino, ce ne sarà a malapena un centimetro.

Manon parla di sé in terza persona, decide di soprannominarsi No-no, e così per Cora è difficile capire, al netto della distrazione, se la bambina stia provando a prendere coscienza di se stessa o se invece, più semplicemente, stia rifiutando in blocco quel che le viene detto. Cora guarda quel faccino deformato dall'agitazione, da dieci minuti cercano invano le impronte che avrebbe dovuto lasciarsi dietro nella sua ultima fuga l'introvabile granchio Sebastian, l'animaletto de *La sirenetta* che Manon ha da poco eletto al rango di peluche preferito. E poi quello stesso faccino si riempie di allegria quando, seduta sul bordo della vasca, Cora si disinfetta le ginocchia ferite col Betadine: a Manon piace perché è scuro come il sangue e perché ha un buon odore, tanto che vorrebbe berlo. Ero solo una bambina, si ripete Cora.

Quando Manon è a casa di Silué Cora si perde nello scorrere del tempo. Crolla sul divano in pieno pomeriggio e ne emerge che è buio già da un pezzo, svuotata di ogni energia e convinta che, se mai c'è stata speranza nel suo cuore, adesso è morta. Evita di aprire la mail, anche perché in ufficio Franck e Agathe sembrano convinti l'abbia fatto apposta. Astou una volta le ha detto di aver sentito Franck affermare: «È incredibile, per quella ogni scusa è buona», e Cora stenta a credere che si possa pensare una cosa del genere sul suo conto, spera si tratti di un equivoco e che in realtà stesse parlando di Nadège – ed è talmente ossessionata che alla fine Astou nega di averglielo mai detto. Nei suoi riposini-coma si ritrova a gare Saint-Lazare e cade di nuovo. Vorrebbe rincontrare Maouloun per ringraziarlo come si deve. Il numero ce l'ha, le aveva prestato il cellulare per chiamare Pierre, ma non le risponde, né ai messaggi né alle telefonate.

Al rientro dalla malattia prende l'abitudine di passare da gare Saint-Lazare per andare al lavoro. Vorrebbe essere superstiziosa, vivere in un mondo che contempli l'esistenza del destino, ma non è facile crederci. I treni sono meno affollati rispetto alla metro o alla RER, viaggia seduta e si compiace di alzare gli occhi quando uno scintillio di luci segnala che stanno passando sopra la Senna. Al mattino attraversa parc des Guilands al sorgere del sole. Salendo sulle colline, o sulle rampe di scale, sente le cosce che si rinvigoriscono pian piano nel freddo pungente. A Gallieni, vicino al capolinea degli autobus, incrocia frotte di studenti provenienti da tutta Europa che si stropicciano gli occhi rimpiccioliti da una nottata di vagone letto, sbadigliano a bocca spalancata e si apprestano (che invidia) a scoprire Parigi.

Nel frattempo ha realizzato che Maouloun non ha una casa e dorme a gare Saint-Lazare. Quando torna dal lavoro e ha meno fretta, cerca il suo profilo nell'atrio, nell'enorme sala dei passi perduti che conduce all'ingresso della metro, negli anfratti delle zone in ristrutturazione. Gli scrive: «Ciao. Sono Cora. Come stai?» con la sensazione di star affidando una bottiglia all'oceano, e che se dovesse continuare a non risponderle accadrà presto qualcosa di molto grave. Quando finalmente riceve un suo messaggio, in cui le dice che è difficile, non è un buon periodo ma sarà contento di rivederla, lei ride e piange di sollievo. Si incontrano in un bar vicino al piazzale della stazione. Lo ricorderà sempre intento a bere il suo succo d'uva a piccoli sorsi mentre avvolge il bicchiere con entrambe le mani. È arrivato a gennaio dal Mali, dove imperversa la guerra. Cora lo sapeva? Ora il conflitto si è esteso anche nel Nord. Ci sono i ribelli tuareg, supportati dagli islamisti. La guerra lambisce Timbuctù, la città in cui viveva, nella quale è cresciuto. Sospira: «Sono dovuto scappare». In realtà c'è dell'altro, ma lui non dice altro.

Al suo arrivo a gare du Nord qualcuno lo ha indirizzato presso un pensionato di lavoratori maliani a Pierrefitte. Quando riesce ci va per lavarsi, ogni tanto si ferma anche a mangiare, ma dormirci per più notti non se ne parla, le camerate sono piene. Ha girato decine di pensionati, ed è sempre la stessa storia, sono tutti sovraffollati. Per un periodo è riuscito a stare a casa di certi conoscenti a Montreuil perché è per metà songhai, aiutava con le faccende e faceva la spesa, ma non è finita bene. «Pensano tutti che sono strano, perché sto sulle mie.» Al centro di accoglienza non c'è posto. Andare in albergo? Non può proprio permetterselo. L'unica soluzione, per il momento, è la strada. Non era mai stato in Francia prima, ma condividendone la lingua, ed essendosi immaginato il Paese tanto a lungo, non si è sentito smarrito. «Un sacco di quartieri li conoscevo già perché li avevo girati un po' su internet.» Nella realtà, invece, non cammina più di tanto. Gli piace, camminare, ma deve risparmiare energie per non soffrire la fame e per resistere al freddo, che su Google Earth non si sente. Dice: prima o poi, spero. Quando tornerà un sole degno di questo nome. «La primavera dovrà pur arrivare, no?» Cora lo rassicura: la data non è certa, a volte sembra che ci siamo, poi di colpo riecco l'inverno, ma per quanto ne sa lei alla fine arriva sempre. Nei giorni meno freddi Maouloun va al Beaubourg e si siede sulla piazza a guardare i maghi e i mimi. Ha fatto amicizia con un bouquiniste che ha un banchetto sulla Senna, gli lascia sfogliare i cataloghi d'arte seduto sul parapetto di pietra mentre i barconi e le chiatte increspano l'acqua del fiume. È affascinato dal sottosuolo parigino, quel bacino di calcare attraversato da tunnel e gallerie, quando invece da lui se scavi la sabbia trovi solo altra sabbia, o una roccia durissima. Se no passa il tempo a gare Saint-Lazare, d'altronde è venuto per quello, no? Cora fissa i suoi occhi neri, che stavolta sono divertiti. In realtà c'è dell'altro, ma lui non dice altro.

Inizia così la loro stagione. Cominciano a vedersi, o almeno a incontrarsi. A volte giusto un quarto d'ora, il tempo di comprare qualcosa da mangiare per lui, un tè che beve in tutta fretta e uno che versa con cura nel termos, per scaldarsi la notte. Quando Cora capisce che uscirà presto dal lavoro si chiede se scrivere a Maouloun, svignarsela con Delphine o tornare a casa. E non sa chi sia a decidere, in lei. C'è una forza, angelica o demoniaca, che la spinge a riempire di nuovi legami un'esistenza che ne ha già troppi. A volte, al momento di salutare Maouloun, si accorge del freddo becco che fa, e allora torna con la mente al sogno della mendicante e pensa di invitarlo a casa. Pierre capisce che quella situazione le sta a cuore, ma oppone un rifiuto categorico. Hanno già un sacco di grattacapi, non è proprio il momento. Quando lei gli fa notare che non c'è mai un buon momento lui le risponde che si espone troppo, che bisogna essere in grado di difendersi. «Non puoi buttarti a peso morto in tutto.» E ripetendo a bocca chiusa quell'espressione, *a peso morto*, si chiede se per caso lui non dubiti di qualcosa, se abbia capito cosa le sta accadendo, se sa e non dice.

Invece di proporre a Maouloun di andare a dormire da loro gli porta cose di cui potrebbe avere bisogno. Pierre scarta jeans, felpe col cappuccio e maglioni che non mette più, e lei li regala all'amico. Lui accetta tutto, anche i capi troppo grandi, e quelli che non indossa li distribuisce tra gli altri immigrati e i barboni che gravitano attorno alla stazione. Non ha bisogno di troppe cose per sé: il suo equipaggiamento deve entrare tutto nello zaino che si infila sotto la testa quando si sdraia a dormire. «Non lo dico per accusare le persone. Io non sono da meno: queste sneaker qui le ho fregate a uno che ronfava. Sono troppo importanti, le scarpe.» Altri vestiti provengono da una valigia che ha rubato sul treno da Roma a Genova. Non aveva molta altra scelta, faceva freddo ed era senza soldi. Non sopporta di avere la barba e le unghie lunghe, così le chiede del sapone liquido, forbici e rasoi usa e getta. Cora rivende su internet quelle décolleté maledette e investe il ricavato in uno smartphone in offerta, così lui potrà guardare i video che gli piacciono e cercarsi qualche lavoretto. Quando glielo mette tra le mani Maouloun fissa lo schermo nero, e lei capisce di averlo perso. Per un tempo indefinito. Poi d'un tratto le dice, con la faccia invecchiata, con una voce senza voce: «È il terzo da quando sono partito». Lei ribatte: «È per la tua vita in Francia. Un nuovo inizio». Ma non basta a riportarlo da lei: «Ne avevo uno identico. Poi…».

Spesso si siedono su una panchina e si riempiono di silenzio. A Maouloun viene naturale, gliene parla come di un gioco, e così Cora ne ha annotato le regole sul diario. Sei in una metropoli, ma prenditi il tuo tempo. Tutt'attorno a te c'è la folla, ma tu non sei la folla. È vero, i passanti passano, i viaggiatori viaggiano, ma tu non vai da nessuna parte, né gironzoli senza meta, ti trovi un cantuccio che fa al caso tuo e posi il culo a terra. Tutto ciò che devi fare è chiudere gli occhi e sentire l'aria che ti sfiora la punta delle dita. O ascoltare le decine e decine di rumori diversi, riconoscerli, capire quali si ripetono, quali esplodono, e isolarli quando si levano e poi si strozzano. Tutto quello che devi fare è riaprire gli occhi e osservare il corteo delle gambe, il rollio di anche e spalle, i capi cuciti per nascondere le forme o esaltarle, i colori abbinati alla carnagione e alla pelle. Tu non hai desideri e nessun compito da assolvere. Sei lì solo perché sei lì: nessuna fretta, nessuno che ti faccia pressione. Puoi fissare un luogo e tutte le persone che sfilano in quel luogo. Oppure seguire qualcuno con gli occhi fino a che non lo perdi vista, e quando non c'è più vagare con lo sguardo fino a imbatterti nel prossimo, in un viso che ti attira. Qui le persone sbucano dappertutto, e chi se ne frega della loro stanchezza, chi se ne frega della loro aria stressata, tu non puoi annoiarti davanti a tutti quei corpi e quelle belle figurine. Un gioco adatto a qualsiasi posto, anche al parco, o al fiume. Imbarcarti con lo sguardo su un battello fin quando non scompare all'orizzonte, e poi tornare con un gabbiano, volando assieme a lui il più a lungo possibile, non tutti i gabbiani ma un gabbiano, uno solo, e dovunque vada, comunque volteggi, vivere nei suoi movimenti. «Lo faccio da quando sono bambino» le dice Maouloun. Ha speso così interi pomeriggi, tanto fra le strade affollate di Timbuctù quanto alle soglie del deserto. Quel gioco, d'altronde, rende i due paesaggi molto più simili tra loro: rallenta la confusione degli incroci, popola e anima le dune. «Non che serva a qualcosa» dice Maouloun. Ma non è per passare il tempo. È per percepire che il tempo esiste. Quando vi si perdono insieme, anche solo per cinque minuti, Cora sente sbocciare in sé una calma che raramente ha provato.

Quando ne hanno abbastanza del silenzio ricominciano a chiacchierare. Forse potrei aver dato l'impressione che a parlare sia Maouloun. Ma a dire il vero il più delle volte è Cora, che gli racconta cose che voi già sapete. Le piace quel suo modo di ascoltarla senza doverla guardare per forza, quelle labbra che canticchiano di continuo chissà cosa, quel viso piegato di lato come per offrirle l'orecchio buono, quei bisbigli di approvazione. Lui è così estraneo alla sua vita, così poco coinvolto che le viene facile confidarsi, a patto di mandar giù la vergogna. Insomma, sta male, pensate un po', perché il suo lavoro, per quanto stabile e ben retribuito, occupa la maggior parte della sua settimana e ai suoi occhi ha perso di senso. Non ha più il tempo di fare niente e non riesce a fare quel che vorrebbe, anche perché le forze che le restano quando esce dall'ufficio se ne vanno tra il compagno, la figlia e l'amante. E racconta tutto ciò a un ragazzo che non ha dove dormire, né di che mangiare, né prospettive per il futuro, né famiglia, né probabilmente una vita sessuale se non in solitudine.

Ma la vergogna si supera. «I tuoi sono problemi da ricchi, ovvio,» le ha risposto una volta «ma sono pur sempre problemi.» In un certo senso per lui è rassicurante sapere che tutti sono alle prese con grattacapi difficili da risolvere. Nelle vene di questa città pulsano desideri famelici, impeto, fretta, e ambizioni sfrenate. «E la droga è droga, non c'è niente da fare. Non è che te ne liberi così, dall'oggi al domani.»

In una giornata di luci e sorrisi Cora prende coraggio e gli chiede senza girarci intorno: e tu?, se questa città è così pericolosa, non è da scemi ostinarsi? «Da scemi? Può darsi» le fa Maouloun. «Me lo hanno detto spesso che sono scemo, quindi magari è vero.» Resta sul vago, esita ad aprirsi. «Non sono diverso dagli altri. Anch'io ho sogni più grandi di me, che si prendono tutto.» Apre lo zaino e ne estrae una busta di carta. «Aspetta, ti faccio vedere.» Contiene delle riproduzioni un po' stropicciate, in grande formato, di dodici tavole che Claude Monet ha dipinto a gare Saint-Lazare. Cora e Maouloun sono seduti in fondo all'enorme atrio d'ingresso, appena rivoluzionato da una colossale ristrutturazione grazie alla quale ora, dai lucernai nel pavimento, è possibile ammirare direttamente la galleria commerciale sottostante, e il tesoro di Maouloun fa emergere un'altra stazione, i fantasmi colorati di un mondo ancora vivo, che può essere guardato e riconosciuto, ma che ormai è scomparso, svanito in un passato di morti. Lì i comignoli delle locomotive sputacchiano un fumo blu e grigio che sale fino alla travatura e che l'occhio di Monet vede disperdersi, dissolversi, ma invece ristagna nei suoi quadri da oltre centocinquant'anni in forma di pennacchi e spirali lanciate nel cielo di Parigi. Lo zio di Maouloun era professore di liceo, è stato lui a insegnargli quel poco che sa di storia dell'arte. Di quando in quando gli ripeteva, quasi a volersi consolare, come quella Francia che aveva colonizzato il Mali dividendolo per governarlo meglio, costringendolo a firmare trattati senza prendersi la briga di rispettarli e compiendo massacri quando necessario, fosse la stessa Francia del pittore ancora sconosciuto che un giorno si era presentato dal direttore delle Ferrovie dell'Ovest affermando: «Ho scelto la sua stazione, mi chiamo Claude Monet». Si chiama Claude Monet e ha trentasette anni. Apre il cavalletto nell'atrio, oppure all'esterno, per dipingere strade e cartelli, o ancora sul piazzale, dove svettano placide le facciate dei palazzi dell'era di Haussmann. I ferrovieri fanno fumare le locomotive più a lungo del necessario per permettergli di ultimare le sue tele; una volta il capostazione arriva persino a ritardare la partenza di un treno. Maouloun le fa notare come Monet dipinga il vetro, il ferro, i grandi sbuffi di fumo grigio e la massicciata scura, ma mai i viaggiatori. Non ha tempo per pose e ritratti, giusto poche sagome che attraversano i binari o stanno in piedi sulle banchine, e due o tre pennellate di bianco per dar loro la parvenza di un volto.

Cora passa in rassegna le varie tavole, e nel frattempo Maouloun le dice quale è esposta al museo d'Orsay, quale a Chicago, quali invece a Londra o in Giappone. È il primo dei grandi cicli di Monet, le spiega, tredici anni prima dei covoni, quindici anni prima delle cattedrali e vent'anni prima delle ninfee. A giudicare dalla miriade di colori, dalla luce cangiante, quelle tele sembrano quasi il tentativo di rappresentare un'esistenza sognata, in cui ogni tocco di pennello riconcilia con la gioia della creazione dell'opera, continua Maouloun. Ma lui la biografia di Monet la conosce, ama leggere le vite degli altri per capire meglio la propria, e sa che è stata più complicata di così. In quell'inverno – siamo nel 1877 – Claude sa già che Camille, la sua compagna, ha un tumore all'utero. Quello che non sa è che lei non si riprenderà mai dal secondo parto, che le restano solo due anni e morirà trentaduenne, né che la dipingerà sul letto di morte, rigida come la Senna avvinta dai ghiacci. Hanno vissuto tempi migliori, ad Argenteuil, ma la dote di Camille ormai è andata, l'eredità di Monet pure, il suo gallerista non può comprargli altre tele, il pubblico continua a non apprezzarlo, e così devono riabituarsi a vivere con niente, o quasi. Inoltre, forse questo Cora lo sapeva, Monet ha un'amante: Alice, che si prenderà cura di Camille e, dopo la morte di quest'ultima, andrà a vivere con lui, quella Alice che è già sposata e madre di cinque figli. «Sono quasi sicuro che in qualche modo questi pensieri si affollassero nella sua testa mentre dipingeva i treni e le stazioni» afferma Maouloun. «Doveva essere preoccupatissimo. Dipingeva per scacciare il dolore, o malgrado il dolore, o con il dolore.»

Il ciclo di Saint-Lazare adornava le pareti dello studio di suo zio, un posto che odorava di polvere e archivi, e Maouloun se l'era portato via in tutta fretta al momento di lasciare Timbuctù. È partito solo perché doveva partire, non per rendere omaggio alla pittura impressionista, ma ora che è arrivato qui, e ha davanti agli occhi quell'ettaro di terra che ha nutrito i suoi sogni, vuole riprendere da dove si è interrotto Monet e concludere il lavoro. Inginocchiato sullo stuoino srotola una ventina di disegni per mostrarli a Cora. «Non sono granché, ma posso migliorare.» A lei è subito chiaro che sta mentendo: si capisce dalla precisione del pastello, dal modo in cui addolcisce le linee con una serie di tratti secondari o le sfuma con il polpastrello del pollice, aggiungendo così a quelle rappresentazioni qualcosa che l'occhio, altrimenti, non riuscirebbe ad afferrare. Cora vede mille teste levate verso il tabellone delle partenze. Vede la statua commissionata ad Arman per il piazzale di cour de Rome – una torre dell'orologio che segna tutte le ore –, ritratta da Maouloun nell'istante in cui da essa spicca il volo un quartetto di piccioni. Le nuvole dell'alba stingono nelle sfumature dei suoi pastelli, mentre antichi riflessi dorati restano intrappolati nella vetrata colorata dal tramonto. Magari un giorno si darà alla pittura, tempera e olio, o anche acquerello, chissà. Per ora disegna su pezzettini di carta striminziti che poggia sulla busta, a sua volta posata sulle ginocchia.

Una settimana dopo, scendendo dal treno, Cora porta appesa alla spalla una cartellina da disegno e della carta dalla grammatura più spessa. Le ha comprate nella cartoleria in cui prende ogni mese quei diari senza i quali, ora, io non sarei in grado di raccontarvi questa storia, e ha scelto la stessa carta che utilizzava alle medie, quei fogli di marca Canson che all'epoca le parevano del tutto sprecati per un'incapace come lei. Maouloun non sa come ringraziarla. Nessun regalo lo ha mai reso tanto felice. Non gli sta dando soltanto gli strumenti per progredire, ma qualcosa in grado di migliorare la sua vita. E in effetti accade: vende qualche disegno e così si compra da mangiare, e quando il meteo annuncia un'altra ondata di freddo cerca di venderne ancor di più per pagarsi un albergo. Mendicare è troppo per lui, ma questo può farlo. Si sistema per strada e dipinge Parigi, le persone si fermano e lo osservano, gli chiedono di vendergli Parigi e lui così ha la sua droga, quella che vende e quella che prende, e può inseguire il suo sogno. «Il problema è che non riesco a separarmi dai disegni più belli. Se li vedo nelle mani di qualcun altro mi si stringe il cuore. Una volta ho rincorso una donna e le ho ridato i soldi, le ho detto non posso, mi dispiace.» Quando arriverà la primavera (perché arriverà, no?) andrà a lavorare sul piazzale del Beaubourg e davanti a Notre-Dame, se glielo permetteranno disegnerà col gessetto direttamente a terra, la folla attorno a lui si farà sempre più folta e a quel punto belli o brutti non importerà più, ci penseranno gli acquazzoni a cancellare tutto.

Gli sarebbe piaciuto arrivare a Saint-Lazare sei mesi prima, nel pieno della ristrutturazione. Avrebbe rubato un caschetto e nottetempo sarebbe sgusciato nel cantiere per ammirarne il caos, le scavatrici mastodontiche, i macchinari manovrati da centinaia di operai nei loro gilet gialli, e lì avrebbe scattato foto per poi disegnare di giorno, coi suoi tempi dilatati e la mente riposata. Deve farlo, perché Monet non ha visto niente di tutto ciò: la stazione che dipingeva non era già più quella del 1840, e d'accordo, oggi il lucernario dell'atrio è ancora al suo posto, e il pont de l'Europe continua a sovrastare i binari, ma i tempi sono cambiati, troppe cose sono cambiate, e Monet di certo non poteva immaginare la folla, né l'effetto della folla, né i duemila passeggeri al minuto, ed è per questo che lui ora è chiamato a dipingere il fluire rapido delle persone e degli anni, la vita moderna sempre più moderna, il mondo che si fa nuovo ogni giorno.

In seguito, alla luce di un sole che non scalda, seduti ai giardini delle Tuileries sul bordo di una fontana che di sicuro altri pittori hanno raffigurato in altre tele e sulla quale monta la guardia uno stormo di gabbiani, le confida di nuovo: quando si sarà convinto di aver fatto un lavoro soddisfacente a gare Saint-Lazare lui, Maouloun Haïdara, chi se ne frega se è banale, vorrebbe dipingere il mare. E prima che Cora possa ribattere aggiunge: non il Mediterraneo. Ne ha avuto abbastanza, del Mediterraneo. Vorrebbe un mare freddo, spazzato da groppi di pioggia, sul quale le nubi siano a loro volta semplici ed effimeri passanti che proiettano la propria ombra sui flutti, un mare che dimentica e riscopre il sole dieci volte al giorno, con le sue chiazze chiare e le sue mille iridescenze. A sentirlo parlare così Cora sprofonda in un pensiero cupo. Lo vede a Calais, le scarpe infangate, l'enorme zaino, nel mirino le scogliere di calcare che si stagliano dall'altro lato della Manica, le stesse che fissava Georges Bories (le torna subito in mente lui) intrappolato nella morsa di Dunkerque – vede Maouloun tirarsi su il cappuccio e correre per provare ad aprire i portelloni del camion proprio come Bories tentava di salire sulla prima barca a tiro, l'uno che smette di respirare perché nessuno si accorga di lui, pregando nel frattempo che i cani non fiutino il suo odore, l'altro che si lancia nei fossati per sfuggire alle picchiate degli Stuka, due vite così diverse, distanti sessant'anni l'una dall'altra eppure tanto giovani, braccate dalla guerra, costrette alla ritirata, alla fuga, inciampate sulla stessa spiaggia. Non è quel che vorrebbe per lui. E Maouloun è esattamente dello stesso avviso. Del posto in cui è ora conosce lingua e costumi, sente che la Francia è perfetta, a patto che la Francia accetti di tenerlo. Non ha bisogno di un mare da solcare, ha già preso il largo una volta, vuole solo guardarlo e stargli vicino, sulla costa, non correre alcun pericolo in caso di tempesta, anzi, far sì che la tempesta diventi parte di ciò che guarda, di ciò che dipinge, che la tempesta imperversi davanti al suo riparo e si bei della propria bellezza.

«Guarda che non lo dico tanto per dire» insiste Maouloun. Ha già intrapreso l'iter per inoltrare richiesta d'asilo. «Lo sanno che nel Nord del Mali c'è la guerra, no?» Cora gli dice sì, certo che lo sanno, ma non è detto che basti. Lei non se ne intende granché e proverà a informarsi, ma di sicuro lui dovrà dimostrare che personalmente corre pericoli più grandi della guerra, e se dovesse tornare a casa sarebbe sottoposto a una minaccia personale. Ma non fa in tempo a finire la frase. Maouloun si è messo a gridare. Si alza, si dimena, prende a calci la sedia, non l'ha mai visto in quello stato: «Non posso tornare lì, capito? Nessuno mi costringerà a tornare!».

Ci mette un po' a calmarlo. Hai ragione, prova a ritrattare, di sicuro la guerra li convincerà. Se lui si decidesse a dirle perché è scappato potrebbero cercare una soluzione insieme. Quando finalmente la sua ira si placa Maouloun non spiccica più una parola, è stremato e ha freddo. È il crepuscolo, ora di chiusura, camminano per i giardini delle Tuileries confusi tra gli altri visitatori messi alla porta a colpi di fischietto. Cora gli ripete nuovamente che lo aiuterà. Cercherà di contattare qualcuno che sappia consigliarli, qualcuno che sappia come muoversi in quel genere di situazioni. E dato che nemmeno quelle parole bastano a scuoterlo dal suo silenzio, gli dice ti porterò a Giverny, a visitare il giardino di Monet, il pergolato, il ponticello, i laghetti delle ninfee e quelle donne giapponesi così eleganti. Gli dice ti porterò più lontano, là dove vanno i treni che viaggiano verso ovest, partiremo da gare Saint-Lazare, non è lontano né complicato vedrai, lo faremo presto, non appena arriverà la primavera, e bella o brutta non importa, saliremo sul primo treno, te lo giuro, te lo prometto, e andremo ad ammirare quella costa fatta di maree, falesie, tempeste, andremo ad ammirare il mare.

9. La gestione del cambiamento

Quando il piano Optimo è stato attuato l'inverno non era ancora finito del tutto. Ovviamente le versioni e le testimonianze sull'accaduto sono innumerevoli: quanto ai protagonisti della vicenda che vado ricostruendo, la cosa ha impattato le vite di ciascuno di loro in modo differente, mescolandosi ai vari problemi che li angosciavano e aggiungendo un altro motivo di tensione a quelli che già gli piegavano il collo. Qualcuno ne parla come di una semplice riorganizzazione, una tappa obbligata nel risanamento di un'azienda in difficoltà, altri invece lo ricordano come uno spartiacque nella propria esistenza. Quando ho cominciato la stesura di questa cronaca, ormai un anno e mezzo fa, ho detto cha quella di Cora era soltanto una piccola storia tra le tante storie del mondo. Poi, subito dopo (me rendo conto ora che rileggo), ho detto che non esistono piccole storie, che tutte le vite meritano di essere ricordate. Sogno un mondo dove le vite umane vengano raccontate una dopo l'altra, con un grado di lentezza, approssimazione e ridondanza sufficiente ad ammantarle della potenza del mito. E, devoto a questa mia utopia, sogno una società che ci metta nelle condizioni di farlo e ne comprenda l'urgenza. Ma in realtà so benissimo che, di quanti ci hanno preceduto sulla Terra, non sappiamo niente. Non conosciamo i loro nomi. Al più ne ipotizziamo il numero. E se anche disponessimo di una scienza statistica che, elevandosi nel territorio della magia, fosse in grado di enumerarli e convocarli per noi, ebbene, sarebbero soltanto nomi, numeri, e di quello che queste persone hanno esperito, provato e pensato non conosceremmo nulla.

Per mitigare la paura di fronte all'ineluttabilità della morte, Cora ha costruito a suon di diari e fotografie l'archivio della propria esistenza, dando il la a un lavoro che spero di portare a compimento, e ha vissuto un quarto d'ora di celebrità mediatica di cui avrebbe fatto volentieri a meno. Ma la maggior parte delle vite non lasciano tante tracce. Sono importanti solo per quelli che le vivono. Per tutti gli altri, quelli che ne sono lontani, che non le conoscono, che proteggono la statistica dalle sirene della magia, esistono solo in linea teorica – e non contano niente.

E così, quando per comprendere meglio l'impatto del lancio di Optimo sulla vita di Cora mi sono sforzato di discernere l'esistenza concreta che si celava sotto il nome di Nadège Galtier, la mia ricerca ha dato pochissimi frutti. Ho trovato l'indirizzo dell'appartamento di Sartrouville in cui ha vissuto fino alla morte, avvenuta una decina di anni fa. Ho contattato telefonicamente uno dei suoi nipoti, ma si è mostrato diffidente nei confronti della mia iniziativa e ha rifiutato di rispondere alle mie domande. Prima di rassegnarmi al fallimento ho provato da ultimo a recarmi sul posto, in quella periferia dove non ero mai stato, ma nessuno dei vicini con cui ho parlato si ricordava di lei. Stando ai racconti di Astou e Cora, era una donna spaventata da tutto, o quasi, che per nutrire al meglio le proprie paure passava intere serate a guardare serie poliziesche, a leggere gialli scandinavi e a seguire in tv i casi di cronaca nera che, un colpo di scena dopo l'altro, riuscivano a minare in modo sempre più irreversibile la sua fiducia nell'umanità. Le piaceva passeggiare sulla Senna, sulle strade d'alaggio, e parlare del più e del meno con i pescatori seduti sugli argini. Per tutto l'anno riusciva, malgrado la scarsa luminosità dell'appartamento e l'inquinamento che insudiciava le foglie, a mantenere in vita una ventina di piante disposte in balcone, e con l'arrivo delle vacanze estive o primaverili si dedicava anima e corpo al giardino della casa di famiglia, nei pressi del parco naturale del Morvan. Astou mi ha detto che Nadège parlava con grande empatia della vita delle piante, e le considerava alla stregua di individui meritevoli di cure. Se avesse avuto dei figli probabilmente se li sarebbe inimicati per via della sua inclinazione alla lamentela, del suo eloquio spesso inopportuno e delle sue manie di controllo, ma sarebbe stata comunque una buona madre. Era pronta a impegnarsi per costruire una vita di coppia, vedeva degli uomini, ma erano tutte storie destinate a durare poco. C'era qualcosa nel suo modo di essere, di muoversi e di fare l'amore che li metteva in fuga nel giro di poche settimane, ma lei non avrebbe saputo dire cosa, e le loro giustificazioni evasive al momento della rottura non le erano di grande aiuto. «Come faccio a migliorare se ogni volta si rifiutano di darmi spiegazioni?» aveva protestato una volta con Cora, senza smettere di prendere a pugni il distributore che si ostinava a tenere in ostaggio la sua confezione da sei di madeleine al cioccolato. Al mattino andava al lavoro in macchina, e puntualmente, in ufficio, si dilungava con eccezionale dovizia di particolari sulle condizioni del traffico. Nel tragitto compulsava i titoli dei giornali e le agenzie di stampa fino a quando tutte le vene del corpo non le si intasavano dall'ansia, per sentirsi dunque legittimata a cominciare ogni frase con espressioni tipo *con tutto quello che succede oggigiorno*... A volte invece era costretta a restarsene a casa con le persiane tappate per via dell'emicrania di cui soffriva fin dall'adolescenza e a causa della quale aveva provato tutti i rimedi offerti della medicina moderna, dai farmaci pesanti all'omeopatia, dall'autoipnosi all'agopuntura, senza tuttavia riuscire a individuarne uno capace di mantenere la promessa di una soluzione definitiva. Ma Nadège non si dava per vinta, e le letture a tema medico l'appassionavano ancor più di quelle sulla botanica. Proprio per questo Cora era convinta che bisognasse assolutamente coinvolgerla nell'ideazione del portale sanitario al quale il suo team si apprestava a lavorare.

Non era una scommessa scontata poiché, sebbene Nadège fosse del tutto in linea con l'entusiasmo dei suoi contemporanei nei confronti del benessere, restava scettica sull'invenzione di internet. Fosse stato per lei, incapace di staccarsi dalla sua opinione sulla tecnologia proprio come alcune persone lo sono riguardo ai loro gusti musicali, sarebbe rimasta volentieri al telefono fisso, alle trasmissioni del 1993 e ai suoi vent'anni. Pochi mesi prima, leggendo i numerosi articoli commemorativi per la morte di Steve Jobs, aveva sviluppato nei confronti di quest'ultimo una sorta di acredine personale: come aveva potuto quell'uomo così appassionato di filosofie zen imporre all'intero pianeta quegli schermi retroilluminati che ti sfondano gli occhi, fomentare la frenesia contemporanea con cui si passa da un sito all'altro, da un video all'altro, da una relazione all'altra senza mai concentrarsi su niente? In nome di quale concezione distorta dell'interesse comune e del progresso sociale si era prodigato affinché chiunque rifiutasse di utilizzare le sue ultime invenzioni, o avesse l'ardire di indignarsi davanti alla loro obsolescenza programmata, venisse additato in un baleno come un troglodita meritevole di essere dimenticato o rottamato? Da questo punto di vista, il progetto del portale Santé Plus sembrava almeno avere il merito di mettere per una volta la potenza di internet al servizio del buon senso e della decelerazione.

Nella mente di Cora e del team del marketing relazionale la creazione del portale Santé Plus era il naturale prolungamento del nuovo sito principale, fresco di ristrutturazione. Franck Tommaso aveva spacciato il progetto a Mangin e al consiglio di amministrazione sostenendo che, con un portale di quel tipo, la Borélia avrebbe trasmesso la sensazione di essere molto più di una semplice compagnia assicurativa. Gli attori presenti sul mercato ormai offrivano tutti le medesime garanzie, e quindi la differenza la facevano la qualità dell'assistenza e i servizi aggiuntivi. I francesi connessi a internet consultavano in media soltanto una quindicina di siti. E d'altronde bastava dare un'occhiata alle vendite dei libri e all'audience delle trasmissioni televisive a tema medico – su questo punto Nadège aveva fornito abbondanti dati a Frank – per capire che sono milioni le persone interessate a questi contenuti. Investendo nello sviluppo di un portale sufficientemente attraente da convincere gli utenti a inserirlo nelle loro navigazioni abituali, l'azienda avrebbe instaurato un contatto duraturo con quell'80% di clientela che non incappa mai in sinistri e per la quale far parte della famiglia Borélia significa semplicemente staccare un assegno annuale.

Il team lavora da tre settimane con l'obiettivo di sviluppare una versione beta del portale prima dell'estate. L'idea è quella di fornire un servizio migliore rispetto a quei siti dove gli ipocondriaci sfogano le proprie ansie, e che costringono i medici a ripetere, a ogni singolo appuntamento, mi raccomando, non vada a cercare su internet. Sul fronte benessere, Frank confida che Cora riesca a trovare un tono non colpevolizzante, che non invogli a credere all'esistenza di esseri ideali, capaci di vivere senza eccessi, senza dipendenze né pulsioni, ma sappia comunque essere di conforto per le persone che vogliono dimagrire, smettere di fumare o riprendere lo sport. Perché il progetto sia sostenibile da un punto di vista economico bisogna affiancare alla libera fruizione delle informazioni e dei contenuti di base un'offerta di servizi premium accessibili solo previa sottoscrizione alla Borélia. Tra le varie ipotesi a cui sono giunti finora: consulti telefonici, chat o video con medici ed esperti; creazione di una funzione che metta tutti gli iscritti in contatto tra loro e li spinga a condividere le proprie esperienze e scambiarsi consigli; un'applicazione che consenta a ogni utente di monitorare l'alimentazione, le prestazioni nel jogging o i cicli di sonno. Per come lo concepiscono Cora e il suo team, il portale Santé Plus incarna la componente più nobile del loro mestiere, riprende lo slogan *Borélia: per vivere meglio* e cerca di trasformarlo in impegno concreto. Per come lo concepisce Franck – ma questa riflessione l'ha riservata al solo consiglio di amministrazione –, il sito permetterebbe all'azienda di fare grandi progressi in un'ottica di raccolta dei dati degli utenti. Non appena sarà a pieno regime i pubblicitari della Borélia potranno profilare i frequentatori più assidui, scoprire ad esempio chi trascorre più tempo sulle pagine di consigli per lo sport invece che su quelle dedicate alle malattie ereditarie o ai problemi cardiaci. E se le regolamentazioni dovessero finalmente ammorbidirsi, se il legislatore si decidesse a essere meno petulante per quanto concerne la protezione dei dati personali, l'azienda sarà in grado di calibrare le tariffe sulla base della storia individuale, dello stile di vita, della condotta e del senso di responsabilità di ogni cliente.

È proprio a questo che lavorano, più o meno consciamente, gli impiegati dell'ala ovest del ventisettesimo piano il giorno in cui nella loro casella di posta fa capolino la mail di presentazione del piano Optimo. Cora la legge subito prima di uscire dalla torre e si affretta a mandare un messaggio a Delphine, che però non è libera né per quella sera né per la seguente. Quando Delphine la riaccompagna in scooter è ormai giovedì. Cora aveva proposto di bere qualcosa in un posticino tranquillo, ma i bar attorno a République hanno tutti l'aria di essere pieni da scoppiare, e così finiscono di nuovo alla Cité de Crussol; seduta sul letto sfatto, in quel bilocale dal soffitto basso che stavolta le pare soffocante, Cora non sa da che parte approcciare la questione, e si ritrova nuda, la testa di Delphine infilata tra le cosce, in balia degli assalti della sua lingua e dei vortici descritti da quelle dita indomite che, come al solito, fanno meraviglie, e riescono a farla godere nonostante le paia di aver ripetuto più di una volta, con grande chiarezza, che no, oggi con la testa sta da tutt'altra parte. È solo in seguito, davanti al piatto di sushi ordinato da Delphine con tre semplici clic, che Cora riesce a farsi ascoltare, ma le sue parole sono piene di violenza, e non le piace parlare così: «A me non me ne frega niente di come infiocchettano le cose, capisci?, io voglio solo sapere che cosa succederà davvero».

Niente di più e niente di meno di quel che già sapevamo, comincia ad argomentare Delphine. Lei non conosce tutti i dettagli, a decidere sono stati Mangin, Simon Keller per il versante strategico ed Éric Pertuis per quello finanziario, consultandosi con gli avvocati delle risorse umane per esser certi di muoversi entro i limiti della legge, ma dalla Nielsen il responsabile del progetto le ha confidato di essere contento di come hanno gestito la cosa, e trova il piano equilibrato ed elegante. «Gli ho detto che in compenso il nome faceva proprio schifo, ma secondo lui non è importante.» Come prevedibile, molte filiali chiuderanno. In alcuni casi proporranno ai dipendenti un trasferimento presso la sede regionale (e a quel punto starà a loro decidere se andare o no), mentre molti altri entreranno in cassa integrazione, perché i servizi di progettazione informatica, sottoscrizione e gestione dei sinistri e la vendita diretta verranno delocalizzati in Marocco, dove sono molto professionali. Antoine Mangin ha deciso di tagliare lì, insomma, anche se i licenziamenti per ragioni economiche non fanno parte della cultura del settore. Al momento della decisione Delphine non c'era ma, dal verbale della riunione del comitato esecutivo svoltasi subito dopo, so che Mangin giustifica la propria decisione affermando che va bene cercare di migliorare il clima aziendale, ma non si può farlo a discapito degli indicatori finanziari. «Se non proviamo ad alleggerire ora che abbiamo problemi seri, allora non lo faremo mai» ha dichiarato nel testo che sto citando. «Dobbiamo liberarci da questo ruolo di chioccia dei nostri dipendenti. Non possiamo proteggere tutti.»

Il licenziamento per motivazioni economiche avrebbe coinvolto al massimo tre o quattrocento persone, anche per evitare di finire sotto l'occhio dei media. «Ed è proprio questa la genialità del piano» spiega Delphine. «È articolato in più fasi.» Ognuna di esse è declinata con chiarezza nella lettera di presentazione. C'è un piano di prepensionamento che si chiama *La primavera dei senior*. «Ti prego di credermi, noi della Nielsen col nome non c'entriamo niente. È un'idea di Mathilde Rameaux, delle risorse umane.» Poi ce n'è uno di dimissionamento volontario, con una buona uscita da quattro a sei mesi di stipendio per ogni anno di anzianità, e ovviamente con un tetto per quanti lavorano lì da decenni. «Nel primo anno significa un grosso flusso di contanti in uscita, certo, ma in proiezione il piano contribuirà ad alleggerire la vostra struttura.»

E, già che c'erano, Éric Pertuis ha proposto anche un blocco generale delle assunzioni, delle promozioni e degli aumenti salariali, ma Cora deve sapere che la Nielsen ha posto un veto su quella mozione, e Mangin è stato d'accordo con loro: una stretta così indiscriminata sarebbe stata controproducente, tutti i dipendenti migliori si sarebbero sentiti in trappola o avrebbero presentato le dimissioni. Il blocco degli aumenti salariali sarà applicato per un solo anno, e riguarderà esclusivamente i meno qualificati, mentre al contrario, per quanto riguarda i quadri, i cosiddetti *top 300*, si è deciso di rinforzare il programma Talent e foraggiarlo con fondi supplementari.

Nella lettera che ha inviato a tutti i dipendenti, la direzione si è ben guardata dal dichiarare il totale delle persone coinvolte da quelle misure, lasciando ai rappresentanti sindacali e ai giornalisti il compito di tirare le somme, ma di fronte al consiglio di amministrazione Mangin non è stato altrettanto pudico: «Siamo 8.500, dobbiamo scendere di 1.000» si legge nel verbale. 1.000 è una cifra tonda, ambiziosa ma realistica, un segnale chiaro inviato agli investitori, ma non una sforbiciata tale da indurre il resto del comparto industriale a dirsi che la Borélia è sull'orlo del baratro. «Quindi siamo in perdita?» chiede Cora a Delphine. «Siamo messi così male? La situazione è davvero: o questo o chiudiamo i battenti?» E, stupita di sentire quella frase fatta uscire dalla propria bocca, vede un Mangin in versione cartoon, pelato e ingobbito, piccolo piccolo ai piedi del loro grattacielo, mentre tutto sudato chiude i battenti di una porticina minuscola, poi si gira, si sistema la giacca e si allontana cacciando un piccolo sospiro. «Non è che siate proprio in perdita» le risponde Delphine. «Il problema è che, da quattro anni a questa parte, il vostro bilancio peggiora costantemente. Non cercano nessun alibi, né lo fanno per divertimento: è semplicemente giunta l'ora di invertire la tendenza.»

Nei giorni seguenti, tra gli uffici, Cora ritrova quell'atmosfera elettrica che serpeggiava due anni prima, quando Pascal Bories aveva annunciato di essere costretto a vendere. Hanno tutti bisogno di parlare e confrontarsi, ma visto che la lista dei licenziamenti non è stata pubblicata, non saprebbe più dire se i suoi amici e i nemici sono quelli di sempre, né quali alleanze di comodo sia opportuno stringere. Soprattutto teme, parlando, di dire qualcosa che possa essere usato contro di lei. Nonostante la sede centrale sia meno coinvolta rispetto alle filiali regionali, come i suoi colleghi sul campo non perdono occasione di ricordarle al telefono, attraversa comunque i corridoi con la costante sensazione di essere minacciata.

Alla fine a ogni caporeparto viene trasmessa una bozza dell'organigramma ideale della sede centrale. Ovviamente non devono applicarlo così com'è, ma serve comunque a circoscrivere un orizzonte. I consulenti della Nielsen hanno stabilito degli obiettivi differenziati sulla base dei risultati ottenuti dalla concorrenza: «Non vorrei dire una stupidaggine, ma al marketing» aveva rievocato Franck durante i nostri incontri a Le Vésinet «c'era un più 15% di equivalente a tempo pieno rispetto alla media del settore calibrata sulle peculiarità dell'azienda. Così mi hanno chiesto di fare un -15% sulla massa salariale, e mi hanno fatto capire che se fossi riuscito ad arrivare a -20% mi sarebbero stati molto riconoscenti». Nel mondo di Franck Tommaso, Optimo era una rampa di lancio per lavorare con persone più intelligenti: «Devo confessarti che lo aspettavo da un po'. Mi avrebbe permesso di rimanere al reparto marketing senza annoiarmi, anche se non avevo nessuna intenzione di restarci in eterno». La sfida era raggiungere l'obiettivo fissato senza ricorrere ai licenziamenti. «Avevo solo una piccola quota di prepensionamenti e dimissioni volontarie. Per il resto dovevo individuare quegli impiegati di cui si poteva fare a meno e dirgli che avevano quattro mesi per trovarsi un altro posto – in azienda, se ce n'erano, oppure altrove.»

Secondo Franck Tommaso non era auspicabile che quel genere di imposizioni arrivasse dall'alto. Dovevano essere i responsabili dei vari reparti ad assumersene l'onere: conoscevano il proprio lavoro e i propri team meglio di qualunque consulente, sapevano quali posti potevano essere accorpati senza perderci in competenze, quali progetti potevano essere snelliti ulteriormente e quali invece erano già ridotti all'osso; e soprattutto, sapevano chi era bravo e chi no. «Credo di aver fatto le cose per bene. Ho ricevuto uno a uno i vari capi team per fare il punto e dirgli: *ora sta a voi*, incoraggiarli nell'operazione facendogli capire che avevano qualcosa da guadagnarci.»

Cora invece ricorda soltanto quella mattina di metà marzo in cui è arrivato il suo turno. Non aveva praticamente dormito, Manon stava male e, a quell'ora della notte in cui non ti prendi neanche la briga di guardare l'orologio, lei aveva passato diversi momenti da incubo, piegata in corridoio a pulire il vomito chiedendosi nel frattempo cos'avesse la bambina, se in quello stato Silué l'avrebbe presa comunque in casa, il perché della convocazione del suo adorato capo. Quel giorno Franck, che di solito sfoga i nervi sulla penna a scatto o sulle graffette, ha le mani giunte sul bordo della scrivania e parla con una calma e una concentrazione che non gli appartengono. Le regole del gioco stanno cambiando, dice. Al momento delle valutazioni di fine marzo chiederò ai manager di smettere di compiacere i dipendenti dando sempre un bel *dieci* a tutti. Gli chiederò di valutare oggettivamente l'apporto di ciascuno, e di utilizzare tutti i voti della scala. E, per evitare magagne, la direzione ha stabilito che debba esserci almeno un 20% di *cinque*. «E tu ne hai un bel po' nel tuo reparto, e sai benissimo chi sono. Devi solo smettere di coprirli, tutto qui.» Il consiglio, prosegue Franck gettando di tanto in tanto un'occhiata ai fogli che ha sottomano, è verificare per ogni caso se l'impiegato risponde ai requisiti dell'azienda, se sfrutta al meglio i feedback che riceve, se ha un buon focus clienti. La cosa da fare è domandarsi quale valore stia generando, se è creativo, se sa correre dei rischi. Cora fissa il dossier sulla scrivania di Franck e gli domanda se per caso lì se ne parli, se riceveranno quelle disposizioni anche per iscritto. «Non credo ce ne sia bisogno» le risponde. «Ti sto facendo un riassuntino ora, se hai qualche dubbio basta chiedere. C'è qualcosa che non ti è chiaro?»

Elenca ancora tutta una serie di criteri operativi, poi conclude: «Sta a te capire chi sono i tuoi *cinque*. Sei responsabile di dieci persone. Per adeguarci al piano da te ho bisogno di un meno due.

In pratica tu mi dai due nomi, col beneplacito di Agathe, s'intende, ne parliamo assieme e io li comunico alle risorse umane. Controllano quello che devono controllare, poi, ecco, diciamo che toccherà a te annunciare la cosa ai diretti interessati, è una questione di correttezza, dopodiché puoi stare tranquilla, la palla passa a loro e tu non devi fare più niente». «Non mi sento molto a mio agio col principio di base» riesce ad ammettere Cora dopo qualche minuto. «Non ne dubito» le risponde Franck. «In fondo un po' ti conosco. E, detto tra noi, neanche a me fa impazzire. Ma gli ordini sono ordini. Due nomi, Cora. Due nomi. Non è la fine del mondo.»

«E aveva ragione: non era certo la fine del mondo» ha commentato Cora durante uno dei nostri incontri. «Dal suo punto di vista era addirittura un non evento. Io però non ce la facevo. Era una faccenda che mi dava il tormento, non ci dormivo la notte, ma forse semplicemente non sono tagliata per la vita in azienda, o la vita in società, o la vita punto.» Mi offre una tazza di tisana di tiglio rosso acceso che la vicina le ha portato dalla campagna, poi si perde in un sorriso triste. «Ne avevo parlato anche con Delphine, e pure a lei sembrava del tutto normale. Ovviamente, dico io: era arrivata lì apposta, era pagata per farlo o, a voler essere precisi, per dire agli altri di farlo. Mi ha spiegato che alla Nielsen era *up or out*. Ogni missione veniva valutata su una scala da *uno* a *cinque*. Se per un anno ristagnava al di sotto del *quattro* le indicavano la porta, se invece otteneva tutti *cinque* saliva di grado. Le ho detto, va bene, ma hai visto il vostro livello di formazione e retribuzione? In qualche modo potete rivendervi. Cascate sempre in piedi. Le ho detto: vivi fuori dal mondo.

«Devi sapere che Delphine si arrogava il diritto di essere diretta con gli altri, me se le riservavi lo stesso trattamento se la legava al dito, andava su tutte le furie e te la faceva pagare. E così è stato anche in quell'occasione. Mi ha risposto una cosa tipo: sei tu che vivi fuori dal mondo, mia cara. Gli impiegati pubblici si lamentano continuamente delle nuove riforme; gli impiegati del settore privato delle ristrutturazioni. Ma il problema è che le aziende sono degli organismi viventi: se non le smuovi dallo status quo, impedisci ai loro dipendenti di migliorarsi e di apportare nuova linfa, e alla fine muoiono.

«Era molto complicato per me gestire quella divergenza di vedute… Forse te ne sarai accorto leggendo le cose che scrivevo all'epoca. Ero ossessionata da lei, se fosse stato per me ci saremmo viste tutte le sere… Ma quando tornavo a casa dopo i nostri incontri mi sentivo ogni volta più abbattuta, avevo come l'impressione di essere una donna senza volontà, una debole, una nullità. Mi ripetevo che avrei dovuto reagire come lei, smetterla di avere paura che gli altri fossero duri con me e cominciare a essere dura a mia volta. Ma subito dopo mi dicevo che non ero in grado di farlo…»

Sulla traccia del mio registratore la si sente alzarsi, andare alla finestra e cercare le parole tra le gocce di pioggia che cadono sugli alberi in giardino. Ho riascoltato la registrazione, due volte, tre volte, insomma, quelle necessarie a trascrivere gli appunti di cui ho bisogno, e mi chiedo se tenere le ripetizioni, se tagliare le sue esitazioni visto che, bene o male, sto trasformando una lingua orale in una lingua scritta.

«E quindi, per tornare alla richiesta di Franck… Non mi sono limitata a eseguire seduta stante. Volevo prima studiare il mio margine di manovra. Più o meno due giorni dopo gli ho detto che io avrei condotto le interviste, ma avrei lasciato ad Agathe l'onere dei tagli. Lei era la capo divisione, conosceva le persone e i dossier quanto me, ma aveva una distanza maggiore. Franck però mi ha risposto di no: Agathe ha altro da fare, a ognuno il suo lavoro. Vorrei che la smettessi di farci perdere tempo, Cora. Se non possiamo contare su di te nei momenti di difficoltà devi dirmelo chiaro e tondo, e in tal caso puoi contare sul fatto che ne trarrò le debite conseguenze.»

La situazione non poteva essere più squallida né più banale, ha sentenziato Pierre dopo che Cora gli aveva illustrato la questione. Gli è venuto in mente che negli scacchi, ai quali ogni tanto gioca di sera contro intelligenze artificiali dalla precisione sconfortante, questa configurazione si chiama *forchetta*. Risultato: ormai lei non avrebbe potuto far nulla per evitare la cattura di un suo pezzo. Quello che poteva decidere, però, era se perdere un pezzo minore tipo un cavallo o un alfiere, cioè qualcun altro, oppure la regina, cioè lei stessa. Visto che non poteva avvalersi di una delle preziosissime caselle delle dimissioni volontarie, e non aveva ricevuto nessuna risposta ai cv che aveva inviato, la scelta era presto fatta. Doveva guardarsi intorno, ma per il momento tenersi il posto, aspettare, vale a dire – per usare un'espressione della quale Pierre, per i gusti di Cora, abusava parlando di lei e della sua situazione – non poteva lasciare il certo per l'incerto.

In quella stessa settimana, dal reparto finanziario hanno fatto sapere che il budget per Santé Plus sarebbe stato ridotto del 20%. «Nelle intenzioni di Franck la cosa implicava, un po' com'era successo per Clarifix, smettere di lavorare con l'agenzia di comunicazione web. Uno si sarebbe aspettato di vederlo scontento, perché a essere rimesso in discussione era un suo progetto. Ma di fatto… non so… credo che ricorrere, quando era il caso, a quel genere di misure d'austerità e metterci la faccia fosse comunque la cosa più importante per lui. Lo faceva sentire un uomo tutto d'un pezzo. E in quell'anno gli uomini tutti d'un pezzo abusano di quell'espressione, *ci metto la faccia*, per sottolineare come quelle loro decisioni che generavano puntualmente una levata di scudi fossero necessarie, per chiarire fin da subito che non avrebbero preso in considerazione nessuna obiezione, non si sarebbero mossi di un centimetro. Il mondo era sempre più spaccato tra chi sperperava, e rappresentava solo una voce di spesa, e chi portava soldi, o evitava che uscissero. E non potevi permetterti di essere una voce di spesa se poi il ritorno dei tuoi investimenti era nullo. Te lo giuro, c'erano persone che utilizzavano quel linguaggio per presentarsi e darsi un tono: "Io sono molto *return oriented*", senza rendersi conto di quanto fosse problematico. Io lo trovavo estremamente rivelatorio, ma in fondo ero solo una sciacquetta del marketing, no?

Ciò detto… in un periodo di riduzione dei costi… era normale che andassero a sforbiciare in progetti come Santé Plus: il ritorno dell'investimento su un portale di quel genere sarebbe arrivato solo dopo due o tre anni, non prima, e inizialmente le ricadute positive sui contratti non sarebbero state evidenti. In sé, il fatto di dover smettere di lavorare con l'agenzia web non mi scocciava per niente, secondo me erano cari e fumosi, ma dover redigere internamente tutti i contenuti di lancio, realizzare noi le interviste ai professionisti della salute che volevamo caricare sul sito, be', era una bella tegola tra capo e collo, e facevano anche finta di non saperlo visto che, come se non bastasse, mi chiedevano di rinunciare a diverse persone. Porta lo stesso risultato ma più in fretta, con meno mezzi e se possibile anche meglio: è il ritornello che molti si sentono ripetere in tanti ambienti lavorativi, e che finisce per distruggere o quantomeno appannare la loro abnegazione.

E quello che è successo dopo… Non ci torno con piacere, ma ha avuto un suo peso… Nadège Galtier ha commesso un errore. Avevo annunciato via mail l'imminente riorganizzazione del progetto, parlandone in assoluta trasparenza per coinvolgere tutti, e non so ancora come ma Nadège è riuscita a girare la mail a tre contatti dell'agenzia esterna. Immagino al momento di rispondermi abbia visto i loro nomi tra i destinatari suggeriti, dato che spesso ci leggevano in copia. Un momento di distrazione. Tre semplici clic. Per farla breve: hanno scoperto così che non avrebbero più lavorato con noi, e soprattutto che Franck ci aveva chiesto di trovare un pretesto per rescindere il contratto senza pagare penali…

Insomma, puoi immaginare… Ho dovuto spiegare quella gaffe enorme a Franck. E per l'ennesima volta ho potuto constatare come quell'uomo funzioni in modo… non vorrei dire perverso… Ma ecco, ho percepito una certa goduria nella sua collera. Mi ha detto: e che pensavi?, che il lavoro del tuo team fosse perfetto?, che non ci fossero mezze cartucce? Ma stavolta non se la cavano con una lavata di capo. Stavolta è licenziamento immediato, è grave, palese negligenza. E non provare a giustificarla, sai! È indifendibile.»

Cora racconta di averci provato comunque in tutti i modi, di avergli risposto che chiunque, se sotto stress, può prendere una cantonata del genere. Franck ha ribattuto con un *mozione respinta*. Non conosceva molto Nadège, è vero, ma per lui era un caso di scuola. Ai suoi occhi era la perfetta incarnazione di quegli stipendiati che le grandi compagnie assicurative avevano fatto l'errore di tenersi troppo a lungo, un'eredità dell'epoca in cui gli affari giravano bene, in cui la mediocrità dei singoli non arrivava comunque a intaccare la riuscita collettiva, e un cattivo rendimento individuale in fondo non aveva ricadute concrete. «La cosa peggiore è che in parte ero d'accordo con lui. Io me la sorbivo tutti i giorni, e dava sui nervi anche a me. Non era una donna stupida o ininteressante, ma se non le spiegavi tutto per filo e per segno non sapeva mai cosa fare, e si bloccava alla minima incertezza... Anche quando credevo ci fossimo capite, e le buttavo lì un: tutto chiaro?, lei voleva che riprendessimo la questione daccapo, ripeteva i passaggi su cui si sentiva meno sicura, e che alla fine infatti affidavamo a qualcun altro, e di nuovo ripercorreva ogni tappa per esser certa di aver compreso bene. E pure prima che facesse quella cazzata non mi sentivo per nulla a mio agio ad assegnarle incarichi importanti. Niente lasciava sperare si sarebbe ripresa in fretta dalla batosta, insomma, ma dato che, volente o nolente, dovevo sfoltire il team, e lei non aveva figli a carico, il suo sacrificio mi è parso il male minore.»

Sulla traccia del mio registratore, Cora si abbandona a un silenzio di cui ho ascoltato ogni secondo. Non mi guarda, e capisco che si vergogna. Credo sia uno di quei momenti in cui si sarebbe bevuta qualcosa di alcolico se solo non avesse avuto per le mani la tisana, o in cui si sarebbe accesa una sigaretta se non avesse del tutto smesso di fumare. «Così sono andata da Nadège. L'ho messa a parte della situazione, le ho detto che sarebbe partita una richiesta di licenziamento per giusta causa e le ho consigliato di dimettersi spontaneamente, per mascherare la cosa sul cv e aumentare le sue possibilità di trovare un altro lavoro. Mi sono sforzata di avere il maggior tatto possibile, ma ero arrabbiatissima con lei, e non solo con lei. Ce l'avevo col mondo intero. L'ho vista sgretolarsi davanti ai miei occhi. È scoppiata a piangere. Ha farfugliato tra le lacrime che era perfettamente cosciente della grossolanità del suo errore. Ha giurato che era pronta a tutto per porvi rimedio, e lo ha ripetuto singhiozzando: "Sono pronta a tutto per rimediare, a tutto". Me lo ricordo come fosse ieri. Mi sono detta ecco, ecco come ci siamo ridotti, fino a che punto siamo capaci di sottometterci e umiliarci.

Quando le ho detto che ai piani alti nessuno le avrebbe concesso un'altra possibilità e i suoi ricorsi sarebbero stati inutili mi ha fissata, completamente inebetita, mi ha urlato: "Ma chi sei tu per farmi una cosa del genere? Come puoi farmi una cosa del genere?". Le gambe l'hanno tradita, le ginocchia hanno ceduto, è letteralmente crollata su se stessa. Ho avuto la sensazione di essere di nuovo a gare Saint-Lazare. di cadere al posto suo. Abbiamo chiamato i soccorsi, sono arrivati quelli della sicurezza, poi i pompieri. Ricordo perfettamente l'immagine straniante della barella trascinata nell'open space. I gesti dei pompieri erano così pacati da rendere ridicola la nostra isteria quotidiana. C'è chi è davvero all'altezza del suo mestiere... Vabbè, in sintesi: Nadège aveva avuto un infarto. L'hanno tenuta in ospedale due settimane, e da quello che ne so non si è più ripresa, da allora è cardiopatica, costantemente sotto controllo. Quando hanno riferito la diagnosi a Franck lui ha risposto che non cambiava niente, non si faceva impressionare da queste cose – sono esattamente le sue parole: "Non mi faccio impressionare da queste cose" –, la procedura di licenziamento sarebbe stata avviata non appena Nadège fosse rientrata dalla malattia.

Dopo quell'episodio dentro di me si è rotto qualcosa. Qualcosa che s'era crepato già con la caduta a gare Saint-Lazare e quella volta non ha retto, ha ceduto. Non sarà stato il cuore, va bene, ma col senno di poi, visto a cosa mi ha portata, forse sarebbe stato meglio. Continuo a ripetermi: non faceva per me. Sarei dovuta nascere in un posto in cui le persone non devono litigarsi le poche risorse a disposizione, in cui mai nessuno trae piacere dall'infliggere dolore agli altri, in cui il potere si esercita a turno solo perché è necessario, e non perché bisogna conquistarlo a ogni costo per schiacciare tutti quelli che non ce l'hanno. Un posto così non esiste, Mathias – ma è lì che avrei dovuto vivere.»

E dopo, che fare? Delphine era andata per cinque giorni a Shangai, le inviava foto di giovani cinesi in parka che bevevano birra a canna sulle rive dello Huangpu, sotto la vertigine dei grattacieli di Pudong, e di notte invece, dalla sua stanza di hotel, foto dei suoi seni che spuntavano dalla vestaglia. Cora non se la sentiva di spiegarle la situazione a distanza, e non era sicura che le avrebbe mostrato comprensione o solidarietà. Ha telefonato a Édouard, e in effetti è stata una buona idea. Anche Pierre ha fatto la sua parte ascoltandola ore e ore senza quasi interromperla, fin quando non è stata lei stessa a dirsi che era il caso di dare l'allarme. S'è messa in contatto con i rappresentanti dei sindacati e degli organismi che all'epoca si occupavano delle condizioni di lavoro. Non la conoscevano, così hanno preso nota ma non le hanno promesso niente: erano tutti affannati sulla chiusura delle filiali regionali, e i conflitti scatenati da Optimo nella sede centrale avrebbero solo distratto dalla questione principale.

Parallelamente, senza passare per Agathe e Franck, ha chiesto di essere ricevuta da Mathilde Rameaux, la direttrice delle risorse umane. E, quando si è sentita rispondere che non concedeva appuntamenti, si è recata personalmente in quel reparto dove da quando Jacqueline Mazel era andata in pensione non conosceva nessuno, e si è piazzata davanti al desk della segretaria fino a che Rameaux non è uscita dall'ufficio chiedendo cosa fosse quel baccano. Vedendo la rabbia sul volto di Cora, si è decisa a dedicarle un attimo del proprio tempo. «Forse io non me la sono giocata bene,» confessa Cora «o più semplicemente quello che avevo da dire per lei era solo l'ennesimo grattacapo. Mathilde mi ha detto: capisco che si senta scossa e ce l'abbia con se stessa, ma deve cercare di andare avanti: lei e il signor Tommaso non avete alcuna responsabilità per le condizioni della signora Nadège Galtier.»

Cora le ha risposto che non si trattava di un incidente, né di un caso isolato, ma era il sintomo di una gestione violenta del lavoro, la prima prova dei rischi a cui il piano Optimo avrebbe sottoposto i vari reparti. Il problema non era la necessità di tagliare le spese, ma il modo: si poteva benissimo far saltare i posti senza distruggere le persone. Mathilde Rameaux è scoppiata a ridere: visto che Cora era così brava le avrebbe ceduto il suo posto; però, se non andava errata, non era stato durante un colloquio con le risorse umane che Nadège Galtier era collassata...

«Mi ha detto più o meno: a sentir parlar lei si direbbe che quest'azienda è una prigione. E quelli che si svegliano alle tre del mattino per svuotare i cassonetti? E i camionisti, gli operai edili, gli infermieri, i poliziotti, che dovrebbero dire? Ma li legge i giornali? Decine di fabbriche automobilistiche che chiudono, gli impianti metallurgici, quelli siderurgici... Mi creda, l'orrore non siamo noi. Non è qui. Bisogna fare le dovute proporzioni. Ti giuro, Mathias, mi sono dovuta sorbire una filippica del genere! E visto che io i giornali continuavo a leggerli, e se provavo a rompergli le uova nel paniere raccogliendo l'eredità di Édouard era *esattamente* perché possedevo un briciolo di coscienza sociale, i suoi esempi mi hanno fatta uscire di testa. Le ho risposto: non ha il diritto di comportarsi così; non può permettersi di dire *succede di peggio*, perché a furia di dire che altrove è peggio avete fatto ingoiare il peggio a tutti.»

A quel punto Mathilde Rameaux, una cinquantenne bionda della Parigi bene, che Bories aveva scelto e Mangin confermato, in virtù della sua capacità di essere autoritaria ma al contempo in grado di smorzare i conflitti, ha assunto un tono glaciale. «Sta oltrepassando il limite, signora Salme.» Cora poteva anche avere delle osservazioni interessanti, nel suo piccolo, ma sinceramente Mathilde Rameaux dubitava potesse esprimersi in merito al taglio dei costi che la Borélia avrebbe dovuto affrontare per mantenere un coefficiente di solvibilità accettabile. Non negava che il carico di lavoro sarebbe aumentato, né che la dirigenza sarebbe stata costretta a imporre ore di straordinario e ritmi accelerati. Ma era compito di ognuno trovare le energie e la forza per gestire il proprio stress. «*Lei* non ci prova nemmeno a capire se è all'altezza della situazione, e poi saremmo noi a chiedervi l'impossibile? Guardi, io sono comprensiva con tutti, ma non sopporto le persone che incolpano il mondo intero senza fare mai un briciolo di autocritica. Pare le piaccia giocare alla ribelle, so che ha fatto la stessa scena quando abbiamo trasferito la sede, ma stavolta è diverso, stavolta ha completamente perso ogni contatto con la realtà. Sarò molto franca con lei: se trova il clima irrespirabile, be', sappia che è libera di andarsene, già di norma non tratteniamo nessuno, si figuri in questo momento.»

Più tardi, quello stesso giorno, Franck Tommaso, quasi sicuramente su suggerimento dalla direttrice delle risorse umane, è passato a trovare Cora alla sua scrivania: dobbiamo fare quattro chiacchiere. Hanno preso l'ascensore, immersi in un adorabile silenzio, fino alla nuova caffetteria aperta nell'ala est del trentatreesimo piano. Il cielo rischiarava dopo un pesante acquazzone; i profili delle torri e la ragnatela di ponti, strade e boulevard risplendevano sotto una strana luce obliqua, quasi autunnale. La caffetteria era deserta. Solo uno schermo, che trasmetteva il discorso tenuto da Mangin a una convention del giorno precedente. Hanno preso due caffè e si sono seduti sulle comode poltrone, con tutta Parigi sotto gli occhi. Franck ha tirato fuori dalla giacca un sacchetto di cioccolatini. «Sai, ti ho pensata stamattina. Li ho presi mentre venivo qui, sembrano buonissimi», e visto che sul suo volto non c'era alcuna rabbia, ma piuttosto un'espressione conciliante, quasi imbarazzata, Cora ha accettato di testare la veridicità delle sue affermazioni e ne ha mangiato qualcuno.

Franck è tornato sull'episodio di Nadège. Forse aveva commesso un errore di valutazione, vederla crollare a quel modo doveva esser stato terribile. «Mi sa che siamo tutti tesi e sotto choc.» Ha parlato a Cora di stress post-traumatico, le ha confessato i propri rimorsi. «Vedi, non sai quanto mi piacerebbe darvi qualche buona notizia ogni tanto. Dirti per esempio che oggi finiamo prima. Che le nostre performance dell'ultimo mese sono così sbalorditive che la direzione generale ha deciso di aumentarci i bonus e ci incoraggia ad assumere. Ora, lungi da me raccontarti la mia vita, non sono uno che si sfoga... Ognuno di noi ha i suoi grattacapi, al lavoro e nel privato, e se li gestisce come meglio crede. Tu però non puoi essere indulgente con i tuoi colleghi e al contempo pretendere che i tuoi superiori, al contrario, siano irreprensibili. Anche noi siamo esseri umani. Non siamo infallibili, e quando siamo sotto stress non sempre riusciamo a controllarci... Molti manager, resti tra me e te, non si prendono nemmeno più la briga di nascondersi e buttano giù antidepressivi durante le riunioni. Io... so che posso essere duro, a volte. Sono un fumantino, non sono un intellettuale, e non sempre penso prima di parlare. Ma bisogna farsi scivolare le cose addosso, lasciar correre. Devi lasciar correre, Cora.»

E succede esattamente quel che sperava non accadesse mai: sentirgli riconoscere tutto ciò le dà sollievo e le vengono gli occhi lucidi. Pensa confusamente che forse le lacrime siano un bene, un'arma potente che finora non s'è mai arrogata il diritto di utilizzare nel suo rapporto con Franck. Così le lascia cadere, per vedere che effetto sortiranno. Franck sospira amareggiato. «Mi dispiace che non riusciamo a capirci.» Lei non risponde nulla, per farlo sentire più a disagio e aumentare il proprio vantaggio, e lui non sa più che dirle. Poi, dopo un lungo silenzio: «La cosa peggiore è che sei bellissima anche quando piangi». Le posa una mano sulla coscia, non certo la reazione che sperava Cora, vorrebbe spostarla ma il corpo non le obbedisce, non si muove. Lui le scosta una ciocca di capelli dagli occhi, e fa per baciarla. I suoi sono gesti lentissimi, che è difficile respingere bruscamente. «Che dici: facciamo pace?» Ha le labbra morbide, Cora si chiede come abbia fatto a pensare che fossero dure come la sua mascella, o le parole che sceglie. È inchiodata alla poltrona. Si rivede con Jonas mentre scopano sulle scale di uno degli ultimi squat di Mitte, ripensa a quel professore della business school che una volta, nel suo studio, le si era inginocchiato davanti per leccargliela. Il volto di Franck si è allontanato di qualche centimetro, e lei non sa più se scacciarlo con violenza, alzarsi senza spiccicare parola e andar via, baciarlo con trasporto, assaporare tutto il potere che esercita su di lui, o almeno quello che ha in quel momento, lasciare che si spogli e fare a lungo l'amore. Ha troppa confusione in testa, troppo desiderio, disgusto, e contorte strategie che potrebbero cambiare tutto o non servire proprio a niente, un pulsare intenso, senza nome, che le invade il corpo e si perde nel nulla.

Il giorno dopo, alla Cité de Crussol, quando raggiunge Delphine che è atterrata da poco ed è ancora sballata per via del fuso orario, Cora non se la sente di raccontarle tutto. È sicura che, nelle medesime circostanze, avrebbe saputo volgere la situazione a proprio vantaggio, mentre ogni ora che passa lei è sempre più certa di aver aggravato ulteriormente la propria posizione. Quando chiude gli occhi e bacia Delphine ecco che la scena ritorna, le labbra di Franck sulle guance, le mani sotto i vestiti. Le aveva sbagliate tutte: forse per un riflesso atavico, era sgusciata via come se non volesse abbandonarsi subito, o non del tutto, quando invece, adesso è chiaro, avrebbe dovuto dire *sì* e prendere in mano la situazione, oppure un secco *no*, che fugasse ogni dubbio e non lasciasse spazio a una replica.

Ti senti in colpa, ti senti sporca. Non osi dire niente perché non hai la forza di raccontare a Delphine che ti sei comportata da vittima. Dato che l'abiezione, il silenzio, il senso di colpa ti hanno avvinta, continui a reagire proprio come desidera ogni aggressore. Delphine vorrebbe spogliarti ma tu ti sottrai, non vuoi più essere spogliata perché altrimenti la scena ti torna davanti agli occhi. Al secondo bicchiere ti si chiariscono le idee: hai voluto imitare Delphine, a cui piace così tanto correre rischi, e il rischio non ha pagato, non stavolta, non con te, e forse avresti potuto prevederlo, se solo avessi ammesso che rispetto a lei sei una mezza tacca. Il vino bianco suona le sue note acidule tra la lingua e il palato, senza lungaggini e virtuosismi. E alla fine del quarto bicchiere, mentre Delphine ti racconta del suo incarico successivo, un lavoro per una banca francese che vorrebbe aprire una filiale nel centro della Cina, non hai più dubbi: su questa Terra ci sono i forti e i deboli, e tu hai la sfortuna di appartenere alla seconda categoria.

«Ho ancora qualche riunione la prossima settimana, poi ho chiuso.» Delphine è in piedi, in canottiera, una gamba sollevata e la schiena poggiata alla parete, fuma una sigaretta al mentolo e di tanto in tanto allunga il braccio fuori dalla finestra per ciccare, con un movimento del polso che Cora conosce fin troppo bene e adora, trova sublime. Non che ci voglia tanto, a dire il vero: lei adora tutti i gesti di Delphine, ogni centimetro del suo corpo. Ci mette un po' a decifrare il senso delle parole. Di che parla Delphine? Ma certo... Della Borélia, il suo incarico alla Borélia. È quasi finito. Cora si ricorda di aver già pensato che insieme sono perfette per parlare la lingua dell'amore, ma nelle conversazioni su qualsiasi altro argomento della vita non si capiscono affatto. Io continuerò a stare rinchiusa in cima a quella torre, pensa, e dietro ogni porta ci sarà Franck ma non più Delphine, né il suo fascino che scorgi da lontano, le carezze clandestine, la risposta pronta che la rende così affidabile, quelle sue risate che danno sollievo. Poco male: continuerò a vederla fuori, non dovremo più nasconderci, meglio così. Ma aspetta, hai sentito cos'ha detto o no? Il prossimo mese farà avanti e indietro dalla Cina, sarà libera solo la sera tardi o in qualche fine settimana, cioè quando tu non puoi. Ha fatto quello che doveva fare, Optimo è stato lanciato, tra un anno quelli della Nielsen torneranno per verificarne i progressi, se funziona buon per loro, se non funziona peggio per noi – ma nel frattempo Delphine se ne lava le mani.

Dai, che bello, ti divertirai, e poi non vedevi l'ora di tornarci, no?, ma Cora non riesce più a nascondere né la sensazione di tradimento né l'ondata di amarezza che la pervade. Non vuole parlare di Shangai, ma di Nadège Galtier, ancora sdraiata sul suo letto d'ospedale. «Mi spiace tanto» le risponde Delphine «ma non riuscirai a farmi impietosire per lei.» Cora parla, è un fiume in piena, le dice che la vede nera, mettono alla porta le persone per sbarazzarsene pagandole il meno possibile, e una parte di loro cadrà in depressione, mentre l'altra si rivolgerà ai tribunali. Delphine annuisce, sì, è probabile, ma dal punto di vista dell'azienda non è un problema, prima che i tribunali dispongano degli indennizzi ci vorranno anni, e magari sarà una spesa sostanziosa, sì, ma paghi una volta e via, e se così facendo sei riuscito a liberarti di impiegati che costavano molto e generavano introiti discutibili allora hai fatto comunque un ottimo affare. «Credimi, in un contesto come quello della Borélia i contenziosi fanno parte del gioco. So che non ti piacerà, ma cosa sono in fondo i tribunali del lavoro? Un rischio come un altro. Tu sei impiegata in una compagnia assicurativa, no? Che fai davanti a un rischio? Stabilisci una copertura, punto. Stabilisci una copertura e vai oltre.»

Ci ha visto giusto, Delphine: quella sua valutazione a Cora non piace per niente. Ora la sua rabbia esplode. Usa le parole di Pierre e le dice che quella mentalità da ragionieri è squallida, come tutti quegli sforzi che finiscono solo per destabilizzare le persone. Le dice: «Ok, io mi sento uno spirito libero, ma mi rendo conto che non è così per tutti, e non sta scritto da nessuna parte che debba esserlo. Non tutti hanno voglia di viaggiare per lavoro o di sgobbare la sera, il fine settimana». E lei ha fatto ciò che le suggeriva la società, ha fondato una famiglia, ha chiesto un mutuo e comprato una casa – e da allora non è più così libera. Ebbene, allora non puoi chiedere alla gente di costruirsi una vita e al contempo di non fermarsi mai. È impossibile riunire in una sola persona il dipendente modello e il consumatore tipo di cui vaneggiano gli economisti. Delphine ribatte: «Potevi benissimo non farlo. A parte il tuo conformismo, chi ti ha costretta a prendere queste decisioni? Il tuo piccolo guscio-prigione te lo sei costruita da sola, cara…».

C'è da credere sia andata avanti così per un po', che si siano aperte crepe sempre più profonde e il veleno si sia diffuso dappertutto: non riescono più a farsi concessioni, a dirsi una parola dolce, ad accennare il gesto di stringersi tra le braccia. Quando la porta sbatte alle sue spalle Cora si rende conto che per la prima volta esce dall'appartamento della Cité de Crussol senza aver fatto l'amore. Andando a trovarla, o mentre riscendeva quelle scale e attraversava il cortile, ha sempre avuto il cuore che le batteva a mille, ma stavolta non sente nessuna gioia: il cuore è un macigno che le pesa nel petto e la trascina a fondo.

Si vedono di nuovo e litigano ancora. Si scambiano messaggi, lunghi messaggi in cui cercano di ripercorrere l'accaduto, riavvicinare i corpi, rimuovere il cancro, riconciliarsi, cospargere di sale le ferite – fino a farle maledire quei telefoni che ti dicono senza possibilità d'errore se l'altra ha letto il messaggio o no. Capiscono peraltro che possono contare sui giganti della tecnologia per decifrare il valore di mercato dei loro sentimenti più fugaci: c'erano per l'erotismo, e non le abbandoneranno certo nel momento del bisogno, no, no, resteranno lì, la compagnia telefonica finanzierà la compagnia dell'amore, e loro avranno il diritto, se lo desiderano, di diventare le eroine di un moderno romanzo epistolare. I loro cuori on line smaniano di sapere in quale disposizione si trovi il cuore dell'altra, ci sono i satelliti a legarli man non basta, ci vorrebbe la telepatia – e l'attesa li accelera, li strema, poi arrivano consapevolezza e dolore: entrambe vedono che l'altra ha letto il messaggio, se vogliono possono misurarne il tempo di reazione, ma non possono sapere cosa ne pensi, né se risponderà, tra quanti minuti, o ore, o giorni, o ancora se la risposta che infine arriva rivela una strategia, oppure quello che è stato pensato e vissuto per davvero.

«Mi vergogno un po' a scendere nei dettagli» mi dice Cora. «Ma comunque, hai capito: un amore come quello, insomma... non ne ho vissuti tanti. Anche se, quando penso a quei giorni di crisi – sarà durata un paio di settimane al massimo –, non so più se la passione sia davvero amore. Perché è pieno di romanzi e film nei quali l'unico vero amore è l'amore-passione, quello sfrenato, strabordante, insostenibile. E tutti gli altri amori invece sono rappresentati come semplici forme di affetto, un po' mediocri, che stanno in piedi solo per abitudine o per comodo. Ma i messaggi, le litigate con Delphine, la disperazione straziante con cui mi ripetevo che non ci saremmo più viste, be', erano tutti, ovviamente, chiari segnali di dipendenza... Voglio dire, ci sono un sacco di cose di lei che non mi piacevano, che mi facevano male e che non stimavo. Eppure ciò non mi impediva, in quel periodo, di avere il cuore spezzato. Non riuscivo a chiudere occhio. Manon sentiva che ero triste e non dormiva bene neanche lei.

Delphine aveva smesso di rispondermi, e così una mattina, molto presto, dopo una nottata di insonnia lancinante, mi sono appostata davanti a casa sua. Faceva un freddo cane, non riuscivo a entrare nel palazzo, avevano cambiato il codice del portone, ho aspettato in piedi su rue Oberkampf, confinata sul marciapiede dall'andirivieni dei camion dell'immondizia e delle consegne – e mi dicevo che se avessi scoperto che non aveva dormito a casa, o se non fossi riuscita a incontrarla per una qualsiasi ragione, sarei crollata di sicuro. Poi, verso le otto, l'ho vista arrivare. Ho riconosciuto il suono dei suoi passi. Quella zazzera bionda che spiccava nel buio... Portava lo scooter a mano, le sono andata incontro e ho cercato di dirle non può finire così, quello che abbiamo è stupendo, e stiamo buttando tutto all'aria. Mi ha risposto: già, hai ragione, forse dovremmo limitarci a scopare e lasciar perdere la politica. Ma gli occhi le si affilavano di ironia. Mi ha detto: non aver paura, tesoro, sopravviverai. Però dimenticati di noi. Ci siamo divertite, è vero, ma ora basta: mica pensavo di frequentarti per sempre. Si è infilata il casco, mi ha fatto l'occhiolino, ha abbassato la visiera e ha messo in moto. Prima di andarsene mi ha posato una mano sulla spalla e ha aggiunto qualcos'altro, non ricordo di preciso, prenditi cura di te, una cosa del genere. Ma non sono sicura, non ho sentito bene. Dopodiché ha accelerato e ciao. Finita. È così che ho perso Delphine.»

10. Istruzioni per la discesa agli inferi

«Se pensi a dove mi ha portato, in quale inferno...» È Cora a pronunciare quella parola. Soffocata dal lavoro, dal dolore e dall'inquietudine, durante le settimane successive ha avuto la sensazione di venire trascinata nei luoghi più bui della sua psiche e del mondo attorno a lei. Tutto congiurava per scovare i suoi punti deboli, aspettare il primo passo falso e farla cadere. Erano forze senza nome e senza volto, quelle che la tiravano verso il basso, e non capiva se fosse più opportuno opporre resistenza o lasciarsi andare fino a toccare il fondo, per aggrapparsi almeno alla speranza di rivedere prima o poi la luce del giorno. Il problema, si ripeteva, è che durante la discesa, tua o degli altri, ti dici che non c'è niente da fare. E per risalire bisogna avere una grande determinazione e un'energia incredibile, tanto più che la discesa è un gioco da ragazzi, devi solo scivolare. I corpi sono fatti per questo: cadere senza opporre resistenza. E così il nostro mondo: se non facciamo niente, se non resistiamo, lui fa esattamente lo stesso e va verso il caos. Cade.

Per sfuggire all'inferno, indaga Cora su internet con l'obiettivo più o meno cosciente di automedicarsi, bisogna imparare a elaborare il lutto. Se soffri troppo per amore significa che il tuo partner o le regole del vostro rapporto non ti andavano più bene. E, visto che probabilmente non vorrai commettere lo stesso errore in futuro, allora fermati un istante, sforzati di capire cosa non ha funzionato. Non è che chi lascia è cattivo e chi viene abbandonato è buono: semplicemente uno dei due si è accorto della situazione di stallo in cui vi eravate cacciati e si è chiamato fuori. Faresti meglio a vivere questo periodo come un'opportunità. Passa pure qualche giorno a letto a leccarti le ferite, poi però passa all'azione: rivoluziona tutto! Comprati quel top scollato che non voleva vederti addosso. Fatti coccolare dal parrucchiere. Organizza una serata beauty farm con le tue migliori amiche. Un cuore spezzato ti parla della tua incompletezza sul piano esistenziale. Se il tuo ego è troppo ferito, sappi che rischi la depressione. Ciò detto, per non confondere un episodio depressivo con una semplice botta di malinconia, fa' caso a questi segnali: se la tua tristezza è profonda e duratura; se hai perso ogni interesse per quelle attività che prima invece apprezzavi, come gli hobby o il sesso; se fai pensieri cupi, o se vagheggi il suicidio. Fallo per quindici giorni. Se vuoi darti la possibilità di uscirne, ricorda che ci sono tantissimi piccoli sintomi a cui devi prestare attenzione.

Sabato 31 marzo Cora arriva allo spazio Le Bal, che ha scoperto il giorno stesso dell'inaugurazione, due anni prima. Le è piaciuto subito quel posto nascosto dietro place de Clichy, e le esposizioni fotografiche che ci ha visto le sono rimaste impresse. Come da programma, Astou ed Édouard sono già lì, Maouloun invece è in ritardo e non risponde ai messaggi, così cominciano a visitare senza di lui la mostra dedicata a Ponte City, un grattacielo degli anni Settanta che svettava nel cielo di Johannesburg, riservato alla borghesia bianca e poi abbandonato alla fine dell'apartheid, per essere successivamente trasformato nel rifugio dei neri delle township. Astou e Cora provano a immaginare gli uffici della Tour Galaxie convertiti in un dormitorio da campo, le pentole col rancio che fumano sui fornellini a gas, i bambini che giocano a un due tre stella davanti alle vetrate, e quella visione distopica accende la loro fantasia non poco. Una volta usciti si siedono ai tavolini del bar e ordinano tè e pasticcini. Tutto porta a credere che nell'ultimo anno Édouard non se la sia passata bene: i capelli si sono ingrigiti ancora, e quando gli chiedono dei suoi progetti resta sul vago, dice che sta pensando di mettere su un'azienda sua, ma comunque è troppo presto per parlarne. Non vorrebbe girare il coltello nella piaga, ma il modo in cui sono andate le cose alla Borélia non lo stupisce: i dirigenti alla Franck Tommaso e i consulenti modello Nielsen li conosce come le proprie tasche. Astou cerca di stemperare con il suo tono pacato: forse non è il caso di fare di tutta l'erba un fascio. C'erano anche brave persone. Quella Delphine Cazères, per esempio. Una ragazza brillante che s'era fatta da sola: sua madre era una disoccupata di lungo corso, i suoi nonni erano stati schiacciati dai debiti, e lei versava a tutti e tre più della metà del suo stipendio; non è da tutti. Cora ha rischiato di strozzarsi col tè che stava bevendo, e il resto lo ha rovesciato sulla tovaglia. Che c'è, Cora, ti senti male? Aveva lo stomaco dilaniato, ma ha risposto di no, e ha fatto in modo di cambiare argomento.

Al loro tavolo quella messa meglio è Astou. A Cora lo ha già raccontato, e non vuole tediare troppo Édouard, ma ecco, ha conosciuto un uomo: è un tizio di origini tunisine, un po' più grande di lei, che ha fondato una società di informatica, uno stacanovista, superbrillante, e in più la fa ridere un sacco. Si chiama Salim. A Saint-Denis sono praticamente vicini di casa, e lo incontrava sempre al Pavillon, il bar sotto casa, è così che è cominciata, con una semplicità che non stenta a definire *disarmante*. E visto che le buone notizie non vengono mai sole, ebbene, da tre settimane è entrata a far parte del trio iperesclusivo degli assistenti personali di Mangin. Brindano alla sua promozione – per fortuna Optimo non fa solo danni – e le chiedono di raccontare com'è andata. Deve ammettere che il fatto di essere maliana ha giocato a suo favore, e se per una volta nessuno si stupisce del suo francese impeccabile, be', non sarà certo lei a lamentarsene. Mangin esige un rigore pazzesco, ma è sempre molto gentile. Sono entrati in confidenza soprattutto dopo l'aggravarsi della situazione in Mali, con il golpe militare a Bamako. Mangin è convinto che la Francia potrebbe intervenire, ma siamo in piena campagna elettorale, e nessuno muoverà un dito. Quando ha saputo che Astou veniva dal Pays Dogon si è affrettato a mostrarle al computer le foto delle sue scorribande maliane, e le ha chiesto di parlargli della sua famiglia. Ah, ah, ci sta provando!, la sfotte Édouard: speriamo che non ti faccia perdere troppo la testa!

È proprio in quel momento che arriva Maouloun. Ha l'aria impaurita e ansiosa. Ha passato la mattinata al centro d'accoglienza di Pierrefitte, inchiodato lì dalle brutte notizie che arrivavano dal suo Paese. A Bamako i militari hanno invaso la pista di atterraggio dell'aeroporto e hanno impedito ai mediatori degli altri Stati dell'Africa occidentale di scendere dagli aerei: le elezioni di fine aprile sono compromesse; nel frattempo, nel Nord, i tuareg e gli jihadisti di Ansar Dine hanno annunciato di aver preso Kida, e il colonnello Gamou ha deciso di schierarsi con loro. «Non ci posso credere» commenta amaro Maouloun. «Non lui… El Hadj Ag Gamou, qui magari non lo sapete, era stato uno dei comandanti dell'insurrezione tuareg degli anni Novanta, ma da una quindicina d'anni ormai era entrato nell'esercito maliano. Mio zio lo conosceva bene, e aveva grande rispetto per lui.» Stando alle telefonate e ai messaggi che hanno ricevuto quelli del centro d'accoglienza, il conflitto si avvicina a Timbuctù alla stessa velocità dei fuoristrada delle milizie. «A casa ho sia amici che appoggiano la rivoluzione sia amici che stanno con l'esercito, e presto arriveranno allo scontro diretto. E la mia famiglia, mia madre, le mie sorelline e il mio fratellino finiranno schiacciati in mezzo. Forse sarei dovuto restare, proteggerli, provare a fare qualcosa.» Cora capisce dai suoi occhi che è reticente a sbottonarsi davanti a quelle persone appena conosciute. Cercano tutti di rassicurarlo come possono, ma ovviamente, per quel che concerne il conflitto, il loro apporto è del tutto insignificante. Riflettono ad alta voce sulle possibili soluzioni per trovare una sistemazione a Maouloun, e Édouard gli scrive l'indirizzo di un amico avvocato che potrebbe portare avanti la sua domanda d'asilo. Nei giardini che circondano il vicolo dello spazio Le Bal un gruppetto di bambini gioca ad acchiapparella, si inseguono tra le giostre, ridono con tutto il corpo. Loro li osservano dal tavolo, immersi in un silenzio che pare inscalfibile. Che noia i bambini tutti composti e i pomeriggi ai giardinetti, sussurra una vocina nella testa di Cora, però bisogna riconoscere che c'è di peggio. L'indomani sera, quando per una volta accende la tv sul telegiornale, scopre che alla fine è successo: Timbuctù è caduta.

Per sfuggire all'inferno, scrive Cora mentre prepara i testi per il portale Santé Plus, bisogna riconoscerne la morsa prima che si stringa. Certi uomini attuano una strategia per opprimere le donne che gli stanno attorno; esercitano il controllo sul loro modo di parlare, di vestire, di guardare gli altri; le donne vittime di violenze sessuali si chiedono dove abbiano sbagliato; le donne vittime di violenza domestica rinunciano alla propria libertà per salvaguardare la coppia – e giustificano i loro compagni dicendosi che sono preoccupati per i soldi, stressati dal lavoro, passano un brutto periodo, poveretti, ma in fondo sono brave persone. Ecco, non bisogna cascarci. Bisogna cercare soccorso e accettare l'aiuto. Funziona così anche in caso di morso di animale. Innanzitutto non vi agitate, perché così facendo facilitate la diffusione del veleno e dei microbi. Se si tratta di un serpente cercate di memorizzarne le dimensioni, il colore e la forma della testa, ma non provate a catturarlo. Se è un cane randagio cercate di portarlo da un veterinario per assicurarvi che non sia rabbioso. Soprattutto, gerarchizzate le paure: in Francia i morsi dei cani sono molto più frequenti di quelli delle vipere, e le donne picchiate dai mariti sono di gran lunga più numerose di quelle aggredite dai migliori amici dell'uomo – come continuiamo a chiamarli.

Il ventisettesimo piano della Tour Galaxie è una distesa di tristezza. La primavera arriva, seppur a tentoni, ma il sole ha smesso di alzarsi. Delphine non c'è, e Cora non può più contemplarne la bellezza, non possono più discettare su questioni complessissime e far passare le ore della giornata fino al momento di gloria dei loro orgasmi. Nei suoi diari scrive: «Quando smettiamo di andare al lavoro con la convinzione che i nostri sforzi possano in minima parte contribuire a migliorare il mondo attorno a noi;

quando perdiamo la speranza di incontrarvi almeno le persone che amiamo, quando ci alziamo ogni mattina tenuti in piedi solo dal dovere o dal ricatto della sopravvivenza, ecco, allora la morte dell'anima è molto vicina». Lei che non è credente a tratti si dice: c'era una fiamma dentro di me, ma è soffocata dalla cenere; c'era un'anima, ma appassisce, si spegne. Le resta a malapena la lucidità necessaria a capire che sta perdendo tutta la lucidità, che quel suo corpo del quale non ha più il controllo è entrato in una caverna dove le ombre s'ingigantiscono e gli disegnano attorno una coorte di minacce invincibili. Un sé antico, ormai sempre più nascosto, sa che dovrebbe stringere nuove amicizie, provare a cambiare reparto alla Borélia, oppure licenziarsi e via. Ma l'unica cosa che è capace di fare è rileggere il cv, correggere una virgola o un punto, cambiare le dimensioni del font e ripetersi che, se quella pagina serve a riassumere tutta la sua vita affinché qualcuno sia invogliato a lavorare con lei, allora bisogna davvero essere dei decerebrati per continuare a pensare che la vita è un miracolo per il quale rendere grazie.

Franck Tommaso, dal canto suo, sta sempre lì. Cora non sa mai con quale delle sue mille facce avrà a che fare. Quando è in buona passa dall'ufficio con la porta che ha fatto sgomberare apposta per lei – visto che in quel periodo avrà molto da scrivere, ha pensato che così sarebbe stata un po' più tranquilla –, e la ascolta mentre gli spiega a cosa sta lavorando, le dà ottimi consigli, scherza con una verve inedita, come se quanto accaduto tra loro gli avesse restituito fiducia e lo avesse invogliato ad affrontare la vita con rinnovata eleganza. Da certi segnali che le invia sembra aver capito che spingersi oltre sarebbe un abuso di potere: ora che lo ha riconosciuto come un potenziale pretendente, come un uomo che potrebbe piacerle, col quale in circostanze diverse andrebbe a letto volentieri, possono tornare ad avere una normale relazione di lavoro, e *fare la pace* come le aveva proposto a suo tempo. Altre volte invece, in maniera imprevedibile, Cora legge nella contrazione della sua mascella e degli angoli della bocca un'impellente sete di distruzione. Nonostante sia l'unica alla quale non ha nemmeno detto buongiorno entrando, la convoca nel suo ufficio e la fa notare che ha una faccia da funerale, non è piacevole lavorare con qualcuno che non sorride mai, potrebbe anche fare uno sforzo, tanto per cambiare. Nadège e Astou non saranno rimpiazzate, non c'è quasi più nessuno su cui possa fare affidamento, e in quello stato di sbigottimento deve stare in piedi, davanti a lui, e ascoltarlo mentre le dice: Cora, così non va, lavori a rilento, non puoi continuare a richiuderti nel tuo cantuccio a, io e Agathe abbiamo bisogno che tu faccia gioco di squadra, e prima di tutto che ti dia una svegliata.

E certi giorni il bisogno di sapere a che punto sia con l'elaborazione del sito, per poter così riferire ai membri del consiglio di amministrazione, lo costringe a chiederle di restare fino alle nove o alle dieci, o altrimenti, di continuare a lavorare da casa dopo aver messo a letto Manon. Quando sente la vibrazione del cellulare a mezzanotte, o la domenica nel tardo pomeriggio, è molto probabile che sia un messaggio di Franck. Resiste alla tentazione di cancellarli senza leggerli, continua ad aprirli e a conservarli per ogni evenzienza. Parlano solo di lavoro: questioni a volte pertinenti, altre superflue, compiti inutili ma urgenti che aggiunge alla sua *to do list*, consegne di una precisione maniacale. Preferirebbe che Franck perdesse il controllo e le inviasse raffiche di insulti in piena notte, o che le mettesse nero su bianco tutte le posizioni acrobatiche nelle quali è pronto a possederla, e invece si contiene – ormai è un maestro consumato nell'arte di sapere fin dove spingersi. E puntualmente, quando invece Cora è sul punto di rivolgersi ai sindacati o alle risorse umane, le torna in mente com'è andata l'ultima volta. E, quando sta per parlarne con Pierre, nella sua mente riecco il corpo di Franck incollato al suo, le sensazioni che ha provato, riecco la vergogna. Alla fine rinuncia.

Una luce, forse. O almeno un bagliore. Cerca l'uscita con gli occhi sgranati. Quando si sono incontrate a Le Bal, Astou le ha detto: «Non avresti dovuto abbandonare la fotografia. Anche se hai troppi impegni. Nonostante Manon, nonostante il lavoro.

Dovresti riprendere. Se non ti dai un attimo di respiro niente avrà più senso». Fino a due mesi prima Cora avrebbe declinato il consiglio, di sicuro affettuoso ma del tutto insensato, perché non puoi praticare da dilettante un'arte che, con un po' più di coraggio, sarebbe potuta diventare il tuo lavoro, non puoi caricare d'altra fatica un corpo che ti urla basta e quei nervi che sono sul punto di saltare. Quella volta invece accoglie il suggerimento, tanto più che si sposa bene con un progetto che le frulla in testa da un po'. Vorrebbe assumere Maouloun come guida, seguirlo nell'inquietudine dei suoi spostamenti erranti, nei suoi sogni di pittura, e fotografarlo, guardare Parigi attraverso i suoi occhi, gli occhi di chi vive la città in prima linea ma non ha pressoché speranze di trovarvi il proprio posto. Dal primo giorno in cui lo ha visto ha pensato che quel volto meritasse un grande ritrattista. Magari lei non sarà all'altezza, ma vorrebbe provarci. Maouloun si è detto disponibile a prestarsi al gioco, a condizione che Cora gli versi i diritti del reportage nel caso in cui dovesse venderlo. Non la metà, ma l'intera cifra: ne ha molto più bisogno di lei.

E allora, per loro due, inizia un'altra stagione. Il sabato o la domenica Cora lascia Manon ai genitori o a quelli di Pierre e si ritaglia qualche ora per incontrare Maouloun. È più semplice e naturale rispetto a quando si vedeva con Delphine, perché non deve mentire a nessuno, le basta ribadire quanto sia importante per lei e ignorare lo scetticismo nei loro occhi, che d'altronde hanno spesso il tatto di mascherare. In quel periodo non si parla ancora tutte le settimane dei barconi colati a picco nel Mediterraneo, e gli accampamenti nel Nord della Francia non occupano ancora l'intera superficie catastale non assegnata, ma si cominciano già a vedere molte tende da campeggio addossate l'una all'altra sugli argini del canale che porta al parc de la Villette o sotto i cavalcavia della tangenziale. Cora svuota la dispensa, riempie lo zaino di scatolette di tonno, riso, tubetti di dentifricio e va con Maouloun negli accampamenti dove lui conosce qualcuno. Per evitare di scatenare un parapiglia cerca i migranti o i volontari che si occupano di distribuire le donazioni, poi si siede e beve il tè accanto a loro, sotto teloni di plastica battuti dalla pioggia. Maouloun può anche dire di essere un solitario, uno che attinge le proprie forze al pozzo del silenzio, ma è bravissimo ad attaccare bottone, e a gesti, o persino con un paio di parole di inglese, sa conquistarsi la simpatia di quelli che non parlano francese: gli afghani giunti a piedi camminando quaranta chilometri al giorno, i siriani arrivati chiudendosi a turno nei bagagliai delle auto per non soffocare, pestati a sangue nelle città iraniane e turche, incarcerati per settimane dalla polizia ungherese o serba, tutti quelli, insomma, che arrivati a Parigi sapevano dire soltanto *bonjour*, *merci* e *gare de l'Est*. Maouloun è lì da due mesi scarsi, ha dieci anni meno di lei e dopo certe notti buttato per strada barcolla di stanchezza, ma è solo grazie a lui se Cora riesce a conoscere le persone con le quali altrimenti non sarebbe riuscita a stabilire nessun contatto, se può parlarci a lungo, a volte della loro condizione, a volte di tutto e niente, ed è ancora merito suo se, quando sente che un minimo di complicità si è instaurata, può chieder loro di posare per un ritratto. Si fa lasciare il numero di telefono per inviare poi la foto o per aggiornarli su un'eventuale pubblicazione, ma l'unica persona con cui si tiene in contatto è Maouloun: ha paura altrimenti che la mappa della sua mente si trasformi nella mappa dei loro esili. Mentre le foto scorrono sullo schermo e il reportage comincia a prender forma davanti ai suoi occhi si sente di nuovo il cuore invaso dalla sensazione di essere utile a qualcosa.

Quando il tempo è troppo brutto o la stanchezza insostenibile, si incontrano da lei a Montreuil e lavorano al discorso che Maouloun dovrà tenere al cospetto dei funzionari dell'OFPRA chiamati a esaminare la sua richiesta d'asilo. All'inizio le diceva che non voleva essere di disturbo a casa sua, e quando aveva incontrato per la prima volta Pierre a gare Saint-Lazare gli era parso molto freddo, per non dire sprezzante, tanto che Cora si era ritrovata a fare un panegirico del proprio compagno sostenendo a sua discolpa che quella sera era molto preoccupato per lei, che sulle prime magari era un po' ostico ma era davvero una persona generosa; poi, in separata sede e a brutto muso, ha insistito con Pierre perché riservasse un'accoglienza migliore al suo amico. «OFPRA: Ufficio francese per la protezione dei rifugiati e degli apolidi» ripete Maouloun a voce alta saggiando ogni singola parola. In quel Paese di maniaci delle abbreviazioni e degli acronimi, di burocrati provetti, si è detto che almeno quelle cinque lettere potevano tornargli utili. «Ti chiedono solo di raccontare» le spiega. «Ma se non sei capace, o se non vuoi, o se non hai una buona storia, se non hai sofferto le pene dell'inferno, be', non hai speranze, è finita lì. Il punto» continua «è che raccontare è la cosa più faticosa. Non so se lo sanno anche loro, ma la memoria ha dei vuoti. E se la passi al setaccio per scovare più dettagli possibile, prima o poi incappi in uno di quei vuoti.»

Cora tace, aspetta che si decida a farlo o rinunci e basta. «La mia famiglia...» attacca Maouloun disegnando un cerchio con la mano «be', insomma, come sai...» Da parte di padre è un bella, ossia un tuareg nero, da parte di madre un songhaï. Il giorno della sua nascita, il 27 giugno 1990, il padre non c'era, perché era un altro periodo di forte ribellione tuareg e stava partecipando al raid su Ménaka. «Mia madre, c'è poco da fare, non mi sopportava. Forse ero arrivato troppo presto. Forse il parto le aveva fatto troppo male.» E nemmeno suo padre lo amava. Nonostante il negozio di chincaglierie ed elettrodomestici che aveva rilevato alla fine delle rivolte di Timbuctù gli permettesse di campare più che dignitosamente, era un uomo frustrato da tutto, sempre arrabbiato, e in fondo il suo disamore non investiva solo Maouloun, ma tutto ciò che riguardava la sua sfera personale. Così, fin da piccolissimo, Maouloun si era legato allo zio, che non aveva ancora figli, e i suoi genitori non avevano avuto nulla da ridire. «Da noi è una cosa molto comune, spero che quelli dell'OFPRA lo sappiano.» Lo zio aveva studiato a lungo, e dopo anni trascorsi a Bamako, che gli erano valsi ammirazione e diverse accuse di snobismo, era tornato a Timbuctù come insegnante di storia e geografia in un liceo. «Capisci?, quando dico mia madre in realtà mi riferisco a mia zia. Quando dico le mie due sorelline o il mio fratellino parlo dei figli che hanno avuto dopo di me.»

Insomma, nell'inverno precedente le milizie del MNLA hanno ricominciato a bazzicare da quelle parti. «Anche noi abbiamo le nostre sigle, non quanto voi ma tant'è. Vuol dire Movimento nazionale di liberazione dell'Azawad. E *Azawad* è la parola tamasheq per indicare i territori tuareg.» E così sono ricomparse vecchie conoscenze che lo zio non vedeva da anni, da quando cioè si erano trasferite nel deserto, tra le montagne degli Ifoghas, o nell'esercito libico fino alla caduta di Gheddafi. Erano di ritorno per riallacciare la solidarietà di un tempo, rinverdire il sogno dell'indipendenza. La prima sera si sono fermati a cena dallo zio, hanno rispolverato qualche ricordo e alla fine gli hanno chiesto: tu e tuo fratello eravate con noi vent'anni fa, quando abbiamo accettato l'accordo di pace; non avremmo dovuto, ma questa è la volta buona; possiamo contare sul tuo appoggio, sul tuo aiuto? Lo zio ha aspettato che mettessero tutte le carte in tavola. E poi, a tarda notte, con un puntiglio esasperante, ha smontato punto per punto la loro disamina della situazione: avrebbero seminato solo caos e centinaia o migliaia di morti, e alla fine non l'avrebbero comunque avuta vinta; gli unici a trarne vantaggio sarebbero stati gli islamisti dell'AQMI, del MUJAO e dell'Ansar Dine, che professavano un islam diverso da quello di Timbuctù. «Finirete per fare il loro gioco e uscirne sconfitti» aveva sentenziato lo zio di Maouloun – probabilmente senza tenere conto dell'accecante desiderio di sentirsi dare ragione nutrito da quegli uomini. Se ne sono andati gettando a Maouloun occhiate di sbieco, e augurando allo zio pace e prosperità per lui e i suoi figli.

E quando sono tornati, un mese dopo, dai loro abiti sbucavano le bocche dei kalashnikov. Quella volta non volevano tastare il terreno: erano venuti per arruolare e sequestrare. «Qualche segnale l'ho colto anch'io» dice Maouloun. «Ho visto crescere sempre più la loro influenza.» Certi suoi compagni di scuola hanno smesso di andare a lezione, erano troppo presi in altre occupazioni di cui non potevano parlare, e alcuni hanno anche lasciato la città. Di fronte alle scuole coraniche o davanti alle caserme c'erano gruppetti di bambini di sette o otto anni che se ne stavano in silenzio, l'orecchio teso, spesso non potevano trattenersi dallo sfoggiare i cellulari che gli avevano appena messo in mano, e se per caso li avvicinavi se la svignavano per i vicoletti. Quelli del MNLA si sono infilati in casa dello zio in pieno giorno, senza esser stati invitati. Gli hanno chiesto se ci aveva pensato, se per caso si era ricordato di essere un tuareg anche lui, e se era disposto ad ammettere che i tuareg dovevano fare fronte comune perché finalmente nei palazzi di Bamako la smettessero di misconoscerli e schiacciarli. Se ti senti troppo vecchio e il cuore non ti regge, dacci un po' di soldi, oppure di' al tuo primogenito di lasciar stare i libri e diventare un combattente, oppure consegnaci tua figlia così che possa prendersi cura di noi, e noi faremo altrettanto, promesso, la tratteremo come fosse figlia nostra. Gli hanno detto, allora, a te la scelta, pensaci, cosa vuoi darci?

Maouloun ha visto il panico spingere nelle vene dello zio e deformargli il volto. Lo ha visto trattenere a stento l'ansia, fare un lungo respiro e sforzarsi di assumere un'espressione di sincero dispiacere: era desolato ma proprio non poteva, non aveva molti soldi e quei pochi che possedeva se ne andavano tutti per la scuola dei figli, e non ce li mandava mica per sfizio, ma nella speranza che prima o poi avrebbero contribuito allo sviluppo della regione. Adattandosi alle reazioni verbali e non verbali di quei cinque uomini armati, col rischio di cadere in contraddizione, e rifacendosi a certi versetti del Corano che trasformava nella testimonianza del valore dell'unione famigliare, ha detto che i suoi figli erano inesperti e goffi, che portarli con loro sarebbe stata un perdita per il suo focolare e un intralcio per il loro gruppo, ma poteva dargli qualche scorta di cibo e una somma di denaro, modesta in generale ma molto consistente data la sua disponibilità, per ribadire la sua amicizia e soprattutto il suo sostegno alla causa comune.

Cora fissa Maouloun. Sono giunti al cuore del racconto, e il suo amico è diviso tra la speranza di liberarsene e la paura che, a furia di ripeterlo, trasformerà i ricordi in fantasmi sempre più contorti. Per farla breve, quelli del MNLA hanno giudicato la proposta dello zio insoddisfacente, quasi offensiva. A loro non piaceva ricorrere a estremi rimedi, ma dato che non gli lasciava altra scelta... Hanno afferrato la figlia per un braccio, le hanno avvicinato la mano al braciere fumante e le hanno chiesto se perdendone l'uso sarebbe diventata meno maldestra, e mentre quella si profondeva in urla disperate e lo zio continuava a ripetere ditemi che cosa volete da me Maouloun si è scagliato contro di loro, ne ha colpito uno senza pensarci e si è beccato una botta col calcio del fucile che lo ha scaraventato al suolo. Non vogliamo niente da te, ha detto allo zio il portavoce del gruppo, sei un cane rognoso. Togliamo il disturbo, lurido cane, gli ha gridato il più isterico tra loro, l'unico con la tuta mimetica, e pronunciando quelle parole ha fatto partire una scarica secca che ha incollato lo zio al muro e gli ha contratto il viso in un'espressione ebete che Maouloun in vent'anni non gli aveva mai visto. Dopodiché alcuni di loro devono essersi vergognati dell'accaduto, e con la speranza di scacciare la vergogna, hanno circondato Maouloun e lo hanno riempito di calci liberatori, ai fianchi, in pancia, fin quando non ha perso conoscenza.

Non sa cosa sia successo in seguito. Non sa quali grida abbia cacciato sua zia, né che effetto facesse l'ustione sulla mano di sua cugina, non l'ha sentito, non l'ha visto. I miliziani hanno levato le tende senza portarsi via nessuno, probabilmente nel timore che la notizia dell'omicidio giungesse in quattro e quattr'otto al commissariato più vicino. Se poi i poliziotti siano arrivati davvero, se abbiano fatto qualcosa o meno, Maouloun non se lo ricorda. Si rivede mentre si trascina rasente i muri della città e si accerta a ogni incrocio di non imbattersi di nuovo nella loro milizia, si ferma a vomitare, e alla fine entra dalla porta sul retro nel negozio di suo padre. Ricorda di averlo trovato in piedi su uno sgabello intento a sistemare scatoloni sugli scaffali più alti, e di aver sentito la sua voce chiedergli, ancor più aggressiva del solito, perché fosse entrato lì a quel modo. All'annuncio della morte del fratello ha ingoiato i singhiozzi, singhiozzi stranissimi, che gorgogliavano come sangue nelle parole di un uomo sgozzato. Poi ha sentenziato che, nonostante fosse così colto, il fratello si era comportato come l'ultimo dei cretini.

«Mio padre si era mosso diversamente» spiega Maouloun a Cora. Aveva pensato di potersi vendicare, di poter sfogare tutta la sua rabbia repressa, antica, e nel corso della lite furibonda che hanno avuto subito dopo, Maouloun ha scoperto che il padre aveva accettato di stivare materiale per i miliziani, armi e munizioni, forse perché c'erano un sacco di soldi in ballo, ma prima di tutto perché credeva che aiutarli fosse l'unica cosa giusta da fare per onorare la propria storia. Maouloun gli si è avvicinato fino a sputargli sangue addosso e gli ha urlato che era complice di un gruppo di assassini che avevano appena ucciso suo fratello per il solo piacere di ascoltare il suono delle proprie armi. Suo padre ha ribattuto gridando ancora più forte che sapeva quel che stava facendo, e una volta conquistata la città il Movimento si sarebbe ricordato delle famiglie che lo avevano appoggiato e di quelle che s'erano defilate, e allora Maouloun non sarebbe più stato suo figlio, proprio come non lo era stato fino ad allora, d'altronde, e non voleva più vederlo nel suo negozio, anzi non voleva più vederlo e basta, e non solo fin quando le acque si fossero calmate, ma per tutto il resto della vita che Dio gli avrebbe concesso di vivere.

«E così sono scappato» bisbiglia Maouloun. «In quelle circostanze.» E lo ha fatto prima dell'arrivo della guerra, perché quell'esperienza gli era bastata e avanzata. «Sono dovuto scappare perché è il mio difetto, Cora, la mia vergogna: non sono uno a cui piace combattere.»

Per sfuggire all'inferno, scrive Cora sul portale Santé Plus, affinate i riflessi. Estate fa rima con vacanze, però basta un attimo di distrazione e il sogno volge in dramma: la parola annegamento fa pensare a spiagge e piscine, ma può succedere anche in casa; un neonato può affogare in pochi centimetri d'acqua e in una manciata di minuti. Se siete sulla spiaggia, col mare agitato, e vedete qualcuno che annega non dovete intervenire: non si può salvare una persona mettendone a repentaglio un'altra. Invece di buttarsi in acqua è consigliabile chiamare i soccorsi e lanciare alla persona in pericolo un oggetto galleggiante. Se state navigando, assicuratevi di farlo su una barca che rispetti le norme europee in fatto di sicurezza. Il peso totale e il numero delle persone a bordo sono fattori da rispettare scrupolosamente. È compito del comandante tarare la velocità e la portata dell'imbarcazione sulle condizioni marine per garantire a tutti una navigazione piacevole. E soprattutto, in qualità di passeggeri, sentitevi in diritto di rifiutarvi di prendere il largo su un mezzo inadeguato.

Un'altra domenica mattina Maouloun arriva da lei senza preavviso, sovraeccitato, gli occhi arrossati da quella che Cora spera essere stanchezza, ma molto più probabilmente è droga. Ha ricevuto una lettera con la data e l'ora della sua audizione presso l'OFPRA. «Che cavolo gli racconto?» chiede con un'assurda voce stridula mentre Cora sale al piano di sopra per togliersi la camicia da notte e vestirsi. «Calmati» gli dice Pierre cercando di mantenere la calma a sua volta, e nel frattempo mette su una camomilla al posto del caffè. «Non vogliono sapere solo perché sei scappato, ma anche quel che è successo durante il viaggio. Avranno già letto il tuo dossier, e cercheranno di capire se dici la verità o no.»

Cora a quel punto tira fuori carta e penna per chiarire i vari passaggi e metterli nero su bianco, mentre Pierre porta Manon al parco nel tentativo di placarne il pianto. «La rotta del Sahara» comincia Maouloun dopo qualche minuto «è una fregatura totale. Io ho preso un autobus fino a Gao, per cercare uno scafista di terra. Stai lì, contratti sul prezzo, non puoi prevedere quanto ti chiederanno, Cora, fanno come gli pare.» Lui ha pagato 300.000 franchi CFA, l'equivalente di 450 euro, e il mattino successivo è partito sul rimorchio di un camion scoperto, con altre cinquanta persone, munito semplicemente di zaino, biscotti e un boccione d'acqua da quattro litri che gli scafisti gli avevano detto di comprare. Arrivati in un posto noto come Talanta, subito prima della frontiera, si sono fermati in una rimessa.

«Che tu lo voglia o no per prima cosa ti mollano lì. Il proprietario si chiama Hamidou, ti obbligano a entrare nella sua aia e per uscirne, anche se ci sei stato solo un secondo, ti costringono a pagare 40.000 CFA. Se non ce li hai rimani là per mesi e lavori gratis per lui, e tutte le donne che passano a casa sua sono obbligate ad andarci a letto, e se stanno col marito chi se ne frega, e se stanno con i figli idem, e te lo giuro, Cora, te lo giuro, le pesta a sangue.»

Maouloun è entrato in Algeria da Timiaouine, dove gli hanno chiesto di pagare per il tragitto fino a Silet. Prima di arrivarci però li hanno fregati di nuovo, il camion ha accostato, li ha lasciati ai piedi di una grande collina, e l'autista del mezzo che è venuto a recuperarli gli ha chiesto altri 2.000 dinari per portarli fino a Tamanrasset. «C'era un compagno di viaggio che mi ha detto: stacchiamoci dal gruppo e andiamo a piedi a Silet, è dietro la collina, non è lontano, e da lì prendiamo un autobus pubblico, costa 200 dinari, il prezzo vero.» La strategia ha funzionato. Ma arrivati a Tamanrasset non era ancora finita: avrebbero dovuto dormire in casupole che chiamavano rifugi, ma Maouloun aveva sentito dire che lì i proprietari picchiavano i clandestini e li torturavano finché non contattavano le famiglie e le convincevano via telefono a spedirgli dei soldi. «Ho visto cose, Cora... Ho visto certe cose...» A lui era andata bene perché poteva ancora pagarsi il prosieguo del viaggio, e a differenza di molti altri non è dovuto restare lì uno o due anni a montare piastrelle, spompinare tipacci luridi e spazzare pavimenti che la sabbia tornava a ricoprire dopo un secondo.

I nuovi scafisti con cui si è messo in contatto praticavano la rotta libica. Maouloun si chiedeva se non stesse per gettarsi a capofitto in una guerra ancora più atroce di quella da cui fuggiva, ma l'uomo gli ha spiegato, facendo scorrere l'indice da un punto all'altro di una cartina ormai logora, che il caos era esattamente ciò di cui avevano bisogno: avrebbe permesso loro di sfuggire ai controlli. Sei giorni dopo sono arrivati a Debdeb, dove non c'era assolutamente niente a parte una stazione di servizio, un campo da calcio e una moschea che sembravano smarriti in una superficie lunare, completamente diroccati. Alla stazione degli autobus ha provato a comprare un biglietto per la Libia ma non ha potuto, ai neri non ne vendevano, ai neri mai e poi mai, nemmeno al quintuplo del prezzo. «Devo ammettere che mi ha ferito molto sentirmelo dire.» E così, chiedendo qua e là, ha trovato una guida che scortava i migranti oltre la frontiera a piedi, di notte, tenendosi lontano dalla strada. «Eri da solo?» lo interrompe Cora. «A quel punto del viaggio, intendo.» Maouloun risponde di sì: «Non ho mai voluto viaggiare con altri, perché se poi uno ha un problema qualsiasi, di salute o di soldi, finisce che blocca tutti quanti. Certo, ho incontrato molte persone, ma nella mia testa ho sempre viaggiato solo.» La guida aveva intimato a tutti di ubbidire ai suoi ordini all'istante e senza fiatare: correre e fermarsi, buttarsi a terra, restare sdraiati due ore su un terreno pietroso e gelido, rialzarsi di colpo e ripartire a spron battuto. Da Gadames ai dintorni di Tripoli hanno cambiato dieci macchine, si sono ammassati sotto teloni legati talmente stretti che quel sole di gennaio bruciava come un sole di giugno. «Sotto quei cosi è difficile respirare, ma almeno non si vede niente, ed è meglio così» dice Maouloun. «Devi sapere che quelle strade sono piene di morti di fame e cadaveri crivellati di proiettili. È sempre uguale, per tutto il tragitto. Non smetti mai di incrociare corpi che hanno terminato il viaggio, e tu invece continui, e ti chiedi dove finirà il tuo, come succederà, e una parte di te vorrebbe conoscere la risposta, mentre un'altra ti dice no, non c'è fretta, non c'è fretta che accada, né di sapere come.

Quando ci siamo avvicinati a Tripoli ci hanno detto di mollare gli zaini. Cercano di convincerti che è per non dare a vedere di essere appena arrivati, ma intanto si prendono tutto quello che hai, tutto, il telefono e i vestiti, ti infili qualcosa di pulito, un paio di jeans e un maglione, un giubbotto e un berretto, e gli lasci tutto il resto, tanto sei nelle loro mani. E loro sono armati: che fai, gli dici di no?» Gli hanno concesso di tenersi qualche documento, i dipinti di Saint-Lazare in ricordo dello zio, si è copiato al volo i numeri dei suoi cari e gli ha consegnato a malincuore il cellulare, e mentre l'ultimo camion li portava sulla costa, a Sabrata, si è sforzato di ripeterli per impararli a memoria, come una ninna nanna, per non pensare a tutto il resto. «Mi era giunta voce che nel Mediterraneo morivano in tanti, lo sapevo, ma ciononostante non mi ero mai chiesto come si arrivasse dall'altra parte. Pensavo fosse una roba garantita, Cora, non avrei mai immaginato fino a che punto fosse un gioco d'azzardo.» Sabrata è l'ultimo lembo di suolo africano sul quale ha poggiato i piedi, e il posto più folle in cui è stato. «Non so se si possa scendere più in basso di così. Davvero. E io ho visto quello, ma non so se esiste addirittura di peggio.» Gli scafisti li hanno rinchiusi nel capannone di una fabbrica di tonno in scatola, un edificio abbandonato dove di notte la temperatura crollava a cinque gradi. Erano centinaia, non avevano diritto di uscire e a dire il vero non gli interessava nemmeno, ai cecchini appostati sui tetti avanzava sempre un proiettile e le milizie locali aspettavano un pretesto qualsiasi per spogliarli e fargli saltare la testa, tanto per dirsi che c'era un nero di meno. «Mi ripetevo: devo riuscire a tenermi i soldi, costi quel che costi» le dice Maouloun. «Se rimani senza soldi poi agli scafisti non gliene frega più niente se arrivi dall'altra parte del mare o muori.»

La sera della partenza hanno ordinato a tutti di uscire e sedersi a gambe incrociate nel cortile, poi hanno fatto l'appello, nominando quelli che sarebbero andati, i quali dovevano alzarsi e attraversare uno alla volta il cancello metallico che dava sulla riva. «È stato solo allora che ho visto il gommone, uno Zodiac. Ho capito che avrei fatto la traversata su quel coso.» Il vento era debole e la notte molto mite, ma in Maouloun è sorto comunque un timore molto più grande di quelli che s'era lasciato alle spalle, un formicolio che saliva dalla sabbia, lo possedeva in tutto il corpo e lo paralizzava. «È vero anche che io non so nuotare.» La vedeva nera, insomma, ma non poteva comunque tornare indietro. Continuavano a imbarcare persone su quella specie di canotto, una dopo l'altra, e se per caso qualcuno si azzardava a protestare lo gettavano a mare, e a quel punto poteva solo annaspare fino a riva e dire addio al sogno di andarsene. «Siamo partiti. A ovest abbiamo visto le luci della Tunisia. A quel punto lo Zodiac si è bucato. Ha urtato qualcosa e si è bucato. Allora certi si sono messi a dire: dobbiamo tornare indietro, altri: no, dobbiamo proseguire. Intanto a bordo si riempieva tutto d'acqua, un'acqua mista a gasolio che ti bruciava la pelle. Abbiamo chiamato quelli che ci avevano fatto partire ma non rispondevano. Allora abbiamo chiamato il nostro scafista dicendo che saremmo morti tutti, e lui ha richiamato quelli a terra, e ci hanno mandato altri Zodiac per venirci a riprendere. Ma non sono riusciti a salvare tutti. Io viaggiavo con un ragazzino, Souleymane qualcosa, aveva quindici anni e veniva dal circondario di Diré, in Mali, dalle mie parti… e lui, Cora, lui non ce l'ha fatta, è rimasto intrappolato.» Gli scafisti hanno promesso ai sopravvissuti: la settimana prossima vi facciamo partire. E quella volta erano ancora di più, li hanno messi in mare di giorno, sei ore dritto per dritto fino all'Italia, un'onda sull'altra, e sono sbarcati in Sicilia sotto una cappa di nuvoloni bluastri, si sono arrampicati su una scarpata ricoperta di fichi d'India e grazie a Dio era finita, grazie a Dio ce l'avevano fatta.

Per raggiungere il paradiso mentre siete ancora sulla Terra, si informa Cora sui migliori settimanali, dovete dare prova di audacia. I nostri desideri e ricordi riemergono continuamente per alimentare la nostra sessualità: coraggio, dunque, salpate sul mare delle vostre fantasie. Secondo un recente studio, più della metà delle donne pensa a un altro mentre fa l'amore col proprio partner. E nella maggior parte dei casi si tratta di un amico intimo o di un collega. Gli psicologi paragonano questo genere di sentimenti alla fobia d'impulso, ossia la paura di perdere il controllo e commettere un atto pericoloso: tipo quando arriva la metro e pensiamo di buttarci ma non lo facciamo; allo stesso modo, sotto la pressione della libido, capita di ritrovarsi davanti immagini fuori luogo, una sorta di gioco con un limite che non necessariamente trasgrediamo. Di sicuro può essere inquietante, ma non bisogna colpevolizzarsi: non siamo obbligate a condividere tutto coi nostri partner. Ma, se una terza persona si intromette troppo spesso nei nostri amplessi, forse è il caso di farci qualche domanda: stiamo soffocando un desiderio impellente? O magari stiamo negando a noi stesse che la nostra vita sessuale non ci soddisfa più?

A condividere sui social l'articolo è stata una sua amica. Cora ci capita sopra tra un sisma a largo di Sumatra, la foto di un braccialetto identificativo stretto al polsicino di un neonato, uno scandalo di evasione fiscale e uno studio sull'estinzione del puma nell'America dell'Est. Lo ha letto con interesse perché da qualche settimana la vita erotica lascia alquanto a desiderare. Ha raggiunto un tale livello di stanchezza da non avere più voglia di fare l'amore, e quando cede alla tenerezza o alla destrezza di Pierre è come se di fatto lei non fosse lì, l'eccitazione monta con una lentezza esasperante e svanisce alla minima distrazione. Deve chiudere gli occhi davanti a quel viso che conosce troppo bene, ma nemmeno ciò che compare sotto le palpebre la stimola. Quando ancora vedeva Delphine era conturbante ed eccitante passare dal pensiero di quel corpo a quello di Pierre, da quel ventre dolce all'altro duro, da quelle dita affusolate alle grandi mani del compagno. Ma ora evocare quelle immagini è come invocare la morte, una visiera che si richiude sotto un casco, ciao ciao, bellezza, prenditi cura di te. Se invece pensa agli uomini che le piacciono ecco che Franck si siede sul bordo del letto, si accarezza il pizzetto, la osserva all'opera chiedendo se per caso disturba, si sbottona la camicia e le domanda con tono pensoso se è la paura del paragone a trattenerla; poi va a farsi un giro e ritorna all'improvviso, entrando senza colpo ferire in quella sua psiche che gli ultimi mesi sembrano aver trasformato in un open space. Le viene in mente che ha ancora la lavatrice da stendere, redige mentalmente la bozza di una mail o i consigli da dare a Maouloun, pensa a qualsiasi cosa, a tutto tranne a ciò che sta facendo, e non riesce mai a godere. E quando Pierre infine alza bandiera bianca non se la prende con lui per essere sempre così uguale a se stesso, ma si rimprovera di essere depressa, smarrita, sleale e arrabbiata. Nei suoi diari scrive, con una grafia a zampe di gallina ancora più criptica del solito: «Se non riesci più a godere con Pierre, voglio dire, Pierre…» e la frase resta a metà, perché evidentemente ha paura di scoprire dove la porterebbero i suoi pensieri.

La settimana seguente, che gioia, i suoi suoceri arrivano a Parigi, e allo zoo del jardin des Plantes, mentre Manon salta giù dal passeggino per scambiare quattro chiacchiere con i due panda rossi Yumco e Zanda, Nicole – dopo aver aggiornato Cora sullo stato di salute di una quindicina di amici che lei non conosce – le chiede come parlando del più e del meno se per caso la piccola non cominci ad annoiarsi tutta sola, se per caso non desideri un compagno di giochi. E per non peccare di eccesso di delicatezza, o pensando che Cora non dedichi la giusta attenzione all'argomento, racconta di quella coppia di certi suoi conoscenti che hanno tardato, scellerati, a mettere al mondo un secondo pargoletto, e che ora devono sorbirsi la tortura del protocollo della procreazione assistita. Ovviamente Cora saprà che i figli unici finiscono presto per prediligere la compagnia del telefono a quella della mamma e del papà, così iniziano a confidarsi con amici dagli pseudonimi ammiccanti che li abbordano su internet, e se pure sopravvivono all'adolescenza senza finire nella pentola di un cultore del cannibalismo, poi diventano manager mediocri alla Franck Tommaso, pronti ad avvelenare la vita dei loro colleghi e a spingerli uno per uno nel baratro. Lì per lì Cora vorrebbe risponderle: ma insomma, mi lasci in pace, non si aspetti di darmela a bere, non capisce che non è questa cosa qui, la vita, che non so più come uscirne? Ed è solo a sera, sfogando con Pierre la rabbia taciuta, che riesce a dire quanto sia straordinario quel modo che hanno i genitori più bigotti – perché sì, mi dispiace dirtelo ma tua madre è un po' bigotta, anzi è l'incarnazione della bigotta – di intimare ai propri figli: allora su, scopate, forza, scopate, dai e dai qualcosa combinerete!

Per sfuggire all'inferno, scrive ancora Cora, sorvegliate la vostra prole. Alcuni studi dimostrano che basta un minuto per rapire un bambino. Insegnategli fin da piccoli a diffidare degli sconosciuti. Ripetetegli che, quando sono in difficoltà, gli adulti benintenzionati chiedono aiuto ad altri adulti, non ai bambini. Poter sapere in ogni istante dove si trovi la nostra progenie è il sogno non poi così segreto dei più ansiosi tra noi. Pensati appositamente per i cinquenni, gli orologi digitali li geolocalizzano e vi inviano una notifica nel caso in cui escano dalle aree protette. Va detto che gli psicologi ci mettono in guardia spiegando che in questo modo si invia ai piccoli un messaggio contraddittorio: è come affermare che sono liberi ma sotto sorveglianza, come dire ti tengo d'occhio perché non mi fido di te. Un genitore che coltivi la pretesa di costruire un ambiente protetto attorno al proprio figlio rischia di non prepararlo ad affrontare il pericolo. E quindi è meglio ricordarsi che oltre alla tecnologia serve il buon senso, e soprattutto tenere a mente che il rischio zero non esiste.

Il giorno dell'audizione di Maouloun all'OFPRA, alla quale Cora non può partecipare perché è in pieno pomeriggio, sul bacino parigino si schianta una luce slabbrata, che scivola tra le masse pomellate delle nuvole e si increspa su alberi e palazzi. Cora gli dà appuntamento per la sera, a gare Saint-Lazare, per ritrarlo circonfuso dal calore di quei colori. Nonostante le abbia scritto per dirle che il colloquio è andato abbastanza bene, non si presenta, non avvisa e non risponde al telefono. Lei passa una mezzora a fare avanti e indietro tra l'ingresso della stazione e l'atrio delle partenze, si perde con lo sguardo tra la folla, scatta qualche foto senza troppa convinzione e torna a Montreuil. Maouloun la chiama solo l'indomani, da un numero sconosciuto, e le dice di aver avuto qualche problemino. Lo incontra all'uscita dell'ospedale Lariboisière, il viso ammantato di tristezza, e si accorge immediatamente che ha la mano destra fasciata. Sul canale dove dorme nelle ultime settimane la tensione con i rifugiati siriani è aumentata. Alcuni di loro hanno una bella faccia tosta, si giustifica Maouloun: credono di poter fare come gli pare perché la situazione da loro è molto più dura che altrove, e pensano sempre di avere la precedenza. Il giorno prima hanno ben pensato di privatizzare i fornelli che tutto l'accampamento usa per cucinare, i toni si sono inaspriti e la situazione è degenerata. «Avrei dovuto farmi i fatti miei» le dice. Ha visto un suo amico cadere a terra e venire subissato di colpi, così gli si è riacceso qualcosa dentro, qualcosa che sperava d'aver seppellito, e allora non è riuscito a trattenersi e si è messo a menare, con tutte le forze, a darle e a prenderle, fino a quando non si è accorto che dall'altra parte cacciavano i coltelli. Lo hanno inseguito tra le aiuole fiorite del jardin Villemin, e un omone che non conosceva gli è salito con tutto il peso sulla mano per rompergliela. «Sono il principe degli imbecilli» prova a convincersi. «Non avrei dovuto, è chiaro.» E con grande reticenza aggiunge ciò che Cora aveva già capito: «È la mano buona, quella con cui disegno».

A partire da quel momento affonda. Camminando per Parigi ha come delle amnesie e si ritrova a sorpresa in luoghi in cui non ha aveva previsto di andare. Non riesce a addormentarsi per paura che gli incubi lo riportino a Talanta, o a Tamanrasset, a Debdeb o a Sabrata. Sogna di essere un uomo appena arrivato sulla spiaggia, che nell'istante in cui si dice di essere sano e salvo viene risucchiato da un'onda e affoga nella risacca. Nonostante la primavera sia alle porte, ha deciso che non dormirà più all'aperto. «Devo riuscire a vederli in anticipo, avere un posto dove posso far perdere le mie tracce» le dice. E quando Cora cerca di convincerlo a riprovare con i centri d'accoglienza, dove prima o poi si libererà qualche letto, Maouloun si gira dall'altra parte, come se non stesse parlando con lui, e borbotta: «È troppo pericoloso». Oppure: «Non voglio stare con gli altri».

Qualche giorno dopo le racconta che Tristan, il libraio con cui ha fatto amicizia, gli ha mostrato le vecchie cave che ci sono sotto la rive gauche. «Le chiamano tutti catacombe, ma è sbagliato» la rassicura Maouloun «perché non ci hanno mai seppellito nessuno.» È il mondo di calcare con cui hanno costruito Parigi.

Il reticolo di gallerie buie senza le quali la Ville Lumière non esisterebbe. Ne parla con un entusiasmo che la spaventa ancor più del tono abbattuto. «Scommetto che non ci sei mai andata. Non immagini com'è. Quaranta milioni di anni fa c'era il mare, e ora invece è il mondo di sotto, una Parigi sotto Parigi.» Ha imparato a riconoscere alcuni accessi, Tristan gli ha dato delle mappe e una tuta dalle quali non si separa più, e va laggiù da solo non appena ne ha l'occasione. Cora gli domanda con prudenza se non sia imprudente, cosa succederebbe se dovesse perdersi, o se i poliziotti lo scoprissero e finisse in carcere? «Rischi grosso» gli dice. «Tieni gli occhi aperti.» Ma Maouloun insiste: «Quel posto è fatto su misura per me, Cora». Non lo capisce perché non lo conosce. Dovrebbe andarci una volta, scendere con lui, e allora tutto le sarebbe chiaro. E quando, come spesso le accade negli ultimi tempi, la curiosità ha la meglio sulla paura, lo guarda e pensa che ha ragione lui, e gli dice va bene, se vuoi facciamolo.

Un sabato, con indosso un paio di jeans fuori moda e le sue sneaker più lerce, lo raggiunge a porte d'Orléans. Scendono sui binari della Petite Ceinture, una vecchia ferrovia abbandonata da decenni, e s'infilano nel tunnel di Montsouris. La volta amplifica il rumore dei loro passi sulla massicciata, fino a quando Maouloun si accovaccia accanto alla parete, in un cantuccio che lei non avrebbe mai notato, accende la lampada frontale e scompare in un cunicolo appena più largo del suo corpo. Cora tira un lungo respiro, si concentra e lo segue. Alla fine del piccolo budello scavato dai frequentatori del luogo sbucano in una galleria rettilinea, allagata da un'acqua che a tratti li bagna fino alle ginocchia. Cora pensa sia lurida, per lei le cave e le fogne sono la stessa cosa, ma in realtà è solo acqua piovana mista a polvere di calcare. «Non badare a dove metti i piedi» le dice Maouloun. Ammette che è controintuitivo, ma in basso non ci sono buche né trappole, mentre in alto potrebbero esserci passaggi in cui il soffitto s'abbassa all'improvviso, li chiamano «gradini del cielo», e visto che non hanno caschi sarebbe un peccato fracassarsi il cranio. «Il cielo è duro» le dice. «È del cielo che bisogna diffidare.» Guardandolo mentre cammina davanti a lei, piegato in due, si rallegra di essere più piccola, di avere quel corpicino che s'infila dappertutto. Per i loro cinque sensi il mondo si fa pulito ed essenziale: c'è solo il respiro accentuato dallo sforzo, gli schizzi d'acqua fredda sulle gambe, il grigio delle pareti di ciottoli imbrattate di tag e il calcare sbalzato che sovrasta le loro teste. Maouloun le racconta le storie che ha imparato da Tristan: le gallerie contemporanee sono tra le più basse di sempre, scavate da subappaltatori che di solito fanno sgobbare migranti africani, tipi come lui insomma, e ai quali non frega niente se le persone lavorano in ginocchio. Invece, alla fine del Settecento, ai tempi dell'architetto Charles-Axel Guillaumot, che dopo il crollo di centinaia di palazzi intorno a rue d'Enfer era stato chiamato a impedire che tutta Parigi andasse incontro alla stessa sorte, le gallerie erano state ampliate per permettere agli operai di camminarci in piedi spingendo le loro carriole. Maouloun, dal canto suo, si era rallegrato nello scoprire che nel 1777 si prestava maggiore attenzione alla vita dei lavoratori di quanto non si facesse nel 1960...

Dopo una ventina di minuti arrivano in una stanza dal soffitto basso. «Spegni la lampada» le fa Maouloun. Cora esegue dicendosi che le piace quel suo tono, fermo senza essere autoritario, la voce perfetta per guidarla nel mondo di sotto. E, quando il buio attorno a loro è completo, sul suolo sterrato prende forma un cerchio luminoso. Vi si siedono e alzano gli occhi. Sopra di loro si innalza un pozzo di almeno trenta metri nel quale sale una scala a pioli che pare interminabile. La luce – alla sommità ha il diametro di una monetina – si incanala verso il basso e disegna quell'aureola. «È un tombino» le spiega. Ogni tanto qualcuno ci cammina sopra e l'eco dei passi rimbomba nella voragine del pozzo, con un suono più secco se il passante è una donna con i tacchi. Maouloun si porta l'indice alle labbra. «Ascolta.» Ma a parte il rumore intermittente dei passi non si sente nulla. Cora rallenta il respiro e sprofonda in quel silenzio, così inusuale e così pieno che è facile trasformarlo in silenzio interiore. Non ha bisogno di guardare in faccia Maouloun per capire che è proprio uno dei motivi per cui ama tanto quel luogo.

Quando riprendono a camminare, curvi, a tratti strisciando in cunicoli bassissimi per aggirare le iniezioni di cemento, arrivano in quella zona di antichi birrifici dove le sale hanno soffitti più alti e le pareti sono ricoperte da una quantità insensata di murales. In un angolo gli artisti del sottosuolo hanno dipinto una scena del *Libro dei morti* egizio in cui gli dei pesano e giudicano le anime. In fondo alla sala che i *cataphiles*, gli esploratori del sottosuolo parigino, soprannominano «La Plage» si staglia nell'oscurità la grande onda di Hokusaki, con la barca da pesca ghermita dai flutti e il monte Fuji in secondo piano che forma un'altra onda, ma immobile, un'onda minerale, inscalfibile. A quell'immagine fluttuante del mondo, i *cataphiles* hanno aggiunto dei paesaggi laterali, una distesa di colline verdeggianti che sormontano l'acqua placida di una baia, e un airone che vola su un vulcano innevato sfiorandone con le grandi ali il pennacchio di fumo. L'ultima volta che Maouloun è stato lì ha incontrato una comitiva di studenti di ingegneria, coi quali ha scambiato quattro chiacchiere tra patatine e vino rosso. Tutte le persone che ha incrociato fino ad allora nel corso di quelle sue spedizioni sono state molto gentili, più alla mano di quelle di sopra, in strada, come se l'oscurità d'inchiostro di quei luoghi e la paura che possono suscitare chiedessero di essere compensate da un atteggiamento di benevolenza.

Esplorano tutto, senza requie. Cora è talmente attratta dai dipinti che, sala dopo sala, finisce per non sapere più dove si trovi né quanto tempo sia passato. Si mettono in cerca dell'uscita, Maouloun consulta la cartina sul cellulare perché non è più tanto sicuro della strada, e finiscono davanti a una parete dove una donna slanciata, avvolta in un vestito blu, stringe tra le mani una fiaccola e sorvola una campagna dai campi arsi o inondati, in un paesaggio devastato da innumerevoli catastrofi. «Bello» esclama Maouloun. «Cos'è secondo te?» Cora si avvicina per osservare meglio il murale. La lampada frontale ne svela un frammento alla volta, un uomo che frusta un cavallo nero, il braccio sinistro stretto attorno alla vita di una donna che si dimena, e in alto a destra una coppia di sovrani seduti rigidi sui loro troni in una grotta tortuosa. «È Persefone» sussurra Cora. «Un mito sulla discesa agli inferi.» Maouloun non lo conosce, così Cora si sforza di rimettere insieme i ricordi e prova ad abbozzarne la storia, e dai dettagli che le tornano in mente si rende conto di non aver dimenticato quasi nulla delle sue letture di infanzia. «La mitologia greca è una delle prime cose che ho voluto leggere da sola. Mi piaceva già a cinque, sei anni.» Ebbene, Persefone è una ragazza, praticamente una ragazzina. Raccoglieva fiori in un campo quando suo zio, il dio Ade, la scorge, la osserva ben bene e infine la rapisce per portarla con sé agli inferi e farne la sua sposa. Quella figura dipinta lì davanti a loro, invece, probabilmente è Demetra, sua madre, che la cerca dovunque solcando il cielo senza sosta, senza mangiare né dormire. Chiede a pastori e contadini: per caso è passata da qui una ragazza? E, visto che è la dea della fertilità, decide di affamare la Terra fino al giorno in cui ritroverà la sua bambina. «È per questo che vedi tutta quella devastazione» spiega Cora. «D'un tratto il clima muta. La canicola brucia i raccolti e la pioggia li fa marcire. Se non ricordo male alla fine è il dio del sole, Elio, nonché l'unico testimone del ratto, a svelare a Demetra quel che è accaduto alla figlia.» Così la dea va da Zeus, che è il padre di Persefone. Cora cerca di rintracciare quel passaggio setacciando il muro con la sua lucina fioca, e trova quasi subito i due vecchi amanti appollaiati su una nuvola che sovrasta il monte Olimpo. Ma il re degli dei confessa a Demetra che la loro figlia dovrà restare negli inferi: in fondo Ade non è affatto un cattivo partito, e comunque quel che è fatto è fatto. Ma, davanti alla disperazione di Demetra e alle grida affamate degli umani che si innalzano fino a lui, Zeus le propone un compromesso: durante l'autunno e l'inverno Persefone resterà al fianco di suo marito, sottoterra, invisibile come il grano seminato; in primavera e in estate, invece, starà con sua madre per farla felice, e tutto tornerà a fiorire. «Ecco spiegate le stagioni» conclude Cora. «La morte e la rinascita delle piante che ci circondano.»

Maouloun tira fuori il cellulare, indietreggia e scatta qualche foto. Si concentra sul dettaglio della grotta che gli artisti hanno dipinto sfruttando una cavità della pietra. «Sai, è il genere di cose che dovrei fare anch'io» le dice. Fin quando non avrà recuperato l'uso della mano destra, l'unico senso che può avere per lui l'essere vivo è scendere lì, trovare le sale che gli piacciono, con le pareti vergini o seminate di graffiti da quattro soldi, e dipingere le sue storie immerso nell'odore delle bombolette, le sponde del Niger, gli animali sulle rocce del Tassili che testimoniano come un tempo il Sahara fosse un'enorme savana, oppure mondi che non esistono, da inventare da zero. Tristan, vero esperto in materia, gli ha raccontato che i *Versaillais* in quelle catacombe avevano sguinzagliato i loro cani per dare la caccia ai comunardi rintanati lì durante la *settimana di sangue*, ma alla fine si erano persi negli anfratti di quel reticolo e non erano riusciti a ucciderli. «Per me può davvero diventare un rifugio. Basta scoprire i posti che non conosce nessuno, le sale in cui nessuno mi troverà» argomenta Maouloun. E quando vede un'ombra di inquietudine affacciarsi sul viso di Cora la rassicura: «Stai tranquilla, li seminerò tutti, te lo prometto. Ma non preoccuparti per me».

Seguendo la sua guida verso l'uscita, passo dopo passo, o tornando indietro davanti a lui quando si allontanano dalla galleria centrale e imboccano un vicolo cieco, Cora pensa: allora abbiamo sempre fatto questo, anche nelle epoche più terribili, o forse soprattutto in quelle, abbiamo trovato ripari, grotte in cui nasconderci, scavato sotterranei per proteggerci dalle bombe, dalla paura, dal nemico, e cercato pareti di cui potessimo sfruttare i rilievi e ogni minima porosità per dipingere. Pensa a tutto ciò, e quella storia antica la commuove, ma la fa anche tremare. Ha le palpitazioni. È stufa, vuole tornare su, rivedere la luce del giorno, le strade di Parigi, la sua famiglia, casa sua. Quando riescono a cavarsi da quel labirinto, al calar della sera, e si salutano davanti all'ingresso della metro, i pantaloni macchiati di fango, i capelli incollati alla testa, Cora vorrebbe convincere Maouloun a smetterla, a non tornare mai più laggiù, ma ha le labbra cucite come da una maledizione, e non può esprimere il suo desiderio.

Nei giorni successivi, nonostante sia di nuovo nel mondo di sopra, Cora non riesce più a dormire. È l'una, le quattro, le sei, l'ora dell'ansia. C'è qualcosa che freme, dentro e fuori di lei, che le afferra le gambe e la scuote, che le gronda a goccioloni sulla fronte e le fa scoppiare il cuore, e ormai non ne può più. A volte è come se un topo la rosicchiasse da dentro, consumandola, inesorabilmente. Sa che se svegliasse Pierre lui le urlerebbe contro che è stufo di vivere con una persona così fragile, così lunatica, che ha sempre bisogno d'esser presa per mano. Poi forse la ascolterebbe paziente per cinque minuti, ma cinque minuti non bastano a dissipare l'ansia, e allora ricomincerebbe a gridare, le direbbe di mettersi in testa che la notte è fatta per dormire, non per rimettere in discussione la propria esistenza, non serve a niente parlarle in quello stato, perché lei si perde dietro a ogni cosa, la distorce, la mistifica, e vede un mondo fatto solo di orrore.

Così Cora preferisce alzarsi, andare in salone a riordinare, o almeno a spostare gli oggetti da un posto all'altro, senza motivo, oppure uscire in giardino a piedi nudi per fumarsi una sigaretta o bere un dito di cognac, un goccio di rum, sotto i rami del ciliegio, e scandagliare la notte per capire se le è nemica o meno. Altrimenti, con passo felpato, entrare nella cameretta di Manon e sedersi di fianco alla culla. La piccola a volte dorme sulla schiena, con le braccia abbandonate sopra la testa. Oppure a pancia in giù, col naso nascosto nel carapace vellutato del suo granchio di peluche. Ha quasi sempre il viso disteso, e quel suo respiro calmo e regolare. Nelle ultime settimane sente che Cora non sta bene, perché come tutti i bambini assorbe gli stati d'animo e i sentimenti di chi la circonda. «Perdonami per l'ansia che ti sto gettando addosso, piccina» le dice Cora. «Vorrei proteggerti da tutta questa violenza.» E in certe notti amiche si chiede se non potrebbe funzionare al contrario, se guardando le palpebre di Manon senza pensare ad altro, se perdendosi in quella sua boccuccia, non potrebbe essere lei a farsi pervadere da quella calma, a modularsi su quel respiro impercettibile che le muove il petto, a scivolare foss'anche per un solo secondo nell'incanto dei suoi sogni. Con grande delicatezza, attenta a non svegliarla, le bacia le guance e le tempie, nella speranza che quei baci si intrufolino nel suo sonno e vi sopravvivano in qualche forma. Poi si siede sulla poltrona lì accanto, e respira, ci prova. Ci prova, con tutta se stessa.

11. *Zefiro torna*

Di lì a poco Cora vive i giorni più belli della sua vita. E ancora una volta, quando dico *i giorni più belli*, o anche *alcuni dei giorni più belli*, sto riportando le sue parole. D'istinto mi chiedo se non sia la sua memoria ad alterarli, per accentuare il contrasto con ciò che è accaduto dopo, ma non saprei, non sono sicuro. In effetti, negli appunti ricchi di dettagli che ha scritto allora, è possibile rintracciare un'intensità e una felicità per nulla ordinarie. Ed è anche a questo che le servono i diari: a rituffarsi nella vita passata senza dover ricorrere alla memoria, senza immaginare un'età dell'oro, per quanto effimera, là dove in realtà c'era un'altalena di sentimenti ambivalenti, che oscillavano al ritmo delle maree e fuggivano lontano, attratti dalla luna, poi tornavano da lei prendendola alla sprovvista, mutando la luce dei giorni come fanno le nuvole.

Da qualche tempo ha cambiato di nuovo mezzo di trasporto, come se la metro o il treno fossero state la ragione della sua infelicità, e va al lavoro in macchina, una vecchia Peugeot blu. Pierre l'aveva rimediata da sua nonna, sforzandosi di persuaderla che se la polizia e l'oftalmologo erano stati categorici non era per via di un complotto ordito ai suoi danni, ma semplicemente perché ormai non era più in grado di guidare senza mettere in pericolo la propria vita e quella degli altri. E nonostante abbia cinquant'anni in meno, Cora non pensa di essere un asso al volante. Ma con un'automobile che un graffio o una botta in più non rovineranno più di tanto si sente a suo agio, e così Pierre si è dato da fare per recuperare la Peugeot, nonostante lui con un catorcio del genere non ci andrebbe né al lavoro né a cena da amici. Malgrado il traffico del boulevard périphérique, le moto e gli scooter che sorpassano da tutte le parti, le insegne sulle sedi delle aziende che aggiungono altro inquinamento visivo al grigiore del cielo plumbeo di particelle sottili, Cora non rimpiange la sua scelta. Certo, quando Pierre le chiede se si stia trovando bene non può fare a meno di riconoscere quanto l'umanità che incrocia lungo il tragitto contribuisca ad alimentare la sua misantropia, ma la cosa che apprezza di più è esattamente l'essere schermata dagli altri, non doversi più sottoporre alla prova soffocante dei loro volti, potersene stare al riparo in quel carapace di lamiera immersa nel suono di una melodia amica.

E comunque è una questione di necessità: la dirigenza ha chiesto loro di lanciare il Santé Plus entro fine giugno, per far sì che il portale sviluppi un certo traffico prima della campagna d'autunno sulle assicurazioni sanitarie, ma per il momento lei e il suo team sono ancora in alto mare. Cora deve presentare le sue proposte di contenuti a Franck, che spesso le chiede di riscriverli daccapo, anche tre, quattro volte, non per manie di perfezionismo, le dice, ma perché resta sistematicamente deluso dalle sue prime stesure, perché lei potrebbe fare molto meglio di così e i lavori che gli sottopone non sono all'altezza delle sue capacità. Franck aveva promesso al team che sarebbe stato sotto pressione per un mese al massimo. Nel frattempo, quel che resta della squadra originaria si ferma a lavorare anche la sera, ordina per cena quel sushi nelle barchettine di plastica nera che Cora ormai detesta, oppure quelle pizze che le impregnano i vestiti con la puzza del formaggio e le fanno venire il vomito anche se non le mangia. A volte, prima di scendere al parcheggio, rimane in piedi a contemplare i resti dei loro pasti, i cartoni macchiati di unto e salsa di pomodoro che si rifiutano di entrare nei cestini della carta e saranno buttati solo nell'impossibile stanchezza dell'alba dalle signore delle pulizie. E, scandagliando con lo sguardo in un lentissimo campo lungo quel territorio di guerra contemporaneo, si dice che è una guerra infame, che nessuno avrebbe dovuto dichiarare e alla quale nessuno, tantomeno lei, avrebbe dovuto prender parte.

Quel giovedì mattina, infradiciata per colpa di un temporale scrosciato a sorpresa da un cielo che fino a un secondo prima era azzurro, è felice di poter salire in macchina; ma un quarto d'ora dopo, sul périphérique, quando le gocce si trasformano in enormi chicchi di grandine e si schiantano sul parabrezza con furia inaudita, ha già cambiato idea, e si chiede se non finiranno per sfondare il vetro e perforarle il cranio. Non è abbastanza esperta al volante da sapere come comportarsi, e così fa come tutti gli altri, rallenta ma continua ad avanzare, guadagnando qualche centimetro nella lotta contro l'ansia che si fa sempre più pressante. La sera prima Franck le ha detto: domattina appena arrivi passa nel mio ufficio. Cora ha notato che ormai comunica solo così: o va in ufficio da lei o la convoca nel proprio. Laddove sedici mesi prima, quando il suo capo era ancora Édouard, o al momento dell'insediamento di Franck, Cora avrebbe dato qualsiasi cosa per sottrarsi all'oscenità delle mail che i colleghi si inviano pur lavorando a cinquanta metri di distanza, ora quella frase divenuta un ritornello la fa avvelenare. La riporta alle lezioni di storia dell'ultimo anno di liceo in cui il suo professore – tanto noioso quando si teneva aderente al programma quanto invece spumeggiante nelle sue digressioni – aveva spiegato alla classe che, se i dittatori riuscivano a sorvolare con grande compostezza sulle atrocità perpetrate sotto i loro regimi e a far ricadere le colpe su subordinati che apparentemente avevano agito di testa propria, era in virtù di un sistema di comando nel quale gli ordini erano impartiti solo a voce e non c'era mai niente di scritto. Ed è proprio quello che si ripete Cora mentre, col cuore a mille, attraversa il pont de Neuilly investita da un'altra scarica di grandine e si infila nella galleria che passa sotto La Défense: Franck Tommaso è molto attento a non lasciare tracce. Nonostante ci siano poche cose al mondo nei confronti delle quali nutra la stessa avversione che riserva ai tunnel stradali, è sollevata di trovarsi al riparo dall'ira del cielo. Ma certo, mi ha detto passa nel mio ufficio perché non vuole più lasciare tracce, si ripete Cora come una verità atroce che non riesce a togliersi dalla testa. Ma in quel preciso momento la realtà contingente la scuote, e si accorge di stare per mancare la sua uscita. È sulla corsia tutta a sinistra, però forse fa ancora in tempo a sterzare, dà un'occhiata nello specchietto retrovisore e mette la freccia, frena, ma tutt'attorno cominciano a clacsonare, sicuramente la insultano ad alta voce e si dicono, a ragione, che non può fare come le pare, avrebbe dovuto svegliarsi prima, mica possono rischiare la vita solo per permetterle di svoltare, anche perché non sanno chi diavolo sia Cora Salme, né hanno motivo di temere un tale Franck Tommaso. Non fa niente, prova a rassicurarsi, puoi uscire alla prossima. Visto dalla macchina, il distretto della Défense ha una fisionomia molto diversa rispetto a quando si è a piedi, e per raccapezzarsi deve usare il navigatore del cellulare. Arriverà al lavoro con venti minuti di ritardo, ma non importa: si è presa un bello spavento. Zucchinetta, preferisci rischiare un incidente pur di non arrivare in ritardo? Rischiare di ammazzare qualcuno pur di non sorbirti una ramanzina di Franck? Metterti in pericolo quando puoi benissimo prendere la prossima uscita? Si dice così, ed è convinta che la cosa più giusta sia cambiare corsia con prudenza e uscire allo svincolo successivo, eppure non lo fa, il suo corpo non risponde più agli ordini, s'impossessa del volante e tira dritto, sotto i soli pallidi delle luci che illuminano il tunnel, sulla scia dei fari posteriori delle altre macchine che si stagliano rossi su sfondo nero, nel verde a intermittenza dei cartelli delle uscite di sicurezza dove un omino corre a gambe levate in direzione della porta oltre la quale troverà la salvezza.

Ed è di nuovo la luce. Il vento ha lacerato la massa compatta delle nuvole, la grandine è sparita e non piove più, Cora è uscita dalla galleria e guida sull'autostrada che punta dritta al cielo. Ok, ci siamo, si dice, ora Franck esce dall'ascensore, mi cerca con lo sguardo e non mi trova. Nello specchietto retrovisore vede i grattacieli della Défense che sembrano già lontani, e la sua torre che rimpicciolisce in mezzo secondo e non raggiunge più nemmeno i piloni dei binari della ferrovia, mentre il nero delle nubi e gli squarci di sole si prendono la scena. Sulla carreggiata di sinistra le macchine si schiacciano l'una all'altra in direzione di Parigrigia, avanzano a passo d'uomo oltre lo spartitraffico in cemento scarabocchiato da artisti con molto meno talento di Maouloun o dei writer delle catacombe. Dal suo lato della strada, invece, non c'è quasi nessuno. Ok, ci siamo, si dice, ora Franck è nel suo ufficio, ha finito di guardare gli highlight della partita di ieri sera e pensa che sono ufficialmente in ritardo. Cora oltrepassa nuovamente la Senna, che è un fiume tortuoso, e poco dopo arriva al casello di Montesson. Si aspetta di ritirare il biglietto, e invece la macchinetta le chiede sei euro. Tira fuori la carta di credito e pensa che i pagamenti lasciano tracce, che a partire dai pagamenti si possono ricostruire gli spostamenti di un individuo e le sue attività giornaliere. Quando la sbarra si alza lei accelera, e a destra, oltre il terrapieno, ci sono sempre più alberi e quasi nessun palazzo. Si dice che non sa cosa stia facendo, ma ormai non può più tornare indietro. Ok, ci siamo, pensa ancora, Franck si starà esaltando al pensiero della lavata di capo che mi aspetta, mi chiamerà e sceglierà le parole migliori per distruggermi. E infatti, un minuto dopo, il telefono comincia a vibrare nella borsetta. Lo tira fuori in qualche modo. Il nome sul display è quello di Franck Tommaso. È sicura che adesso accosterà sulla corsia di emergenza, risponderà e si inventerà una scusa, ma le cose vanno diversamente, il dito le scorre sul rosso per rifiutare la chiamata, poi preme a lungo sul tasto off, scivola verso destra per confermare lo spegnimento, e Cora lancia il cellulare sul sedile del passeggero, lo guarda di traverso, si accerta che non si muova più, non la spii più; è salva.

E come il nome di Franck Tommaso, risucchiato dal nero dello schermo, anche quelli di Parigi e della Défense scompaiono. Li ha oltrepassati, cancellati, quei luoghi hanno smesso di esistere perché se li è lasciati alle spalle. Davanti a lei si apre il bivio: *Saint-Germain-en-Laye* o *Rouen*?, e sceglie: Rouen. Ma cosa le prende?

Svolta per Rouen. Forse perché ci va la strada e la carreggiata è sgombra. Un'altra scelta: *Les Mureaux e Meulan*, o ancora *Rouen, Caen e Le Havre* – ed è questa la direzione che prende: Rouen, Caen, Le Havre. Sulle colline ai lati della carreggiata si stagliano complessi residenziali, i nuovi quartieri di cittadine in cui non metterà mai piede, dove abitano persone che non conoscerà mai. Gli alberi in fiore fanno la loro comparsa tra il verde dolce della primavera, con le chiome rosa e bianche, e lei li segue con lo sguardo per onorare quella rimpatriata coi colori. Avvicinandosi a Mantes incrocia di nuovo la Senna, con i comignoli della centrale termica che svettano sull'altra sponda, e le falesie di gesso che s'innalzano sulla sinistra come un presagio della Normandia. Non è più sola, sono comparsi un sacco di tir, che evidentemente ha raggiunto o hanno imboccato l'autostrada più avanti, oltre le periferie. Arriva un altro acquazzone, ma molto più leggero di quello del mattino, ogni goccia cade sul parabrezza e lo risale rigandolo di lacrime. I campi di colza esplodono in un giallo che le pare sempre sovrannaturale, chimico o malefico. Mentre entra in Normandia, nel dipartimento dell'Eure, intravede una schiera di covoni squadrati davanti a una sfilza di pioppi – un paesaggio che Monet avrebbe di certo potuto dipingere.

Nonostante sia convinta di essere una pessima automobilista e non si fidi di se stessa né degli altri, nonostante sia ossessionata dal pensiero del carburante che sta bruciando – di quel petrolio nato dalla millenaria decomposizione di piante e animali e intrappolato dalla volontà imperscrutabile della geologia, quel petrolio che adesso sta rilasciando in una scia di morte invisibile verso gli strati inferiori dell'atmosfera –, Cora percepisce comunque l'immenso potere conferitole dal fatto di accelerare e rallentare ogni volta che le pare, legge le indicazioni sui cartelli ma è lei a decidere, e sente che la strada la rende libera. Dopo essersi persi lo spettacolo alla Salle Gaveau Pierre le ha regalato il cd di *Teatro d'amore* dei L'Arpeggiata, la musica che avrebbero dovuto ascoltare quella sera, e Cora, come spesso le accade negli ultimi giorni, lo infila nello stereo. Quando abitava a Berlino aveva faticato molto prima di apprezzare Monteverdi. Le incisioni che aveva ascoltato le erano parse arcaiche, e non pensava potesse piacerle una musica così antica. «Diciamo che io parto dal barocco» aveva confidato a Pierre. «Il rinascimento non fa per me.» E poi, a un matrimonio, aveva ascoltato il *Pur ti miro* tratto da *L'incoronazione di Poppea* – scelta che ha capito solo in seguito essere provocatoria, giacché Nerone e Poppea si rallegrano della messa al bando di Ottavia, anticamera del loro adulterio –, e quel duetto di innamorati dei quali non conosceva la storia e non capiva una sola parola l'aveva commossa fino alle lacrime. In seguito ha attraversato tutto Monteverdi, dai madrigali alle opere, e le esecuzioni dei L'Arpeggiata le sembrano senza dubbio le più eteree e toccanti.

La musica e la strada sono forze che si amplificano a vicenda. Cora lo sa fin da piccola, fin dai viaggi verso le Cevenne durante i quali i suoi genitori le hanno fatto scoprire i concerti per pianoforte di Brahms e le canzoni di Brassens, ma il processo dal quale si genera quella perfetta alchimia continua a dimorare nei territori del mistero. Sembra quasi che la musica sia il combustibile bruciato dall'auto per poter seguire la strada. Sembra quasi che le note sfuggano dall'abitacolo per ricongiungersi a un paesaggio familiare, che conoscono da sempre e che le ha ispirate, una regione della quale il compositore ha percorso ogni sentiero, fino a catturarne ogni nota e a disporla, tono dopo tono, sul suo spartito mentale. Il controtenore si chiama Philippe Jaroussky, la soprano Nuria Rial, e le loro voci si annidano nei boschetti, si inseguono tra le cime degli alberi dove si aggrappano grandi bacche di vischio, si fermano l'una dopo l'altra sul campanile di una chiesa, si avvitano e poi ripartono, attratte da un segnale noto solo a loro oppure dal richiamo delle colline che le invocano altrove. Arpa è l'altro nome della pioggia. I violoncellisti squarciano le nuvole con i loro colpi d'archetto. Man mano che si avvicina a Rouen il cielo si fa irto di ciminiere. Cora decide di guidare fino al mare, e svolta verso Dieppe-Le Havre.

Attraversando il pont Gustave Flaubert intravede i vecchi docks, la zona industriale in piena riqualificazione, e si chiede cosa avrebbe bofonchiato lo scrittore se qualcuno gli avesse detto che un giorno sarebbe diventato un ponte e avrebbe sovrastato centri commerciali, che i cavi tesi dall'alto dei piloni bianchi avrebbero sollevato la sua pesante piattaforma per lasciar passare le barche.

Completato il giro attorno a Rouen si decide ad abbandonare l'autostrada, e prende la statale in direzione di Fécamp. Voglio andare per stradine, pensa. Non conosce Fécamp, nella sua mente è solo un nome, non evoca nulla, ma quel giorno schiude la promessa di scoprire un luogo che fino ad allora era esistito senza di lei e lontano da lei. Poco dopo Barentin e il suo strano viadotto, ecco il primo gruppetto di mucche addormentate attorno alla loro fattoria, e le prime case a traliccio. Anche le stradine hanno il loro fascino: potrebbe accostare sul ciglio della strada, scendere per scattare una foto o scavalcare la recinzione e mettersi a camminare in un campo. I cartelli recitano *Fécamp*, *Le Havre*, *Yvetot* e *Saint-Valery-en-Caux*. Si dice che quella è una delle meraviglie del mondo: i nomi di tutti i luoghi che non ci attendono ma saranno comunque lì quando decideremo di andarci. Passa per centri abitati anonimi, raccolti tutt'attorno alla strada principale, con le loro gincane e i dossi che si sforzano come possono di rallentare la fretta delle automobili, e quelle rotonde così squallide che ti chiedi cos'abbiano nel cervello i consiglieri comunali, ma è meglio non saperlo. Ci sono strade troppo nuove e case ormai vetuste. A Yvetot la macelleria si chiama La m'Hachoir, il tritacarne, e il cinema Le Drakkar; la cittadina si prepara alla sagra del cavallo. Subito dopo c'è il pays de Caux, che hanno circondato di grandi alberi per proteggerlo dal vento. Fin quando non si ammaleranno, pensa Cora, quegli alberi saranno diversi dalle strade, dalle case e dagli esseri umani, perché ogni anno che passa metteranno radici più profonde, diverranno sempre più belli e sempre più forti. Adesso deve solo svoltare in direzione del cartello che indica *Sidro* o di quello che segnala *L'antica fattoria*.

Nella vallata che si diparte dall'altopiano Cora abbassa il finestrino per capire se c'è già sentore di mare, e ascolta *Zefiro torna.* È il pezzo con cui Christina Pluhar ha scelto di chiudere la sua versione del *Teatro d'amore*, e per Cora non è un caso. In quella canzone la bellezza spira in tutto il suo potere di redenzione. Le torri della Défense, i traghettatori di Tamanrasset, il boulevard périphérique di Parigi e gli Zodiac di Sabrata, i fili spinati d'Europa che bucano le mani: per l'intera durata di *Zefiro torna* a tutto c'è salvezza. È un testo di stagione, diciamo, un sonetto che celebra il ritorno del vento dell'ovest, Zefiro, che porta con sé la primavera, e i narcisi tra le aiuole, e i petali gialli delle forsizie, e le timide lusinghe del sole sulle braccia di Cora Salme. Il ritmo e la struttura sono quelli della ciaccona, con la linea di basso che non tace mai e si ripete in un *ostinato* ma non è mai monotona, si ripete senza ripetersi e ti prende per mano, conduce la danza. Cora ha realizzato da pochi mesi di andare matta per le ciaccone, al punto che è capace di ascoltare le sue preferite per ore e ore senza annoiarsi – e le piace l'idea di essersi innamorata di una forma musicale decaduta da quattrocento anni, e di cantare a squarciagola un ballo che è stato il tormentone della primavera 1632. Le voci di Philippe Jaroussky e Nuria Rial volteggiano come il vento cui rendono omaggio, increspano di dolci onde l'acqua dei laghi, fanno frusciare le fronde e danzare i fiori tra i prati, lasciano il posto alla tiorba, al tamburello e al cornetto, poi si innalzano nuovamente e seguono la primavera dappertutto, arrampicandosi sulle ottave per salire in cima alle colline e riscendere giù, giù fino all'ombra delle valli, in un afflato di amore, straordinaria follia e gioia di vivere.

I cartelli recitano *Fécamp-Cité marine*. Ai bordi della strada che s'inoltra nel paese, le case signorili di fine Ottocento nascoste dietro i loro cancelli in ferro battuto si alternano ai casermoni degli anni Settanta, all'immancabile stazione di servizio, ai capannoni industriali e a schiere di villette in mattoncini a un solo piano, deliziose case di pescatori addossate le une alle altre. Nonostante sappia che è una conseguenza dell'impennata demografica, Cora non capisce come sia possibile che il paesaggio sia diventato così squallido proprio nel secolo di maggiore ricchezza del Paese, e che i sobborghi delle città si siano trasformati in ripostigli o magazzini in cui piazzare tutto ciò che non si ha voglia di vedere in giro per il salotto. In effetti, mentre si avvicina al centro, la Storia e la sua patina rivendicano il proprio prestigio nelle alte mura dell'abbazia e tra le rovine del castello ducale. Cora fiancheggia il molo del porto turistico dove oscilla il sartiame delle barche, poi gira a sinistra sul lungomare e parcheggia vicino al muretto della spiaggia. Sono passate due ore e mezza da quando ha lasciato Parigi, e mentre barcolla scendendo dall'auto in preda a una vertigine ortostatica che si è procurata alzandosi di scatto, si dice di esser giunta a destinazione, almeno per il momento.

Sale lentamente gli scalini della passeggiata d'asfalto, avanza fino al parapetto. E finalmente, ecco il mare. Non lo vedeva da quando, una settimana di fine luglio, erano passati dalle parti di Collioure. Ma quello davanti a lei non è il Mediterraneo. È il mare freddo dei sogni di Maouloun, un punto della costa in cui la Manica è molto ampia e l'Inghilterra parecchio lontana dalla portata dello sguardo. Ascolta il rumore dell'acqua. Si perde nella risacca. È una spiaggia di ciottoli, e chissà per quale ragione si aspettava fosse di sabbia. Guardando le scogliere che circondano la città, formano verso sinistra un semicerchio che scompare in lontananza e cadono invece ripide a destra sul pontile e il faro rossastro, si dice ma certo che è di ciottoli, come poteva essere altrimenti? Il mare è turchese, un colore assurdo di cui Cora si riempie gli occhi dicendosi al contempo che, con un po' di pazienza, lo vedrà anche mutare. Nessun mare è uguale a se stesso per più di un'ora. Sulla spiaggia accecata di sole non c'è quasi nessuno, fatta eccezione per una donna in giacca a vento, sulla sessantina, con lunghi capelli grigi, che fa danzare un aquilone. Il vento è debole, l'aquilone precipita in picchiata ma la donna sembra essere perfettamente in grado di farlo rialzare ogni volta e volare più a lungo. Più in là un uomo anziano dalla folta barba costruisce un cairn. Cora ha sempre adorato quei cumuli di pietre che non significano nulla. Sarà per via di quel signore, o della sua barba, o forse dei cairn, chi lo sa, ma comunque le torna in mente quella domenica di fine ottobre in cui è salita con Pierre sulla montagna di Sainte Victoire nonostante fossero partiti per il fine settimana ad Aix portandosi dietro soltanto un paio di scarpe da città, e intrappolati nella nebbia hanno perso il sentiero e si sono detti che ci sarebbero rimasti, che sarebbero crepati come due idioti solo per il gusto di vedere i colori dell'autunno. Non che Cézanne fosse stato tanto più furbo di loro, si son detti, visto che mentre dipingeva il massiccio si era fatto sorprendere da un acquazzone e si era buscato una polmonite a causa della quale sarebbe morto una decina di giorni dopo. E solo seguendo le sommità dei cairn a malapena visibili nella nebbia, limitandosi a camminare da un cumulo di pietre all'altro, erano riusciti a scendere indenni. Io faccio come Maouloun, pensa Cora: inseguo gli impressionisti, oppure sono loro che inseguono me. Ma che diavolo ci fa una donna inseguita dagli impressionisti chiusa dentro un ufficio?

Si spinge fino al bagnasciuga nei suoi stivaletti, sostanzialmente inadeguati come le scarpe di Sainte Victoire ma comunque migliori di quelle che indossava a gare Saint-Lazare, e l'acqua si ritira davanti alle sue mani, poi torna a morderle le braccia in una stretta gelida: per la tintarella e i bagni c'è ancora da aspettare. Cammina sulla spiaggia verso la scogliera a valle. Un quarantenne obietta al telefono: «Ma come, c'eravamo messi d'accordo...». Due coppie di inglesi panciuti, tanto le donne quanto gli uomini, seduti sui ciottoli, cercano le pietre più rotonde e le lanciano in mare. Aiutandosi con le mani Cora risale verso la passeggiata e trova un ristorante con i tavolini riparati dal vento, già apparecchiati nonostante in giro ci sia il deserto. Si chiama Les Voiles Blanches. «Siete aperti?» chiede. Scorrendo il menù si dice sommessamente: tu guarda, è giovedì mattina, scopro per la prima volta Fécamp e mangio da sola – e la felicità comincia davvero a invaderla. Ordina una decina di ostriche e un bicchiere di muscadet. Sulla veranda che sovrasta i tavolini, proprio sopra la sua testa, due gabbiani avanzano con passo incerto: vede l'ombra grigia dei loro corpi, le zampe palmate del colore delle foglie morte, e capisce le loro grida ancora meno di quelle di Manon appena nata. Le sedie assiepate sul tavolato di legno somigliano a quelle dei registi cinematografici. Sui ciottoli che trattengono i tovaglioli c'è scritto il numero del tavolo. Hanno lasciato le luci accese in pieno giorno, grossi lampioni sferici dalle grandi lampadine gialle, e da buona figlia di suo padre – e come ogni volta che ci sono luci accese per niente – le viene voglia di chiedere di spegnerle, è una cosa che la irrita fisicamente, ma quando vede il cameriere avvicinarsi al tavolo fa uno sforzo e tiene la bocca chiusa. Le serve le ostriche su un letto di ghiaccio tritato e alghe, con una ciotolina di vinaigrette di aceto e scalogno e uno spicchio di limone. Il viaggio le ha messo appetito, ma si trattiene ancora un istante per guardarsi attorno. Il vento increspa leggermente l'acqua delle ostriche e la superficie pallida del vino, ognuno secondo la propria linea di galleggiamento, mutevole.

Visto che il cameriere ha una faccia simpatica, con gli occhi rimpiccioliti dietro occhiali di tartaruga, Cora si fa coraggio e gli chiede una forchetta da ostriche. «Controllo se ne ho ancora» le risponde. «Mi era parso di vederne una prima.» «Ah, perché le rubano?» gli fa Cora. «No… È che i miei colleghi sparecchiano in fretta e furia e buttano tutto nel secchio.» Un minuto dopo rieccolo: «È fortunata, signorina, ne ho trovata una». È fortunata, è vero. La polpa si stacca più facilmente con lo strumento adeguato, mica lo hanno inventato per niente. Giorni prima Édouard, di ritorno da un fine settimana di pioggia sul bacino di Arcachon dove aveva visitato il museo dell'ostrica – peraltro molto interessante, davvero –, le ha detto che anche l'attaccatura bianca del mollusco, e cioè il muscolo adduttore, era commestibile. Cora chiude gli occhi, perché quando non vede niente sente meglio i sapori. Forse è una cosa da fotografi: se l'occhio è aperto prende il sopravvento e si mangia tutto il resto. Sente il sale dell'acqua, una punta di oceano, poi la carne morbida che scivola nella conchiglia e che lei risucchia tra le labbra, mastica e fa scorrere da un lato all'altro della lingua. Non è mai stata in grado di spiegare alle persone a cui non piacciono, o a cui fanno ribrezzo, cosa ci sia di tanto buono nelle ostriche.

Benché non ci sia nessuno con cui fare conversazione, né libri o riviste da leggere, a parte quel telefono che non ha nessuna voglia di riaccendere, mangia molto lentamente, prendendosi lunghe pause – non dice *prendendosi il tempo di assaporare* perché è una di quelle espressioni logorate dalla pubblicità, ma in fondo è ciò che accade. È straordinario eseguire gesti semplici con una lentezza autoindotta. Non le capita mai. Quando attraversa parc des Guilands, di prima mattina, s'imbatte spesso in un gruppetto che pratica Qi Gong, composto di persone di ogni età, nere, bianche, asiatiche, disposte in cerchio attorno a una cinese rugosa della quale imitano le posture e le movenze senza guardarla; Cora le invidia, ma durante la settimana non può fermarsi neanche un secondo, e il sabato e la domenica non ha la voglia né l'energia di svegliarsi presto per unirsi a loro. Con l'unghia del mignolo rimuove un frammento di conchiglia dall'ostrica che si appresta a mangiare. Osserva quel guscio disseminato di crateri bianchi, i bordi taglienti, friabili, il fondo perlato dove un pizzico di grigio si sparge come sotto il rullo di un pittore. Si rimette il cappotto, ma il freddo non va via e le morde il collo nonostante la sciarpa. Passa un autobus di pensionati della Reise-Allianz. Le alghe nel suo piatto sembrano ballerine a gambe all'aria. Alternando limone e vinaigrette, si chiede se i puristi mangino le ostriche al naturale, o se adottino una tecnica particolare, come fanno i cultori del caffè che dicono: gli intenditori lo bevono amaro, o i cultori del cioccolato che affermano: gli intenditori lo preferiscono fondente. Il vino bianco è di quelli che a ogni sorso suonano la stessa nota fresca e acidula, e le ricorda quello con cui si era ubriacata insieme a Delphine la sera della loro rottura; ma ormai non è più così grave. Il sole brilla alto solo per lei, e la luce esalta ogni contorno. «Posso portar via, signorina?» «No, grazie, me ne restano un paio.» «Ah, mi scusi, faccia con calma, non ho fretta!»

Di fronte alla veranda c'è uno scivolo, che col suo profilo fatto di scale, prese da arrampicata e reti svetta sul mare verde-blu. E di lato c'è un chiosco con le imposte sollevate dove vendono crêpe, gelati e waffle. Osserva ogni cosa come se il suo sguardo potesse attestarne l'esistenza, e di rimando, grazie alle cose osservate, potesse dire a se stessa che sì, anche lei è lì, intensamente viva.

Quando paga il conto il cameriere la guarda come se fosse in stato d'alterazione, o come se la trovasse attraente, o ancora come se pensasse che il gesto che si appresta a compiere non sia affatto banale. Ma le sta bene incrociare sguardi indecifrabili. La marea è ancora alta. Cora ritorna sulla spiaggia, si siede sui ciottoli, apre il diario e prende appunti su quella giornata strappata al normale corso del tempo, fino a quando il freddo smette di irrigidire le articolazioni della sua mano. Faccio come i pittori, pensa, lavoro a un motivo. Quando le onde si ritraggono, l'acqua passa tra i ciottoli e i ciottoli cozzano tra loro, l'intera spiaggia risuona di uno sciabordio minerale e strascicato. Al largo c'è una sola barca, le vele bianche e blu tesissime; pare immobile. I miti raccontano: se l'equipaggio issa una vela nera vuol dire che l'amata è morta, o l'amato è stato ucciso, e non vale la pena aspettare che la barca giunga a riva, ci si può suicidare subito. Ma a volte l'equipaggio se ne dimentica, o le vedette non sanno più distinguere i colori, o magari certi marinai hanno le loro ragioni per ingannarci.

Più in là un cartello informa che le falesie sono composte di alghe microscopiche, i *coccolitofori*. È la prima volta che legge quella parola. Sono alghe di fitoplancton che per proteggersi secernono minuscole scaglie di calcare. E quando fanno la muta, o muoiono, le loro corazze cadono sul fondo dell'oceano e sedimentano, intrappolando i gusci e le conchiglie degli altri animali, e trasformandoli in fossili. Durante il cretaceo, legge, cento milioni di anni fa, il livello del mare era duecento metri più alto e le acque sommergevano la Normandia, l'Europa era quella coroncina di isole che tornerà a essere se il riscaldamento globale dovesse accentuarsi, e lo spesso strato di gesso formato dalle corazze dei coccolitofori si era compattato e si era alzato, con una lentezza che l'animo umano non è in grado di immaginare, fino a far sorgere quelle scogliere che ora svettano davanti a Cora su tutta la costa e arrivano fino all'altra sponda del mare, a Dover. Sa che se Pierre leggesse quel nome ci metterebbe un secondo a soprannominarla così: nei giorni successivi, a ogni risveglio, girandosi sul fianco la guarderebbe e le direbbe: «Allora, come sta la mia coccolitofora?». Il suolo su cui cammina, lì o a Parigi, il soffitto delle cave minerali che non le è più uscito dagli occhi dopo averlo visto con Maouloun sono costituiti dei carapaci che quegli esseri minuscoli sviluppano nella speranza di proteggersi dai predatori, resistere alle onde, sopravvivere un po' più a lungo. Vorrebbe ricordarsi di tutto ciò, approfondire l'argomento e raccontarlo a Maouloun, anche a costo di alimentare ulteriormente la sua passione e spingerlo a rinchiudersi definitivamente in quel mondo di calcare.

Oltrepassato il casinò, Cora comincia a salire lungo la strada panoramica della Corniche. È asfaltata. Ci sono delle mobile-home scalcagnate sistemate su piattaforme di legno di fronte al mare. Devono essere accoglienti, quando non c'è cattivo tempo. O comunque molto tranquille. Cora riflette sul fatto che la parola *tranquillo*, nel linguaggio dei pensionati, dei commercianti e dei contadini significa che non succede quasi niente, e che il silenzio alla lunga prende le sembianze della morte; ma nella sua mente di cittadina, *tranquillo* designa i luoghi meno invivibili, le giornate meno estenuanti. Abitare in un posto diverso cambierebbe anche il suo linguaggio. Prendete Emma Bovary, per esempio: è esasperata dalla tranquillità della campagna, dalle mandrie di bovini, dal suo Charles, che vorrebbe amoreggiare solo a orari prestabiliti e col quale tutto è troppo monotono, mentre lei vagheggia di tempeste sul litorale e nel proprio corpo. Cora ricorda che al liceo le era parsa una lettura noiosa, ma se ci ripensa – le succede, per dire, quando qualcuno pronuncia davanti a lei l'odiosa parola *adulterio* – capisce come ovviamente fosse nelle intenzioni Flaubert, e comprende meglio le ragioni di Emma, nei confronti della quale prova un senso di vicinanza straziante.

Una volta salita in alto sulla costa, si rende conto che la strada prosegue distante dalla scogliera, e che non si può percorrerne la sommità perché di quando in quando le pareti crollano senza preavviso; e oltretutto ci sono delle case che con i loro alberi e le loro recinzioni le intralciano la vista sul mare, ma rifiuta di tornare indietro e insiste ancora un po'. La strada riscende verso Grainval. Nei giardini in pendenza che circondano le abitazioni una persona invisibile ha sistemato una fascina di legna sotto un melo in fiore, un'altra ha piantato dei tulipani. S'incammina sulla mulattiera, oltrepassa il cartello *Danger* e quello *Keep clear of cliffs* appeso all'ingresso e sbuca su un'altra spiaggia dove i ciottoli sono molto più grandi. Le onde vanno e vengono dandosi la spinta ai piedi della falesia, rubandole a ogni schiaffo un po' di polvere. Cora osserva gli strati di gesso bianco, quelli neri, che sembrano più solidi, le zone ingrigite o arrossate dagli ossidi, e si dice che la storia degli ultimi cento anni si è sintetizzata tutta lì, inosservata, studiata solo a grandi linee e compresa nella sua complessità da un pugno di geologi e stratigrafi. Sono un battito di ciglia nella storia della Terra, pensa. E, probabilmente, pensa anche che nessuno racconterà la sua, di storia, né i suoi anni, né le esperienze che si sedimentano e compongono la sua esistenza. Non posso esserne sicuro, ma mi piacerebbe se si fosse detta davvero così, e questo mio libro opponesse una netta smentita a quella tenace sensazione di non contare niente.

Più tardi, nel pomeriggio, è la scogliera di fronte a strizzarle l'occhio. E così fa come i marinai, che prima di salpare alla volta di Terranova per la pesca al merluzzo salivano lassù a chiedere buon vento e mare calmo nella cappella di Notre-Dame-du-Salut. Legge che al tempo della Rivoluzione francese la volta della cappella era diroccata ma, nonostante la rabbia e la sete di vendetta che serpeggiavano nei confronti della Chiesa, si era deciso di non abbatterla e, anzi, era stata puntellata con i pennoni delle navi e poi restaurata perché continuasse a servire come punto di riferimento per i naviganti che ancora di tanto in tanto, al momento di mollare gli ormeggi, la salutano con tre colpi di sirena. All'interno, sopra i lunghi ceri accesi, una statua della Vergine culla tra le braccia un veliero a tre alberi, proprio come le statue dei docks di Londra di cui aveva parlato Mangin nel suo discorso davanti all'albero di Natale. Nascoste dietro il vetro di protezione, le navi dipinte nei quadri affrontano l'inferno liquido di onde troppo grandi per loro, e in alcuni casi naufragano. «Se la tempesta si scatena nei nostri cuori» suggerisce un poster a chi non sa pregare «ascolta le grida di chi mai t'ha invocato invano: guidalo tra i pericoli di questa vita, salvaci dal naufragio...» Cora non è credente, ma le chiese dei marinai sono quelle che la commuovono più di tutte. Apre il libro degli ospiti posto sotto gli ex voto e le targhe in memoria dei caduti in mare e si mette a leggere. «So che le cose tra noi non sono andate bene,» ha scritto una mano anonima quella stessa mattina «e non credo che si sistemeranno. Non sono qui per domandare perdono, ma per chiederti di vegliare su Céline, che sta perdendo la testa. Sarebbe bello se tu lo facessi. Sarebbe un sollievo. E allora anch'io sarei pronto a fare degli sforzi.»

Quando esce dalla cappella il vento è rinforzato. Passa attorno alla zona militare che circonda il faro e punta i fortini di avvistamento che, nonostante siano dismessi, conservano intatto il loro aspetto minaccioso. In quel punto si può arrivare molto vicini all'orlo della scogliera. Un cormorano spiega il nero cangiante delle sue ali, si tuffa in picchiata per una cinquantina di metri e scompare in acqua. Il vento sferza i muscoli di Cora, le scivola tra le dita vibrando e le ruba il calore dal ventre. Cammina piegata sotto le raffiche, e quando si placano o ricominciano rischia di cadere. Ne basterebbe una particolarmente potente per dimostrarle la legge di caduta dei gravi. Abbiamo costruito cappelle e fari, pensa Cora, dipinto navi, inventato il motore a vapore e a combustione per non dover più dipendere dal vento, abbiamo spedito satelliti in orbita per tenere d'occhio le navi, ma è tutto vano, l'oceano ci ignora. Ci ignora e basta. Se il mare ci tenesse un minimo da conto sarebbe balneabile in ogni stagione, e la sua acqua potabile. Visto da lassù sembra svelarle l'irrisorietà dei conflitti che la agitano, ma quelli resistono: Cora sa che quando tornerà a esserne prigioniera la consapevolezza della loro irrilevanza sarà un motivo di umiliazione in più di fronte all'incapacità di sbarazzarsene. Ci pensa, poi affoga quel pensiero. A quell'ora del pomeriggio il sole cala dietro le scogliere a sud, trasformandole in ombre che splendono grigie sul mare scintillante. Non saprebbe dire perché, ma Cora sa che è il momento più importante della sua vita.

La sera successiva, alla stazione di Fécamp, Manon salta a piè pari dal predellino del treno, certa di atterrare tra le braccia di quella che, urlando di gioia, ha appena chiamato mamma. Subito dopo scende uno spilungone che trasporta una valigia e un passeggino ripiegato; nonostante nove anni di vita insieme, a Cora è bastato un solo giorno di separazione per guardarlo come se fosse uno sconosciuto, e ci vuole un po' prima che i tratti del suo volto tornino quelli che conosce così bene. Ormai sono dei gran maestri degli incontri imbarazzati, ma la goffaggine del loro abbraccio stavolta è più evidente del solito. Cora sente che lo sguardo di Pierre è cambiato. Forse ha paura di quello che le accade, o di quello che gli dirà, o forse è arrabbiato con lei e si trattiene davanti a Manon, oppure si chiede se in quei due giorni sia stata davvero sola, o, ancora, è intrigato e affascinato da quella fuga inaspettata. A volte gli occhi delle persone che amiamo non sono meno enigmatici di quelli dei passanti. Camminano sul porto e nelle stradine tutt'attorno in cerca di un ristorante, ma non c'è verso: hanno tutti i tavoli pieni, e sono praticamente a fine servizio. «Be', in effetti, sono quasi le nove...» commenta sarcastico Pierre. Cora negli ultimi due giorni ha avuto l'impressione che la città fosse deserta, e quindi non ha pensato a prenotare, ma è venerdì sera, gli invisibili abitanti si sono materializzati all'improvviso e stanno lì, chini su zuppe di pesce e vassoi di cozze. Pierre ha il volto stropicciato dalla stanchezza del viaggio, e lei teme che stia per innervosirsi. Giunti sulla soglia dell'ennesimo ristorante dal nome marinaresco, dopo aver buttato un occhio oltre la vetrina appannata, le dice che Manon ha già mangiato in treno, e quanto a lui può benissimo saltare la cena, così rientrano all'hotel La Plage, dove Cora ha trovato rifugio.

Dopo il bagnetto e la lettura di due favole che Pierre si è portato dietro da Parigi, e dopo che la voce di Cora le canta ninna nanna ninna oh, questa bimba a chi la do, Manon si addormenta. Dalla finestra della loro mansarda, oltre la strada dai tetti d'ardesia, si può indovinare il rimescolarsi delle onde rischiarate da una luna lattiginosa. Quella mattina, quando la luce della costa s'è messa a giocare col blu delle pareti e Cora si è svegliata da sola, senza orari, con la pazzia nella testa e il sole nel cuore, le è parso che quella stanza fosse incredibilmente lussuosa. Eppure, ora che la locandiera ci ha piazzato un lettino da campeggio ed è tutta ingombra di bagagli, è d'un tratto tornata alla sua banale modestia. Pensa di aver sbagliato a dirsi *non voglio farli preoccupare*, avrebbe dovuto prolungare quella sua sbandata e trasformarla in un'esperienza fondativa, dalla quale trarre qualche conclusione. Hai ottime intuizioni ma non le sai riconoscere, e ancor meno approfondire, bisbiglia Delphine nella sua mente. Pierre si spoglia per farsi una doccia, il suo torace appare man mano che si libera del maglione e della maglietta e li lancia sulla poltrona. Cora lo osserva, e un attimo dopo gli butta le braccia al collo, gli aggancia i fianchi con le gambe e con le mani guida il suo sesso dentro di lei. Pierre ha la pelle che già sa di salsedine, e quel leggero odore di sudore che riconoscerebbe fra mille e le fa perdere la testa. Gli si mette sopra, cerca la posizione giusta con una violenza lenta, attenta a non fare rumore per non svegliare la bambina. Quando Manon era neonata si dicevano che dovevano approfittare dei suoi riposini per ritrovare un minimo di intimità, ma il desiderio non funziona a comando, e spesso erano davvero troppo esausti. Altre volte, appena cominciavano,

Manon si metteva a chiamarli con quella sua vocina di petto che presto degenerava in grida e singhiozzi, e allora intavolavano il solito conciliabolo di sguardi, sospiri e bisbigli per capire se dovevano rimandare di nuovo, ignorarla e continuare fin quando non aveva le guance inondate di lacrime, oppure sdraiarla in camera loro su un cuscino, per tranquillizzarla con la presenza e il suono della voce, ma risparmiandole comunque lo spettacolo. «A partire da quale età può essere traumatico guardare i propri genitori che scopano?» avrebbe voluto sapere Pierre. Ma, invece di concentrarsi solamente su motivi di insoddisfazione, Cora forse dovrebbe tenere a mente che la sessualità va costruita, che è una faccenda complicata, nella quale bisogna arrangiarsi con quello che si ha a disposizione. Quella sera, comunque, prova un piacere folle: non c'è nessuno che si intrometta nella sua mente, c'è solo Pierre, le immagini di tutti i luoghi in cui hanno fatto l'amore, il ricordo di tutte le carezze fugaci che si sono scambiati e delle carezze che si fanno in quel momento, e vorrebbe non finissero mai.

Il sabato, a colazione, Manon sgrana gli occhi contenta assaggiando insieme ai genitori il caramello di mele che fanno da quelle parti. Poche cose al mondo eguagliano la gioia di vederla mangiare, insozzarsi tutto il viso e affermare i propri gusti... La locandiera racconta che prima lavorava in una brasserie a Châtelet, proprio di fronte alla tour Saint-Jacques, della quale ha seguito tutta la ristrutturazione. Quando lei e suo marito sono andati in pensione hanno scoperto Fécamp e hanno rilevato l'hotel. A suo modo è stato un affare, ma la cittadina è davvero un buco. Come trascorrono le giornate d'inverno? C'è un cinema, ma i film interessanti li danno sempre all'orario sbagliato. Per il teatro invece bisogna farsi sessanta chilometri fino a Rouen o quaranta fino a Le Havre. La spiaggia è molto bella, continua, ma i ciottoli spaventano le famiglie. «A volte arrivano fino a qui, i bambini hanno già secchiello e paletta in mano, e allora chiedo ai genitori, vogliono fare i castelli?, e quelli mi fanno sì, certo, gli dico bene, fatemi sapere com'è andata poi, che la sabbia qui da noi è un po' spessa.» Quando lasciano l'hotel Cora rimugina su quello stralcio di conversazione mentre guarda Manon che corre sul molo per andare a vedere il faro da vicino. In quei due giorni ha accarezzato l'idea di vivere una vita più lenta, magari in un posto come quello, perché no; sarebbe un modo per risolvere i suoi problemi, si dice, ma le basta parlarne con qualcuno e l'erba del vicino smette di essere più verde.

Dopo pranzo si mettono in macchina verso nord. Le statali passano tra i campi, lontano dal mare. Si fermano a Varengeville per visitare il bois des Moutiers. Nella serra che funge da biglietteria non c'è anima viva, e così entrano nella proprietà con la sensazione di essere due ladri. La casa non è aperta alle visite, ma si può passeggiare per il giardino all'inglese disseminato di piante rare. Arrivano al pergolato e approfittano di quel briciolo di sole per sedersi su una panchina e godersi la pace del parco. «È così che immagino il paradiso» sussurra Cora a Pierre. E subito Manon arriva per imparare quella parola, ripete *paradiso* fino a che non si sente più la *r*. Poi un uomo, con una cassetta di ferro in mano, va loro incontro. «Sapete che questa è proprietà privata?» E il proprietario è proprio lui, Marc Desmarets. Comincia a raccontare. La casa l'ha costruita il suo bisnonno, che si era arricchito lavorando alla banca Mallet, ma alla finanza preferiva la filosofia e l'arte. Desmarets ha il viso abbronzato, indossa un piumino smanicato sopra un maglione. Dice che vorrebbe trasformare la proprietà in un *luogo di parentesi* dove professionisti di diverse discipline possano rintanarsi a lavorare in pace. È convinto che una suonata di piano abbia il potere di mettere d'accordo un fisico e un banchiere. Quella formula, *luogo di parentesi*, gli piace molto più di *residenza*, divenuta ormai il motto dell'arte contemporanea. Ascoltandolo Cora si dice che è esattamente ciò di cui avrebbe bisogno, un periodo di parentesi, ma se davvero il progetto dovesse andare in porto probabilmente Desmarets si rivolgerà a pensatori e artisti di spessore, non a personaggi come lei. Se fossi ricca, rimugina tra sé e sé, mi farei costruire, un'aiuola dopo l'altra, una casa esattamente identica a questa. Ma la fantasticheria del «se fossi ricca», che filava magicamente liscia tra i sei e gli undici anni, ha assunto oramai il colore della tristezza: non accadrà mai. Per soddisfare quel bisogno avrebbe dovuto fare altre scelte, come lavorare nella finanza, fondare un'azienda e farla prosperare, essere una grande artista che ha la fortuna sfacciata di ottenere un riconoscimento in vita, ma ormai erano tutte strade fuori dalla sua portata, al di sopra delle sue forze. «Ho solo trent'anni, e sempre meno vite possibili» scrive nel diario. Attraversando il sentiero tra i narcisi che spuntano dal suolo paludoso, e infilandosi sotto la volta dei rododendri rosa che nel giro di qualche generazione hanno raggiunto un'altezza da giungla, ne parla anche con Pierre: a parte trasferirsi in provincia o vincere alla lotteria, non c'è un altro modo per ritrovare un minimo di equilibrio? Magari comprando una casa in campagna, per fuggire più spesso da Parigi? Ma non rischiano di annoiarsi ad andare sempre nello stesso posto, soprattutto fuori stagione, quando è tutto chiuso? E poi, dove? Vicino a Parigi fa troppo freddo e non ci sono posti davvero ameni; più a sud è troppo lontano per andarci nel fine settimana. Comunque in fondo è inutile parlarne, conclude Cora, non possiamo permettercelo. Si siede su una panchina, Pierre nel frattempo soffia il naso a Manon e la prende in braccio per farle sentire il profumo delle camelie: «Ogni mio pensiero si scontra con un *ma*» scribacchia in fretta e furia. «E ho notato che mi succede anche nei sogni, dove dovrei sentirmi libera, e invece incontro sempre fantasmi che mi costruiscono attorno una fortezza di impedimenti e obiezioni.» Tuttavia, se un giorno potessero permetterselo... un giorno, chissà, mai dire mai... potrebbe essere proprio lì, in quell'angolo di costa, e al diavolo la pioggia e il freddo: ci si sta proprio bene.

Risalgono in macchina per fare cinque minuti di strada, non vogliono che Manon si stanchi, e arrivano alla chiesa e al cimitero marino che dominano la scogliera. Saint-Valéry de Varengeville-sur-Mer... Non l'ha mai sentito nominare, ma capisce subito che è un luogo del cuore, e anche uno dei posti più belli che abbia mai visto in vita sua. Le croci di pietra si stagliano sul verde dei prati e l'azzurro del mare; sullo sfondo, in un'insenatura, la cittadina di Dieppe. Georges Braque è stato seppellito nel cimitero di Varengeville insieme alla sua compagna: sulla loro lapide veglia il mosaico di una colomba che probabilmente ha disegnato lui stesso. Poco lontano Cora s'imbatte nella tomba di un bambino: Jean-Claude Barcq, 1947-1948. Incredibile, c'è stato un tempo in cui i neonati si chiamavano Jean-Claude... E proprio accanto ne trova un'altra: Claude Godellier, settembre-ottobre 1946. Sono strazianti, quelle tombe di bambini. Che sarà stato? La denutrizione del dopoguerra? Madri che non avevano latte, medici che non arrivavano in tempo? A qualche metro, stessa storia: Nicole Basque, 3 anni, 1938. Jeannine Basque, 11 mesi, 1938. Nelly Basque, 9 mesi, 1939. Tre bambine, sotto la stessa lapide con la statua di un angioletto che incrocia le gambe paffute... Com'è successo? Perché? E come ci si riprende da un evento del genere?

Proprio di fianco alla chiesa c'è un sentiero che scende ripido verso il mare. Alcuni cartelli riproducono i quadri che Monet ha dipinto lì, corredati dalle citazioni di certe lettere a Durand-Ruel in cui si lamenta della furia degli elementi, del meteo che cambia di continuo, che gli impedisce di fare più di un bozzetto e finirà per farlo ammattire. C'è bassa marea e così possono camminare sulla spiaggia, a condizione di tenersi a distanza dalla falesia. Manon li chiama a gran voce per mostrargli la chiesa riflessa in una pozza, la chiesa che lassù svetta nel cielo e laggiù trema tra due lingue di sabbia. Non è magia quella? La chiesa prima o poi crollerà, ha spiegato loro Desmarets: sta proprio sull'orlo della scogliera, tra qualche decennio bisognerà demolirla, o far pace con l'idea che precipiterà in mare insieme alle tombe, allo scheletro di quel pittore che si chiamava Braque, e ai bambini morti. Hanno fatto indossare a Manon gli stivali che le hanno comprato a Fécamp, e le insegnano a osservare la sabbia per verificare se è bagnata, a tastarla con la punta del piede per capire se è mobile o se invece è calpestabile, e a individuare le rocce più piatte e solide sulle quali mettere il piede per superare le pozze. Corre dietro ai gabbiani, Manon, e si schizza tutto il retro dei jeans; passa a fianco di un granciporro morto che le fa molta impressione perché è tale e quale al suo granchio Sebastian – vorrebbe riesumarlo da quella tomba di sabbia e restituirlo al mare. E, osservandola attentamente, Cora vede l'adolescente o l'adulta che diventerà. Ma c'è ancora tempo; non deve succedere troppo in fretta.

«Non sono una persona triste» scrive Cora quella sera nella stanza dell'hotel dalle parti di Dieppe. «Non sono una che tende alla depressione. Anzi, se solo ne avessi il tempo, saprei tranquillamente abbandonarmi alla felicità.» E in effetti non le capitano periodi in cui non le piace niente e la noia ammanta ogni cosa. Prova piuttosto un desiderio di gioia e felicità che le spacca lo stomaco, e a furia di essere frustrato si fa insopportabile, vorace, incontenibile. E quel giorno ha cominciato a pensare una cosa di cui poi mi ha parlato a più riprese durante i nostri colloqui: che in fondo in quello stato era in buona compagnia; che la malattia a cui giornalisti e politici si riferivano col nome di *sinistrosi francese*, sulla quale i media non mancavano di fornire costanti ragguagli, era esattamente quella forma di edonismo insoddisfatto. Per quanto non credesse a quelle generalizzazioni sui popoli, il luogo comune secondo cui i francesi erano degli eterni scontenti forse conteneva un elemento di verità che bisognava sforzarsi di estrarre dal pastone delle idee ricevute. Sdraiata sul letto d'hotel, stanca di quella stanchezza appagante che viene dai paesaggi, dagli orgasmi e dall'aria di mare, tentava di capire quanta parte di verità vi fosse. I francesi provavano così forte l'esigenza di una vita più agiata da essere meno disposti al sacrificio rispetto ad altri popoli che, per via dell'orrore perpetuo della loro storia o della violenza del loro clima, sognavano meno intensamente e meno in grande. In Francia le persone si imbottivano di psicofarmaci perché amavano troppo la vita e non sopportavano che la tristezza gliela rovinasse. Scendevano in strada a protestare contro l'innalzamento dell'età pensionabile perché, da quando avevano perso la fede, la pensione era il loro aldilà, un paradiso contemporaneo, la promessa di vicoletti, passeggiatine oziose e pranzi in riva al mare.

Era anche per questo che si stupiva quando Maouloun le descriveva la Francia prima di tutto come un Paese di pittori. Bisogna che lo porti sulla costa, che mantenga la promessa di mostrargli il mare. Perché gli impressionisti e la loro cerchia erano maestri nell'arte di saper vivere. Dipingevano un benessere che sembrava alla portata di chiunque: una cesta di meloni su un tavolo in giardino; una donna su un divano di vimini che legge con un sorriso sognante, o che schiaccia un riposino; una barca a vela che salpa l'ancora e si lascia seguire con lo sguardo. Non dipingevano la durezza del lavoro e delle settimane buttate via, ma i piaceri quotidiani, un'esistenza votata allo svago, una sorta di vacanza perenne, alla quale in effetti le nostre vite dovrebbero assomigliare più spesso. Ma se gli artisti potevano restare una stagione intera in un porticciolo di pescatori per catturare la forma delle onde, i comuni mortali subivano presto l'attrazione gravitazionale delle città che dicevano loro: avanti, tornate, adesso basta, abbiamo bisogno di tutti voi, qui, sarebbe davvero cortese da parte vostra rimettervi al lavoro.

È esattamente ciò che accade l'indomani: dormono fino a tardi, e quando, dopo aver laboriosamente preparato i bagagli, si apprestano a lasciare l'hotel, sentono che il vento è girato. La pioggia si abbatte su Caux e dintorni. Non è un temporale passeggero, ma una cortina d'acqua cui segue solo altra acqua; sulle loro teste galleggia una massa ottusa di nuvole che ignora bellamente le fantasticherie cui Cora si è abbandonata negli ultimi quattro giorni. Gli uccelli si annidano sugli alberi. I negozi chiudono già a mezzogiorno. Gli impressionisti hanno dimenticato di dire quanto freddo fa quando il sole muore. E in fondo hanno mentito anche su tutto il resto: la rigidità del clima, del paesaggio e dei colori. E allora non resta che rimettersi in cammino e provare a scorgere le indicazioni tra l'andirivieni dei tergicristalli. Un'ora di viaggio ed ecco che le strade e le macchine convergono tutte verso Parigi, sempre Parigi. Nessuno sa più da cosa fugge, né cosa cerca, e guidare non significa più liberarsi ma rientrare nei ranghi, ammansirsi.

A dire il vero, una volta arrivati non cambia poi molto a parte la luce – ma era la luce a fare tutta la differenza.

12. L'ANTICICLONE

Secondo Franck Tommaso, che era molto affezionato a questa sua idea, Parigi era stata creata per il mese di giugno. Maggio aveva ancora qualcosa della svenevolezza della primavera; a luglio tutti scappavano dall'aria impossibile alla quale preferivano persino il sudore sotto il sole senza ipocrisia delle spiagge; a giugno invece la città era uno splendore. Ricordava ancora i picnic dell'adolescenza al parc de Bagatelle, e forse la sua passione per le rose veniva proprio da lì. Si rivedeva all'alimentari con gli amici mentre, profondendosi in commenti da intenditori che non si intendevano di un bel niente, compravano un numero eccessivo di bottiglie di un vino appena passabile e scendevano a scolarsele sulla Senna, all'ora in cui la sera inizia ad affacciarsi ma è ancora giorno. E in parte il miracolo era dovuto proprio a quello, a quel sole che pareva non avere alcuna fretta di sloggiare. Quando riusciva ad arrivarvi prima che il posto venisse preso d'assalto dalla folla, si piazzava sul bordo della banchina di square du Vert-Galant, sulla punta ovest dell'Île de la Cité, le gambe penzoloni sul fiume, e gli sembrava di essere la polena di una specie di veliero in cui Notre-Dame era il cassero, e la città intorno a lui, con i suoi duemila anni, era di una bellezza straziante, una bellezza che lo accudiva; sentiva che qualsiasi cosa gli fosse successa sarebbe valsa la pena di essere vissuta. Seduto sotto il salice piangente, sul lastricato di pietra, aveva baciato una ragazza un po' punk che lo aveva abbordato un mezzora prima, e un'altra volta una sua compagna di liceo che lo ossessionava da anni. Certe sere, al momento di cantare con Anita Ward *the night is young and full of possibilities*, cercava sguardi complici – e quel mantra disco che ripetevano tutti a squarciagola gli sembrava svelare il segreto del mondo, o quantomeno essere la perfetta sintesi dei suoi desideri. Ma a dire il vero anche da ragazzino, quando le uscite erano più limitate, giugno era il suo periodo dell'anno preferito, perché sua madre lavorava meno ed era più rilassata: dimenticava di tormentarlo per sapere se aveva fatto i compiti, improvvisava un'insalatina con quello che aveva in casa invece di impelagarsi davanti ai fornelli e se lo portava a zonzo per il quartiere, estasiata dalla temperatura perfetta dell'aria, la senti?, una carezza di seta sulle gambe e le braccia nude.

E poi, ovviamente, c'era il Roland Garros che apriva le danze. Quando andava alle medie si scapicollava sulla strada di casa, lo zaino di tela bucherellato e imbrattato di scritte che gli rimbalzava sulle scapole, pregustando con gioia il momento in cui il rosso della terra battuta avrebbe invaso lo schermo della tv. Chiudeva le persiane per evitare che il riflesso dei vetri e la luce del giorno disturbassero l'immagine. Approfittava della pubblicità tra un set e l'altro per sgusciare in cucina a farsi una limonata addolcita con abbondanti dosi di zucchero e poi tornava a spaparanzarsi sul divano. Si sentiva molto vicino all'insolenza di John McEnroe, del quale condivideva la voglia di insultare i giornalisti e contestare le decisioni dell'arbitro, ma invidiava la calma di Björn Borg, con quel taglio da Cristo svedese sotto la fascia a righe: gli sembrava che quella sua imperturbabile concentrazione fosse una via più sicura per arrivare fino in fondo. Dopo un paio di game Franck saltava in piedi e prendeva a mimare i gesti dei tennisti, i rovesci perfetti da fondo campo, le risposte fulminanti a servizi apparentemente imprendibili, le volée smorzate dissimulate fino all'ultimo secondo che lasciavano l'avversario impalato a cinque metri dalla rete o lo costringevano a ruzzolare nella polvere. Che forza di volontà ci voleva! Concentrarsi su ogni scambio come se non esistesse nient'altro, cambiare strategia in caso di svantaggio, mantenere il sangue freddo sui punti decisivi, e, soprattutto, non aver paura di vincere…

Ovviamente Sonia lo aveva iscritto a un circolo del quartiere. D'inverno si sbucciava le ginocchia raccogliendo le palline in pantaloncini e non saltava neanche un allenamento, ma il suo corpo non rispondeva a dovere: si posizionava male, colpiva la pallina troppo indietro nonostante sapesse benissimo come avrebbe dovuto prenderla, sempre troppo goffo per eseguire i movimenti corretti. I compagni di scuola giocavano in club più esclusivi e si allenavano anche il fine settimana sui campi delle case in campagna: non erano più potenti di lui, ma la qualità dei loro colpi, la coordinazione mano-occhio, la precisione tecnica sembravano comunque legate alla dimensione dei portafogli dei loro padri. Malgrado tutto, quello sport non aveva mai smesso di appassionarlo. Pur essendo consapevole che non sarebbe mai diventato un buon giocatore, spesso si abbandonava a fantasticherie nelle quali, iscritto per un malinteso al torneo parigino, superava brillantemente le qualificazioni e, turno dopo turno, batteva tutti i migliori, un perfetto underdog che compensava un'abissale mancanza di esperienza con una preparazione mentale granitica, arrivava nello stupore generale fino alla finalissima e in una domenica di giugno, sotto il sole del campo centrale, senza concedere neanche un set, vinceva il Roland Garros, denunciando al mondo intero quell'assurda e incomprensibile ingiustizia per via della quale, vent'anni prima, nessuno aveva intuito il talento di quello sconosciuto di nome Franck Tommaso.

Col passare degli anni, per fortuna, quella fantasticheria era divenuta più rara. Meglio non verificare le date di nascita dei giocatori, perché c'era davvero di che deprimersi. Non aveva vinto l'Open, ma era soddisfatto di ricoprire alla Borélia uno di quei ruoli per cui, in virtù di qualche scambio di favori, si poteva invitare qualcuno al torneo, o essere invitati a propria volta. Non era niente male sedersi in abiti chiari sulle migliori poltrone, con tanto di panama in testa, e sussurrare all'orecchio del vicino commenti oculati sulle strategie che il giocatore in difficoltà doveva adottare per sperare di risalire la china. Si diceva anche che, quando sarebbe diventato qualcuno (e bisognava accadesse presto, visto che ormai andava per i quaranta), le telecamere si sarebbero fermate sul primo piano del suo volto, così che le casalinghe, i pensionati della Costa Azzurra, le studentesse di tutte le città francesi si sarebbero potuti dire: il Roland Garros dev'essere davvero un'esperienza unica se persino Franck Tommaso si scomoda per assistere allo spettacolo.

«Ma per tornare ai fatti... Se mi chiedi del giugno di quell'anno...» mi ha confidato Franck con una voce esitante durante una delle mie visite a Le Vésinet «meglio che te lo dica subito: di quell'inizio d'estate ho solo brutti ricordi.»

Ed eccoci giunti al momento in cui non ho più scelta: il momento di raccontare, anche se sarà difficile, gli eventi di quel mese di giugno.

La storia non comincia con Franck, ma con una lettera. Spedita il 24 maggio, è arrivata il giorno seguente in un negozietto del quartiere della Goutte d'or, stretto tra una gioielleria e un kebabbaro, che presta servizio di fermo posta; poche ore dopo Maouloun Haïdara risale il boulevard, auricolari nelle orecchie, passa nel luogo in cui c'era il negozio di abiti da sposa andato a fuoco un anno prima vicino alla metro Barbès, e sulla scorta di uno scrupolo decide di andare a vedere se ha ricevuto qualcosa, anche se non capita mai, e quando gli consegnano quella lettera, quando vede l'intestazione, non sa se essere felice o tremare, se aprirla o meno.

Cora lo raggiunge a inizio serata in un caffè di rue Pajol, Maouloun ha camminato tutto il pomeriggio tra i binari di gare du Nord e quelli di gare de l'Est, guardando i treni in marcia dai ponti che sovrastano la ferrovia, ed è ormai trascorsa un'ora dall'istante in cui non ha più resistito e ha aperto la busta. La sua richiesta d'asilo è stata rifiutata. Cora prende la lettera tra le mani, è un solo foglio di carta leggera, e legge i quattro paragrafi saltando le frasi di rito. «Dice che non ho fornito prove di minacce alla mia persona» le riassume Maouloun. «Documenti che attestino la morte di mio zio, una qualche dimostrazione del fatto che sia stato effettivamente lui a crescermi. Eppure gliel'ho spiegato.» A chi, chiede Cora, e cosa? «Il giorno del colloquio, al tizio e alla donna. Che non ero partito con tutti i documenti. Che non avevo nemmeno fatto le valigie. Ma non capiscono che durante il tragitto perdiamo tutto? Arriviamo qui nudi, senza niente. Le prove che ho sono quelle che mi escono dalla bocca. Come facevo prima di scappare a sapere quali documenti mi avrebbero chiesto? Secondo loro che dovevo fare?, dirmi: mi raccomando, Maouloun, portati dietro anche questo che un giorno te lo chiederanno in un ufficio francese? Non potevo immaginare a cosa andassi incontro.»

Cora posa le mani sulle braccia di Maouloun, piene di graffi che si è fatto da solo. Sotto la fasciatura grigiastra, che evidentemente non cambia spesso, le dita della mano destra sono ancora inservibili. Gli tornano in mente una serie di domande che già durante il colloquio gli erano parse di cattivo auspicio: dopo il pestaggio si è fatto medicare all'ospedale di Timbuctù? Ha sporto denuncia per l'omicidio di suo zio? Un certificato medico, un verbale di commissariato, un certificato di morte: non li vogliamo tutti insieme, però averne almeno uno da infilare nel dossier non guasterebbe mica. «Ma dico io,» incalza Maouloun «se conosci il Paese e la situazione, vabbè, magari ti viene pure in mente di chiedermelo, però poi mica lo fai davvero…» Beve un sorso di caffè freddo e agita il fondo. La voce gli si impenna e si spezza. «E quello che mi fa imbestialire è che io qualcosa ce l'avevo. Non sarà stato quello che volevano loro, ma era pur sempre qualcosa. Delle foto, per esempio. Se non fosse che, come ti ho detto, mi hanno tolto il cellulare prima di Sabrata, minacciando altrimenti di non farmi entrare.» E glielo hai detto?, si informa Cora. Lo hai spiegato anche a loro? «Certo, certo» fa Maouloun. Ricorda che in quel momento i due funzionari si erano guardati domandandosi se fosse il caso di credergli o no, cercando di capire che farsene di quell'informazione, o come proseguire il colloquio. «La donna mi ha chiesto: non ha un backup per caso?» Maouloun ha un'espressione irritata e continua a tormentarsi le braccia con le unghie. La radio, proprio sulle loro teste, invita ad approfittare degli sconti su una vasta gamma di elettrodomestici. Le foto di cui parla erano sfocate, forse non avrebbero provato un bel niente, e non aveva molta voglia di guardarle di nuovo, ma malgrado tutto la donna aveva ragione: era stato da imbecilli non salvarle da nessun'altra parte, una disattenzione fatale.

Ma ti rendi conto, si sgola Cora una volta a casa, mentre fuma una sigaretta davanti a Pierre che in un modo o nell'altro cerca di preparare la cena, in tutto il Nord del Mali vige la sharia, alcol e musica sono vietati, nei loro filmati da spacconi si mostrano fieri di lapidare le donne adultere, nessuno sa se Ansar Dine e il MNLA stringeranno un'alleanza o si faranno guerra, e quelli con il loro protocollo e le loro quote che dovrebbero essere costretti a rispettare gli chiedono pure come mai è scappato… Pierre versa le farfalle nello scolapasta, poi le rimette sul fuoco per farle saltare nel sugo con capperi e scalogno che ha cucinato. Il punto è che è scappato troppo presto, le dice, con due o tre mesi d'anticipo, quando ufficialmente il conflitto non era ancora scoppiato e Timbuctù non era zona di guerra; io non ne so molto, ma forse per loro è facile attaccarsi a questo pretesto.

Non ci arrenderemo, presenteremo ricorso, ha detto lì per lì Cora a Maouloun. Quel suo tono proattivo doveva servire a bilanciare la disperazione malcelata che percepiva in lui, ma suonava forzato, se ne era accorta da sola, e non aveva niente di rassicurante. L'avvocato al quale lo aveva indirizzato Édouard aveva ricevuto Maouloun una volta sola, in un buco tra due appuntamenti, e il suo dossier non gli era parso incoraggiante, ma non voleva dire niente: si sarebbero rivolti a diverse associazioni, e ne avrebbero trovata una disposta a darsi da fare sul serio. Se nelle settimane successive Timbuctù verrà riconquistata dall'esercito regolare, azzarda Cora, Maouloun potrà chiedere alla zia o ai cugini di fornirgli le prove di quello che gli è successo, e se invece le cose peggioreranno i giudici saranno più sensibili alla causa dei rifugiati maliani, e saranno più inclini a credere che per lui tornare a casa è impossibile.

Maouloun non dice granché, si limita ad annuire con la testa. Andiamo, gli fa lei, coraggio, hai solo bisogno di un letto caldo per stanotte: vieni a dormire da me. Lui sorride e le dice di no: «Hai già abbastanza problemi così, non voglio invadere i vostri spazi». Cora si chiede se sia ancora arrabbiato con lei per essere andata in Normandia da sola e non avergli ancora detto quando ci torneranno insieme. Sta per insistere ma lui si è già alzato, si stringe la cintura dei jeans con la mano buona e chiede il conto. «Bisogna che impari a cavarmela da solo» le dice. E poi, forse non se n'è accorta, ma con la temperatura che c'è starà benissimo anche all'aperto. Se dovesse fare troppo caldo, può sempre scendere nelle cave. «Ormai comincio a conoscerle bene. Non c'è praticamente nessuno, ci si sta benissimo.» Non è una buona giornata per lui, preferisce rimanere solo, riflettere per conto suo, comunque è importante che lei sappia una cosa: ogni tanto è felice. Non ti dà appuntamenti, la gioia, ma a volte ti casca addosso così, per qualche ora. «È completamente slegata da ciò che accade fuori. È una roba interiore, va a momenti, capisci?» Quindi lei può tornarsene a casa e dormire sonni tranquilli, si risentiranno presto, anche perché hanno ancora del lavoro da fare per il reportage.

Domenica 3 giugno, mentre la prima settimana dell'Open si conclude sotto un cielo senza nuvole, Franck ha i suoi biglietti in una busta poggiata sulla consolle all'ingresso, e conta di trascorrere il pomeriggio tra i viali dello stadio Roland Garros. «Ricordo che ero molto felice, perché sarei stato in buona compagnia.» Non era una delle facili conquiste a cui si abbandonava ogni tanto, ma una ragazza di venticinque anni che lavorava in uno studio di architettura, una tale Anaïs, molto sveglia e di classe, forse con meno personalità di Delphine, meno disarmante di Cora nella sua fragilità, ma era di famiglia migliore, figlia di un ex ministro, e nonostante non avessero ancora consumato immaginava già un futuro insieme a lei.

Ma prima di godersi tutto ciò, doveva andare a pranzo dalla madre. Su quel versante le cose si mettevano bene. Non sapeva con precisione da quanto andasse avanti, perché la madre gli aveva taciuto i primi esiti di esami, radiografie, tac, adducendo come scusa che non serviva a niente che Franck si preoccupasse, già lavora così tanto poverino, ma dopo i risultati della biopsia – era stato solo due giorni prima di quell'ultimo test che si era decisa a vuotare il sacco – esisteva una diagnosi, poggiata sul tavolo tra loro due come un oggetto sgradevole dal quale è impossibile distogliere lo sguardo. Sonia soffriva di un cancro ai polmoni, o più precisamente, giacché essere coinvolti significava imparare quelle parole, di un carcinoma polmonare a piccole cellule, che si estendeva da un lato all'altro del petto; i medici sospettavano avesse generato metastasi nel fegato. Non aveva voluto dirglielo per telefono, e a lui quasi dispiaceva, perché davanti a quegli occhi verdi e azzurri, che aveva ereditato, si era scoperto terrorizzato rendendosi conto del fatto che non riusciva a spiccicare una parola, che la madre ormai apparteneva alla cerchia di quelli con cui non ci si può più esprimere normalmente: parlarle dei propri progetti significava scavare più del solito un fossato desolante tra le loro esistenze, e parlare di lei, dei suoi progetti per il mese successivo, non faceva che riportarli alla malattia. Doveva imparare ad avere tatto, quindi, ma anche a non esagerare con le premure, per evitare di trasmetterle pietà o angoscia; e, consapevole di non esserne in grado, si rimproverava in anticipo.

Da due mesi a quella parte aveva quindi ricominciato a toccarla, a tenerle la mano, ad abbracciarla. Era bello e inquietante.

Tra la perdita dei capelli, le nausee e la stanchezza inguaribile, Sonia non aveva reagito bene al primo ciclo di chemio, e dopo le tre settimane di recupero, martedì 5 giugno avrebbe dovuto ripresentarsi in ospedale. Il padre di Franck aveva raccomandato Sonia ad alcuni conoscenti di oncologia dell'istituto Gustave-Roussy, guardandosi bene dall'accompagnarla di persona o anche dal farle semplicemente visita. «Vuoi sapere che faccia ha uno stronzo?» s'infervora alle volte Franck. «Non devi cercare troppo lontano: lui è l'epitome dello stronzo.» Aveva passato in rassegna tutti gli amici della madre, e non vedeva proprio chi si sarebbe potuto prendere cura di lei al suo posto, salvo in qualche occasione, così aveva capito che, se non voleva lasciare Sonia da sola, lo aspettava un bell'andirivieni da Villejuif. «Così imparo a essere figlio unico» si ripeteva.

Durante il pranzo, pur fingendo di avere un grande appetito, non era riuscito a impedire che la diagnosi occupasse indebitamente ogni suo pensiero e gettasse una lugubre luce retrospettiva su alcuni episodi precedenti della loro vita: non soltanto sugli ultimi anni di Sonia, sul fiatone che le veniva durante una semplice passeggiatina, o sul ruggito sempre più frequente delle sue bronchiti, ma anche e soprattutto sulle istantanee di una Sonia giovane che si accende la seconda sigaretta mentre ancora prepara la colazione, mette a giro il suo pacchetto quando riceve le visite degli amici, lascia Franck a casa della vicina a qualsiasi ora del fine settimana, giusto il tempo di arrivare dal tabaccaio, scende dal treno durante le soste in stazione per farsi due tiri al volo. Tutte queste immagini si affollavano nella memoria di Franck, come se almanaccandole una per una avesse potuto contare il totale delle sigarette fumate da sua madre e valutare l'entità del danno. Si tratteneva dal chiederle: «Quanto avrai fumato, un pacchetto e mezzo al giorno dai 14 ai 55 anni, no?». Ma la cosa peggiore era che, dopo una serie di clamorosi buchi nell'acqua, era pure riuscita a smettere, in quella che Franck chiamava la fase delle ipnosi e dei cerotti, durante la quale gli urtava il sistema nervoso al punto che aveva evitato di vederla.

Intorno alle tre del pomeriggio, mentre la abbracciava sulla porta di casa, ricorda di aver calcolato che sua madre aveva trascorso in compagnia delle sigarette il doppio del tempo passato con suo figlio, e lì per lì aveva avuto voglia di stramaledirla ad alta voce per aver lasciato che quella dipendenza determinasse a tal punto la sua vita. Ma poco dopo, nel taxi che lo portava a porte d'Auteuil, si era ricordato di una conversazione nella quale il suo amico Laszlo gli aveva fatto notare che tutti avevano delle dipendenze: la maggior parte delle persone sviluppava con grande innocenza quelle della propria epoca, che essendo così diffuse non risultavano né eccentriche né squalificanti a livello sociale; in fondo nessuno poteva fare affidamento solo sulle proprie gambe, tutti o quasi avevano bisogno di stampelle psicologiche alle quali appoggiarsi, e quelle che Franck aveva scelto per sé, o che forse si era ritrovato e basta, quelle dipendenze che potevano pure non avere un nome clinico ma con ogni evidenza ruotavano attorno alla carriera e al denaro, alla seduzione e al sesso, gli facevano altrettanto male – su quel punto Franck si sentiva costretto a riconoscere che Laszlo non era del tutto fuori strada.

Nel tardo pomeriggio Jo-Wilfried Tsonga, che i commentatori chiamano ora Jo, ora il Mansese, con la scusa che è cresciuto a Le Mans, affronta Stanislas Wawrinka, o Stan, o lo Svizzero, negli ottavi di finale. Per far sì che anche Anaïs comprenda l'importanza dell'incontro, le spiega che Tsonga a febbraio è entrato nella top five mondiale, mentre Wawrinka si attesta una quindicina di posizioni più in basso, quindi sulla carta il francese dovrebbe limitarsi a far valere il peso delle gerarchie. Ma va detto anche che l'anno prima Stan ha eliminato Jo dal torneo, al terzo turno e in cinque set, e quel precedente potrebbe dargli un vantaggio psicologico. Sia come sia, Anaïs esprime grande apprezzamento per le doti fisiche di Tsonga, e afferma che il meticciato tra il Congo e la Sarthe andrebbe incoraggiato. Franck sulle prime pensa che forse poteva tenerselo per sé, ma se parlare di bellezza è un'occasione per parlare di seduzione, attrazione e via dicendo, be'... Il match parte bene: Tsonga s'intasca la prima manche grazie a un servizio molto sicuro e a un ottimo lavoro di sacrificio sul finire del set che gli vale un 6-4. Nel secondo si porta avanti con un break, poi però Wawrinka guadagna il centro del campo e neutralizza il servizio dell'avversario, procurandosi diverse set ball che Tsonga sventa fino ad arrivare al tie-break: il francese attacca la profondità sul rovescio dello svizzero, non esita davanti ai suoi passanti e riesce a portarla a casa. Anaïs applaude più forte di tutti quelli attorno a lei, si volta verso Franck con uno sguardo complice, ammira la ola che solleva lo stadio centrale, e lui capisce che l'esito dell'appuntamento galante dipende essenzialmente dalla qualità della prestazione del mansiano. «Due set a zero» mi racconta Franck. «Mi sono detto ottimo, ce l'ha in pugno. Dai, ragazzo mio, castigalo, un bel tre a zero e via. Ma non è andata così. La cosa più irritante di questo sport è che è imprevedibile. Ma è anche l'aspetto più eccitante. Studi le tattiche che i giocatori applicano punto dopo punto, ne osservi le espressioni, ma non puoi sapere niente di quanto accade dentro di loro, se stanno per cadere vittime dei propri demoni o cercano la forza di invertire l'andamento della partita.» Comunque sia, nel corso del terzo set Wawrinka alza il livello del proprio gioco e Tsonga non gli sta dietro. All'inizio del quarto set ormai lo svizzero tiranneggia l'avversario – se davvero uno svizzero può essere tiranno –, e il francese è in grande difficoltà. Franck vede Anaïs sempre seduta alla sua sinistra, con quell'abito molto scollato e quelle ginocchia così sottili, ma sente che sta per andarsene. Così continua a spostarsi con lo sguardo tra i giocatori e quel che gli mostra del suo profilo: gli occhiali da sole che seguono la curva delle sopracciglia, le labbra imperlate di sudore. La ragazza guarda ora Wawrinka, ora lo schermo del cellulare, che non lascia più la sua mano. Franck si ricorda – gli succede così, per flash improvvisi, è insopportabile – che il tasso di sopravvivenza a cinque anni dei carcinomi polmonari non oltrepassa la soglia del 7%, e intanto si chiede a cosa pensi Anaïs, se a una roba orribile come la sua o a qualcosa di completamente diverso. La partita si fa infinita: comincia il quinto set. Di solito scontri così equilibrati fanno la gioia del pubblico pagante, ma nonostante sia una bellissima giornata Anaïs si alza e dice: mi spiace tantissimo. Non pensava sarebbe andata tanto per le lunghe e deve vedere certi suoi amici di New York di passaggio a Parigi, hanno pure appena avuto un figlio, bisogna che si dia una mossa perché la aspettano a cena nel Marais. Sostiene di essere molto dispiaciuta, ma a guardarla non si direbbe affatto. Non ha mai avuto intenzione di passare la serata con lui. O magari ci ha pensato, ha valutato l'ipotesi e si è detta che aveva di meglio da fare. Franck fissa il seggiolino ormai vuoto al suo fianco e non riesce più a godersi l'incontro. Quando Tsonga vince un break rispondendo meravigliosamente al servizio di Wawrinka – che ha avuto la cattiva idea di portarsi subito sotto rete – il tripudio dello stadio centrale gli strappa un pallido sorriso. Poi il buio scende sul campo, e l'arbitro, che ha gli occhi di tutti puntati addosso, posticipa la fine del match all'indomani sul punteggio di 4-2 per Tsonga. È una di quelle splendide serate di giugno, e a Franck non resta che tornarsene a casa, ordinare thailandese, aprire una sfilza di pagine porno e sprofondare nella propria tristezza.

In quella stessa domenica 3 giugno, invece di essere felice di poter raccogliere le ciliegie in giardino, o di farsi una camminata al parco di Montreuil, o di improvvisare un picnic sulle sponde della Marna, Cora si sveglia schiacciata dall'ansia. Si è addormentata tardi, le sono venuti gli incubi e la notte non ha aggiustato un bel niente. Otto giorni senza avere notizie di Maouloun. Da quando l'ha salutato, venerdì 25 maggio, ha smesso di rispondere alle sue chiamate, alle sue mail e ai messaggi che ormai hanno assunto il tono della supplica: rispondimi, per favore, dimmi che va tutto bene. Non è la prima volta che scompare dai radar, e lei si è già arrabbiata per la sua imprevedibilità, ma non è mai durata così a lungo: alla fine ha sempre risposto, a volte chiedendole scusa, o almeno dando un segno di vita sui social.

Come sempre in questi casi, le ipotesi si accavallano e scavano come un tarlo nella mente senza che nulla intervenga a smentirle o confermarle: forse si sta ancora riprendendo dal rifiuto della richiesta d'asilo, magari ci è rimasto molto peggio di quanto non abbia mostrato, o forse è solo stanco del suo supporto maldestro e di quei loro incontri che non lo portano da nessuna parte, o ha ricevuto cattive notizie dalla famiglia, oppure gli è successo qualcosa che gli impedisce di raggiungerla, qualcosa di più grave di una mano rotta. A partire dal giovedì precedente tutti i pensieri di Cora convergono su quel silenzio, e così comincia a cercare Maouloun Haïdara. Invia messaggi ai rifugiati che ha fotografato lungo il canale grazie alla sua intermediazione, per primi quelli che Maouloun le aveva indicato come suoi amici: i due maliani di Ségou, Karim il tracagnotto e Boubacar lo spilungone, che di solito sono un tutt'uno; Mustafa, che insegnava tra le strade di Kabul e, come le aveva raccontato, era scappato dalle minacce di morte di una banda specializzata nel traffico dei bambini; e poi Abdulrhman, un avvocato dei diritti umani sudanese, che avrà avuto trent'anni ma dopo i mesi di prigione e torture ne dimostrava almeno quindici in più. Agli ultimi due aveva scritto in un inglese che le era parso zeppo di errori e del tutto inefficace: *I haven't been in touch with Maouloun lately. Do you have some news? I hope he's well…*. Le rispondono tutti, immediatamente o il giorno dopo. Nessuno sa niente. Abdulrhman scrive: *He was sad. Do you know his asylum request was denied? I'm warried too.* E Mustafa aggiunge: *Maybe he's in the underground?* Anche Cora aveva pensato alle catacombe.

Passa in rassegna i contatti del profilo di Maouloun e trova un tale Tristan Gil. In francese è molto più facile: gli scrive due righe, lui conferma di essere il libraio che ha portato Maouloun giù le prime volte e si parlano al telefono. Tristan non lo vede da almeno due settimane. C'è il rischio che si sia perso nelle cave? chiede Cora. Ci passa sempre più tempo. È ossessionato. Con voce rauca Tristan le risponde che gli sembra improbabile, ma farà comunque un paio di chiamate. A sera le conferma che né la polizia scesa per le ispezioni né i *cataphiles* hanno notato qualcosa di strano. Se non la si conosce si tende a pensare che sia infinita, le dice, ma in realtà la rete sotterranea è mappata fino al più piccolo vicolo cieco, ogni giorno ci sono un sacco di persone che ci girano, e se scendi spesso non passi inosservato. Tutte le persone con cui ha parlato avevano almeno una vaga idea di chi fosse Maouloun, e nessuno lo ha incrociato di recente. È difficile che qualcuno si perda per più di qualche ora là sotto, le spiega Tristan.

Ma che altro può fare? Deve segnalare la scomparsa di Maouloun Haïdara? C'è qualcosa in lei che rifiuta quell'idea. Quando si tratta di migranti la polizia pensa a sgombrarli a calci e lacrimogeni dagli accampamenti troppo estesi sulla strada, altro che aiutare chi manca all'appello. Venerdì 1 giugno, tornando dal lavoro, setaccia gare Saint-Lazare da cima a fondo, va in tutti i posti in cui lo ha visto sedersi, chiede ai negozianti, agli agenti della sicurezza e alle commesse della panetteria, che però non hanno idea di chi sia il tizio di cui sta parlando. Cammina con le guance arrossate di sudore, tutta spettinata, e d'un tratto teme di passare per matta. Almeno non sta morendo di freddo chissà dove, pensa tra sé e sé. Lo dicevano ieri in televisione, l'anticiclone delle Azzorre continua a espandersi fino alla Scozia e alle isole Frisone, spingendo i fronti depressivi verso la Scandinavia e l'Europa dell'Est e garantendo bel tempo diffuso sull'intero Paese – è quel grafico del meteo che Manon chiama *pioggia di sole*, quasi che ce ne sia uno per ogni regione, una moltitudine di soli pronti a darsi il cambio per spartirsi l'onere di riscaldare la Terra. Passa tutto il fine settimana a pensare a Maouloun e si accorge che lei non lo vede più, il sole, e che Manon per attirare la sua attenzione è costretta ad aumentare il volume delle grida e dei pianti. Ma che altro può fare? La città è troppo, troppo grande, e lui in fondo potrebbe anche essersene andato. Non ha né indizi da seguire né testimoni, e non sa più dove cercarlo. E quindi è così che funziona? Perdi le tracce delle persone e basta? Sono davvero libere di diventare tue amiche e poi smettere di dare notizie e uscire dalla tua vita?

Lunedì 4, al mattino, mentre va al lavoro seduta nel vagone della metro – si sente troppo esausta e ha paura di distrarsi alla guida –, apre il profilo Facebook di Maouloun, come ha fatto altre cento volte negli ultimi giorni, per vedere se c'è qualche novità. È così. Abdulrhman ha postato pochi minuti prima un video nel quale il volto di Maouloun compare in primo piano, tagliato dal rettangolo dello schermo sulla fronte e sulle guance. Prova a farlo partire. La connessione è pessima, ci mette una vita a caricare. La rotellina che gira sullo schermo le chiede di portare pazienza, ma lei si rende conto di non averne più. Poi finalmente il video è pronto. Dura trenta secondi. È lo stesso Maouloun a filmarsi col telefono, ma lei non capisce perché. Maouloun fissa la telecamera da un baratro di tristezza, senza proferire parola. È un po' assente, un po' titubante. Ogni tanto chiude le palpebre.

Oppure muove le labbra, sembra che stia per dire qualcosa, ma non succede nulla. L'immagine trema, come se non riuscisse a reggere il cellulare. Intorno ai trenta secondi lo sguardo gli si fa più vacuo, la mano si muove e la ripresa si interrompe. Subito sotto c'è una frase di commento di Abdulrhman, in arabo. Cora clicca sul tasto traduttore. *E ora riposa in pace*. Nello spazio dei commenti compaiono i tre puntini intermittenti a segnalare che qualcuno sta scrivendo qualcosa. Cora alza gli occhi. Il convoglio è fermo in stazione, a Parmentier, il segnale acustico di chiusura delle porte comincia a suonare, allora lei schizza fuori dal vagone spintonando, risale in strada per avere una connessione migliore, prende fiato e cerca il numero di Abdulrhman. Non risponde. Gli manda un messaggio e cammina in direzione di République, riprovando a contattarlo ogni cento metri. Il sole le batte sulla schiena, sulla nuca. Chissà come, le viene in mente che il bar dal quale ha inviato il suo cv alla Borélia, ormai cinque anni prima, è a pochi isolati da lì, mentre l'appartamento di Delphine dista una decina di minuti a piedi, e pensa pure che, anno dopo anno, le strade di Parigi raccontino meglio di lei le epoche della sua vita di cui sono state testimoni. Proprio in quel momento Abdulrhman la richiama. Maouloun si è buttato sotto un treno il giorno prima, nel tardo pomeriggio, a gare Saint-Lazare. L'hanno portato in ospedale ma non ha superato la notte. Abdulrhman non ricorda bene chi, se dall'ospedale o dalla polizia, ma qualcuno lo ha chiamato perché il suo nome compariva per primo nella rubrica del cellulare dell'amico. Maouloun addosso non aveva niente con cui potessero identificarlo, nessun documento, nessun oggetto personale, era solo un ragazzo, così hanno telefonato a lui per sapere chi fosse, quel ragazzo. *Are you still there?* E visto che non riceve risposta riprova in francese: «Pronto? C'è ancora?». Cora farfuglia di sì. Gli chiede che vuol dire un treno?, era un treno in partenza o in arrivo? Abdulrhman non sembra capire bene il perché di quella domanda. Comunque non lo sa. Il video glielo aveva inviato Maouloun il giorno prima. Purtroppo non lo aveva aperto subito, altrimenti avrebbe provato a contattarlo… ma si dice che Maouloun non avrebbe risposto, che non sarebbe cambiato niente. «Sai dove si trova adesso?» gli fa Cora scandendo con cura ogni parola. Abdulrhman non lo sa con certezza, è in un ospedale, in città, ma non conosce il nome. Le manda il numero della persona che lo ha contattato, sicuramente saprà darle indicazioni più precise. Cora ha smesso di camminare. È inchiodata sul marciapiede, sotto il sole che si schianta sul boulevard. Gli dice: grazie. Gli dice: ci sentiamo dopo, ok? Quando riattacca il telefono è spaesata, non sa dove andare. Pensa di chiamare Pierre, ma il telefono le cade e, dopo un volo di due metri, va a sbattere sull'angolo del marciapiede. Lo raccoglie con le guance rigate di lacrime che bagnano lo schermo spaccato. Lo asciuga sul vestito, prova ad accenderlo ma niente, non dà cenni di vita.

Martedì 5 giugno Franck arriva in ufficio alle 7.30 e riesce nell'impresa di mettersi subito al lavoro. Alle 11.30 ha l'animo terso come un vetro appena lavato, sente di essere già a buon punto e, mentre aspetta di fronte all'ascensore continua a essere subissato di notifiche sul costo di ogni minuto di attesa della macchina che ha prenotato, si dice che dovrebbe farlo più spesso, svegliarsi presto, arrivare presto in ufficio. In strada verso Villejuif con la madre, che gli pare rimpicciolita ed è disturbata dall'odore di cuoio nuovo dell'abitacolo, parlano delle prossime elezioni legislative, del giubileo della regina d'Inghilterra, della scomparsa programmata del Minitel, insomma, di cose senza importanza, tanto per scacciare i pensieri tetri che nascono dal silenzio.

Il controllo successivo col suo medico è fissato cinque settimane dopo, così a prendere in carico Sonia è un'infermiera. Li accompagna in stanza con un eloquio da professionista consumata, e le palpa la pelle all'altezza della clavicola per cercare il catetere nel quale inserire l'ago della flebo. Prima una per idratare, come l'ultima volta, poi quella con la terapia. Passa un dottore che non hanno mai visto e chiede a Sonia come ha vissuto il periodo tra i due cicli. Franck la sente minimizzare su tutto, la stanchezza, il vomito, ma per fortuna c'è lui lì a ristabilire la verità e a testimoniare quanto stia soffrendo sua madre. Sull'altra poltrona c'è un uomo con gli occhiali, avrà suppergiù settantacinque anni; chiede se non pensino anche loro che gli ospedali funzionerebbero molto meglio senza tutti quegli infermieri caraibici ai quali interessa soltanto tornarsene a casa con le ferie pagate alla prima occasione – e figurarsi eh, anche lui se vivesse lontano sentirebbe la mancanza del proprio Paese, non c'è niente di male –, e lavorano facendo tutto alla carlona. Franck si alza e gli intima di tenersi questo genere di pensieri per sé. Non capisce come faccia Sonia in mezzo a tutte quelle porte che si aprono continuamente, il viavai, quei compagni di stanza insopportabili e lo stress, ma per fortuna appena la flebo parte sprofonda nel sonno. L'altro, intenzionato a proseguire nella conversazione, riprende e dice che parla con cognizione di causa, una volta ha avuto a che fare col voodoo e non c'è da scherzare, non ne esci indenne dal voodoo, così Franck se ne va in corridoio, si accomoda in sala d'attesa e cerca di ristabilire un flusso di pensieri sopportabile.

Il giorno prima Tsonga, appena rimesso piede in campo, ha regalato un break a Wawrinka, poi si è svegliato e ha portato a casa l'incontro. Per la prima volta in vita sua approda ai quarti del Roland Garros, e forse è davvero arrivato il momento della svolta. Il problema però è il suo prossimo avversario, che si chiama Novak Djokovic: è il numero uno al mondo da dodici mesi a quella parte, e l'anno precedente si è concesso il lusso di vincere tre titoli del Grande Slam e di inanellare quarantuno vittorie consecutive, arrivando ad avvicinare – ma non ancora a eguagliare, ci tiene a specificare Franck fedele agli amori della sua infanzia – il record di McEnroe. Quando mette la partita sul cellulare sono alla fine del primo set, e Tsonga si sta facendo distruggere. Il serbo sembra inarrestabile, sentenzia un commentatore. Ma il francese non deve darsi per vinto, ha ancora tutto il tempo di recuperare, bilancia l'altro cronista. Nel frattempo Djokovic va sul 6-1, e Tsonga non è il tipo di giocatore in grado di riprendersi da un avvio tanto disastroso contro un avversario che sa benissimo essere più forte di lui. Davanti a quel punteggio anche Franck sente l'amaro in bocca: gli pare di aver provato quella sensazione in prima persona mille volte. Un esempio? Circa tre mesi prima gli avevano fatto pregustare la possibilità di una nomina nel ruolo di direttore commerciale, dove avrebbe rimpiazzato Enrique Guerrero, destinato a prendere il comando della sede messicana della Axa. A porte chiuse Simon Keller e Arnaud Guillemard gli avevano assicurato che quel valzer dei dirigenti aveva già ricevuto il benestare di Mangin. E invece da sole ventiquattro ore, ossia durante l'ultimo pranzo dopo la riunione del comitato esecutivo, la prospettiva è sfumata. Ha provato in dieci modi diversi ad approcciare la questione con Mangin, ma quello non gli ha dato spago, ha messo su la sua solita faccia di bronzo e lo ha guardato come se non capisse dove voleva andare a parare. «Comunque devi stare tranquillo,» gli ha detto Guillemard «lui sa quanto vali, ma prima di inizio luglio non prenderà decisioni ufficiali.» *Devi stare tranquillo* è l'intercalare con cui Arnaud Guillemard riesce puntualmente a decuplicare le sue angosce. Riaccompagnando Keller nel suo spazioso e invidiabile ufficio alla direzione generale, Franck tra una chiacchiera e l'altra ha provato a ottenere qualche informazione, ma sapevano entrambi a che gioco stava giocando, così ha strappato giusto una confidenza: «Io te lo dico, bisogna che tu abbia più polso. Gira voce che non sei in grado di tenere a bada i tuoi, ed è arrivata fino a lui». Keller rifiuta di sbottonarsi ulteriormente, lasciando a Franck l'onere di chiedersi se quella rivelazione miri ad aiutarlo o a destabilizzarlo – una forma di ambiguità squisitamente kelleriana –, e di spremersi le meningi per capire da dove sia partita la voce, quanto si sia gonfiata, per quali bocche e orecchie sia passata prima di arrivare a Mangin, e quali calcoli abbiano spinto quanti hanno pensato bene di metterla in giro.

È una sensazione di amarezza che ti invade una goccia alla volta, pensa, una flebo di veleno. Comunque, la prima sulla lista dei sospettati è quella stronza di Mathilde Rameaux. Diversi impiegati del marketing si sono lamentatti con lei o con i suoi sottoposti per gli atteggiamenti di Franck, per le sue scenate, per la sua incapacità di capire il loro presunto sovraccarico di lavoro e la loro paura del cambiamento. Se Rameaux fosse andata da lui a chiedere conto di tutte quelle rimostranze Franck l'avrebbe capita, in fondo ne aveva pieno diritto, ma mettere in piazza i fatti suoi, be', era davvero una bastardata... Che poi, a dirla tutta, non è lui il problema: mica è colpa sua se quelle sciacquette del marketing pensano soltanto a uscire il prima possibile per stare con i figli, o agli appuntamenti galanti all'aperitivo, e considerano il lavoro come l'ultima delle loro priorità. Pian piano realizza – e da questo punto di vista l'avvertimento di Keller potrebbe essere provvidenziale – che se continua a lasciar correre a quel modo finiranno per rovinargli la carriera. Ma è una cosa talmente aliena dal suo carattere che in effetti non sa davvero come reagire. Un esempio a caso? Sarà stato al massimo il pomeriggio precedente, Agathe è andata da lui a segnalare che Cora non si era presentata al lavoro e non aveva dato nessuna spiegazione, e allora si è detto che quella volta non l'avrebbe passata liscia. Ma poi, quando l'ha incontrata, Cora aveva sul volto un'espressione inedita, enigmatica e irritata, che l'ha completamente disarmato; sembrava come se, pur continuando a vivere fisicamente nel suo stesso mondo, si muovesse in una dimensione diversa.

Quello stesso martedì 5 giugno Cora si è alzata alle 5.30, ha passato qualche minuto a contemplare il sole straordinariamente umano dell'alba e il sonno di Manon, poi si è messa in macchina ed è passata a prendere Astou a casa sua, vicino alla basilica di Saint-Denis. Astou, telefono alla mano, le ha fatto da navigatore fino a Pierrefitte, cinque chilometri più a nord, per andare a recuperare gli effetti personali che Maouloun aveva lasciato al centro di accoglienza. Nonostante li avesse avvisati del proprio arrivo, Cora non aveva voluto presentarsi lì tutta sola, con la sua faccia bianca. È un sollievo potersene restare in disparte mentre Astou, a seconda dell'interlocutore, spiega in francese o in bambara chi sono e che cosa sono venute a fare. È quel momento della giornata in cui gli ospiti del centro che non sono ancora andati al lavoro preparano il tè e mettono via nel magazzino i materassi adagiati per terra durante la notte a uso di quanti non hanno un posto assegnato. Dalle informazioni raccolte da Astou, Cora capisce che le camere mediamente sono occupate da persone dello stesso villaggio di provenienza, che molti vivono lì da diversi anni e cederanno la loro branda sul letto a castello solo ai figli o ai nipoti, quando saranno pronti a tornarsene in pensione nel proprio Paese. Attorno a casa sua, a Montreuil, ci sono molti centri d'accoglienza uguali a quello, eppure per metterci piede Cora ha dovuto aspettare che morisse un suo amico, ed è arrivata all'altro capo del distretto di Senna-Saint-Denis. Il responsabile del posto, un uomo magro e barbuto, schiaccia un insetto sotto gli infradito e nel frattempo racconta loro che la struttura è fatiscente, andrebbe demolita e ricostruita daccapo, e Cora, pur non ascoltandolo per filo e per segno, crede di riconoscere la sua voce.

Il giorno prima, tornata a casa per recuperare una linea telefonica, una connessione internet e quattro mura che la proteggessero dallo sguardo degli altri, ha trovato la forza di superare il malessere provocatole dalle voci degli sconosciuti, dall'essere rimpallata di centralino in centralino e fornire ogni volta le medesime spiegazioni, finché qualcuno, all'ospedale Lariboisière, le ha detto sì, può venire, il suo amico è qui da noi. Per la gran parte del pomeriggio in ufficio si è limitata a fare atto di presenza, con una sfrontatezza fantasmatica che non sapeva di possedere, e a inizio serata ha attraversato a piccoli passi il cortile dell'ospedale, dove non era mai stata, con le sue aiuole verdi e l'elegante simmetria dei padiglioni di marmo. Ha chiesto indicazioni per l'obitorio, ma non si dice obitorio, si dice camera mortuaria. L'hanno ricevuta nella sala riservata ai parenti, ha incrociato diverse persone che piangevano e ha avuto voglia di piangere anche lei. Davanti ai suoi occhi qualcuno ha tirato giù la zip del sacco nero: il cadavere era conciato parecchio male, ma era sicuramente lui. Hai visto, gli ha detto, alla fine ti ho trovato. Le è venuto in mente quel libro di Claude Ponti che aveva letto a

Manon tre giorni prima, la favola dell'albero infinito dove vive Hipollène. Una sera qualunque l'albero si accende di migliaia di gocce luminose: Hipollène, che è quasi grande ormai, crede sia per indicarle il cammino da seguire, ma il papà le dice che sono lacrime; l'albero piange perché è successo qualcosa. Una volta a casa, scopre che la nonna è morta. È davanti a lei, nota Hipollène, eppure in quel corpo non c'è nessuno. Cora decide che, quando di lì a poco dovrà spiegare l'accaduto a Manon, perché si sforza sempre più spesso di raccontarle anche le cose che non può ancora capire, lo farà ricorrendo a quella favola. Ti ricordi Maouloun? Sono andata a trovarlo, ma sono tanto triste, sai?, perché non c'era nessuno dentro di lui.

Le dicono che si è sicuramente trattato di suicidio, la polizia ha raccolto numerose testimonianze, da quel punto di vista la questione è chiusa. Per portare via il cadavere, invece, bisogna che l'amministrazione possa attestarne l'identità. Se davvero come sostiene lei si tratta di un profugo maliano senza parenti né legami con la Francia, l'iter prevede di mettersi in contatto con l'ambasciata del suo Paese per sapere se hanno intenzione di rimpatriare la salma. E bisogna anche darsi una mossa, perché se non si riuscisse a confermarne l'identità rischia di finire a Thiais. Cosa vuol dire? chiede Cora. Be', sa, la sepoltura degli indigenti viene effettuata a Thiais, nel settore in cui c'era la vecchia fossa comune. Rabbrividisce, poi le viene in mente che se Maouloun non ha gettato il suo zaino nel canale o nelle cave, allora forse lo ha lasciato al centro di Pierrefitte. Al centro le rispondono e le passano la voce di quell'uomo che ormai è di fronte a lei, gli comunica del decesso e quello le dice sì, Maouloun è passato di là sabato e ha lasciato delle cose, se vuole può presentarsi l'indomani. Dal vivo le confessa: non avrei mai pensato che potesse arrivare a farsi del male, ma in effetti non mi stupisce più di tanto. Accade che persino quelli che hanno una stanza lì e un lavoro muoiano comunque giovani, con tutte quelle malattie, e le giornate intere sbattuti sui mezzi pubblici, gli orari impossibili che gli impongono i capi, la malinconia di essere così lontani dalla propria famiglia; figurarsi quelli che stanno in mezzo a una strada... Per di più era un bella... Non deve essergli stato d'aiuto, perché quella dei bella è una comunità molto poco rappresentata nel parigino. Già di solito i maliani guardano con sospetto i connazionali tuareg, però in questo periodo, con la guerra, è ancora peggio... Ma lui dalla guerra scappava, sbotta Cora, non gli piaceva per niente la guerra, non aveva alcuna voglia di morire. Lo so, le dice l'uomo guardandola negli occhi, lo so.

In fondo al magazzino, tra i materassi accatastati e i pacchi di vestiti per l'inverno, ecco la roba di Maouloun, il suo zaino, lo stuoino sul quale dormiva a gare Saint-Lazare e sul quale ha adagiato Cora quando si è slogata la caviglia, l'album da disegno che gli aveva regalato lei per sdebitarsi. Si prende la libertà di sfogliarlo, e passa il resto degli oggetti e degli abiti ad Astou, che li divide in mucchietti. Scopre che il suo amico non ha mai buttato nulla. In una cartellina di plastica trova la documentazione dell'OFPRA, la ricevuta della presentazione della richiesta d'asilo, tutto ciò di cui Cora ha bisogno per sbrigare le varie formalità, ma il fatto che a lui non sia venuta voglia di strappare, bruciare o buttare quelle carte le pare insopportabile. Nell'album trova i disegni di Parigi che Maouloun non aveva il coraggio di vendere, e uno schizzo a carboncino davanti al quale le si mozza il respiro per pochi, lunghissimi istanti: è un suo ritratto, che doveva aver fatto a memoria, giacché Cora non ricorda di aver mai posato per lui. Anzi, di solito accadeva il contrario: era lui a posare per lei. In compenso non c'è alcuna lettera, neanche un bigliettino con due parole in croce. Probabilmente gli addii erano troppo difficili per lui.

Visto che l'orologio segna le otto, Cora chiede ad Astou se le va di telefonare all'ambasciata del Mali. La fissa mentre anche lei rimbalza da un interlocutore all'altro, fornisce ragguagli che quelli la costringono a ripetere e che ogni volta sembrano annotarsi. Un quarto d'ora dopo le richiamano: lo stato del conflitto a Timbuctù rende impossibile il rimpatrio della salma in tempi anche solo vagamente ragionevoli, loro si faranno carico di avvisare la famiglia, ma il defunto dovrà essere seppellito in Francia. Poi tagliano corto, gli passano i contatti dell'imam che gestisce il settore musulmano del cimitero di Pantin. Sul tragitto verso La Défense, mentre Cora osserva nello specchietto retrovisore l'album da disegno che se ne sta composto sul sedile posteriore come un bravo bambino, Astou riesce a parlare con l'imam, un'altra voce sconosciuta, svelta ed elegante, che dice sì, può farlo, può trovare per Maouloun almeno una sepoltura provvisoria. Purtroppo però, per la data del funerale non possono scegliere: gli resta giusto un buco per venerdì 8, alle tre del pomeriggio. Avvicinandosi alla Tour Galaxie Cora si convince che quanto le accade da qualche ora, il fatto di non riuscire a piangere, sia normale: prima o poi cadrà preda di una tristezza molto più profonda, ma avverrà più in là, perché la morte non ti lascia tempo di pensare, in compenso però si porta dietro tutta una serie di faccende da sbrigare. E per prima cosa bisogna che passi da Franck – a fine giornata magari, perché per il momento non sembra essere ancora arrivato – e gli chieda il venerdì pomeriggio libero, già, questo venerdì che viene, venerdì 8 giugno, e gli piaccia o no le serve il pomeriggio intero.

Almeno la tecnologia qualcosa di buono ce l'ha, si rallegra Franck nella sala d'aspetto: fino a pochi anni prima sarebbe stato costretto a scendere per comprare il giornale o a sfogliare stupidi settimanali, mentre adesso può guardarsi la partita. Al secondo set Tsonga regge meglio lo scambio. Grazie al suo servizio porta a casa qualche punto senza stancarsi, e riesce a far valere le proprie doti di battitore anche a due metri dalla linea di fondo. Su un feroce rovescio incrociato fa controbreak e pareggia, 4-4. Djokovic sente che il vento potrebbe girare a suo favore e allora inasprisce il gioco: la partita si fa concitata, con smorzate pazzesche e risposte dritte sul corpo. E anche quando Novak lo costringe ad alzargli la palla per una schiacciata, Jo arriva a ribattere e a ribaltare il gioco a suo favore, e il serbo comincia ad alzare le braccia tra un punto e l'altro, con un'aria preoccupata che è un piacere da vedere.

«Andiamo, ora si fa sul serio!» esulta il commentatore quando il francese, saltellando coi pugni stretti, si porta su un set pari.

Franck va a dare un'occhiata alla madre. Le hanno cambiato la flebo, si è risvegliata. Gli dice di non sentirsi tanto bene. «Mi sa che io e il mio coso siamo un po' malconci» continua, cercando lo sguardo del figlio con un'espressione desolata. Ma no, contesta lui, qui sei in ottime mani, in nessun altro posto riceveresti cure migliori. Sonia non se la beve: «La cosa buona è che almeno tu non dovrai occuparti troppo a lungo di me, e soprattutto non mi vedrai decrepita.» Perché insiste tanto? Non vorrà mica farlo piangere? «E se io avessi voglia di vederti decrepita?» prova a scherzare lui. «Smettila dai, guardiamoci la partita insieme, Tsonga ha appena pareggiato, magari è la volta buona.» Si sente davvero pessimo a cambiare discorso a quel modo, ma non vuole perdersi la partita, e poi lo sa anche lei che non riesce a tollerare le effusioni per più di un minuto. Djokovic porta a casa il break del 2-1 su una schiacciata molto difficile ma sbagliata di Tsonga, poi con un controbreak Tsonga arriva sul 2-2. Insiste sui dritti anomali per inchiodare il serbo al rovescio, e la strategia dà i suoi frutti. «Sissignore, così si fa!» esclamano i commentatori quando capiscono che ormai è padrone del gioco; se invece le avesse prese di santa ragione avrebbero detto una cosa tipo: «Ma insomma, Jo!». A un certo punto Franck vorrebbe superare la propria paura dei sentimenti, e dire alla madre, sai, se mi lasci rimarrò completamente solo, perché non ho nessuno, nessuno che conti davvero per me – ma un'istanza psicologica che agisce in incognito nel suo inconscio rimuove quelle frasi oscene. Sul 6-5 per il francese, Djokovic si porta al centro del campo dopo il servizio e soffoca il rovescio di Tsonga, ma la sua volée è un po' lunga e dopo uno scatto folle – è uno di quei momenti in cui devi dare il tutto per tutto – Tsonga tira fuori dal cappello un passante di dritto che gli vale la vittoria del terzo set e infiamma lo stadio.

Tra qualche anno, fantastica Franck in macchina sulla via del ritorno, sarò diventato amico del direttore del torneo, e se guardando la partita in tv mi renderò conto che lo spettacolo vale la pena potrò presentarmi allo stadio quando mi pare, senza preavviso. Sonia ha la testa poggiata sulla sua spalla sinistra. «Puoi continuare a guardare se ti interessa» gli dice con tono materno. Non fa niente. Franck piega le ricette per gli antidiarroici e gli antiemetici e le infila nella ventiquattrore che gli ha regalato lei a Natale, poi telefona alla dirimpettaia di Sonia per sapere se è tornata a casa e può fare compagnia alla madre. Mentre si avvicinano al posto in cui ha passato l'infanzia, nel quartiere di Commerce, a sud di La Motte-Picquet, quel luogo scolpito centimetro per centimetro nella sua memoria, pensa che resterebbe volentieri con lei, a sorseggiare limonata e guardarsi la fine della partita, sarebbe un bel tuffo nel passato, commovente – ma non è pensabile, deve sbrigarsi a filare in ufficio e provare a parlare con Keller per chiarire le cose. Nel frattempo coglie l'occasione per tastare un altro terreno e chiede a sua madre se si sentirebbe a suo agio all'idea di assumere un'infermiera a domicilio: darebbe un po' di respiro a entrambi, li farebbe stare più tranquilli, e in più, passando per la Borélia, potrebbe trovarne una a prezzi davvero economici. Sciorina le sue argomentazioni senza prender fiato, e intanto si ripete che, se un giorno lo chiedessero a lui, rifiuterebbe categoricamente una soluzione del genere; meglio decidere da soli quando è arrivato il momento e ingoiare un bel tubetto di pillole piuttosto che veder diminuire le proprie forze e sprofondare nella dipendenza.

Una volta in ufficio accende il computer e controlla il risultato. Incredibile ma vero, al quarto set Tsonga conduce 5-4, è sul 40-15 e ha due match point davanti a lui. Può farcela davvero! Che gioia dev'essere suonarle al numero uno in carica! Djokovic è al servizio, mantiene la calma, colpisce forte, salva il primo match point rimettendo Tsonga al suo posto con una schiacciata sottorete. E, sulla seconda palla, stessa punizione, Djokovic sventa il pericolo con un bolide di dritto, da vero campione che nei momenti decisivi non lascia nulla al caso. Sono sul 5-5, ma non è ancora finita. Franck si accorge di essere in uno stato d'animo singolare: l'incontro scatena dentro di lui una gioia profonda, ma al contempo lo stressa come se fosse lì sulla terra rossa, ha l'istinto di abbandonarsi a risa che potrebbero trasformarsi in lacrime con niente, avanza in equilibrio sul filo sbrindellato dei suoi nervi, con la consapevolezza che l'obiettivo per il mese di giugno non può essere la vittoria del Roland Garros, né la sua né quella di un altro. No, l'obiettivo è cercare di ottenere quel cazzo di posto e continuare la propria scalata al successo. Ciononostante finisce per guardare almeno la fine del set, per non rischiare di perdersi una grande pagina della storia dello sport francese – e lui mica è nato ieri, sa benissimo che Keller sta facendo la stessa cosa nel suo ufficio –, ma proprio in quel momento qualcuno bussa tre volte alla porta.

Di fronte a lui c'è Cora Salme, con le sue occhiaie e il suo sguardo accusatorio e molesto. E di fronte a lei c'è Franck Tommaso, con quella sua strana faccia e gli occhi a mezz'asta, ostili. Le chiede: devi dirmi qualcosa? Dammi un quarto d'ora e sono da te, giusto il tempo di chiudere questo dossier. Lei risponde: no, per favore, avrei bisogno di parlarti subito. Nella voce ha quel qualcosa di rotto e sensuale che lo porta a dirle sempre di sì, e sa di dover stare attento. Comincia a raccontare, gli dice che un suo amico è morto e lei vorrebbe prendersi il pomeriggio di venerdì per andare al funerale. Lui le fa: «Oh, mi spiace moltissimo. Chi era questo amico? Come vi conoscevate?». Intorpidita dalla tristezza, tesa come qualcuno che teme di sciogliersi da un momento all'altro, Cora si accorge che basta una domanda tanto innocua a mandarla in confusione, e forse avrebbe fatto meglio a prepararsi prima. Non vuole raccontargli della scena di gare Saint-Lazare, ma è meglio non mentire, e così cerca rifugio nell'universo a suo modo accogliente delle mezze verità: si chiamava Maouloun, era un amico maliano che aveva conosciuto vicino casa sua, in un centro per rifugiati a Montreuil.

«Ah...» reagisce Franck. «E quando lo hai saputo? Agathe mi ha detto che ieri mattina non c'eri.» Cora annuisce col capo: era esattamente per quel motivo. Ha saputo del decesso, una morte terribile, e ha dovuto occuparsi di una marea di formalità. «E perché proprio tu?» chiede Franck strizzando ancora di più gli occhi. «Non aveva genitori, amici? Non potevano sbrigarsela quelli del centro?» «Purtroppo no» sospira Cora. E, poiché ha capito che non se la caverà con quelle mezze risposte, perché chissà per qual motivo lui vuole saperne di più, gli spiega che Maouloun a volte dormiva al centro, dove si erano conosciuti, ma era arrivato in Francia da poco, e spesso stava per strada. Franck dà un'occhiata al computer, come se esitasse a chiudere un documento di lavoro e prestare attenzione al suo racconto. «Com'è morto?» le chiede con un tono più dolce. Cora sente montare le lacrime, e la cosa la terrorizza: l'ultima volta che si è messa a piangere davanti a lui... Ce l'ha ancora in testa, e le fa male. «Mi dispiace, Franck, ma credo che non ti riguardi.» Lui le si avvicina, si piega leggermente e sente la stanchezza irrigidirgli le gambe. Anche Cora è stremata, e prova a far breccia nella sua empatia: «Per favore, Franck. Puoi darmi una mezza giornata? Non te lo chiederei se non fosse tanto importante per me». Ma sfortunatamente Franck non vuole. Non subito, non in quel modo. Sarebbe stato molto più facile dirle sì, va bene, capisco, dev'essere stato un brutto colpo, prenditi un paio giorni, rimettiti, torna da noi riposata – e poi sedersi al computer per vedere se Jo-Wilfried Tsonga è andato nel panico di fronte alla possibilità concreta della vittoria o se invece se la sta giocando fino alla fine. Eppure non accade niente di tutto ciò: Cora lo sta prendendo per il culo, mente, ogni scusa è buona per ignorare gli ordini che le impartisce e sottrarsi al proprio dovere.

«E con questo ragazzo, insomma, ci andavi a letto?» La vede indietreggiare e rispondere con un secco: «Non sono affari tuoi». Lui tiene a freno la rabbia e decide di cambiare strategia: «Hai ragione. È la tua vita. Non mi riguarda». Il suo rendimento sul lavoro e il numero delle sue assenze, però, lo riguardano eccome. E in quel campo ormai è una vera professionista, sta mettendo su una bella collezione di congedi di malattia e assenze ingiustificate. «Ma prendermi mezza giornata per un funerale è un mio diritto» protesta. Lui lascia passare mezzo secondo, il tempo che la frase intraprenda la sua parabola discendente, poi ribatte con grande eleganza, con un superbo e imprendibile colpo arrotato: «Ebbene no, pensa un po'. Se si tratta di un parente ne hai pieno diritto, e per fortuna, ma per un amico non è previsto. Io volendo potrei farti un favore, in fondo è perfettamente nelle mie facoltà, ma sai che c'è di nuovo?, non mi va neanche un po'». Perché tutto si può dire, la incalza dando libero sfogo al proprio desiderio di sarcasmo, tranne che lei si sia mostrata gentile nei suoi confronti. E lui ormai ha capito a quale gioco sta giocando: vuole sabotare il loro lavoro, cerca di rovinarli in tutti i modi.

Nonostante sia passato molto tempo da quella scena, Cora ricorda di aver sentito il proprio volto indurirsi, trasfigurare e indossare una nuova maschera. Niente più tristezza, niente più labbra tremanti. Sotto quella maschera era tutto così duro che sarebbe invecchiata troppo in fretta, ogni minuto sarebbe pesato come un intero anno, ma almeno la proteggeva, e per scalfirla ci sarebbero voluti colpi ben più forti di quelli un Franck Tommaso qualunque. Invece di indietreggiare come da copione, fa un lungo passo verso di lui: «Sai che c'è, caro mio? Non ti sto chiedendo il permesso. Ti sto informando. Venerdì all'una in punto esco dall'ufficio, che ti piaccia o no». A quel punto Franck si è sentito schiacciare dallo stress: allora la stava prendendo così; lo sfidava, lo attirava sotto rete. Si vede costretto a reagire, si esibisce in uno scarto di lato e colpisce più forte: «Sappi che in tal caso ti aspetta il licenziamento. Apro io la pratica. Metto su un bel dossier, ti faccio cacciare. Chi ti credi di essere? Non ti paghiamo mica per fare l'assistente sociale o andare ai funerali». Ma, senza nemmeno lasciargli il tempo di respirare o riprendere la posizione, quella ruffiana è partita con un contropiede insopportabile: «Staremo a vedere» le ha sentito rispondere. «Staremo a vedere chi aprirà un dossier contro chi.» Poi ha girato i tacchi e sbattuto la porta, davanti a tutto l'open space. Ha raccattato le sue cose, e per evitare che la raggiungesse invece di prendere l'ascensore si è infilata nella no man's land delle scale. Mentre scendeva nell'assurda spirale di quei ventisette piani, fuori di sé, senza fiato, le sono risuonate in testa le ultime parole di Franck, l'ultima frase che ha pronunciato, e che sulle prime il suo cervello si era rifiutato di captare: «Attenta, perché io ti distruggo. E stai sicura che, quando avrò finito, di te non resterà granché, è una promessa».

Quando Franck Tommaso – il quale in seguito ha negato in più occasioni, incluso con il sottoscritto, di aver mai proferito una frase del genere, tanto che persino Cora ha cominciato a dubitarne –, quando Franck Tommaso, dicevo, si rimette a guardare la partita nella speranza che almeno quella possa aiutarlo a tornare in sé, il quinto set è cominciato da un pezzo, il morale di Tsonga è a terra e il francese è in balia dell'avversario. Alla sera, mentre a casa riguarda un paio dei game che si è perso grazie a quella piacevole chiacchierata, Franck scopre che sui due match point che ha sprecato alla fine del quarto set Tsonga non aveva nulla da rimproverarsi: al servizio Djokovic era stato magistrale. Nel corso del tie-break invece, dov'era in vantaggio col parziale di 4-2, Jo si era mostrato un po' remissivo, di sicuro non abbastanza aggressivo, e su quello aveva da rimproverarsi eccome, pensa Franck, di quel genere di rimproveri che rimastichi a lungo. Prima di rientrare negli spogliatoi Tsonga ha confessato: «Avrei tanto voluto vincere la partita, farmi valere, ma non ne avevo più nelle gambe». Franck si serve un whisky e pensa, eccolo, lo spirito francese nella sua massima espressione: i francesi passano la vita a ripetersi che avrebbero tanto voluto vincere, e poi si fanno un punto d'onore di essere dei perfetti perdenti. Ma io non ci cascherò, si dice. Non fa per me. Saper perdere, no, non fa proprio per me.

E tutto ciò ci porta pericolosamente vicini a venerdì 8 giugno. A volte raccontare funziona così: taci il più a lungo possibile le vicende difficili da riportare – il tempo di capire cosa le abbia provocate, e anche perché ti tormentino senza tregua – e alla fine le sveli perché è giunto il momento, ma sai fin dall'inizio che non riuscirai comunque a liberartene.

Durante quella settimana Cora e il sonno si ignorano a vicenda. Non fa che girare a vuoto dentro casa o nelle stradine tutt'attorno.

Ormai ci ha fatto il callo, ha imparato a riconoscere le varie sfumature della notte, il modo in cui scurisce, in cui rischiara, gli odori che sprigiona sul terreno. A impedirle di dormire è ora il caldo, ora il dolore, ora le conversazioni che continuano a ronzarle in testa, le parole che avrebbe potuto dire a Maouloun, quelle che avrebbe dovuto sbattere in faccia a Franck, un cocktail che la sua psiche miscela con grande abbondanza di ogni ingrediente. All'approssimarsi dell'alba gli uccelli sugli alberi riprendono vita, e allora le viene da chiedersi se esistano uccelli insonni. Sarebbe bello, pensa, rassicurante. Il mercoledì e il giovedì Cora e Franck si sono incrociati senza degnarsi di uno sguardo, e senza capire se stessero entrambi conservando le forze per il prossimo round o se invece stessero facendo di tutto per evitarlo. Venerdì mattina sarebbe andata a lavorare come al solito per poi uscire verso l'una, e se Franck glielo avesse impedito – ma avrebbe dovuto trattenerla fisicamente –, be', in quel caso sarebbe andata dritta nell'ufficio di Mathilde Rameaux e avrebbe rassegnato le proprie dimissioni. Ne ha parlato con Pierre, e da quando ha ottenuto il suo beneplacito si sente intoccabile.

Mercoledì 6 giugno Venere transita davanti al Sole. Nel 2004 Cora si era persa l'evento, non ricorda perché, d'altronde non ha la più pallida idea di cosa stesse facendo allora, ma stavolta invece è pronta, sveglia Pierre e Manon e raggiungono tutti insieme la sommità del parc des Guilands per ammirare quella goccia nera che si posa lentamente sul grande disco arancione. «Sembra minuscolo da qui,» spiega a Manon «ma in realtà Venere è un grande pianeta, poco più piccolo della Terra. E lo vedi così piccino perché è lontano, e perché devi sapere che il Sole è immenso, è più di cento volte più grande.» Manon non capisce tutto, ovviamente, ma non c'è problema, glielo rispiegherà più avanti. Si sono dovuti svegliare molto presto, è vero, e in fondo non è questo gran spettacolo, ma se lo avesse perso di nuovo non se lo sarebbe perdonato: il successivo passaggio di Venere sarebbe avvenuto nel 2117, e ora di allora lei sarebbe stata morta da un pezzo, e anche Manon sarebbe già passata a miglior vita, o comunque sarebbe stata vecchissima, e con l'aumento delle temperature che non accenna a fermarsi chissà se sarebbe ancora esistita sulla Terra una civiltà umana degna di questo nome.

La mattina di venerdì 8 giugno Cora ha perfettamente chiara in mente la scaletta della giornata, la sua *to do list* è scandita al minuto. La sveglia suona alle 6, ma ciononostante continua a sonnecchiare: in realtà è per Pierre, che quel giorno ha in programma una trasferta a Lione e deve prendere il treno. Poco prima delle 7 si alza anche lei, prepara la colazione, sveglia Manon con gesti meno dolci e più nervosi di quanto vorrebbe, la fa mangiare più in fretta del solito, le toglie il pigiamino e la veste. Mentre la piccola gioca con la sua piramide di cubi Cora si prepara a sua volta, maschera alla bell'e meglio le occhiaie e si infila il vestito bianco che ha stirato la sera prima. «E pronti, partenza, via.» Porta Manon in braccio fino alla macchina, parcheggiata a due traverse da casa, la piazza sul seggiolino, si mette in marcia con calma e si ferma come da programma da Julie, la fioraia vicino al mercato di Croix de Chavaux che le piace tanto. Visto che ha i minuti contati e la giornata piena, ha chiesto a Julie di farle trovare pronto un mazzo di peonie rosa e bianche, simili a quelle di certe tele di Monet. Si è detta che in seguito avrebbe piantato un albero sulla tomba, qualcosa di più duraturo, ma intanto per la cerimonia le peonie andavano benissimo. Per farle sopravvivere al tragitto e al caldo, Julie le dà un piccolo secchio con un fondo d'acqua, e Cora sistema il mazzo sul sedile posteriore, lo blocca passandogli la cintura di sicurezza attorno, e così facendo strappa a Manon una di quelle sue risatine gorgoglianti. Quando arrivano da Silué la piccola si è già riaddormentata. Sotto il vestitino leggero indossa un paio di sandaletti blu, ma la fibbia si sta rompendo; Cora ne raccoglie uno che è cascato sul tappetino dell'auto e glielo rimette baciando quei suoi piedini paffutelli. Tirandosi su sente tutta la stanchezza inguaribile che ha in corpo ed è costretta a poggiarsi un attimo al muro per far passare la vertigine. Più tardi, al cimitero, il sole picchierà, e bisogna che si ricordi di bere molto e non alzarsi di scatto.

Quando arriva alla Défense, intorno alle 9, il cartello del parcheggio della torre che usa di solito dice *completo*, così si spinge un paio di strade più in là, sul vialetto che costeggia il giardino dove va a pranzare se ha abbastanza tempo. Non sa se portarsi dietro le peonie, ma alla fine desiste e le lascia nel loro secchio per evitare di incrociare Franck con quell'enorme mazzo in mano. La prenderebbe come una provocazione, e lei si è detta che non vuole litigare né offrigli appigli e pretesti. Forse è il mio ultimo giorno qui, pensa mentre sale nella torre. Alle 9.15 si presenta alla riunione per fare il punto su Santé Plus a quindici giorni dal lancio. Quando non è lei a parlare ne approfitta per ricapitolare le varie tappe della sua giornata. Se riesce a uscire all'ora stabilita potrà passare in ospedale per la vestizione della salma, a meno di non rimanere imbottigliata nel traffico cittadino. Se dovesse avere i minuti contati, la cosa più logica è andare dritta al cimitero di Pantin dove troverà Abdulrhman, Mustafa e Karim. A quanto pare ci saranno solo loro: un funerale a quattro, cinque contando il defunto. Ma comunque le conviene muoversi in anticipo: non ha ancora fatto aggiustare il cellulare, e dovrà cavarsela senza navigatore, prestando più attenzione del solito alle indicazioni. A mezzogiorno la riunione non è ancora finita e qualcuno bussa alla porta. È il suo collega Damien che le fa cenno e le dice: «C'è tuo marito al telefono, pare urgente». Lei pensa: non può essere mio marito, non siamo nemmeno sposati. E poi cosa può volere Pierre a quell'ora? Chiamare al lavoro nel bel mezzo della giornata non è da lui. Cora raggiunge la sua scrivania e compone il numero del compagno, praticamente l'unico che ricordi a memoria. «Ma sei in ufficio?» le chiede Pierre con una voce terrorizzata. E grazie, dove vuole che sia? «Mi ha appena telefonato Silué,» le spiega «vuole sapere che succede, perché non sei ancora passata a lasciarle Manon.» Cora ci pensa un attimo, poi sbotta: «Ma che diavolo va raccontando? Certo che le ho lasciato Manon!». Pierre fa passare un secondo: «Silué mi ha detto di no. Manon non è da lei. Che cazzo ti sei inventata stavolta? Te la sei portata dietro?». Oltre la finestra passa un uccello. Cora ci pensa ancora e attacca.

Si precipita agli ascensori, che ci mettono una vita ad arrivare. Comincia a scendere, e a ogni piano, ogniqualvolta le porte si aprono col loro suono amichevole, lei le blocca e impedisce alle persone di salire, dice mi spiace, devo andare al piano terra il prima possibile. Corre sul piazzale davanti alla torre, oltrepassa la rotatoria, corre ancora sul marciapiede che costeggia la strada, svolta a sinistra, poi a destra. Attorno alla sua automobile si è formato un piccolo assembramento. C'è un uomo che corre a sua volta, la precede di qualche decina di metri, e mentre arriva alla macchina il capannello si apre: stringe tra le mani un martello e lo solleva per sfondare il finestrino. Quando Cora si avvicina con un'espressione terrorizzata capiscono tutti chi sia e indietreggiano di un passo. Qualcuno grida, una donna piange, Cora percepisce i loro sguardi che convergono su di lei. Sente dire che i pompieri stanno arrivando, e dal suono della sirena in lontananza capisce che è vero. Con la testa del martello l'uomo rimuove i vetri dal perimetro del finestrino e si piega nell'abitacolo, ruota il seggiolino verso di sé e ne estrae Manon. Cora fa in tempo a vedere il suo visino scarlatto. Ha gli occhioni spalancati, le pupille dilatate. È tutta imbrattata di vomito. L'uomo si gira verso di lei con il corpo della bambina stretto al petto, fa per darglielo ma qualcosa lo blocca. Nemmeno lei osa allungare le braccia. Vede una manina che penzola molle. Sull'asfalto incandescente, di fianco al martello e alle schegge di vetro, scorge il sandalo blu che non si chiude più tanto bene ed è caduto di nuovo per terra.

13. Neanche con la musica

Sabato 28 luglio Astou si fa largo tra la folla del mercato di rue de la République, risponde ai cenni di saluto senza fermarsi per i convenevoli, attraversa il sagrato che brilla nel sole della tarda mattinata, si annoda un foulard sulle spalle ed entra nel fresco della basilica di Saint-Denis. Per quanto abiti a due passi da lì, non si può dire che sia la sua chiesa: ha muri troppo alti, una storia sepolcrale; l'animata vita della parrocchia di Saint-Denis-de-l'Estrée le pare molto più interessante. Ma questa volta sa di non avere scelta, non può lasciare nulla di intentato. Il giorno prima è stata alla moschea Tawhid per la preghiera della sera, la cosiddetta Icha, e si è promessa di passare un attimo anche dalla basilica, prima di partire, per riflettere sul peso che le schiaccia il cuore.

Si è svegliata in vacanza. Mounir, che ormai è un inquietante preadolescente di otto anni e si alza sempre più tardi, li ha lasciati dormire, e così Astou e Salim hanno potuto oziare a letto – c'è da dire che il sesso tra loro due migliora di giorno in giorno. Sente ancora ondate di piacere irradiarle il ventre, e le pare sia già una buona ragione per rendere grazie. Il giorno successivo, o addirittura quella stessa notte, approfittando quanto più possibile dell'inesperienza degli altri agostani, faranno rotta per la Camargue. Salim è di Montpellier, vorrebbe farle conoscere la regione: l'atmosfera delle feste taurine, i fenicotteri rosa nelle saline che pescano i gamberi su una zampa sola. Tra i due maschietti non è ancora scoppiato l'idillio, ma Salim ha promesso che porterà Mounir a cavallo, e tra le galoppate sulla spiaggia dell'Espiguette, le montagne russe alle fiere di paese e l'esercito fantasma dei crociati sui bastioni d'Aigues-Mortes, l'estate sembra avere tutte le carte in regola per sistemare le cose. È la prima volta che pensa: ci siamo, questa relazione sta funzionando, senza cadere subito in preda al timore di essersi messa in gabbia, e si tiene quel barlume di speranza stretto al cuore come un'altra ragione per rendere grazie – a Dio, o alla vita.

Astou risale la navata, gira intorno al coro e contempla a lungo le tombe dei sovrani. Dei cagnolini si accucciano ai piedi di una principessa sconosciuta e leccano l'orlo della sua veste marmorea. La basilica è il luogo dei morti che non vengono dimenticati. Ci sono tutti, re e regine, i vecchi Merovingi dai nomi da saga fantasy e quelli più conosciuti, come i Capetingi e i Valois, di cui qualsiasi francese potrebbe recitare a memoria l'intero casato, giù fino a Luigi XVI e Maria Antonietta, scolpiti in ginocchio, lei un po' piegata da un lato, le braccia incrociate intorno ai seni schiacciati, un filo di perle al collo, la dinastia per diritto divino che nulla avrebbe potuto interrompere, finché la ghigliottina non ha tranciato di netto il filo della loro storia. Esiste un posto decente per tutti i morti che verranno presto dimenticati? si chiede Astou. Quelli che non hanno diritto ai fasti e agli onori, cosa possiamo fare per loro, per rendere meno traumatica la loro dipartita? Strizza gli occhi nella luce rifratta dalle vetrate e non sa più se sia andata lì per pregare o soltanto per riflettere su tutto ciò, sulla memoria dei morti senza gloria, sul torbido desiderio di vendetta che la consuma da settimane, su quello che la giustizia degli uomini può fare e quello che invece non ottiene mai, sulla ricompensa per i nostri atti e la remissione delle nostre colpe.

Da venerdì 8 giugno le sembra di non essere mai uscita dal lavoro, né dal suo ufficio senza finestre, che è l'anticamera di quello di Antoine Mangin; si sente ancora inchiodata davanti allo schermo mentre digita *bambina macchina ipertermia* nella barra del motore di ricerca per seguire i comunicati dell'Agence France Presse. E già quell'8 giugno sapeva benissimo che non era la cosa giusta da fare, perché per sopravvivere bisogna preservarsi, distogliere lo sguardo e pensare ad altro, ma era stato più forte di lei. Rivede il formicolio nerastro delle lettere davanti agli occhi, l'insolita concentrazione che le ci è voluta per farne emergere delle frasi. Quando i pompieri sono giunti sul posto, è riuscita a leggere Astou, la piccola era già morta. In quella calda giornata di sole, ha letto Astou, è rimasta quasi tre ore chiusa nell'abitacolo. Il telefono del suo ufficio suonava, ma lei non rispondeva. Antoine Mangin sporgeva il capo, le chiedeva di passargli dei dossier, lei non capiva una parola né gli domandava di ripetere, finché non è andato a sedersi accanto a lei dicendole: «Ma certo, lei prima era al marketing. Conosce Cora Salme», per poi consigliarle di tornare a casa. E appena qualche secondo prima che si sciogliesse in lacrime. Il tempo di arrivare a Saint-Denis e gli articoli si erano già moltiplicati. Non è la prima volta che accade una cosa del genere, ha letto Astou: ogni estate diversi bambini vengono dimenticati in macchina e sono vittime di disidratazione. La commissione per la sicurezza dei consumatori ha registrato quarantacinque casi in Francia dal 2007, di cui undici fatali. Distesa nella camera da letto, della quale aveva chiuso le imposte al mattino per evitare di ritrovarla trasformata in una stufa la sera, Astou scoppia in una risatina isterica e si dice: oh!, ecco una statistica che ci spiega la realtà, finalmente. Nel caso del quartiere Arche Nord, concludeva un altro articolo, è stata aperta un'inchiesta per omicidio involontario e la madre della bambina è stata presa in custodia.

La domenica successiva ha passato la giornata cercando di mettersi in contatto con Cora. Si è ricordata che il cellulare dell'amica era fuori uso e si è resa conto di non avere il suo numero di casa, perché ormai il numero fisso non si chiede più; poi è riuscita a trovarlo sull'intranet della Borélia e ha chiamato più volte sentier du Tourniquet, restando appesa agli squilli come a una corda sospesa nel vuoto, ma nessuno dall'altra parte ha alzato la cornetta. Ha perfino pensato di chiamare Nadège Galtier, Damien Tourret, oppure Édouard, ma ogni volta si è trattenuta, terrorizzata all'idea di sentir uscire dalla propria bocca parole che li avrebbero annientati e che anche a lei avrebbero fatto più male che bene.

Il lunedì è dovuta tornare a lavoro. Nei corridoi si faceva un gran parlare dell'incidente, e agli sguardi cupi si alternavano le voci rese acute dell'inconfessabile eccitazione che si prova nel raccontare quel genere di storie a chi non ne è ancora al corrente. L'evento stava avendo grande risonanza su internet. Un portavoce della Borélia, di cui nessun articolo faceva il nome, rendeva noto che la dirigenza era sconvolta, che presentava le più sincere condoglianze alla famiglia, e che in quella settimana la compagnia avrebbe attivato uno sportello di assistenza psicologica. Un membro del comitato esecutivo, anche lui anonimo, scorgeva nella disgrazia un'ironia della sorte ancor più tragica, perché proprio in quel periodo la Borélia era al lavoro con alcuni costruttori di automobili per sviluppare un sistema d'allarme in grado di rilevare eventuali presenze all'interno della vettura chiusa e allertare il proprietario con un messaggio nel giro di un quarto d'ora. Quando ogni veicolo sarebbe stato equipaggiato con quei sensori di calore e movimento, si poteva sperare di scongiurare una volta per tutte drammi del genere.

Il giornalista che riportava queste affermazioni doveva aver fatto qualche telefonata, forse ai colleghi o ai conoscenti di Cora, poiché aggiungeva che quella *madre di famiglia di 31 anni* – che strano sentirla chiamare così – era esaurita per colpa di un'eccessiva mole di lavoro dovuta alla ristrutturazione dell'azienda, e viveva una situazione di forte conflitto con i suoi superiori. Lo sforzo di contestualizzazione non andava oltre, ma apriva comunque una breccia: per saperne di più bisognava battere quella pista, seguire il corridoio mal illuminato al di là di quella porta socchiusa. Tuttavia tra gli internauti che lasciavano commenti – approfittando di quella libertà d'espressione che viene quasi sempre invocata a sproposito – erano in pochi a interessarsi al contesto. I più ritenevano che Cora non meritasse di essere chiamata *madre*. A seconda dei casi, alludevano laconicamente o si dilungavano con profusione di dettagli su ciò che le avrebbero detto e fatto se se la fossero trovata davanti. Dopo aver letto per ben due volte che casi come quello dovevano spronare alla reintroduzione della pena di morte in Francia, Astou si è detta che forse poteva bastare, ma i suoi occhi si sono lasciati trascinare più in basso, sempre più in basso. Cercare una spiegazione a un gesto simile, ha letto, o peggio ancora trovare delle scusanti per quella donna sarebbe stato un peccato morale.

In pausa pranzo è uscita a prendere una boccata d'aria fino ai gradini della Grande Arche, dove i giovani, nonostante facesse di nuovo freschino, si erano seduti a mangiare e a seguire gli scambi decisivi della finale tra Nadal e Djokovic interrotta il giorno prima dalla pioggia, parlando di lavoro o scherzando tra loro. Si è chiesta se fosse il caso di aprire degli account su quei siti per influenzarne i commenti, ma aveva subito realizzato che era un'idea stupida, masochista e totalmente vana. Però, quantomeno, le sarebbe piaciuto fare due chiacchiere con un giornalista. Se avesse avuto l'impressione di avere davanti, o al telefono, una persona comprensiva, in grado come lei di ascoltare, avrebbe potuto raccontare ciò che sapeva. Vede, sono stata testimone di certi comportamenti, avrebbe dichiarato, di certi metodi... ma non ho saputo reagire. Le farò i nomi dei colpevoli, ma è meglio che lo sappia subito: ne faccio parte anch'io.

Quando è tornata in ufficio Mangin si è accorto che aveva il morale a terra, e l'ha convocata per discuterne un momento. Io e Cora eravamo amiche, ha farfugliato Astou. Non proprio amiche intime, ma insomma. Abbiamo lavorato insieme tre anni, era una delle poche colleghe che vedevo anche al di fuori dell'ufficio. Non lo ha detto ad alta voce, ma ha pensato: abbiamo sgobbato una di fronte all'altra per tutto l'anno, tutte le settimane, tutti i giorni. Era lei, la sua meditabonda ruga del leone, il suo faccino da rapace, era Cora quella che vedevo non appena alzavo gli occhi. Non sono sicuro di aver presente chi fosse, ha risposto prudente Mangin. Poi si sono resi conto di parlare di lei al passato, e hanno cercato di scacciare il disagio che montava. Sì che la conosce, l'ha corretto Astou, Cora ha fatto almeno un paio di presentazioni in sua presenza. Mangin si è seduto davanti al computer, si è connesso all'intranet per consultare le schede personali dei dipendenti, quelle che aveva chiesto di approntare per consentire a tutti di associare agevolmente i nomi e i volti, e ha osservato il ritratto di Cora, una brutta foto dove somigliava più a una losca sospettata che alla vera Cora, e ha detto: ah sì, certo, me la ricordo – ma non ne era affatto sicuro, il suo tono di voce era troppo rilassato, forse la vicenda non lo toccava abbastanza o al contrario lo sconvolgeva al punto da non permettergli di recitare il suo ruolo in modo credibile, ma Astou ha visto subito che no, non se la ricordava, se l'era dimenticata: il nome Cora Salme non gli diceva niente. E, dato che iniziava a sentirsi atrocemente in imbarazzo, non ha insistito. Lui invece ha continuato, ci ha tenuto a chiederle se, come la responsabile delle risorse umane gli aveva riferito, Cora fosse una persona fragile che attraversava un periodo difficile a livello personale. No, non direi, no, ha risposto Astou, era solo molto stanca. E moriva dalla voglia di aggiungere: più che altro non andava d'accordo con Franck Tommaso; oppure: aveva appena perso un amico e sarebbe dovuta andare al funerale quello stesso pomeriggio – ma il primo era un terreno troppo scivoloso per addentrarvisi, e quanto al resto, non erano affari di Mangin. Stava già cercando il modo di porre fine a quella conversazione quando l'ha sentito aggiungere: vede, la stanchezza non spiega davvero tutto, ammetterà che dimenticare una bambina chiusa in macchina oltrepassa ogni logica… sono davvero costernato per la sua amica, quel che le è successo è orribile, ma d'altronde certe persone … come dire… si sentono sopraffatte dalla più piccola responsabilità, ecco… Al che Astou l'ha guardato, o meglio, ha scandagliato quell'inconscio che si svelava d'un tratto a cielo aperto, e nemmeno lei è più riuscita a nascondere i pensieri che le bollivano in testa, così ha sigillato il proprio volto come meglio ha potuto e non ha più aperto bocca.

Mercoledì 4 luglio, sole velato e tempo gradevole, temperature tra i 18 e i 24 gradi, Pierre esce di casa e monta in bici per andare a trovare Cora a Saint-Mandé, nella clinica Jeanne d'Arc. Pierre ha sempre adorato andare in bici, durante la sua infanzia in Lorena lo aiutava ad allargare lo sguardo oltre i paesaggi chiusi del quotidiano, a rifugiarsi altrove, non chissà quanto lontano ma comunque altrove; ed è un bisogno che in quegli ultimi giorni si è fatto sempre più pressante, il bisogno fisico dello sfinimento, dei muscoli bollenti, della mente lanciata in cima alla salita o al di là della prossima curva. Si dirige verso la Marna, poi risale la Senna, disegna tracciati tra gli 80 e i 120 chilometri e rientra la sera tardi, quando il giorno ormai è andato e si appresta a divenire soltanto un ricordo. Ad ogni modo la casa è deserta. Ad ogni modo ha preso molte settimane di ferie e non ha altro da fare. A volte esce a piedi – camminando si sfoga di meno, ma lo aiuta a riflettere – e va a tenere compagnia a Manon al cimitero comunale. Le parla ad alta voce, in modo ancora più franco di quando era con loro, da pari a pari, come a un'adulta, come a qualcuno che è un passo avanti agli altri. Il cimitero è proprio dietro l'angolo dove sorgerà il cinema Georges Méliès, e nemmeno un mese prima passando davanti al cantiere si rallegrava pensando alle prime volte in cui ci avrebbe portato Manon, e si chiedeva con quali cartoni animati, e in seguito con quali film, la figlia avrebbe scoperto il silenzio delle sale buie, il battito di quel tempo sospeso. Per lui era stato in un vecchio cinema di Nancy, se lo ricorda come fosse ieri, Basil l'investigatopo che combatteva contro il professor Ratigan all'interno del Big Ben, dove i monumentali ingranaggi rischiavano di stritolarli da un momento all'altro, loro due e la piccola topolina Olivia Flaversham; il Big Ben con le lancette dorate scintillanti nella tempesta e l'orologio che batteva l'ora e faceva perdere l'equilibrio al professor Ratigan. Il ratto cattivo vacillava e nella caduta si trascinava anche Basil, ma a differenza di quest'ultimo non riusciva a risorgere dalla nebbia di Londra – i piccini che guardano i cartoni vanno protetti, e meritano di assistere a un lieto fine.

Ogni giorno fa due visite, una a Manon e una a Cora. Ma ultimamente è più facile parlare con Manon. Ricorda il giorno in cui l'ha vestita per l'ultima volta, lei che ormai non si dimenava più; a lungo aveva titubato se metterle dei vestitini più pesanti o invece estivi, se fosse meglio proteggerla dal freddo che una vocina nella sua testa gli diceva sarebbe tornato, o se invece quella volta Manon avrebbe avuto troppo caldo. Alla fine aveva optato per un abito di mezza stagione, un vestito verde molto morbido con i pizzi sulle maniche. E per non farla sentire sola le aveva messo vicino il granchio Sebastian, ormai per sempre il suo peluche preferito, quello che in un altro film di Walt Disney, accompagnato dallo scatenato gruppo jazz dei suoi amici subacquei, spiega alla Sirenetta quanto sia sbagliato pensare che le alghe del vicino sono sempre più verdi, e poi che la vita è più bella in fondo al mar, tutti sono allegri in fondo al mar – lo stesso granchio che canta a squarciagola che lassù gli umani sgobbano e svengono sotto il sole, come schiavi o prigionieri, mentre loro col nuoto se la spassano, in fondo al mar.

Era rimasto seduto a lungo accanto al suo corpicino. Quella scintilla di mistero che si era accesa lì dentro poco meno di due anni prima e poi era divampata in quell'incendio scioccante se n'era andata senza neanche un saluto. Ha ripensato a quel fine settimana di febbraio in cui aveva vegliato sulla nonna paterna. La povera donna, agitata da improvvisi sussulti che la facevano balzare sulla pila di cuscini, aveva affrontato un'agonia interminabile, e per alleviare i dolori alla bocca che la torturavano dovevano passarle una crema sulle gengive e farla bere di continuo. Era morta a cent'anni. Fino ad allora, o meglio, fino a giovedì 7 giugno 2012, Pierre aveva avuto in sorte quell'enorme fortuna: le scomparse nella sua vita si erano succedute in ordine. La morte aveva avuto l'eleganza di rispettare il diritto di primogenitura, o semplicemente le statistiche, una sorta di cronologia. Ad eccezione di Yuri, un amico che si era suicidato quando avevano quindici anni, Pierre aveva perso i due nonni, una nonna, alcuni zii e zie praticamente in ordine di anzianità. Spesso per lavoro aveva avuto occasione di consultare le curve a forma di campana note come curve di Gauss, e aveva scoperto che, tra tutte, quella della mortalità è la più dolorosa. A destra di quelle terminate tra i 75 e gli 85 anni, c'era una manciata di vite che si prolungavano ben oltre, vecchietti talvolta in ottima forma, talvolta appesi all'esistenza per un filo, come sua nonna, sopravvissuta a ogni giorno in casa di riposo per quindici lunghi anni benché non le restasse più nessuna fonte di piacere e non potesse né lavarsi né vestirsi da sola. Sul lato sinistro della campana invece, oltre il grosso pancione dove si ammassano gli esseri umani comuni, c'era la striscia fatale delle persone decedute troppo giovani, quando ancora non sapevano chi sarebbero diventate o che vita avrebbero condotto, persone come Maouloun, morto senza aver finito di dipingere la folla a gare Saint-Lazare, o come la piccola Manon, scomparsa quando ancora non si sapeva se i suoi occhi sarebbero rimasti color nocciola, ben prima di essere in grado di pronunciare i nomi di quelli che le sue labbra avrebbero baciato, una fanciullina che piange e ride ma non sa ancora quali battute le andranno a genio e cosa invece avrà il potere d'indignarla. Nella camera mortuaria, mentre provava a imprimersi il più possibile nella memoria quel visino, Pierre aveva pensato a tutte queste cose; poi, nelle settimane successive, guardando le foto della figlia nel silenzio del loro appartamento, centinaia di foto, s'era detto che era completamente inutile pensare, non serviva proprio a niente, perché in fondo nessuna di quelle promesse sarebbe stata mantenuta nella realtà.

La reception della clinica Jeanne d'Arc è gestita da una donna cabila sulla quarantina, che sorride dalla sua guardiola, chiacchiera con Pierre di quando in quando, e tra un suono del campanello e l'altro legge poesie a bassa voce. I padiglioni hanno i nomi di alberi e fiori; Cora sta in quello dei cedri. Tempo permettendo, Pierre preferisce incontrarla in giardino, su una panchina all'ombra o su due sedie di metallo che trascina sul ghiaietto fino alla prima chiazza di sole gentile, poiché sebbene il posto sia gestito al meglio – suo fratello Bruno non li ha mandati lì per caso –, le stanze sono troppo asettiche, anonime, funzionali, una specie di anticamera tra la vita e la morte che non gli permette di riportare Cora dalla parte giusta. Lei è lì da venti giorni ormai, perché non dormiva più, rifiutava di mangiare e non spiccicava parola con nessuno. Non che le cose siano cambiate granché, ma almeno è tenuta sotto osservazione da persone competenti, e gli effetti del trattamento a cui la sottopone il dottor Amaro, stando a quanto dice lui, non dovrebbero tardare a manifestarsi.

Cora parla pochissimo. Cosa dovrebbe dire d'altronde? Forse sta a Pierre intavolare il discorso, ma non è facile, poiché ogni dialogo tra loro è sempre stato una questione di simmetria, un gioco di echi e rilanci che hanno costruito insieme per distinguersi da quelle coppie in cui la conversazione è monopolio di uno solo; o forse perché gli spunti che si accendono nella sua testa sono tutti imprudenti ed è meglio rimangano così, allo stato grezzo, e non divengano frasi compiute, a meno di non volerle pronunciare per accelerarne l'autodistruzione. Durante la visita di cui vi parlo lo stomaco di Pierre brontola dalla voglia di mostrarle il sito di «Mediapart», l'inchiesta sulla Borélia uscita quel giorno stesso e che sembra essere l'inizio di una serie di rivelazioni scottanti. L'articolo è a portata di mano, sullo schermo del suo telefono, ma non ha idea di come potrebbe reagire Cora, e una morsa di panico lo attanaglia e sommerge persino la desolata eccitazione di leggere insieme a lei quell'esclusiva. A volte si ammutolisce perché sente l'ossessione che sale, nella sua testa riprendono a danzare tutte le ipotesi che col passare dei giorni ha cominciato a chiamare *le frasi dei se*, in virtù delle quali riscrive la giornata dell'8 giugno, la loro vita in quell'ultimo anno, o interi brani della storia contemporanea che, rivisti, avrebbero impedito il prodursi dell'incidente.

Se Cora non avesse rotto il cellulare, pensa Pierre, Siluè l'avrebbe avvisata per tempo. Se non fosse stata in ritardo alla Salle Gaveau non si sarebbe messa a correre, non si sarebbe slogata la caviglia e non avrebbe mai incontrato Maouloun. Se Manon non fosse stata una di quelle bambine che si addormentano profondamente appena si accende il motore, Cora l'avrebbe sentita lamentarsi arrivando alla Défense. Se quel mafioso di Sarkozy non avesse fatto intervenire l'esercito francese in Libia, gli jihadisti non avrebbero preso d'assalto il Mali e Maouloun vivrebbe ancora con suo zio. Se i Frémont avessero scelto qualcun altro al posto di Mangin, Édouard sarebbe ancora il capo di cui Cora tesseva le lodi senza sosta. Se Maouloun avesse ottenuto il diritto d'asilo in quel Paese che amava, a casa loro ci sarebbero state meno notti insonni. Quanto a lui, Pierre… avrebbe capito che Cora era sull'orlo dell'esaurimento, avrebbe annullato la sua trasferta lionese e avrebbe accompagnato lui stesso Manon. Anche senza la pretesa di riscrivere la storia… Sarebbe bastato un niente: che Cora trovasse un parcheggio all'ombra, per esempio; o che la pioggia giunta domenica a liberare l'atmosfera di tutta quell'elettricità fosse arrivata un paio di giorni prima, il venerdì… Esistono mondi paralleli, si dice Pierre, in cui alcune di quelle condizioni sono diventate realtà, e basterebbe scoprire come fare a trasferircisi in due per essere di nuovo in tre.

A volte, invece, è tutta un'altra musica: la rabbia lo prende alla gola. Fissa Cora che non si tiene in piedi e vorrebbe scuoterla, dirle che non la sopporta, che è vergognoso da parte sua starsene lì prostrata come se fosse lei la vittima; e già che c'è, dirle, pur se a malincuore, che è inutile sperare in un perdono, perché il suo odio e la sua rabbia sono reali, travolgono ogni cosa e saranno probabilmente senza fine. Per non esplodere in orrori impronunciabili, allora, preferisce mettere un po' di musica. Non quelle canzoni capaci di riportarli alla vita stupenda che, per qualche tempo, hanno vissuto insieme – niente Gluck o Monteverdi, né i Dire Straits –, ma brani più vecchi, della sua vita di prima o che ha imparato da bambina, le rive senza impronte umane della *Sinfonia "Dal Nuovo Mondo"*, o il primo concerto per piano di Brahms, quello in cui sembra nevicare, oppure album appena usciti che potrebbero piacerle, come quello degli Oscar and the Wolf che da qualche giorno Pierre ascolta mentre va in bici. Allora attacca la cassa e le tiene la mano. Le canzoni di solito parlano d'amore e di morte, immagini del passato, rimpianti, sono senz'altro uno dei luoghi del mondo in cui si costruisce la grande metafisica, e quindi bisognerebbe diffidare delle loro parole. Ma, malgrado tutto, è ciò che funziona meglio.

Certi giorni Cora non ha più uno sguardo. Non può nemmeno dirle: «Seguimi». Quand'è così lui ha davvero l'impressione di aver perso la sua Euridice. Si è allontanata troppo, è sprofondata nei meandri del mondo di sotto, e Pierre si dice che non potrà più farla uscire, neanche cantando, neanche con la musica: le porte degli inferi alle sue spalle sono solo un puntino sfuocato, il mondo dei vivi è troppo abbagliante, sovraesposto come un rullino bruciato da un tempo di posa eccessivo, e per lei non c'è più niente lassù, dato che il cielo, il sole, persino la luce con cui voleva scrivere il mondo sono diventati suoi nemici. Insomma, per dire le cose come stanno, la sta perdendo. E forse è il caso di farsene una ragione.

E «Mediapart» invece, vi dice qualcosa? Non conoscendovi non posso saperlo. Ad alcuni di voi sicuramente sì, ad altri per niente. Nel momento in cui vi parlo, il sito esiste da quattro anni. L'hanno lanciato alcuni giornalisti che facevano parte della redazione di «Le Monde» riunitisi attorno a Edwy Plenel, famoso per aver contribuito a rivelare gli scandali della presidenza Mitterrand, degli irlandesi di Vincennes (un affare troppo complicato per provare a riassumerlo) o della *Rainbow Warrior*, la nave di Greenpeace fatta colare a picco dai servizi segreti francesi. Benché le vendite fossero in attivo, Plenel ha dato le dimissioni da «Le Monde» in seguito a un'inchiesta che rimproverava alla direzione di aver schierato il giornale su battaglie troppo di parte. Gli esordi di «Mediapart» sono stati difficili, a quel tempo la stampa on line cercava ancora il suo modello, ma dopo le rivelazioni sui finanziamenti illegali che la destra aveva cercato di racimolare per le elezioni presidenziali gli abbonamenti sono decollati. Il 4 luglio 2012, quindi, è on line il primo articolo, che Pierre legge al mattino con una gioia mista a rabbia, e che a

Mangin invece è stato inviato due giorni prima, per permettergli di reagire o di esercitare il suo diritto di replica.

È un'inchiesta sulle recenti risoluzioni della Borélia in materia di politiche retributive. Si scopre che il consiglio d'amministrazione ha aumentato lo stipendio di Mangin del 73%, mentre gli utili dichiarati dall'azienda per il 2011 sono inferiori a quelli degli anni precedenti e i risultati del primo trimestre non lasciano sperare niente di meglio. Guadagnava intorno ai 700.000 euro, passerà a 1,2 milioni. Più di quanto guadagnerebbe Cora lavorando quarant'anni, ha pensato Pierre rileggendo la cifra. Quello, in un anno, si intasca ventinove anni del mio stipendio. Ma, pensate che fortuna, la sua sussistenza non dipende unicamente da quell'emolumento fisso. Ha ricevuto dalla Borélia decine di migliaia di azioni gratuite, e un pacchetto di stock options il cui plusvalore potenziale si aggira intorno ai 30 milioni di euro. Quanto alla poltrona che ha mantenuto nel consiglio d'amministrazione della Redex, per via di un attaccamento tutto sommato comprensibile verso un'azienda a cui, come si dice, ha donato dieci anni della sua vita, gli consente di mettere insieme gettoni di presenza per un totale di 230.000 euro. E non è finita. I giornalisti pare abbiano per le mani certi documenti confidenziali riguardanti i bonus versati dalla Borélia: l'anno precedente per un centinaio di manager sono aumentati dal 30 al 35%, e quelli dei membri del comitato esecutivo del 52%. L'articolo ricorda, ovviamente, che la compagnia sta chiudendo diverse filiali e tagliando un migliaio di posti. Ma nonostante la durezza del piano di ristrutturazione, che i giornalisti di «Mediapart» intendono seguire da vicino, non tutti sembrano essere intenzionati a tirare la cinghia…

Nei giorni successivi i genitori di Pierre si trasferiscono a Montreuil per un paio di settimane. L'idea sarebbe risollevargli il morale, ma per riuscirci dovrebbero stare meglio di lui, tenere botta, e sebbene il padre faccia la spesa mentre la mamma prepara da mangiare, non sembrano in grado di aiutarlo granché. Anche quando esce in bici, quando si siede ai giardinetti insieme a loro, persino al cimitero, Pierre non si stacca un attimo da internet.

Vuole sentire il rumore che fanno le notizie quando cadono in quella cassa di risonanza. Sa che è una droga: si connette e prende la sua dose. Nonostante l'aumento, effettivamente sostanziale, Antoine Mangin non è certo tra i dirigenti più pagati di Francia, ha dichiarato il portavoce del governo. Per fortuna, pensa Pierre. Ci mancava solo quello. Nemmeno l'azienda che dirige è tra le più solide o redditizie. Cerca la classifica dei salari dei dirigenti sui siti di management e scopre che Mangin non è tra i primi cento ma ci entrerà il prossimo anno, tra il settantacinquesimo e l'ottantesimo posto. Sostenere la necessità di pagare adeguatamente gli amministratori delle grandi aziende è un atto coraggioso e impopolare, dichiara un leader della destra. Ma è necessario, perché altrimenti, con il sistema fiscale che vige nel Paese, fuggirebbero tutti all'estero. Alla radio un economista di sinistra spiega invece come quel tipo di remunerazione distrugga il tessuto sociale. Bisognerebbe limitare la forchetta tra i salari in una stessa impresa a un rapporto massimo di 20 a 1, dice, com'era più o meno negli anni Sessanta. Tra i dipendenti della Borélia che stanno per essere licenziati ce ne sono molti appena al di sopra del salario minimo, giusto? Allora Mangin dovrebbe guadagnare al massimo 270.000 euro. L'intervistatrice gli fa notare che voler bloccare lo stipendio di un manager che lavora sodo a soli 22.000 euro al mese è il chiaro indice di una certa ossessione egualitaria – e su quell'affermazione Pierre spegne la radio, senza sapere se fosse ironica o meno. Incalzata sulla questione in un programma del mattino, la presidentessa del MEDEF, il Movimento delle imprese di Francia, preferisce glissare: «Non dispongo di elementi sufficienti per valutare la situazione. Non conosco tutti i dettagli». A quanto pare, per sapere se quello stipendio sia frutto o meno di una corretta governance, si deve consultare il codice di condotta adottato quattro anni prima dai sindacati patronali, il MEDEF e l'AFEP, l'Associazione delle imprese private francesi: la presidentessa non se lo ricorda a memoria, ma ripete in tutti gli studi in cui è invitata che è quella, la Bibbia.

Cinque giorni dopo il titolo della Borélia ha perso un terzo del suo valore, e proprio in quel momento esce il secondo articolo. Si concentra su Optimo, e più in generale sulla gestione delle risorse umane. È basato sull'analisi di una serie di resoconti interni che «Mediapart» decide di non pubblicare, ma dei quali la redazione ha potuto attestare l'autenticità. Pierre lo legge per esteso e ha l'impressione di sentire una storia che conosce a memoria – tutte quelle conversazioni la sera, quei discorsi infiniti la notte –, una storia legata ai ricordi di quell'ultimo anno che però continua a evolversi, si amplia, assume i contorni di un mito affidato ora al racconto di altre voci. I manager hanno ricevuto ordini precisi affinché molti dipendenti fossero messi alla porta senza vedersi riconosciuti i dispendiosi onori di un licenziamento in piena regola. Secondo i documenti che i giornalisti sono riusciti a procurarsi (e cioè che qualcuno ha fatto filtrare, si dice Pierre), i dirigenti hanno seguito un seminario per definire i possibili scenari di *mobilitazione* e lavorare sulle eventuali *resistenze al cambiamento*. I documenti sono una sintesi degli atteggiamenti di rifiuto che i dipendenti avrebbero potuto adottare: qualcuno avrebbe detto: perché proprio io?, o: ma perché dovete decidere per me?, qualcun altro avrebbe pensato: non è possibile, non ci riuscirò mai! Il compito dei manager era valutare la capacità di adattamento di ciascun collaboratore dell'azienda, evitando di empatizzare col rischio di condividerne la rabbia, dispensar loro un sostegno giocoforza infantilizzante o lasciarsi investire dall'irruenza della loro delusione. Vista così, pensa Pierre, bisogna dire che il signor Tommaso ha avuto qualche difficoltà a seguire le consegne… I dipendenti, avvertivano le linee guida, sarebbero passati da una fase di resistenza tenace, segnata dall'inerzia, dalla polemica, dal sabotaggio e persino dalla rivolta, a una fase di decompressione, con attacchi di tristezza o addirittura di disperazione, ma l'essenziale era far risalire la curva della loro soddisfazione, permettergli di elaborare il lutto, di rassegnarsi per accettare i cambiamenti senza nostalgie e, idealmente, cominciare addirittura a difenderli, a sostenere a loro volta quello status quo. Non sarebbe stato un periodo semplice, si riconosceva nei vademecum, ma attenendosi alle indicazioni tutto sarebbe filato liscio. Ed è vero, pensa Pierre, non c'è niente di assurdo: bastava risalire la curva del loro morale, tagliare le gambe alla disperazione.

Il dottor César Amaro ha mani pallide e lente, che interpretano le tracce lasciate sul terreno e cercano di trovare piste da seguire. Ha saputo che Cora aveva l'abitudine di scrivere. Chi gliel'ha detto? chiede lei curiosa. Il suo compagno, le risponde lo psichiatra, i suoi genitori, e anche lei stessa, ricorda?, quando abbiamo discusso di cosa le piaceva fare nella vita. Penso che dovrebbe riprendere a farlo, annotare quello che prova o pensa, anche poche righe, sarebbe di grande aiuto per il lavoro che ci aspetta.

Cora Salme non mi ha parlato di questo periodo. Un nero senza luci, un vuoto attonito: non ricorda più niente e, anche con le migliori intenzioni del mondo, non saprebbe proprio cosa raccontare. Tutto ciò di cui dispongo è un diario. Il ventiduesimo di quelli che mi ha affidato. Senz'altro il più sconclusionato, dove anche la grafia diventa illeggibile. C'è scritto: «Un vestito nuovo, senza alcun corpo dentro, senza gruccia. Cade per terra, nessuno lo può raccogliere». E a capo: «Oggi è venuto Pierre. Così non va. Deve sbarazzarsi di me». Sulle due pagine seguenti è caduta dell'acqua, e non riesco a leggere. Decifro quella dopo: «Vorrei che il sole morisse. O io, o lui. I miei desideri sono così, palloncini che volano via, grotteschi. Quindi meglio io, direi». Per qualche pagina Cora descrive gli effetti collaterali delle medicine che prende, racconta senza ordine: è passata Astou, non mi farò avvelenare, è passato Bruno, se continuo con queste dosi dimenticherò tutto e sarà ancora peggio. «Oggi è venuto Pierre. Quando viene gli faccio passare la voglia di tornare. Sono sgradevole anche senza volerlo. È l'unica cosa che mi riesce senza sforzi. Con lui più di tutti.» E dopo qualche giorno, presumibilmente, visto che non ci sono date: «Che strano trascorrere l'estate a Parigi. È tutta qui l'estate? Quando sarà finita non me ne sarò nemmeno accorta. Che pena essere chiusa qui dentro. È passata la mamma, Pierre no. Vorrei uscire, anche solo per un po'». Dice che gli altri sono gentili con lei, ma non possono fare granché: «Cosa dovrebbero fare? Non sono mica dei maghi». E poi: «Oggi Pierre non è venuto». E ancora: «Pierre non è venuto». Lo ripete andando a capo, oppure sottolinea la frase più e più volte. Poi, dopo qualche pagina rimasta bianca, d'improvviso m'imbatto in un racconto, quattro facciate fitte scritte con la grafia di qualcuno che sembra star meglio. «Oggi è passata Delphine.»

Era una giornata molto afosa. Sono andate in giardino, dietro i padiglioni, hanno cercato un tavolo all'ombra e hanno mangiato i pasticcini che le ha portato. Cora ha notato che Delphine si è dovuta trattenere per non baciarla, e che parlava in modo molto più lento e posato del solito, quasi fosse lei sotto tranquillanti. Ma più probabilmente era solo destabilizzata dalla situazione. Delphine le ha chiesto come passava il tempo, Cora le ha detto che le avevano consigliato di seguire le lezioni di sofrologia. «Ci dicono di concentrarci sulla respirazione e dimenticare tutto il resto.» Quella mattina diverse persone intorno a lei hanno finito per addormentarsi e si sono messe a russare, così si è distratta e per poco non le è venuta la ridarella. «La soluzione è sempre il respiro.» Si è ricordata dello yoga fatto a Berlino, la sala nel mezzanino sulla Kastanienallee, si è detta che le piacerebbe tornare a viverci. «Potrebbe essere una buona idea.» Vorrebbe scegliere cosa dimenticare e cosa no, ma non è facile.

Hanno chiesto il permesso di uscire e sono andate a passeggiare al bois de Vincennes. Pensavano di fare soltanto un giretto, ma poiché Cora si sentiva bene hanno proseguito lungo il sentiero che costeggia il lago di Saint-Mandé e hanno preso la route des Batteries. Una lunga camminata a passi lenti. «Con una Delphine rallentata avrei anche potuto viverci» ha scritto poi Cora. La vegetazione era arsa dal caldo di luglio, l'erba alta era tutta gialla, ci si poteva facilmente credere lontani da Parigi. Sembrava quasi che Demetra, ancora intenta a cercare Persefone, avesse dimenticato di portare la pioggia ai raccolti, che fosse decisa a lasciar bruciare tutto finché non si fosse ricongiunta a sua figlia. Nell'ombra del sottobosco c'erano diversi accampamenti, tende davanti alle quali erano disposti sgabelli di metallo, e probabilmente ci vivevano dei migranti, ma Cora non ha voluto avvicinarsi. Ragazze in calzoncini e ragazzi a torso nudo si schizzavano nel piccolo ruscello artificiale con due pastori tedeschi. Cora e Delphine si sono sedute in riva al lago di Daumesnil, di fronte al tempio della Sibilla e agli alberi che gli sono cresciuti intorno cingendolo come uno scrigno. «È lo stesso che c'è al Buttes-Chaumont» ha detto Delphine. «Te lo giuro, è praticamente identico, dev'essere una replica.» Giovani innamorati o amici solcavano in canoa le acque del laghetto. Una donna lì vicino strappava i pochi ciuffi verdi rimasti e li porgeva a un cigno dalle piume sciupate. Ha raccontato loro che c'erano due coppie di cigni, ciascuna col suo territorio, e poco prima il maschio dell'altra sponda aveva fatto un'incursione da quel lato, ma il suo amico si era difeso brillantemente. In effetti hanno subito notato l'altro che faceva la guardia davanti all'isola, temendo una controffensiva, mentre la femmina e il loro piccolo cercavano da mangiare a riva. Poi Delphine ha messo i piedi nell'acqua. Cora l'ha imitata, pur reticente. Il cigno si è avvicinato e le ha mordicchiato l'alluce in segno di saluto. Nonostante il duello appena concluso le sue piume erano morbidissime al tatto. Così hanno deliberato solennemente: era Gustavo, il cigno Gustavo. Cora ha scattato a mente una foto delle loro gambe nude nell'acqua, sulle alghe soffici, tra le piume strappate che galleggiavano qua e là. «Il problema è che i maschi sono della stessa taglia» ha aggiunto la signora. «E quando gli eserciti in campo si equivalgono, la guerra può durare a lungo...» Poi Delphine ha riaccompagnato Cora in clinica. Aveva saltato il pasto delle 18, che non era mai molto appetitoso a dire il vero, allora sono passate in un ristorante cinese e hanno preso qualcosa per cenare in giardino, pollo alla citronella con riso, più qualche pesca e albicocca del fruttivendolo. «La passeggiata mi ha messo appetito» ha scritto Cora. Quando Delphine l'ha salutata non hanno resistito alla voglia di baciarsi. È stato così intenso, così dolce. Quelle due si piacevano davvero.

Non posso sapere, direte voi, come ha reagito Antoine Mangin allo scandalo dei *Borélia leaks*. È ancora in forma, nonostante l'età, ma non me la sono sentita di andare a intervistarlo. Per quanto votati alla causa, anche i cronisti hanno i loro limiti. Ho lasciato che della questione se ne occupasse Astou. Ho provato a lavorarmi Franck, ma nemmeno lui è riuscito a entrare nella cerchia degli intimi di Mangin, e la cosa non sorprende, dato che erano pochissimi. Le sue dichiarazioni pubbliche sono facilmente reperibili. Per sapere cos'ha pensato invece, come ha elaborato la vicenda in quello che chiamiamo (con un'espressione a mio giudizio splendida) il suo *foro interiore*, devo accontentarmi delle ipotesi.

Dopo aver lasciato che l'ondata di articoli e commenti si sgonfiasse – per ponderare la migliore reazione, o forse nella speranza che la polemica si spegnesse da sola e altri fatti di cronaca più eccitanti tornassero a occupare le prime pagine dei media –, i fratelli Frémont hanno dichiarato che lo stipendio di Antoine Mangin era stato fissato dal consiglio d'amministrazione secondo criteri rigorosi, ed era stato approvato a larga maggioranza durante l'assemblea generale. In un'azienda in profonda fase di cambiamento come la Borélia, ha aggiunto Geoffroy Frémont, le scelte dell'amministratore delegato sono così cruciali che, se la cosa può incidere anche solo marginalmente sulla qualità delle sue decisioni e del suo impegno, vale la pena di pagarlo di più. «Mangin ha portato ottimi risultati» per usare le parole Frémont. «Ha preso decisioni coraggiose, e sta risollevando l'azienda più in fretta del previsto.» Imbattendosi nell'articolo, Pierre si è detto ma certo, hanno ragione, d'ora in poi anche lui avrebbe definito il coraggio a quel modo. *Coraggio*, sostantivo maschile: capacità di prendere decisioni nel proprio interesse e farle mettere in pratica da qualcun altro, decisioni in grado di distruggere la vita di persone che tanto non si incontreranno mai. I miei colleghi di «Mediapart», dal canto loro, hanno fatto notare come quella gratifica fosse quantomeno prematura: l'azienda non era entrata nemmeno in convalescenza, e quindi nessuno poteva ancora dire se le riforme volute da Mangin l'avrebbero rimessa in piedi davvero o no. «Abbiamo avvertito i dirigenti che non accetteremo nessun gioco al rialzo» ha ribattuto Frémont. «Se i conti della Borélia dovessero peggiorare, allora dovremo rivedere la nostra politica sulle stock options e sui bonus. Nel nostro gruppo non sono e non saranno mai previsti premi per i fallimenti. Ma agiremo sempre e comunque nell'interesse supremo dell'azienda, non certo sulla scorta di pressioni demagogiche.» *Demagogia,* si appunta Pierre di slancio, sostantivo femminile: ogni tesi che contraddica gli interessi di chi è al comando, lasciandolo a corto di argomenti.

Alla Défense Mangin ha fissato una riunione d'emergenza dietro l'altra. Astou, che era incaricata di stilarne il verbale, ha potuto assistere a quelle con Pauline Louvier, la direttrice della comunicazione, e talvolta ha visto Mangin dare in escandescenze. Quando arrivavano gli avvocati per discutere coi responsabili del sistema informativo di come scovare la talpa e capire se la fuga di notizie li obbligasse ad adire alle vie legali, oppure quando si trattava dei fratelli Frémont in persona, con quel loro aspetto da falsi gemelli, Mangin li riceveva invece in privato – e in quei grattacieli i pochi uffici dotati di porte sono ben isolati, non ci sono stanzini segreti, buchi della serratura, né subalterni da licenziare per aver origliato. Il giorno in cui è apparso l'articolo di una blogger molto influente – la dottoressa che aveva aperto a Nanterre uno dei primi consultori «Salute sul lavoro» –, Astou avrebbe voluto essere un topolino per intrufolarsi nei condotti di areazione. Il pezzo si chiedeva se il caso di Cora Salme fosse un fatto di cronaca come un altro, o se non fosse piuttosto la diretta conseguenza di certe condotte manageriali e di alcuni rischi psicosociali che magari, se davvero si volevano scongiurare altre tragedie simili, era venuto il tempo di denunciare pubblicamente, invece di mettersi a studiare nuovi sistemi d'allarme da installare sulle automobili.

Per come lo conosco io, Antoine Mangin deve aver pensato di non meritare quel calvario. Era convinto di aver sacrificato molto sull'altare del lavoro. Si era privato dei lunghi viaggi che avevano scandito la sua giovinezza, di centinaia di ore di riposo, di tutto il tempo che avrebbe potuto trascorrere a oziare o a coltivare le sue passioni. Aveva perso molti amici, perché non poteva più vederli abbastanza spesso o perché le loro posizioni ormai confliggevano. «Farsi carico di responsabilità così ingenti» ha dichiarato poco dopo in un'intervista «talvolta significa dover mettere da parte la propria vita affettiva. Che non vuol dire non averne una, ma limitare lo spazio che occupa. Ed è una cosa dolorosa. Quanti affermano di riuscire a tenere insieme tutto mentono. Le giornate sono fatte di ventiquattr'ore, e le energie non sono illimitate, sicché i soldi guadagnati non sono mai soldi facili.»

Dal momento che non era certo tra i più avidi, la vicenda deve essergli parsa ancor più ingiusta. Avrebbe potuto fare i nomi. Ce n'era uno che aveva fatto fuori dalla sua commissione di controllo retributivo i cinque membri che si rifiutavano di rimuovere il tetto salariare, per poi autoassegnarsi un compenso attorno ai 3 milioni e 400.000 euro: un predatore che si faceva vanto di esserlo, del tutto incapace di consolidare il successo di un'azienda. Ce n'era un altro invece che parlava inglese come una capra uzbeca, il tipico prodotto dell'amministrazione pubblica, non capiva niente della gestione del privato né di economia: il suo stipendio sfiorava la soglia dei 2 milioni. Forse il suo cervello valeva meno, si chiedeva Mangin? Per quale motivo doveva essere il solo a non arricchirsi? Inutile farsi illusioni: la ruota poteva girare da un momento all'altro, il successo aveva sempre i giorni contati. Non era affatto impossibile che l'attuale governo, o il successivo, prestando ascolto alla vox populi, decidesse di legiferare sugli squilibri salariali nelle aziende. E lui in esilio in Inghilterra o negli Stati Uniti non ci si vedeva proprio: i suoi uomini di fiducia, i suoi mentori, i suoi alleati, tutti i suoi contatti più stretti erano in Francia, e così la rubrica costruita in trent'anni di lavoro, che a volte faceva scorrere sullo schermo del telefono (i designer di Apple avevano lavorato duro per rendere possibile quell'esperienza sensoriale): passare in rivista tutti quei nomi lo rassicurava circa la sua influenza nei centri di potere.

Ma il suo vero obiettivo non erano i soldi, in realtà. Di soldi ne aveva abbastanza, e non l'avevano mai interessato più di tanto. Fin da quando era bambino, da quei sabati pomeriggio passati con suo padre nelle vecchie sale del museo de l'Homme, nutriva il sogno di riprendere e portare a un livello più alto la collezione d'arte di famiglia. Voleva arrivare, nel giro di pochi anni, a inaugurare la Fondazione Mangin. Niente di pomposo, per come la vedeva lui: un piccolo *hôtel particulier* in un bell'angoletto di Parigi, preferibilmente in una via pedonale, dove distribuire su due o tre piani la sua collezione di arte africana, le sue maschere e le sue statue avvolte dalla penombra. Lavorare per lasciare un'azienda ben avviata non gli bastava: nulla avrebbe impedito al successivo amministratore delegato di buttare all'aria tutto il suo operato. Mentre la Fondazione Mangin... Pochi pezzi, ma meravigliosi... E doveva ammettere che per portare a termine il progetto, concludere le acquisizioni che gli sembravano ancora indispensabili e investire su una sede degna di questo nome non gli restava molto tempo...

In un pomeriggio di fine luglio un violento temporale si abbatte sulla città. Lampi, fulmini e scrosci irruenti si rovesciano da un'immensa nuvola nera che si è posata sopra il bacino parigino col suo inquietante profilo da astronave aliena. Pierre raggiunge la clinica Jeanne d'Arc in macchina. Manon aveva paura dei temporali delle Cevenne, bisognava coprirle gli occhi e farle le coccole. Ogni scusa era buona, pensa adesso Pierre, per coccolarla un po'. In clinica la stanza di Cora è vuota e l'infermiera del corridoio non sa dove sia. Pierre dà l'allarme e tutto il personale si mette a cercarla, ma non la trovano da nessuna parte. Non può essere uscita, perché non si può uscire senza un accompagnatore. Con lo sguardo inghiottito da quella pioggia che mette in risalto i contorni del giardino disegnando mari interni delimitati da sponde di ghiaia, Pierre non sa cosa fare, e si rende conto di essere molto più preoccupato di quanto lo sarebbe stato un tempo, che ormai l'ansia sale alle svelta e vede disgrazie ovunque. La signora della reception si sta prendendo una ramanzina, e lui non osa mettersi in mezzo, quando il suo telefono si mette a vibrare. Sullo schermo compare il nome di Silué. Cora è arrivata da lei alle 18, ed è ancora lì. «Non muovetevi, vengo subito» le dice Pierre.

Quando suona alla porta della tata, in quel condominio degli anni Settanta in cui non si è mai fermato più di qualche minuto nonostante sia stato per un anno e mezzo una delle tappe più frequenti dei suoi tragitti quotidiani, e in cui, soprattutto, Manon ha trascorso quasi più tempo che a casa loro, i genitori degli altri tre bambini di cui si occupa Silué sono già passati a prenderli. In casa c'è solo Cora, che riposa in camera da letto. È arrivata nel bel mezzo del temporale, i capelli grondanti di pioggia, le labbra tremanti. «Oggi ce l'ho fatta a uscire un po' prima,» ha detto a Silué «così ho pensato di venire subito a prendere la piccoletta». Non si erano più viste dal funerale, dove Silué era stata molto a disagio e non era riuscita nemmeno a incrociare lo sguardo di Cora. L'ha fatta entrare e l'ha messa a sedere. I due bambini rimasti giocavano a preparare la cena, per essere precisi stavano facendo bollire una zuppa da cui spuntavano un porro e una carota, e Cora li ha guardati senza dire niente. Silué non sapeva se stesse cercando di fare ordine tra i pensieri o se aspettasse di veder uscire un terzo corpicino dalla camera che Manon chiamava la *stanza delle ninne*. Ha preparato un tè rosso, le ha messo un asciugamano sulle spalle e con un altro le ha frizionato i capelli, massaggiandole la testa e le tempie. «Forse è troppo dura per lei» ha confidato a Pierre. «Magari comportarsi un po' da pazza la fa sentire meglio.» Nell'appartamento accanto una coppia litigava per la lavastoviglie.

Pierre ha chiamato la clinica e ha avvisato che avrebbe riaccompagnato Cora solo l'indomani mattina. Sono rientrati insieme in macchina. Un getto d'aria calda disappannava il parabrezza, i tergicristalli non sapevano più da che parte guardare. Pierre andava a trenta all'ora, ma Cora gli ha comunque chiesto di rallentare. La calma della sua voce dava i brividi. A un certo punto si è girata verso il sedile posteriore: «Va tutto bene, dai. Un po' di pioggia non può farle male, l'importante è che non ha preso freddo». E un attimo dopo: «Quant'è tenera quando dorme». Fuori intanto, in un diluvio di foglie ora verdi e floride, ora riarse da settimane di calura, il temporale continuava a sommergere ogni cosa.

Può capitare, li ha rassicurati il dottor Amaro. Quando perdono qualcuno di caro molte persone credono di sentire la sua voce o i suoi passi, si convincono sia nella stanza accanto, sentono le sue mani sulla pelle. Ma questo non vuol dire che sono pazze, tanto più che «essere pazzi» non significa granché. Sono le allucinazioni del lutto. Cora sta attraversando il suo dolore, spiega il dottor Amaro a Pierre. Ma di questo non si muore. Finché c'è il dolore, significa che il corpo raccoglie le forze per combattere e sopravvivere. Guardi, se può aiutarla a stare meglio, si ripeta che, in un certo senso, il dolore veglia su di lei.

Quando comincia a porsi la questione di lasciare la clinica per partire in vacanza ad agosto – in un posto nuovo, hanno raccomandato a Pierre, e se invece è uno che Cora conosce già, l'importante è che non le ricordi Manon –, lei non sa se ne ha bisogno o se invece l'idea di uscire la terrorizza. «La vedo ovunque» dice a Pierre. «E a volte mi arrabbio pure, perché non la smette di perseguitarmi.» Pierre le stringe forte la mano. Non ti preoccupare, le dice. Vedrai che passerà. Di notte, quand'è solo, capita che la invidi per quei momenti trascorsi con Manon, anche se poi il risveglio è brusco. «Non so se voglio che passi» mormora Cora. E Pierre allora si sforza di ripeterle il solito discorso cercando le parole più dolci, ma non sempre le trova: vorrebbe dirle che le cose cambieranno, che il dolore si attenuerà e tra qualche mese ci saranno momenti in cui non penseranno più a Manon, o magari lo faranno ancora, ma senza soffrire così. Non significa dimenticarla. Anzi, in qualche modo, sanno benissimo che rimarrà sempre con loro.

Durante quella visita di fine luglio alla basilica di Saint-Denis, Astou ricorda di aver pregato, in fin dei conti. Ha acceso diverse candele, mi racconta, e si è inginocchiata nel suo bel vestito estivo. Dio o Allah, l'avrete capito, per lei fa lo stesso. Se un Dio esiste è lo stesso per tutti, comunque lo si voglia chiamare, e se non esiste pazienza, pregare non costa niente e la fa star bene. O almeno questa è la sua posizione, e poiché finora la sorte non si è accanita contro di lei, vorrebbe che le cose non cambiassero. Quando era piccola la madre le ripeteva, facendo pesare tutto il proprio carisma: sei una donna e sei nera, per te sarà quattro volte più difficile, dovrai lottare quattro volte più degli altri. In quegli ultimi mesi le è piaciuto lavorare per Mangin, percepire il rispetto che le porta. Quando gli consegnava un registro o il resoconto di una riunione, quando gli ricapitolava l'agenda della settimana, pensava che ne aveva fatta di strada rispetto ai call center da cui era partita, una telefonata dopo l'altra senza un minuto di pausa, ripetendo alla lettera ogni frase dello script senza saltare una virgola, cento o duecento volte al giorno, al punto che la sera, quando suo figlio Bakary le chiedeva: «Com'è andata?», lei rispondeva: «Resti in linea». Quell'inizio di carriera alla Borélia, insomma, se l'è costruito da sola, e non ha nessuna voglia di perdere il posto. Dunque non avrebbe dovuto fare quello che ha fatto? Sua madre era solita ripeterle: se sei arrabbiata, alzati e respira. Cerca di capire chi ha torto. Se è colpa tua, l'orgoglio non serve a niente, lo metti da parte e ti vai a scusare. Se hai l'impressione che invece la colpa sia degli altri, ascolta cos'hanno da dire finché non trovi loro delle giustificazioni – di solito ne hanno almeno una.

Ma non si può sempre seguire i consigli delle mamme. Le mamme non sono sempre al nostro fianco. La sua non c'era la sera in cui ha visto la porta aperta ed è sgattaiolata nell'ufficio di Mangin. Conosceva i codici, perché lo aveva osservato più volte mentre li digitava sotto i suoi occhi. A dire il vero li aveva memorizzati senza pensarci, perché non c'è niente che conosca meglio, che s'iscriva più profondamente nel suo corpo dei movimenti di dieci dita che scorrono su una tastiera. Il giorno prima Salim le aveva spiegato cosa cercare e come copiare i documenti che le servivano senza lasciare tracce. Erano una ventina di passaggi in tutto, li aveva imparati a memoria come faceva coi versetti delle scritture, e le sembrava di non aver dimenticato niente. Ha forse avuto torto? Accende diverse candele, prende nota mentalmente della loro posizione e decide di ripassare la sera per vedere a che punto sono. Nell'attesa, trova le parole per la sua preghiera. Mio Dio, ti imploro, ti supplico: se ho sbagliato, perdonami per quello che ho fatto; se hai un po' di pietà, perdona quello che ha fatto Cora; quanto ai veri responsabili, a quelli che, lo sai bene, avevano delle alternative, potevano agire altrimenti, ti supplico, ti imploro: non perdonarli.

Spera che Dio la ascolti, spera di potersi fidare. Spera anche che il giudizio universale sia una faccenda un po' più approfondita, più sottile e più utile a tutti di quanto non lo sia un colloquio di valutazione. Che Dio tenga conto delle circostanze. Che riconosca il coraggio. Perché ce n'è tanto, dice Astou. Io ne vedo ovunque mi giri. Quello che ci vuole per alzarsi dal letto ogni mattina. Per affrontare tutta quella violenza e tirare avanti. Pochi giorni prima sua madre le ha raccontato: sai, si dice che l'umanità intera, anche oggi, potrebbe stare tutta dentro un lago. Se ci mettessimo in fila come soldati, o se accettassimo di starcene stipati come sardine, pelle contro pelle, o ammassati come cadaveri sul fondo di una fossa comune, basterebbe un grande lago, uno dei laghi d'Africa o dell'America del Nord. Sarebbe come un nascondiglio per far credere agli altri esseri viventi che non c'è più nessuno. Saremmo tutti sott'acqua, e il resto della Terra sarebbe vuoto, col vento che soffia tra gli alberi, gli incendi e gli animali. Astou ci ha ripensato spesso. Non sa se sarebbe davvero meglio così, ma quella visione la affascina. Certo sua madre non c'era, e per quanto ne sapeva lei probabilmente nemmeno Dio la stava osservando quando ha incontrato Pierre e gli ha consegnato la chiavetta USB, come se niente fosse, come se fosse normale correre un rischio simile, quando gli ha raccontato la storia dei grandi laghi, del cimitero a misura d'umanità, il nascondiglio di tutti, e gli ha sussurrato: «È arrivato il momento. È ora di fare un casino».

14. La danza degli spiriti beati

Il processo di Cora Salme si è tenuto nel dicembre dello stesso anno. Si è preparata con l'aiuto di una persona che i magistrati e i colleghi insistevano col chiamare avvocato Devereux, ma che per lei rimaneva Romain, o in alternativa l'Orso, uno dei migliori amici di Bruno, di quelli che per tutto il liceo e i primi anni di università aveva visto accampato sul divano dei loro genitori a ogni ora del giorno della notte. Nei ricordi di Cora, se si discuteva di politica o di ragazze, o del programma della serata, era sempre lui a guidare il dibattito. E non era un fanfarone, né un gradasso, ma il genere di persona in grado di convincere tutti gli altri con le sue argomentazioni puntuali. Romain si rollava sigarette di Amsterdamer e gli restava sempre qualche filo di tabacco impigliato nella barba, che ammantava i suoi baci sulle guance di un odore di caramello bruciato. Non fumava erba, né assumeva particolari droghe; in compenso beveva quanto gli altri ma reggeva l'alcol cinque volte di più. Se l'ondata della techno e della house li trascinava fino ai capannoni abbandonati o nei terreni fangosi dove si improvvisavano i rave, era lui a riportare tutti indietro sani e salvi. E Cora, segregata in casa dai genitori col futile pretesto di avere solo quattordici anni, sbirciava l'Orso che si trascinava di peso i resti di Bruno fino alla porta e le faceva un cenno con la zampa, per poi rimettersi al volante perfettamente lucido. Non era il suo tipo, ma quando negli ultimi quindici anni aveva sentito il bisogno di una spalla su cui piangere, l'immagine di Romain Devereux era sempre stata una delle prime ad attraversare il suo paesaggio mentale.

Di quello che si sono detti mentre era in custodia cautelare Cora non ricorda niente. È stato Bruno, ovviamente, a consigliare a Pierre di rivolgersi a Devereux. In quel mare di silenzi e singhiozzi, Bruno si era aggrappato all'unica idea che gli sembrava potesse fare al caso di sua sorella: «Deve vedere Romain. Si occupa sia di penale che di civile, è in gamba, lavora sodo. Devo mandarle Romain». Al commissariato Cora l'ha riconosciuto subito. Non era cambiato di una virgola, forse perché a vent'anni ne dimostrava già trenta. Romain non aveva molte ferie quell'anno, così ha prestato a Pierre e Cora la casa sul bacino di Arcachon dove hanno trascorso tre settimane ad agosto cercando di riposarsi, o quantomeno di non implodere. E proprio lì, durante il fine settimana in cui è passato da loro e ha trovato Cora un po' più lucida, ha indossato per un'oretta i panni dell'avvocato Devereux e le ha spiegato per bene cosa rischiava – non così a braccio, ma aprendo il Codice penale e studiando insieme a lei l'articolo 221-6, dove si legge che causare inavvertitamente la morte di qualcuno, per imprudenza, disattenzione, negligenza, o venendo meno a un obbligo o a un pagamento, equivale a commettere un omicidio colposo, punibile con tre anni di prigione e fino a 45.000 euro di ammenda. Mentre Romain ripercorreva le varie tappe del procedimento, ribadendole in realtà cose che le aveva già detto a giugno e lei aveva completamente dimenticato, Cora guardava le barche colorate fuori dalla finestra solcare il bacino in direzione di Cap Ferret nella pienezza di un agosto per lei inaccessibile. Secondo Romain sarebbe stato utopistico puntare a un'assoluzione. Il loro obiettivo era ottenere la condanna più leggera possibile, la sospensione della pena o una misura alternativa alla detenzione. L'avrebbe tirata fuori da quel pasticcio, ma lei doveva metterci del suo e prendere la propria difesa molto sul serio. Tenuto conto dei danni che aveva subito, in un secondo tempo avrebbe avuto modo di rifarsi sui suoi datori di lavoro. Da una decina d'anni a quella parte, per il diritto francese, le imprese erano responsabili della salute mentale dei loro dipendenti, e da quattro anni erano sottoposte a un obbligo di risultato in materia. Nonostante le rivelazioni di «Mediapart», forse far causa alla Borélia era ancora troppo complicato, a meno di non raccogliere e rendere di pubblico dominio altri casi di burnout professionale: ma voleva dire imbarcarsi in una crociata che rischiava di portarle via dieci anni di vita. Stando ai resoconti di Cora, invece, per Romain sarebbe stato più semplice trascinare in aula Franck Tommaso e cercare di fargli riconoscere dinanzi alla giustizia di essere in larga misura responsabile per l'accaduto. Avrebbero studiato la cosa insieme a tempo debito, con la giusta calma, perché anche quel tipo di processi non erano una passeggiata. «Ma l'essenziale, per il momento, è metterti fuori pericolo» ha ripetuto Romain cercando di attirare lo sguardo assorto della sua assistita.

Il fatto è che per prepararsi, per raccogliere le forze, com'è solito dire Romain, dovrebbe poter vedere in lei un po' di quella volontà su cui poteva contare un tempo. Ma prima di dicembre bisogna attraversare l'autunno, e Cora non sa se ce la farà. Quando sono tornati a Parigi, negli ultimi giorni di agosto, ha pensato fosse meglio così: quella clausura vissuta con Pierre le stava logorando i nervi, e le visite di amici e parenti, che inizialmente le avevano fatto molto piacere, erano diventate opprimenti. Dovevano smetterla di sforzarsi tutti di distrarla. Dovevano lasciarla in pace.

Arriva settembre. Cora è a casa, dispensata da ogni dovere per via del lungo congedo di malattia, mentre Pierre ha ripreso il lavoro. Che le piaccia o meno, passare il mese di settembre a casa la riporta per forza di cose al periodo della maternità, ma a quell'epoca non era sola – anche se qualche volta le è capitato, piccola idiota incosciente, di sentire la solitudine e lamentarsene. Ricorda che si guardava e vedeva il proprio corpo distrutto dai postumi del parto, ma allora non aveva la più pallida idea di cosa volesse dire, essere distrutti. Nello stato in cui si trova è difficile anche solo fare la spesa, cucinare, lavarsi. Impossibile incontrare qualcuno. Quando riesce a vestirsi e a sedersi in salone rimane lì senza far niente, senza muovere un dito per ore. Se fosse una lucertola nel suo habitat di pietre roventi avrebbe almeno un aspetto normale. Cerca di percepire tutte quelle parti del suo animo che sono morte e non rispondono più. Ma non sa più nemmeno come chiamarle. Se solo potesse fare la muta, cambiar pelle, cuore e cervello, sarebbe tutto più facile.

Pierre ha messo via i giocattoli e le cose di Manon. È vero, ha fotografato l'esatta disposizione in cui li aveva lasciati sul tappetino della cameretta, ma la sostanza non cambia: ha cancellato le ultime tracce di Manon, senza pensare che quella era una delle pochissime attività che la figlia aveva avuto il tempo di sperimentare, ha preso i piccoli manufatti costruiti da quelle manine e li ha distrutti uno dopo l'altro, senza chiedere niente a nessuno. Prima che Manon nascesse, temevano che i mobili, i vestitini da neonato, i giochi e tutto gli accessori di puericultura avrebbero invaso ogni stanza, spazzando via gli sforzi fatti per rendere la loro casa più bella. Ma quel timore, insieme a tanti altri, era finito dritto nel dimenticatoio già nei primi mesi. In realtà era stato l'esatto contrario. La giostrina con le foglie di ginkgo che si agitava a ogni alito di vento, le macchinine e i cubi dai colori accesi, gli animaletti che si nascondevano tra le pagine dei libri, che collezionavano riposini sul pavimento e assorbivano la notte con le loro pupille di vetro, tutti quegli oggetti, insomma, spargevano un po' ovunque una spruzzata d'allegria e trasformavano finalmente quel luogo in una casa, in un posto abitato da esseri viventi che non stavano mai dove li avevi lasciati e facevano sempre di testa loro. Ora quegli oggetti sono immobili, e il silenzio grida in ogni stanza. Cora non ce la farà, perché non vuole farcela. Ogniqualvolta va con lo sguardo sul loro ciliegio pensa che farebbe meglio a impiccarcisi. Peccato che anche quel gesto richieda troppa forza e determinazione, e lei non ne ha. Allora rimane a guardare la luce che nutre il giardino, le ombre che invadono la casa, la lenta marcia delle lancette dell'orologio, sentendosi colpevole della peggior vigliaccheria – oltre che di omicidio, per chiamare le cose col loro nome.

Pierre torna tardi la sera. Non ha altra scelta che sprofondare nel lavoro. Forse così facendo crede di poter lenire il dolore. Oppure è solo un modo di fuggire, e in quel caso Cora vorrebbe capire se fugge dalla realtà o dalla sua presenza. Ma non lo sa nemmeno lui. Ad ogni modo non lo dice. La madre di Cora va a trovarla quasi tutti i giorni. È andata in pensione a gennaio, anche per avere il tempo di veder crescere i suoi nipotini. Bruno ha divorziato a fine maggio e Arthur sta con lui una settimana su due, Manon ora richiede altre forme d'attenzione, quindi non le resta che occuparsi della sua bambina ultratrentenne. Il più delle volte le riesce male, si immischia in faccende che non la riguardano, accumula una gaffe dopo l'altra. Cora tronca sul nascere ogni sua osservazione. Almeno io ti ho tenuta in vita fino adesso, dice il volto di Marianne. Ma non è vero. È Cora che sente quelle parole. Le capita di continuo, sentire parole che nessuno pronuncia. Gli altri sono diventati rimproveri viventi: chiunque abbia conosciuto la piccola, anche solo di sfuggita, i negozianti del quartiere, i vicini. Tutti quelli che sanno. Ma Pierre più di tutti, Pierre prima di tutti, poiché da qualche parte nel viso di Pierre c'è anche quello di Manon. Il loro amore aveva generato quel frutto, la meraviglia di quel visino legato ai genitori da un'inconfondibile aria di famiglia, che tuttavia era così vaga e sottile da risultare inafferrabile. Ora non genera più niente, non fanno nemmeno più l'amore. Non servirebbe a granché, d'altronde; Cora non riesce ad accettare di provare piacere e, quanto a Pierre, neanche lui ne ha voglia; la prende tra le braccia come qualcuno da consolare, non come una donna capace di sedurlo con il corpo o con le parole. In presenza di amici, è estenuante cercare di far bella figura. Quando rimangono soli, non sanno letteralmente più cosa dirsi: ognuno resta nel suo angolo e ci si mura dentro.

Un mercoledì di metà settembre Cora riesce a mettere la testa fuori di casa, va a fare una passeggiata a parc des Guilands. Vicino all'area giochi, che somiglia a un castello costruito nella montagna, a una fortezza da cui gli scivoli chiusi si dipartono come tanti passaggi segreti per fuggire in caso di assedio, c'è una donna seduta sul muretto in cemento che chiacchiera con una ragazza che potrebbe essere sua figlia. Un bimbo sbuca fuori dallo scivolo, si avvicina a una di loro e si lamenta di qualcosa che Cora non riesce a sentire. «Guarda, ci sono gli altri bambini» dice la madre. «Vai a giocare con loro, non rompere.» Il bambino si passa le mani sugli occhi e scoppia a piangere, dando pieno sfogo alle sue rimostranze e al suo dolore. «Chiudi la bocca o andiamo subito a casa!» grida la madre per porre fine al supplizio. Cora rimane a distanza, gira al largo e continua per la sua strada. In cima alla scalinata Robespierre un aitante papà di colore spiega a un amico: «L'altro giorno ero al Buttes-Chaumont, Bastien era nel passeggino, non avevo messo il freno e per poco…». Cora allunga il passo e si allontana. Non c'è via di scampo. Il parco è infestato da bambini che vanno sulle giostre, giocano a palla, corrono a bere alle fontanelle; bambini che dicono: sono sparite le mie scarpe, oppure ordinano: conta fino a dieci, o sognano insieme a occhi aperti: siamo su una nave e c'è una balena. Bambini che punteggiano le loro avventure con la parola più spontanea, quella che conoscono meglio, poiché vogliono essere guardati, sentire il calore di un'attenzione che li avvolge e li benedice: mamma, mamma, mamma.

Il 20 settembre, Cora si fa ricoverare di nuovo alla clinica Jeanne-d'Arc. Lo fa perché vuole mettere le cose in chiaro: accetta volentieri di farsi curare, ma non vuole proprio fingere di poter guarire da sola o che spetti solo a lei riprendere una vita normale. Nel giardino della clinica, se non ricorda male, non ci sono balene. Solo uno scoiattolo che non aveva notato l'estate precedente, e tanti uccellini di cui impara a riconoscere il canto. Le gazze volano leggere ed eleganti dal prato fin sugli alberi, con le loro belle piume neroblu e bianche; a volte vanno più lontano, magari fino al cimitero, ma di certo non gridano mamma né si permettono di rimproverare nessuno. Il suo problema, le spiega il dottor Amaro, non è essere stata separata da Manon, ma esserle ancora troppo legata. Dovrebbe accettare di lasciarla andare. Non sarà facile, procederà a piccoli passi, ma a poco a poco le sembrerà un obiettivo sempre meno impossibile. Quando trova il coraggio Cora annota ricordi sparsi della sua vita con la figlia per paura di dimenticarli, e perché il dottore l'ha messa in guardia: non necessariamente le resteranno solo le immagini più belle. Se avesse saputo che quella vita sarebbe stata così effimera avrebbe fatto tutto diversamente. Ne avrebbe approfittato più che poteva. Mai e poi mai avrebbe ritardato il momento di rientrare a Montreuil, né avrebbe chiesto ai genitori, a Pierre o a una baby-sitter di occuparsi di lei la sera o durante il fine settimana. Se le avesse dedicato tutta l'attenzione che meritava, se si fosse fatta bastare quella felicità, Manon sarebbe ancora viva.

Nei diari scrive: «Pierre mi ha detto che non viene. Vedermi gli fa troppo male. Gli ho chiesto se vede qualcun'altra. Non ha risposto, o forse non ho voluto ascoltare. Pierre è il padre della mia bambina. È stato il mio grande amore. Ora nei miei confronti prova solo odio. E io non posso farci niente». Una sera, mentre si lava le mani, l'anello che le ha regalato lui durante la vacanza a Lisbona le scivola dall'anulare e cade nel buco del lavandino. Resta lì, lo vede ancora. Pierre lo aveva scelto da solo e glielo aveva fatto trovare sul tovagliolo di quel ristorante in cui s'ingozzavano di sardine, sul sagrato di una delle chiese che interrompono le scalinate dell'Alfama. Non ha un coltello, né forbici con cui provare a ripescarlo, dato che le proibiscono di giocare con quel genere di arnesi. Allora chiama l'inserviente e gli chiede con la voce rotta di svitare il sifone prima che l'anello scompaia nelle tubature. Si dice che non sarà mai in grado di spiegare quell'incidente a Pierre, che se l'anello sparisce per loro sarà finita, ma finita davvero. Quando l'inserviente glielo porge nel palmo della mano, Cora lo lava sotto l'acqua corrente, avendo premura stavolta di tappare il lavandino, e quando vede riapparire il vermeil martellato si chiede: cosa mi rappresenta? Poi si sdraia sul letto vestita e dorme per dodici ore di fila.

Astou va di nuovo a trovarla. A differenza di molti, Astou non è passiva: la costringe a guardarla negli occhi, non accetta risposte evasive, ha un modo di spronarla che Cora tollera meglio di quello degli altri. «Più sei triste e più soffri» la scuote posandole le mani sulle guance scavate «e più la tua bambina piange.

Dovresti ascoltarla. Sembra che non l'ascolti. Lei ti parla, credimi. E lo sai che cosa ti dice? Mamma, per favore, non farti del male. Io lo so. Sforzati di ascoltarla, dice proprio così, te lo giuro.» Dopo qualche minuto, con comprensibile reticenza, ma consapevole di non poter tergiversare ulteriormente, Astou la informa che Franck è stato promosso direttore commerciale. Mangin deve aver pensato che fosse il modo più semplice per allontanarlo dagli impiegati del marketing che potevano avere qualcosa da ridire, così con discrezione gli ha fornito una exit strategy – come usa fare oggi, dall'alto – dandogli una possibilità per ripartire su basi migliori. Astou ha sentito di sfuggita Mangin sostenere con Simon Keller che il commerciale è più adatto a Franck, lì sarebbe più a suo agio e la sua aggressività potrebbe rivelarsi addirittura utilissima. Cora si stringe nelle spalle. È sorpresa che la notizia non le provochi alcuna reazione. Non si è scordata ciò che le ha detto Devereux, sa che dovrà occuparsi di quel fardello prima o poi, che la Borélia l'agguanterà di nuovo, ma l'irresolutezza in cui rimane sospesa ha il vantaggio di tenerla lontana da tutto ciò, almeno per il momento.

Arriva ottobre. Il giorno prima della dimissione dalla clinica Pierre le chiede se le andrebbe di traslocare, mettere in vendita la casa o andare in affitto altrove, in un posto meno saturo di ricordi. Cora non sa che dire. Sa solo che per il momento non se la sente di tornare a Montreuil, né tantomeno di vivere con lui. I suoi genitori la accolgono nel loro appartamento accanto al municipio del XIV arrondissement. Avevano già ospitato Bruno per qualche mese dopo la separazione con Leïla, e ormai ci hanno fatto il callo. Il ritorno al nido degli uccelli storpi, si dice Cora: una parabola della nostra epoca. Parlando con i suoi più spesso e in modo più intimo di quanto non abbia fatto negli ultimi anni, non può fare a meno di pensare quanto sia stato semplice per loro. Magari conducevano una vita più modesta, con meno esigenze, ma per la loro generazione trovare un lavoro in cui realizzarsi oppure cambiarlo se ne avevano voglia era stato più semplice; non erano stati costretti a crearsi un percorso professionale irreprensibile, una casa costava dieci volte meno, avevano tirato avanti credendo che i loro ideali e certe forme di progresso si sarebbero diffusi lentamente, nonostante le dittature e gli oscurantismi, e non avevano vissuto con la minaccia ogni giorno più plausibile di una catastrofe planetaria. Cora dorme nella cameretta di quando era bambina. Nei suoi giri intorno all'isolato passa vicino ai giardinetti dove giocava dopo la scuola, dove ora giocano altri bambini, poi davanti al conservatorio in cui ha tentato di imparare a suonare il violino. Guardandoli più attentamente e più intensamente di quanto non abbia fatto negli ultimi anni, si accorge che i suoi stanno invecchiando. Per non lasciarla da sola, e a causa delle difficoltà nel camminare di suo padre, che soffre di un'artrosi all'anca, stanno pensando di annullare la vacanza tra amici in Toscana programmata molto tempo prima. Cora insiste perché vadano, invece, e quasi si arrabbia: non se ne parla; devono godersela, finché possono; non ha alcun senso aggiungere tristezza alla tristezza.

Oltre a imparare l'arte di essere nonni, uno dei loro progetti per la pensione era visitare con tutta calma Firenze, Siena e le campagne circostanti. Suo padre parlava spesso di voler continuare la lettura di Proust andando oltre *Dalla parte di Swann*, e le due cose erano in qualche modo legate, poiché la sua Toscana immaginaria tanto splendida quanto imprecisa somigliava molto a quella di cui sogna il narratore: una primavera variopinta e più clemente rispetto all'Île-de-France, meno assillata dal pungolo delle notti di gelo, che ammanta di gigli e di anemoni la collina di Fiesole. Peccato che loro ci andranno in autunno, ma pure i viaggi fuori stagione hanno il loro fascino. Nell'appartamento deserto, Cora trascorre uno dei periodi più strani della sua vita. Romain Devereux va a trovarla due volte per lavorare alla sua difesa – lei preferisce così, non le va di andare fino allo studio di rue d'Aboukir. Un giorno, in cucina, mentre le illustra alcune domande a trabocchetto che i giudici potrebbero farle, Cora lo guarda aprire le antine e ricordarsi ancora dove si trovano i bicchieri, i piatti e i posacenere, e per la prima volta da un'eternità scoppia a ridere, di un riso che non è affatto isterico o nervoso, ma è il suo riso di sempre. Il resto del tempo, a parte le visite di controllo settimanali alla clinica Jeanne-d'Arc, e a parte sorvegliare il telefono per constatare che Pierre non le scrive più di quanto non faccia lei, è libera di non far niente. Allora riempie la vasca di acqua bollente e ci si immerge a leggere fumetti fino a che ha le dita cotte, rimane a mollo come quando era adolescente e voleva osservare le mutazioni del suo corpo. Ascolta i cd dei genitori e i vecchi trentatré giri che hanno il merito di obbligarla ad alzare regolarmente il culo per cambiare lato o disco. Legge i libri sul lutto che la madre le ha lasciato sul comodino prima di partire, e altri che non hanno niente a che vedere col tema. Non sfoglia più un giornale, mai, né accende la radio; quell'epoca è finita: ciò che è successo, se non altro, le avrà insegnato a proteggersi.

Mentre i tetti di Parigi sbiadiscono nel grigiore dei suoi cieli, i genitori le mandano un po' del placido tepore del giardino di Boboli, o vedute di Firenze da San Miniato. «Qui si sta ancora benissimo. Sicura di non volerci raggiungere?» Visitando gli Uffizi, le annunciano ufficialmente la *Nascita di Venere*. «Fa un certo effetto vista dal vivo.» Nella parte sinistra del quadro Cora riconosce Zefiro, il dolce vento primaverile che l'ha accompagnata con le sue burrasche di fiori quando ha esplorato la costa tra Fécamp e Dieppe. Un po' gliene vuole. Avrebbe potuto spirare più a lungo sulla sua vita, si dice. E deve ammettere che la Venere di Botticelli che esce dalla conchiglia pronta a posare il piede sulle sponde di Citera, coprendosi il pube con la spessa treccia dei capelli biondo-rossicci e uno dei piccoli seni con la mano destra, le ricorda molto Delphine. Allora cerca delle riproduzioni del quadro e si propone di studiarlo a fondo, con più calma di quanta non ne avrebbe se si trovasse lì, nella calca del museo. Anch'io vorrei rinascere, si dice, emergere così dalle acque. Ha la vaga sensazione che, come molti altri pittori, Botticelli dipinga sempre la stessa donna, e cerca informazioni in proposito. È così:

aveva una modella, nata Simonetta Cattaneo e divenuta dopo il matrimonio Simonetta Vespucci – una cugina di quell'Amerigo in onore del quale i geografi hanno poi battezzato l'America. Che fortuna, pensa Cora leggendo quel poco che si sa della sua vita, essere stata una fanciulla della nobiltà genovese, riconosciuta dalla corte, dai pittori e dai poeti come la più bella donna del proprio tempo. Simonetta è morta di tubercolosi all'età di ventitré anni. Mentre Botticelli terminava il quadro, insomma, le forme che andava dipingendo erano quelle di uno scheletro, le carni erano ormai decomposte, i capelli biondo-rossicci forse erano ancora intatti, ma caduti dalla testa da tempo: era morta da nove anni, e ne avrebbe compiuti trentadue – ovvero l'età che avrà Cora al ritorno della primavera.

Martedì 18 dicembre rincontra i genitori, il fratello, Pierre e due o tre colleghi al tribunale di Nanterre. Non ha molta voglia di sorbirsi le udienze discusse prima della sua, così aspetta un'ora buona nella hall, con tutto il gruppo seduto in fila sulle sedie di metallo. Si abbandona all'andirivieni degli avvocati che arrivano in borghese e fanno tappa in bagno per infilarsi la toga. Fa ridere vederli ancora in sneakers e con la gomma da masticare in bocca nonostante indossino nuovi abiti e abbiano già incarnato la loro funzione ufficiale. Bruno e suo padre fanno i turni alla macchinetta per rifornire tutti di caffè scadente e distendere l'atmosfera. Cora guarda Pierre e Astou chiacchierare in disparte, con la familiarità di chi già si conosce. Romain Devereux le sussurra: coraggio, andrà tutto bene. E vedersi circondata, sostenuta, amata a quel modo le fa venire voglia di piangere, le dà l'impressione di non avere scuse, perché ha avuto una bella esistenza, ha vissuto fino al mese di giugno in condizioni oltremodo privilegiate, e sa che deve prendersela soltanto con se stessa, che è tutta colpa sua se ha distrutto ogni cosa.

Quando l'udienza si apre, in quella sala senza finestre che neanche la moquette e i lambris in legno chiaro riescono a riscaldare, la giudice, ripetendo quanto fatto dall'usciere, le chiede di confermare di essere Cora Salme, nata il 18 maggio 1981 nel XV arrondissement di Parigi. Preferirebbe non fosse così, ma è costretta a rispondere di sì. Le ricordano che è accusata di aver, a Courbevoie, venerdì 8 giugno 2012… – e Cora smette di ascoltare il seguito, perché tanto è già al corrente di tutto. Le ricordano i suoi diritti: quello di rispondere alle domande, di fornire dichiarazioni spontanee, ma anche, se lo desidera, di rimanere in silenzio. Alla destra dei tre giudici, la sostituta procuratrice ha il naso sprofondato nelle scartoffie. Saranno praticamente coetanee. Ha l'aria meno stressata ma non meno stanca, e la stessa ruga del leone tra le sopracciglia quando si concentra. Quella vicinanza d'età, poi… Osservando il viavai nei corridoi del tribunale, Cora ha l'impressione che la giustizia sia divenuta un regno in cui le donne bianche sulla trentina decidono della sorte di uomini più robusti di loro, generalmente arabi o di colore. Le piacerebbe se la sostituta procuratrice la guardasse un momento, accennando un sorriso o almeno un'espressione benevola, neutrale, qualcosa che bilanci la severità della sua veste e il mandato di tutelare gli interessi della società che a quanto pare incombe su di lei. Ma forse è pretendere troppo, soprattutto per una che non è nella posizione di pretendere alcunché.

Cercheremo di comprendere, di ricostruire l'esatto susseguirsi degli eventi, annuncia la giudice. Il tribunale è cosciente del fatto che questo processo potrebbe riaccendere il suo dolore, aggiunge con premura. Poi dà la parola a uno degli assistenti giudiziari. Secondo l'autopsia, il decesso aveva avuto luogo intorno alle 11, ovvero dopo che la vittima aveva trascorso due ore nel veicolo parcheggiato. Era stato causato da una disidratazione e da un aumento della temperatura corporea al di sopra dei 40 gradi, che avevano condotto a un arresto cardiorespiratorio. Alcuni indizi lasciavano pensare che la vittima si fosse svegliata e si fosse accorta di essere rimasta sola, ma essendo il veicolo fermo in un viale poco frequentato, in tarda mattinata, nessuno l'aveva sentita gridare, ammesso sia davvero accaduto, e la sua reazione di panico, come avviene in questi casi, non aveva fatto altro che catalizzare e amplificare il fenomeno. Lei sapeva, ha chiesto l'assistente giudiziario, che i bambini molto piccoli non sono in grado di regolare correttamente la propria temperatura corporea, e che questa può aumentare da tre a cinque volte più velocemente di quella del corpo di un adulto? Sapeva che in una situazione del genere non deve necessariamente fare molto caldo o passare troppo tempo perché si abbiano conseguenze gravi sulla salute del bambino? Cora ci ha pensato un attimo, poi ha risposto che sì, le ostetriche l'avevano avvisata dopo il parto, e anche il suo pediatra aveva colto l'occasione per ribadirle quelle disposizioni di buon senso: mai lasciare un bambino piccolo esposto al caldo o al freddo. Le era già capitato, ha chiesto l'assistente giudiziario, di lasciare sua figlia da sola in macchina, anche soltanto il tempo di una breve commissione o per qualsiasi altro motivo che implicasse la sua assenza? Cora ha risposto di no, non avrebbe mai fatto una cosa del genere di proposito, nel pieno possesso delle proprie facoltà. Ha sussurrato alcune parole che i magistrati non hanno potuto udire, e la giudice le ha chiesto di articolare meglio, se non le dispiaceva. Cora si è schiarita la voce. Ha ascoltato se stessa mentre ripeteva, sì, ero al corrente dei rischi. L'assistente giudiziario ha poi citato le dichiarazioni rilasciate da Silué, dal pediatra e da Pierre, che concordavano sul fatto che Cora non avesse mai dato prova di negligenza nei confronti di Manon. Silué non se l'era sentita di andare in aula, ma invece Pierre stava proprio dietro di lei, seduto in prima fila sulla panca di legno, al punto che le sembrava di sentirsi addosso il suo sguardo e si chiedeva cosa volesse.

Quando è arrivato il suo turno, la sostituta procuratrice è tornata sulla testimonianza della fioraia di Croix de Chavaux che, fatta eccezione per la madre, era l'ultima persona ad aver visto la vittima ancora in vita. A Julie Grandelle era parso che Cora andasse di fretta, che fosse un po' confusa nell'eloquio e nei gesti, ma non versava in uno stato tale da impedirle di guidare o rimanere vigile. Di certo ricorda di aver passato diverse notti insonni nelle settimane precedenti, le ha detto la sostituta procuratrice, e di aver dichiarato inoltre di essere una guidatrice occasionale, e di non sentirsi tanto sicura al volante. Perché allora ha scelto di prendere la macchina in un giorno in cui era particolarmente stanca e agitata? Cora si è aggrappata con le mani alla sbarra di metallo. E con parole che si staccavano dalle labbra con grande lentezza, e cadevano una alla volta simili a grosse gocce di sangue, ha spiegato che non sapeva in che altro modo recarsi al cimitero di Pantin senza lasciare il lavoro troppo presto, dato che i suoi superiori le avevano negato quella mezza giornata di ferie. Ammette che non è stata una scelta responsabile? Senza voltarsi Cora ha percepito, alla sinistra del suo campo visivo, che Romain Devereux era contrariato dalla domanda e aveva irrigidito le spalle, così ha aggiunto con un filo di voce che preferiva non rispondere.

Poi arriva il turno dell'avvocato difensore. Romain Devereux comincia a parlare in modo chiaro e preciso, ripercorrendo a favore della corte gli eventi che avevano caratterizzato la vita di Cora durante l'inverno e la primavera precedenti, o almeno quel che ne sa lui. Guardandolo Cora si ricorda che, all'epoca in cui era ancora uno studente di giurisprudenza, Romain aveva vinto un concorso di eloquenza riuscendo a dimostrare che il venerdì non viene necessariamente dopo il giovedì, e lo stesso aveva fatto durante l'abilitazione, quando aveva proposto di considerare il tribunale alla stregua di un'area di rigore. Si sa, i giuristi hanno un umorismo tutto loro. Ma l'eloquio non fa miracoli: non potrà dimostrare che Cora è innocente. Di cosa parla allora? Lui le aveva promesso che non le avrebbe fatto molte domande, così Cora si è un po' rilassata e lo ascolta solo a tratti, cullata dal timbro della sua voce. Chi invece lo ascolta bene sa che Romain Devereux parla dell'oblio. Gli scienziati hanno dimostrato che non si sceglie cosa dimenticare, né quando farlo. Parla dello stress e della stanchezza, che accrescono il ricorso a comportamenti abitudinari. Evoca un attimo di vertigini su un marciapiede assolato, di fronte a un condominio di Montreuil. L'esaurimento professionale attestato dalle testimonianze di Damien Tourret e Astou Djiguiba, colleghi che hanno frequentato Cora nel quotidiano e hanno confermato come da diversi mesi i suoi superiori la costringessero a lavorare in condizioni che mettevano in pericolo la sua salute. D'altronde, lo stato di choc in cui versava quando è stata presa in custodia, la perizia psichiatrica prescritta nel quadro delle indagini, così come il monitoraggio di cui beneficiava alla clinica Jeanne-d'Arc, non lasciavano alcun dubbio sulla natura non intenzionale dei fatti che le venivano imputati.

Nella requisitoria presentata dopo un'ora e mezza di udienza, la sostituta procuratrice è rimasta fedele alla sua linea: nonostante le argomentazioni avanzate dalla difesa, di cui il pubblico ministero senz'altro teneva conto, era obbligata a ricordare che gli adulti devono prestare la massima attenzione a ogni segno di stanchezza, di stress, alle piccole dimenticanze che possono capitar loro, affinché non volgano in tragedia. Spetta agli adulti adottare tutte le misure necessarie: devono concedersi il giusto riposo, nel caso di una programmazione lavorativa insostenibile devono chiedere aiuto, delegare alcune mansioni ai congiunti o ai famigliari, o anche semplicemente ricorrere a dei promemoria, per non tralasciare nessuna mansione importante. Quando quella parola è risuonata nella stanza, l'imputata ha sorriso. In effetti avrebbe dovuto annotarselo, lei che si scriveva sempre tutto, che il calore può disidratare, che dobbiamo dormire quando siamo stanchi, cambiare lavoro quando il nostro non ci piace più, non innamorarci quando siamo già pieni d'impegni, e soprattutto non impicciarci nella miseria delle vite di quelli che incrociamo per le vie della città, perché non sono affar nostro. La sostituta procuratrice ha chiesto un anno di reclusione con la condizionale. E dopo l'arringa di Devereux è toccato di nuovo a Cora, poiché la giustizia vuole che l'ultima parola spetti all'imputato. Avrebbe potuto non aggiungere altro, tanto più che non riusciva a smettere di sorridere. Ha accennato un movimento del capo verso quanti erano lì per sostenerla, e le parole che le sono uscite di bocca erano parole nuove, impreviste, nulla a che fare con quelle concordate con Romain, nonostante gliele avesse fatte ripetere più volte. Le assicuro che sono colpevole, signora giudice, ha detto Cora. Non sareste dei buoni giudici se non ve ne rendeste conto. Quale madre lascia la sua bambina chiusa in macchina in un giorno così caldo? Quale madre uccide la figlia di due anni? Mi auguro vivamente che la società in cui viviamo non lasci impunite le madri che uccidono i propri figli. Ma non parlava al tribunale, né ai genitori dietro di lei, né tantomeno a Pierre. Stava parlando a Manon.

I giudici si sono ritirati una mezzora, il tempo di deliberare. L'aula doveva essere sgombrata, quindi si sono ritrovati tutti nella hall, con le file di sedie lungo i muri, la macchinetta del caffè, l'attesa. Quando l'udienza è ripresa e la giudice ha pronunciato il verdetto, Cora l'ha ammirata profondamente per non averle mai tolto gli occhi di dosso. Se fosse stata al posto suo, se per puro caso si fosse trovata dalla parte giusta della sbarra, non sarebbe riuscita a guardarsi in faccia. Il tribunale ha deciso che le circostanze erano chiare, non c'erano dubbi che si trattasse di omicidio colposo. La giudice ha lasciato passare un secondo, così che ognuno potesse assimilare l'inoppugnabilità di quel giudizio. Tuttavia, ha continuato, la giustizia deve sapersi mostrare umana. Nel caso che ci troviamo a giudicare, l'autrice del fatto ne è a sua volta vittima. Il tribunale delibera dunque per l'esonero dalla pena.

Di fronte all'ingresso dell'edificio, mentre Cora barcollava e aveva la vista offuscata, molte persone l'hanno baciata, l'hanno stretta tra le braccia, le hanno detto quanto le volevano bene, ciascuna a modo suo. Leggermente in disparte, intento a spostare il peso prima su un piede poi sull'altro come in una notte di nove anni prima in un birrificio abbandonato di Berlino, c'era un uomo di nome Pierre Esterel. Ha atteso con pazienza il suo turno, quindi si è fatto avanti. Vieni, ti offro qualcosa da bere, le ha detto. E, sotto il cumulo di nubi grigie del cielo di dicembre, l'ha portata lontano dalla folla, lontano dal tribunale.

Nei mesi seguenti Cora fa un sogno ricorrente. È il primo incubo che torna a farle visita da quando non è più una bambina. È nella metro, sta scendendo delle scale molto ripide, come quelle che stanno sotto Montmartre o Porte-des-Lilas. L'ascensore dev'essere guasto, le luci sono spente. Di quando in quando vede delle ombre passarle accanto e salire o scendere senza alcuno sforzo: fluttuano al di sopra dei gradini, levitano con una grazia e una leggerezza che Cora invidia. Non sono persone in carne e ossa: non si possono toccare, il loro cuore non batte più. Per il corpo di Cora invece, per quel suo fragile corpo mortale, ogni gradino è una pena.

Qualcuno la aspetta in fondo alle scale, sulla banchina deserta. Cora si avvicina, aguzza la vista per farsi strada nell'oscurità. L'età della persona che la attende cambia di sogno in sogno. A volte sta in piedi, aggrappata alle sbarre della culla, con lo sguardo triste di un animale chiuso in gabbia. Altre volte è distesa per terra, senza un materasso su cui dormire né abiti che la proteggano da quel freddo silenzioso, e piange a dirotto perché nessuno va a prenderla. Quando sente arrivare il convoglio la piccola si mette a gridare più forte, ma non c'è nessun conducente in grado di vederla e frenare, nessun passeggero che scenda: i treni fantasma non fanno fermate, tantomeno nelle stazioni immaginarie. A volte la piccola riesce ad arrampicarsi e si avvicina a tentoni al bordo della banchina, voltandosi ogni tanto per sapere se sta facendo la cosa giusta. Cora vorrebbe prenderla in braccio, ma qualcosa le dice che non le è concesso toccarla. Solleva la testa, la volta del tunnel non si vede: è una stazione immensa, alta come una grotta scavata dall'acqua nel corso di milioni di anni, o una cattedrale innalzata fino al cielo dagli uomini in secoli di fatica. Che cosa mangia?, non può fare a meno di chiedersi Cora. Con la voce che fino a poco tempo prima apparteneva ancora a Maouloun, qualcuno le fa presente che a quelle profondità non ci sono topi, né ragni, né nessun altro animale, perché, appunto, non c'è niente da mangiare. Altre volte Manon ha quasi due anni e le va incontro per parlarle, le sue labbra sembrano pronunciare parole ma non ne esce alcun suono. Quaggiù non c'è vita, dice la voce che riecheggia dentro Cora. Questo non è un posto per i vivi.

Cora è convinta che, se lei accettasse di trascorre il resto dei suoi giorni in quel regno sotterraneo, Manon potrebbe risalire al suo posto. E lo scambio le sembra assolutamente equo. Allora si avvicina alla piccola e avanza verso le scale, per indicarle la via d'uscita. Manon come al solito è intelligentissima, capisce subito e attacca i primi gradini. Ma le scale sono ripide, alte, e nonostante la debole luce che vede brillare lassù lei è troppo piccola per salirle tutte. Cora dovrebbe prenderla in braccio, ma ovviamente non le è permesso. I governanti del mondo di sotto non si fanno abbindolare, il loro libro contabile risulterebbe falsato. Forse deve aspettare che la bambina cresca, ma qui si smette di crescere, continua la voce, bisognava pensarci prima. La mamma si gira, si guarda intorno. Non c'è nessuno, né una mano amica. Le ombre non vagano più, si sono fermate e dissolte nell'oscurità, nella coltre delle tenebre. È sempre la stessa storia: le viene chiesto di scegliere – da persona adulta, autonoma, responsabile –, ma a ben vedere non ha nessuna scelta. Allora Cora risale le scale, si volta indietro a ogni passo, vede il viso di Manon che si fa sempre più opaco e buio, inghiottito dagli abissi del vecchio bacino di calcare sotto il suolo di Parigi.

Una sera del marzo 2013 suona il telefono. E quella volta, in sentier du Tourniquet, qualcuno risponde. Cora?, chiede la voce all'altro capo del filo. Édouard?, fa lei. Non ha sue notizie da molto tempo e, anche se ci era rimasta un po' male, è contenta di sentirlo. È appena rientrato da un viaggio negli Stati Uniti. Durante l'estate ha visitato la West Coast con sua moglie e i bambini, mentre in autunno ha seguito una serie di corsi a Berkeley e incontrato un po' di gente tra San Francisco e la Silicon Valley. «Allora com'erano i grandi parchi?» ha chiesto Cora per riflesso. Incredibili, i bambini erano rimasti estasiati. Allo Yosemite, seguendo il sentiero di John Muir, che si srotola per centinaia di chilometri, si sono imbattuti in un'orsa col suo cucciolo, e li hanno osservati col binocolo. Quando di notte si accampavano dovevano stare attenti a non lasciare nulla di commestibile in macchina o nella tenda, perché se hanno fame gli orsi sono capaci di tutto. «Pensa che ho persino imparato cosa fare in caso di attacco di un puma» la informa Édouard. «Ah. E cosa di preciso?» chiede Cora. Dunque, bisogna guardarlo negli occhi, e non mettersi a correre o voltargli le spalle per nessun motivo; bisogna allargare le braccia e cercare di apparire il più grandi possibile, di somigliare ai grossi predatori che d'altronde siamo, e se non serve a niente, se poi attacca... bisogna attaccare a propria volta. «Te lo giuro, ce l'hanno detto loro: *fight back.*» Ma per fortuna non ne hanno visto neanche uno. E comunque non l'ha chiamata per parlare dei puma. Vorrebbe scusarsi per essere sparito, per non essere andato a trovarla e non averle scritto. Ha pensato spesso a lei, molto spesso a dire il vero, ma non sapeva proprio da che parte iniziare. «Da questo punto di vista sono un bambino di quarantatré anni.» E quando Cora gli dice che le scuse sono accettate, tanto più che non ha chiacchierato con chissà quante persone durante l'estate e l'autunno, Édouard la incalza: «Mi piacerebbe vederti, se puoi. C'è una cosa di cui vorrei parlarti».

Prima di andare all'appuntamento Cora si guarda allo specchio. Il suo volto è nudo, ancora segnato. Muove qualche passo fuori di casa ma fa dietrofront, si dice che non ci riesce, non è più la Cora di un tempo, è tutto inutile – in quel momento però incrocia la sua vicina pianista che le chiede dove stia andando e le fa coraggio, ma sì, certo che andrai all'appuntamento, devi onorare l'impegno preso, e la accompagna fino alla metro. Nel bistrot dove pranzano, accanto a place de la Nation, Édouard le dice che è pronto a buttarsi: sta per fondare un'azienda tutta sua nel campo dei servizi per la terza età. L'idea gli è venuta un anno prima, quando ha dovuto ristrutturare la casa dei genitori e si è reso conto di quanto fosse faticoso, della totale mancanza d'interlocutori. Vorrebbe analizzare le difficoltà incontrate dagli anziani e dalle persone che li assistono, e metterli in contatto con professionisti capaci di aiutarli per qualunque esigenza: qualcuno che possa consegnargli i pasti o passare a preparargli il pranzo, fare qualche lavoretto in casa, assicurarsi che prendano le medicine, fornire un sostegno giuridico o amministrativo, iniziarli alle nuove tecnologie, e anche persone reperibili telefonicamente ventiquattr'ore su ventiquattro in caso di urgenze – insomma, tutto il necessario affinché possano restare autosufficienti il più a lungo possibile, siano al sicuro e non si sentano soli anche se hanno perduto i loro cari o quando questi ultimi non possono essere presenti. È un settore in cui si fanno spesso prestazioni in nero, tramite fornitori poco affidabili che approfittano della buonafede degli anziani, e in questo senso il ruolo dell'azienda, che farà da intermediaria, sarà proprio correggere queste storture.

Studiando la questione, ovviamente si è sorbito parecchia *bullshit*, ha incontrato persone, in Francia come nella Silicon Valley, seriamente convinte di diventare i leader della *silver economy*, che vedono la vecchiaia come l'eldorado del business dei prossimi decenni… È una visione orripilante, come un altro paio di cosucce del capitalismo, ma ciò non toglie che la domanda nel settore sia enorme, tanto da parte degli anziani quanto dei loro badanti, i quali sono spesso poveri e sopraffatti dalla difficoltà del proprio compito. Nel 2030 un francese su tre avrà più di sessant'anni. Tradotto significa un sacco di gente cui rendere la vita più facile. Ma insomma, perché ne parla proprio con lei? Come forse avrà capito… «Ho già imbarcato due soci e preso contatto con cinque collaboratori.» Ma ha bisogno di qualcuno che si occupi del marketing e delle relazioni col pubblico. Le andrebbe di unirsi a loro, di essere la sua direttrice del marketing? «Ci penso da settimane, sono sicuro che saresti perfetta. Se sei d'accordo, il mio responsabile delle risorse umane può riceverti già nei prossimi giorni. Gli ho parlato di te. Non sono sceso nei dettagli, ma è al corrente di ciò che ti è successo. Non assumo un curriculum: assumo una persona.»

Due settimane più tardi Cora inizia il suo nuovo lavoro. Non è facile riprendere, uscire tutte le mattine, eppure ci riesce. Gli uffici che hanno preso in affitto sono a due passi da Oberkampf, in un quartiere che ama, e vicino a casa sua. Non perderà più tutto quel tempo sottoterra, potrà tenersi per sé ore preziose da dedicare ad altro. Deve solo evitare che i suoi pensieri devino verso i momenti passati a far l'amore nel bilocale dal soffitto basso di Cité de Crussol, oppure verso quel lunedì in cui è risalita correndo dalla metropolitana perché Abdulrhman le dicesse cosa intendeva con l'espressione *riposa in pace*. Nel team che ha messo in piedi Édouard tutti sanno chi è Manon, e nessuno ne parla. Per Cora è una questione di sopravvivenza. Lavorare in un posto in cui degli sconosciuti, per rompere il ghiaccio, le chiedano se ha figli per lei sarebbe impossibile. E ogni tanto se lo domanda, se in venti o trent'anni sarà in grado di affrontare la questione e rispondere la verità senza farsi piegare dal dolore.

Sia come sia, grazie al nuovo lavoro, e quindi a Édouard, arriva il giorno in cui si sente pronta. Prende un appuntamento nello studio di rue d'Aboukir e, invertendo i ruoli, si mette a sfogliare sotto il naso di Romain Devereux la carta bibbia del codice dalla copertina rossa, non quello penale, ma il codice del lavoro, fin quando non trova la pagina che si è segnata e col dito gli mostra l'articolo L1152-1. Poi gli punta addosso i suoi occhi dai riflessi di bronzo per sapere se ci ha visto giusto, se è quella l'arma che fa al caso loro: «Nessun dipendente è tenuto a subire reiterati abusi morali al fine di causare, o da cui possano conseguire, una degradazione delle sue condizioni di lavoro, che possano recare danno ai suoi diritti e alla sua dignità, con conseguente alterazione del suo equilibrio psicofisico, e compromettere il suo percorso professionale». Qualche giorno prima, leggendolo, si è accorta di quanto bene le facesse ritrovare tra le righe di un articolo di legge le esperienze vissute in prima persona: veder scritto nero su bianco che no, non doveva accadere, sapere che quanto è avvenuto era stato previsto e vietato dalle intelligenze deputate a permetterci di vivere in società.

«Sicura che è quello che vuoi?» le ha chiesto Romain. Cora l'ha osservato giocare con la sigaretta elettronica della quale era da poco il felice proprietario. Quello che vorrebbe, di fatto, è mettere la Borélia di fronte alle proprie responsabilità in un'aula di giustizia. Ma quanto all'inseguire quel sogno, in cui sibila la fionda che Davide fa roteare nell'aria polverosa del deserto avvicinandosi a Golia, Devereux l'aveva già messa in guardia. Quelle pubblicate da «Mediapart» sono il genere di rivelazioni che tutti commentano e deplorano, che alcuni cercano di insabbiare e altri amplificano per convenienza; una o due settimane di polemiche, poi basta, perché di solito per quel tipo di infrazioni non si finisce mai davanti a una corte. Ci vorrebbero una decina di casi simili, o un'ondata di suicidi tra le varie filiali dell'azienda, ma non si può davvero rimpiangere la scarsa spettacolarità delle conseguenze di Optimo. Se tutto ciò che è ingiusto fosse illegale, ha sospirato Romain immerso in una nuvola di fumo, e tutto ciò che è illegale fosse condannato e punito... L'unico bersaglio che potevano provare a colpire, senza alcuna garanzia di successo, ovviamente, era Franck Tommaso. Puntare più in alto significava correr dietro a una chimera. Ma ciò non toglieva loro la possibilità di denunciare una sorta di molestia istituzionale, condivisa, perpetrata nel contesto di una strategia di aumento della pressione su tutti i dipendenti – così facendo, però, dovevano fare attenzione a non scagionare di fatto Franck.

Nelle settimane successive Cora ha sporto denuncia, costituendosi parte civile senza sapere se quel gesto l'avrebbe fatta sentire meglio o se al contrario avrebbe impedito al dolore di lenirsi. Per prepararla all'interrogatorio della polizia, Romain Devereux ha stilato con lei un elenco degli atti persecutori di cui Franck si era macchiato. Hanno individuato ventuno fatti distinti. Affinché i giudici potessero valutare singolarmente i vari episodi, Cora doveva ricostruire di volta in volta il contesto professionale, indicare eventuali presenti in grado testimoniare l'accaduto, e soprattutto cercare di ripescare le frasi utilizzate da Franck per citarle alla lettera. Il che, a un anno di distanza, era già una bella sfida. Prestandosi all'esercizio Cora si è resa conto che di alcuni eventi sentiva ancora il bruciore sulla carne, e ogni parola e ogni fotogramma erano incisi a fuoco nella sua memoria, mentre molti altri, che pure si erano svolti nella realtà, rimanevano impenetrabili ai suoi tentativi di sottrarli all'oblio. Ha tirato fuori i diari: non voleva riportarli tali e quali nel dossier, ma ne ha fotocopiati alcuni passaggi perché Romain potesse darle un parere. Potrebbero tornarci utili, l'ha subito rassicurata. In teoria avresti potuto immaginare tutto, vai a sapere perché, ma se dovessero interrogare qualcuno in grado di confermare i tuoi appunti, anche solo qualche dettaglio, be', la nostra linea ne uscirebbe rafforzata. Comunque, brava, le ha ripetuto: non so se basterà, ma dovrebbero fare tutti così. Cora ha raccolto ogni certificato medico, ogni attestato di malattia, tutto quanto potesse provare l'alterazione del suo stato di salute. Romain le ha fatto copiare in una cartella le mail e i messaggi di Franck che aveva percepito come pressioni indebite o vere e proprie aggressioni, e che nella maggior parte dei casi erano più probanti per la frequenza e per l'ora a cui erano stati inviati di quanto non lo fossero per il contenuto. Parlare delle molestie sessuali, invece, si sono detti che sarebbe stato un rischio troppo grande. Quel bacio al trentatreesimo piano – *la cosa peggiore è che sei bellissima anche quando piangi* – non aveva avuto testimoni, Franck non aveva insistito, e semplicemente Cora sul momento non aveva saputo opporre un rifiuto categorico. Vi avrebbero alluso comunque nella ricostruzione dei fatti, ma senza esortare la giuria a iscrivere anche quello tra i capi d'accusa: una donna gerarchicamente subordinata che rifiuta l'uomo di potere; un'attrazione frustrata che si trasforma in disprezzo esasperato e lo spinge a perseguitarla; uno scenario talmente banale, talmente ricorrente, talmente capace di sintetizzare le meraviglie del mondo del lavoro nel regime patriarcale, che lasciava buone speranze di portare i giudici dalla loro parte.

La giustizia ha i suoi tempi. Il processo ha avuto luogo soltanto tre anni e mezzo più tardi, nell'autunno 2016, sempre al tribunale di Nanterre, ma di fronte a una corte diversa. Il cantiere di terrazze digradanti dalla Grande Arche era in stato avanzato. Dopo gli attentati i controlli si erano molto irrigiditi. Dalle vetrate del primo piano, Cora ha riconosciuto la sagoma della Tour Galaxie, vicinissima in linea d'aria. Alla Borélia, Mangin era ancora al suo posto e Franck era sempre direttore commerciale. Aveva messo su peso e iniziava a spuntargli qualche capello bianco qua e là, ma era più bello di prima, comunque più affascinante dell'immagine che Cora ne aveva serbato nei suoi ricordi. Sebbene vederlo in piedi dietro la sbarra le desse una certa soddisfazione, non sopportava di averlo di nuovo davanti agli occhi, e quando si è avvicinato per stringerle la mano si è scansata. Si era appena sposato con una bella donna, seduta in prima fila con un pancione sul punto di scoppiare, e che di quando in quando omaggiava Cora con sguardi pieni di pietà e profonda incomprensione, come se non riuscisse a capacitarsi del fatto che una donna, per di più infanticida, cercasse d'infangare la reputazione di un modello di virtù e rettitudine morale com'era suo marito. Ogni volta che aveva la parola, come avanzando su un filo, Romain Devereux cercava di mostrare che gli atti di cui era accusato Franck erano sì la conseguenza di metodi di gestione del personale incoraggiati dall'alto, coscientemente e volutamente patogeni, poiché avevano l'obiettivo di indurre i dipendenti a licenziarsi; ma che nei confronti di Cora Franck si era spinto ben oltre le consegne ricevute, aveva abusato dell'autorità conferitagli dalla sua funzione e deliberatamente compromesso la stabilità fisica e mentale della donna. «Quanto alle risorse umane,» ha sottolineato Devereux «hanno dato prova di una singolare concezione dei propri vincoli etici, dato che quando la mia cliente si è rivolta a loro per lamentarsi e, nell'interesse generale, denunciare comportamenti che le sembravano inaccettabili, è stata invitata a tenersi le sue rimostranze per sé o a rassegnare le dimissioni...» Senza dilungarsi troppo sulla condanna di Cora, ha poi insistito sull'estrema gravità dei danni per i quali la sua cliente chiedeva un risarcimento: non solo le era stato impedito di portare avanti la propria carriera, non solo era stata umiliata e gettata in uno stato di profonda sofferenza emotiva, ma era stata colpita nella sua stessa carne, e per via della condotta dell'imputato aveva perso per sempre quanto aveva di più prezioso nella vita.

Il giudice ha passato in rassegna i vari episodi che Cora era riuscita a ricordare, culminati nell'alterco di quel famoso 5 giugno, quando aveva chiesto la sua mezza giornata libera; poi li ha confrontati con le deposizioni raccolte nel corso delle indagini. La testimonianza di Nadège Galtier confermava senza indugi la brutalità di Franck, il suo carattere autoritario e la sua incontenibile tendenza ai commenti sessisti, ma aggiungeva che anche Cora aveva i suoi momenti, in cui sapeva mostrarsi irritabile, violenta e offensiva. Quella di Agathe Kerlann prendeva opportunisticamente le parti del suo ex superiore, ed era tutta un pullulare di espressioni servili, ipocrite e leccaculo, un'arte nella quale forse non deteneva il primato assoluto, ma dove aveva comunque raggiunto un grado di maestria notevole. Come c'era da aspettarsi, erano le dichiarazioni di Damien e Astou a fornire credibilità alle accuse della parte civile. Cora aveva un sussulto di piacere ogni volta che venivano citati, e in quei momenti trovava la forza di guardare in direzione di Franck, poiché quelle testimonianze non davano adito ad alcun dubbio, non gli lasciavano nessuna possibilità di cavarsela. Romain aveva insistito perché Astou fosse presente durante l'udienza, ma, quando Cora glielo aveva chiesto una sera a cena, Astou le aveva risposto che ne avrebbe fatto volentieri a meno; ma non voleva che Cora lo prendesse come una forma di diserzione, di vigliaccheria, e così, quando aveva letto la delusione sul suo volto, aveva deciso di raccontarle del gesto di rabbia e follia che avevano compiuto lei e Pierre. Era meglio che se ne stesse in disparte per un po', che non agitasse troppo le acque.

Alla sbarra, Franck si è rifugiato dietro una serie di formule laconiche, di una modestia sconfortante, e a guardarlo dava l'impressione di poter continuare a ripeterle con la stessa voce piatta e la stessa innaturale convinzione anche se il processo si fosse prolungato fino al giorno in cui la sua chioma fosse incanutita definitivamente, gli avessero ceduto le ginocchia e la morte se lo fosse portato via. Non ricordo questo episodio, diceva. Non mi sembra di avere usato queste parole. Stavo espletando il mio ruolo dirigenziale. Seguivo gli ordini dei miei superiori. Fin dal suo primo giorno in azienda aveva apprezzato il lavoro di Cora, come dimostravano gli incarichi di responsabilità che le aveva affidato a più riprese, e si rammaricava che in determinate circostanze avesse potuto mal interpretare il suo atteggiamento o una sua frase. In occasione della tragedia che le era occorsa, le aveva mostrato come ovvio tutta la sua compassione, e se lo avesse dimenticato, per via dello stato di choc in cui comprensibilmente versava, gliela esprimeva di nuovo, quella compassione, con tutto il cuore, anche se avrebbe preferito farlo in altre circostanze. Ogni tanto si girava verso l'avvocato che rappresentava la Borélia, citata in causa non come imputata ma come persona giuridica civilmente responsabile, e la voce gli si tingeva di una punta d'ironia: si sentiva che aveva voglia di parlare delle pressioni ricevute dall'alto, delle imposizioni che all'epoca aveva dovuto subire a sua volta, e persino di scaricare tutto sui suoi capi. Quando Devereux ha provato a spingerlo in quella direzione, tuttavia, si è rifiutato di rispondere, o ha ripreso a intonare la sua litania di formule vacue. E ogni volta che pronunciava una frase priva di senso, che si sottraeva con uno scarto di lato a certe domande oppure mentiva con parole assolutamente spontanee, Cora percepiva l'inesauribile gioia dell'arroganza che pulsava in quell'uomo, come se Franck stesse dicendo in faccia ai giudici che non erano divinità, non potevano scrutare i cuori o le anime delle persone, né avevano il potere di tornare indietro nel tempo per farsi a loro volta testimoni degli avvenimenti del passato; e che per tutti quei motivi avrebbero incontrato solo parole, enormi muri di parole, labirinti di parole, ma certo non la verità.

Quattro mesi dopo Cora era indecisa se recarsi o meno in tribunale per la sentenza. Valeva la pena attraversare Parigi e magari farsi due ore di anticamera per la lettura del verdetto, che sarebbe durata cinque minuti al massimo? Che il giudizio fosse favorevole o meno, rischiava di essere una scena orribile, tanto valeva aspettare la telefonata di Romain cercando nel frattempo di passare una giornata il più possibile normale. Eppure, all'ultimo minuto, si è messa il giubbotto, ha preso la borsa ed è salita su un treno in direzione di Nanterre. La circolazione sulla RER procedeva a singhiozzo, così si è detta più volte che sarebbe arrivata in ritardo e si sarebbe persa l'inizio dello spettacolo. In completo e cravatta blu, Franck guardava dritto davanti a sé. Sua moglie non c'era, perché probabilmente nel frattempo aveva partorito. Il giudice ha presto rotto gli indugi, annunciando che il tribunale respingeva le accuse della parte civile e assolveva l'imputato. E contrariamente a quanto accadeva di solito – un atteggiamento strano davvero, riconducibile secondo Devereux alla coscienza sporca o ai dubbi che continuavano a ronzargli in testa – il giudice ha deciso di motivare il verdetto lì per lì, senza rimandare le motivazioni alla sentenza scritta. A giudizio del tribunale le accuse della parte civile riguardavano eventi troppo vaghi, difficili da soppesare sul piano materiale. Molte delle osservazioni rivolte da Franck Tommaso alla querelante riguardo al suo lavoro o al suo comportamento potevano certamente ritenersi inopportune e offensive ma, visto che tutto era basato unicamente sulle dichiarazioni dell'interessata, nella maggior parte dei casi era impossibile stabilire il grado di veridicità di quegli episodi. Allo stesso modo, gli ordini e contrordini trasmessi da Frank Tommaso con frequenza manifestamente eccessiva violavano sì il diritto al riposo e alla tranquillità che spettano ai dipendenti la sera e durante il fine settimana, ma si potevano facilmente spiegare col sovraccarico di lavoro che la ristrutturazione del team aveva comportato per tutti, e rientravano nel quadro delle prerogative ordinarie di un superiore. Al fine di attestare il carattere intenzionale della molestia, si sarebbe dovuto dimostrare che quei propositi umilianti fossero riservati solo alla querelante, mentre era stato appurato unanimemente che Frank Tommaso aveva uno stile manageriale autoritario, e alzava il tono della voce con chiunque.

Romain Devereux ne ha discusso a lungo con Cora, e all'indomani della sentenza ha presentato ricorso presso la cancelleria del tribunale. Tuttavia, quando dopo una decina di giorni ha consultato il registro con le istanze d'appello, si è reso conto che la procura, invece, aveva deciso di non procedere. In altre parole, ha spiegato a Cora, l'assoluzione sul piano penale era definitiva, e avrebbero potuto portare avanti il procedimento solo in sede civile. «Le cose si fanno più complicate» ha sospirato Romain. «Se andiamo in appello, questa volta saremo soli.» In assenza di nuovi elementi, sembrava difficile poter ribaltare la motivazione della sentenza. Un processo di secondo grado poteva durare diversi anni, e rischiava di sprofondarla daccapo in quella brutta storia. «Lo so che è triste,» ha proseguito Romain «ma per il tuo bene credo sia meglio rinunciare.» Non doveva viverla come una sconfitta: aveva mostrato di non aver paura di loro; era riuscita a trascinare Franck davanti a un giudice, e non era cosa da poco; era una di quelle che si battono, che non si rassegnano di fronte alle ingiustizie, e di questa come di mille altre cose, le ripeteva Romain stringendola forte, doveva essere fiera.

Ed eccoci a noi. Uno dopo l'altro, in quel tribunale in cui i torti vengono esposti in pubblico e chiedono di essere riparati, dove dal confronto tra le testimonianze si cerca in un modo o nell'altro di far emergere la verità dei fatti, sono stati emessi due verdetti. È così che sono finiti i dissidi tra Cora e Franck, e con questi, in un certo senso, la storia di Cora e della Borélia. E anche io, in fondo, sono giunto alla fine del mio racconto. Me la sono presa comoda, è vero, perché questo genere di storie non si possono riassumere a grandi linee, ogni dettaglio ha il suo peso, ma non voglio abusare della vostra pazienza. Magari, però… sì, vorrei solo aggiungere un paio di cose, prima di lasciarvi tornare alle vostre vite.

Cora lavora da poco più di un anno con Édouard quando, un giorno come un altro, per uno di quei casi che non dovrebbero esistere, pranza da sola all'Autre Café, al numero 62 di rue Jean-Pierre Timbaud, ovvero lo stesso posto in cui aveva letto l'annuncio di una posizione aperta nel reparto marketing della Borélia. Le piacciono gli specchi di quel ristorante, le maioliche all'antica, i pannelli alle pareti che riscaldano l'ambiente. Esattamente come due anni prima a Les Voiles Blanches, sul lungomare di Fécamp, non ha alcun libro con sé, nessun giornale, non guarda il telefono, semplicemente si lascia trascinare dal flusso dei pensieri. Beve il caffè, chiede il conto, sale al primo piano per raggiungere la toilette, su per la grande scala di legno che abbellisce ulteriormente il locale. Si chiude in un gabinetto, dove la lasciamo sola per un momento, e ne riesce cinque minuti dopo con la faccia sconvolta e le guance solcate dalle lacrime. Si accosta allo specchio ancora piangente, e osserva a lungo il proprio viso, dicendosi: devo ricordarmi l'espressione che ho oggi, in questo preciso istante, devo ricordarmela assolutamente. Sul test di gravidanza la barra blu ha smesso di muoversi: non va più via, non vuole saperne di sparire, è assolutamente certa. Cora asciuga il bastoncino con un fazzoletto di carta, lo ripone nella scatola e infila tutto nella borsa. La nuova vita, mormora tra sé. La nuova vita inizia.

È il 20 maggio 2014, c'è un sole splendente, qualche nuvola, persino un po' di pioggia, temperature tra i 16 e i 22 gradi. Riporto tutti questi dettagli perché per me hanno una certa rilevanza. Nessuno dimentica l'8 giugno, che ha lasciato dietro di sé una traccia nera indelebile, ma è anche per il 20 maggio se vi racconto questa storia. Per quel giorno in cui Cora ha saputo che avrebbe avuto un altro figlio. Al quinto mese, durante la seconda ecografia, Cora e Pierre hanno scoperto che sarebbe stato un maschio. E dopo settimane di interminabili conversazioni e profonde riflessioni ciascuno per conto suo, intorno al settimo si sono detti che quando Pierre avrebbe reciso il cordone ombelicale e il bambino sarebbe stato posato sul petto di Cora, quando un'ostetrica o un dottore del reparto di ginecologia avrebbero chiesto loro come si chiamava, si sarebbero guardati negli occhi un'ultima volta, per essere sicuri, e avrebbero risposto, l'uno o l'altra, oppure all'unisono: Mathias, si chiamerà Mathias.

Per tutta la mia infanzia ho dovuto far fronte a tristezze indecifrabili. Non che i miei genitori mi abbiano mentito. Mi hanno detto molto presto che avevo avuto una sorella maggiore. Ho l'impressione di averlo sempre saputo, d'altronde. Non hanno voluto che affrontassi sentieri impervi, processi di elaborazione del lutto fuorvianti, sapevano benissimo che i non detti fanno male. Ciò non toglie che abbiano avuto bisogno del loro tempo, di rivelarmi a poco a poco gli elementi della vicenda fin quando non avessi raggiunto l'età che, a loro avviso, mi avrebbe permesso di comprenderli. Bisogna ammettere che, nel caso loro, non era un'impresa facile. A quanti anni si può dire al tuo secondo figlio che non sei stato in grado di proteggere il primo? Come evitare che la cosa si trasformi in un macigno emotivo? Soprattutto per la mamma, è stato atrocemente difficile riconoscere di fronte a me come per tutta una stagione della sua vita, per quei lunghissimi mesi, quei due anni che io chiamo la spirale, fosse stata a tal punto travolta, messa alle corde e stordita di colpi da arrivare una mattina di giugno a dimenticare ciò che per lei era più importante. Quando ho compiuto dieci anni, non il giorno del mio compleanno, per non turbarlo, ma un primo di luglio, il giorno in cui Manon ne avrebbe compiuti quindici – c'era un'afa tremenda, come accade sempre più spesso, quando l'aria è irrespirabile, tutto brucia e si intuisce che il nostro mondo non sarà vivibile ancora a lungo –, mamma mi ha confessato che era soprattutto per colpa sua se mia sorella se n'era andata così piccola.

Non ricordo di averle chiesto maggiori dettagli. Ero ancora un bambino, ma ero venuto a patti da tempo, in maniera intuitiva, con l'idea che quelle in cui precipitiamo sono esistenze già bell'e fatte. Che le origini sono sempre confuse. Che quelli che ci danno la vita appaiono ai nostri occhi come grandi corpi opachi. Non devo essere l'unico a pensarlo, o sì? È ciò che credo, ad ogni modo. Ci mettiamo venti o trent'anni a capire chi fossero i nostri genitori all'epoca in cui ci hanno avuti. Forse per farsi un'idea esatta di cosa significhi bisogna essere già adulti, pronti a raccogliere il testimone. E in quei venti o trent'anni cresciamo al loro fianco, accanto alla massa di giorni che hanno vissuto e dove si aggirano quei fantasmi di cui avvertiamo la presenza impalpabile, conoscendo del loro passato quel poco che vogliono raccontarci, le solite storie che gettano luci incerte e sempre uguali su un cielo coperto principalmente di grandi campate di nero, come lo sono le cose sconosciute.

Cora che mi abbraccia troppo forte quando ci salutiamo. Cora che non vuole che vada in giro in scooter. La sua voce febbrile al telefono quando, adolescente, la avvisavo che avrei dormito fuori. Il misterioso sollievo che leggevo sul suo volto ogniqualvolta tornavo da un viaggio. Mia madre mi ha trasmesso buona parte delle sue paure. Non l'ha fatto apposta. Si celavano nelle profondità del suo corpo, e non poteva parlarmi o darmi consigli senza che venissero a galla. Quando intraprendo un progetto mi chiedo sempre se sono all'altezza: temo di andare troppo in fretta; di mollare la sbarra del trapezio e non riuscire ad afferrare l'altra; di non aver previsto tutto; o di dimenticare qualcosa. Sapevano benissimo che non avrebbero mai e poi mai dovuto mettermi sotto una campana di vetro, su questo punto erano in totale accordo, ma sarebbe stato ingiusto pretendere che ci riuscissero davvero. E d'altronde mi hanno trasmesso così tanta forza, una gioia così incondizionata, un tale appetito per la vita...

Non ho mai preso il posto di Manon. Tuttavia credo di aver permesso ai miei genitori di pensare un po' meno a loro stessi, al loro traboccante dolore, e di svegliarsi ogni giorno potendo posare lo sguardo su qualcuno che non conoscesse la storia di quella tristezza e non avesse motivo di condividerla, qualcuno che non sapesse fino a che punto la vita possa essere deludente o violenta, che prendesse le cose così come vengono e andasse avanti a testa alta. Forse è anche per questo che siamo in così tanti ad amare i bambini.

Per molti anni, dunque, non ho sentito il bisogno di saperne di più. Quella storia apparteneva a un passato lontano, quasi a un altro mondo. Poi mi sono trovato a mia volta a valutare l'ipotesi di avere un figlio. E subito mi è presa la paura di non essere in grado, di non avere energie sufficienti per occuparmi di tutto. Avrai un bambino o una bambina, mi sono detto, e non potrai più uscire di casa. Infeliciteranno le tue notti. Piangeranno, urleranno, e non avrai più tempo per te, per ascoltare quel silenzio così dolce che a volte regna nel tuo corpo. Mi sono accorto di avere uno sguardo troppo critico sulla nostra società, di covare timori anche fondati sul mondo che ci aspetta, di pensare che gli esseri umani, come Cora, mi sembravano presi nella spirale, e per questi motivi non sarei mai riuscito a convincere mio figlio o mia figlia che la vita può essere bella, e che in ogni luogo, nei momenti più inaspettati, esiste quella cosa che, senza bisogno di credere in Dio, possiamo chiamare grazia.

Da quel momento, ad ogni modo, ho sentito l'esigenza di saperne di più, di sapere tutto ciò che mia madre avrebbe accettato di dirmi e anche ciò che lei stessa non sapeva, gli elementi della sua storia che le avrei fatto scoprire io intervistando gli altri testimoni, quegli Édouard Verzack, Franck Tommaso o Astou Djiguiba dei quali, all'inizio, non conoscevo nemmeno il nome. Con ostinazione, e con quel tanto di metodo necessario per non perdersi e mantenere una certa distanza, ho cominciato a indagare. E le circostanze sulle quali, nonostante i miei sforzi, non sono riuscito a far chiarezza, be', portando a termine il puzzle e conoscendo già la forma dei pezzi mancanti, ho tentato di scriverle, e scrivendole le ho immaginate. Non era più un lavoro, né tantomeno un libro, ma quel genere di missione che si prende troppo a cuore. È stata una follia, certo. Una follia. E non solo mia, d'altronde. È possibile che mia madre sia sopravvissuta perché, in certi momenti, è in grado di scendere là dove nessuno osa, distendersi nell'oscurità, starsene zitta e sola, per poi alzarsi di nuovo e risalire le scale un gradino alla volta. Forse proprio questa follia l'ha spinta, in prima battuta, a tenere quei diari, e in seguito le ha suggerito di lasciarmi fare quando le ho detto che li avevo trovati – nascosti, si fa per dire – in quella che fino a qualche anno fa era ancora la mia stanza, e che volevo leggerli. Decifrandoli una riga dopo l'altra, osservando le fotografie della bimba piccola e del ragazzo africano, ne ho poi saputo fin troppo. Non so cosa cercassi, certo non tutto quello che vi ho letto. Eppure sono cresciuto così vicino a Manon – così imbevuto della sua presenza, ridendo le sue stesse risa, sono avanzato con una sorta di trepidazione e col sentore che si fosse prodotto un miracolo negli anni in cui non era vissuta – che oggi sapere per filo e per segno come siano andate le cose mi dà pace, una serenità incontestabile, un immenso, infinito sospiro di sollievo, e dirada ogni tensione residua nell'aria. Era la storia della mia nascita. Avevo voglia di riportarla alla luce.

Che dire ancora? Ah, sì. L'altro giorno mi ha chiamato Franck. Ho risposto un po' agitato. Mi ha chiesto: allora, come procede il libro? Quand'è che potrò leggerlo? E, quando gli ho detto che ci stavo lavorando ma non era ancora finito, con voce ingenuamente sorpresa si è chiesto: ma ci vuole così tanto? Abbiamo chiacchierato un quarto d'ora del più e del meno, come piace fare a lui. E al momento di riattaccare, come niente fosse, mi ha detto: «Mathias, se non ti dispiace... salutami tua mamma». Per una frazione di secondo il mio cuore ha smesso di battere. Lo sapeva. Sapeva tutto da tempo, forse l'aveva sempre saputo. Era logico, a pensarci bene: nel corso dell'inchiesta o durante il processo, aveva sentito e tenuto a mente il nome di Manon Esterel – e quindi quel cognome che è il mio. Allora ho capito perché avesse voluto rivelarmi così tanti dettagli, e mi avesse concesso con tale generosità il suo tempo, perché mi avesse accolto in casa sua. Pensavo di metterlo in trappola, ma ero stato io a cadere nella sua. Lì per lì, lo confesso, sono rimasto senza parole con la cornetta in mano, e lui, che non voleva infierire, ha detto: in bocca al lupo allora, un abbraccio, e ha messo giù. Più tardi ho iniziato a pensare che doveva avere le sue buone ragioni, forse aveva altrettanta voglia di raccontare la sua versione di quanta io ne avessi di ascoltarla, e come uno di quei doni imprevisti che la vita ogni tanto ci fa aveva accettato quel ragazzo vivace ma con poca esperienza alle spalle che suonava alla sua porta e andava a prendere il caffè nel suo giardino, permettendogli al contempo di mettersi la coscienza a posto. Ho ripensato a lui con meno rancore. Mi sono addirittura sorpreso a sperare che il nostro incontro gli avesse fatto del bene.

Già che parliamo di testimoni. Non sono potuto andare a intervistare Delphine. Due anni dopo la tragedia è diventata partner della Nielsen e si è trasferita definitivamente presso la sede di Shanghai. Lì ha sposato un cinoamericano e ha avuto una bambina. So che hanno abitato per tre o quattro anni in California, prima di tornare in Cina. Un paio di volte, quand'era di passaggio in Francia, o magari tornava per le vacanze, si è incontrata con Cora. Hanno bevuto qualcosa in un bar, all'aperto, e poi hanno passeggiato negli angoli più sperduti di Parigi, forse hanno fatto di nuovo l'amore. Comunque sia, Cora non ha mai conosciuto il marito e la figlia. Qualche tempo dopo, durante un'escursione sul massiccio dello Hua shan, non lontano da Xi'an, Delphine è morta in un incidente. È scivolata ed è caduta in un burrone. Quando Cora l'ha saputo le è parso che il sole si spegnesse. E ogni volta che ci ripensa, mi ha confidato l'altro giorno, vorrebbe tanto che la sua morte somigliasse a quei film asiatici in cui l'eroina decide di buttarsi nella nebbia, dispiegando l'intera ampiezza del suo esile corpo d'uccello, così da planare davanti alle foreste di pini, ai picchi di granito e alle stele secolari, e planare, e planare ancora, senza mai toccare il suolo.

E poi, sono vissuti felici e contenti? Pierre e Cora, Cora e Pierre? Chi può dirlo? Sono sopravvissuti a un lutto, che è già qualcosa. E hanno avuto tanti figli, come vorrebbe il finale di ogni fiaba che si rispetti? Non proprio. Ne hanno fatto uno solo. Uno solo, ma è sempre meglio di niente. Hanno camminato sulla riva tenendomi per mano, contando uno, due e sollevandomi per aria al tre. E così sono cresciuto. Nel momento in cui scrivo camminano ancora lungo il sentiero che conduce alla vecchiaia, passando lentamente dalla piena luce alla calma della penombra. E intanto io, lottando come un matto, in una sorta d'esorcismo, concludo questa mia supplica a un fantasma. Lo so che non sarai vendicativa, Manon, sussurro. Non hai avuto il tempo per conoscere questo tipo di sentimenti, né per imparare il significato di certe parole. Allora aiutami almeno un po', lungo il cammino, ti prego. Proteggimi se puoi, visto che ora sta a me provarci. E mi basta tendere un pochino l'orecchio perché Manon mi risponda che andrà tutto bene. Devi ascoltare la musica, mi dice. Pensa a quella che canta sempre papà. Nella musica di Gluck, ma sì che la conosci, nella sua opera più conosciuta, *Orfeo ed Euridice*, c'è una danza degli spiriti. E, continua Manon, ciò che dice quella danza, se ascolti bene, anche se può sembrare una melodia tanto triste, è che gli spiriti possono essere felici.

Quel 20 maggio 2014, Cora rientra tardi. Pierre è in cucina, magrissimo nel suo grembiule legato in vita, in piedi di fronte a un tagliere su cui affetta delle verdure. Da qualche mese si è messo d'impegno ai fornelli, e ci sta prendendo la mano. Ha acceso sia la musica che il forno, e non la sente arrivare. Cora rimane a guardarlo senza dire una parola, mentre sbuccia uno spicchio d'aglio e lo strofina sulla pirofila di terracotta. Taglia i peperoni rossi sotto il getto d'acqua del rubinetto e, tolti i semini, li posa su un angolo della tavola, scoperchiati come lo scafo di una nave. Cora vede il basilico e l'origano che tiene a portata di mano, e indovina che sta preparando un tian. Pierre affetta le melanzane senza smettere di fischiettare, e Cora ricorda che sua nonna, quand'era piccolo, lo ritrovava così, da lontano, a orecchio, e l'aveva soprannominato l'usignolo di casa. Cora osserva quell'uomo che crede sempre di essere solo, mentre attorno a loro cala il buio. Nel giardino, che si intravede dalla finestra aperta, uccellini meno umani si agitano sui rami del ciliegio in fiore, o forse è solo il vento che agita le fronde. Da qualche ora ormai riflette su come dirglielo. Si è chiesta che frase utilizzare. Se dev'essere una sola. Vorrebbe sussurrargli: c'è una novità. Vorrebbe dirgli che lo ama. Ma al momento di aprire la bocca si accorge che la voce non reggerà all'emozione. Allora si porta la mano destra sulla pancia, fa un passo nel silenzio della sera, e intanto la musica si è spenta, d'improvviso lui la vede sotto il fascio di luce della lampada, la guarda fisso negli occhi, poi scende più in basso, e lei che a sua volta non trova le parole, può almeno guardarlo, guardare il viso di Pierre che la luce di un nuovo mondo inizia a rischiarare.

Indice

1. Persone nel tunnel 9
2. Ieri e l'altro ieri 33
3. Navi in partenza 61
4. Costruiamoci una torre 103
5. Il bravo soldatino 143
6. Demoni di compagnia 171
7. L'eros secondo Cora 199
8. L'effetto della folla. Gare Saint-Lazare 227
9. La gestione del cambiamento 247
10. Istruzioni per la discesa agli inferi 273
11. *Zefiro torna* 303
12. L'anticiclone 329
13. Neanche con la musica 363
14. La danza degli spiriti beati 389

nella collana

KREUZVILLE

1. Xabi Molia, *Prima di scomparire*
2. Günter Wallraff, *Notizie dal migliore dei mondi*
3. Michèle Halberstadt, *La petite*
4. Angelika Klüssendorf, *La ragazza*
5. Bernard Quiriny, *La biblioteca di Gould*
6. Jan Peter Bremer, *L'investitore americano*
7. Günter Wallraff, *Germania anni Dieci*
8. Friedrich Kittler, *Preparare la venuta degli dei*
9. Yves Pagès, *Ricordarmi di*
10. Peter Schneider, *Gli amori di mia madre*
11. Bernard Quiriny, *Storie assassine*
12. Maxim Biller, *Taci, memoria*
13. Alexander Kluge, *Antico come la luce*
14. Jacques Thorens, *Il Brady*
15. Ronald M. Schernikau, *Canzone d'amore da un tempo difficile*
16. David Bosc, *La chiara fontana*
17. Kaouther Adimi, *La libreria della rue Charras*
18. Judith Hermann, *L'amore all'inizio*
19. Bernard Quiriny, *L'affare Mayerling*
20. Matthias Nawrat, *Imprenditori*
21. Valérie Manteau, *Il solco*
22. Carolina Schutti, *L'erba di ieri*
23. Bernard Quiriny, *Vite coniugali*
24. Frédéric Pajak, *Manifesto incerto. Con Walter Benjamin…*
25. Emmanuelle Pagano, *Gli adolescenti trogloditi*
26. Saša Stanišić, *Trappole e imboscate*
27. Lukas Bärfuss, *Hagard*
28. Frédéric Pajak, *Manifesto incerto. Sotto il cielo di Parigi…*
29. Mirion Malle, *Commando Culotte*
30. Vincent Message, *Cora nella spirale*

nella collana

KREUZVILLE ALEPH

Annie Ernaux, *Il posto*
Uwe Johnson, *I giorni e gli anni*. Voll. I-IV
Annemarie Schwarzenbach, *Gli amici di Bernhard*
Marchese de Sade, *I crimini dell'amore*
Annie Ernaux, *Gli anni*
François Weyergans, *Franz e François*
Antoine Volodine, *Angeli minori*
Annie Ernaux, *L'altra figlia*
Marcel Aymé, *Martin il romanziere*
Bertolt Brecht, *Il romanzo dei tui*
Irmgard Keun, *Gilgi, una di noi*
Heiner Müller, *Anatomia Tito Fall of Rome*
Hermann Burger, *L'illettore*
Annie Ernaux, *Memoria di ragazza*
Honoré de Balzac, *Louis Lambert*
Ludwig Renn, *Guerra*
Jörg Fauser, *Materia prima*
Julien Gracq, *La riva delle Sirti*
Irmgard Keun, *Doris, la ragazza misto seta*
François Weyergans, *La demenza del pugile*
Annie Ernaux, *Una donna*
Eduard von Keyserling, *Nell'angolo di quiete*
Natascha Wodin, *Veniva da Mariupol*
Julien Gracq, *Acque strette*
Irmgard Keun, *Una bambina da non frequentare*
Annie Ernaux, *La vergogna*
Emmy Hennings, *Prigione*
Pierre Pachet, *Autobiografia di mio padre*
Theodor W. Adorno, *Il nulla positivo*
René Barjavel, *Il mago M.*
Katharina von Arx, *La viaggiatrice leggera*
Bertolt Brecht, *Me-ti. Libro delle svolte*
Irmgard Keun, *Dopo mezzanotte*

Annie Ernaux, *L'evento*
René Barjavel, *Sfacelo*
Marcel Aymé, *La fossa dei peccati*
Paule Constant, *Di pipistrelli, di scimmie e di uomini*
Anna Seghers, *Transito*
René Barjavel, *La notte dei tempi*
Bertolt Brecht, *Il romanzo da tre soldi*
Annie Ernaux, *La donna gelata*
Thomas Mann, *Resoconto parigino*
Paul Guimard, *Le cose della vita*
Simone de Beauvoir, *La femminilità, una trappola*
Katharina von Arx, *Il castello nel cassetto*

Kreuzville 30

Ogni libro della collana «Kreuzville» si chiude con una sua ritraduzione, riscrittura o illustrazione in chiave scacchistica. Perché le combinazioni sulla scacchiera, inesauribile tavola generatrice di narrazioni, sono pressoché infinite, proprio come quelle della letteratura.

Cora nella spirale

«Gli è venuto in mente che negli scacchi, ai quali ogni tanto gioca di sera contro intelligenze artificiali dalla precisione sconfortante, questa configurazione si chiama *forchetta*. Risultato: ormai lei non avrebbe potuto far nulla per evitare la cattura di un suo pezzo. Quello che poteva decidere, però, era se perdere un pezzo minore tipo un cavallo o un alfiere, cioè qualcun altro, oppure la regina, cioè lei stessa», pp. 258-9.

Il tratto è al bianco.

Finito di stampare nell'ottobre 2021
presso Print on Web srl (FR)
per conto dell'orma editore